이주와 유통으로 본
근대 동아시아 경제사

동순태호 담걸생 이야기

History of Modern East Asian Economy
rewritten by Migration and Commodity Circulation
The Story of Tan Jie-sheng and The Tongshuntai Firm

아연 인문교양총서 2

이주와 유통으로 본 근대 동아시아 경제사

동순태호 담걸생 이야기

강진아 지음

아연출판부
고려대학교 아세아문제연구소

| 목 차 |

❙ 〈아연 인문교양총서〉를 기획하며 ❙

탈냉전 이후 일본과 한국에 이어 중국이 국제무대에서 급부상하면서 동북아는 세계에서 가장 역동적인 지역으로 주목받고 있다. 특히 동북아의 경제적 성장은 지구적 차원의 정치·경제적 질서뿐 아니라 문화, 사상, 종교 등 다양한 분야에서 심대한 영향을 미치고 있다. 이러한 동북아의 역동적 변화는 학문적 연구 대상으로도 주목받고 있다. 한편, 이 지역은 역사적·문화적 기반을 공유하고 있음에도 불구하고, 침략과 저항, 식민 지배, 냉전으로 대표되는 상호 대립과 갈등으로 점철되어 왔다. 역사적 경험과 현실적 이해에 따라 동북아는 협력과 공존의 방향으로 나아갈 수도, 대립과 갈등으로 나아갈 수도 있다. 동북아에 대한 이해의 폭을 넓히고, 새로운 해석을 제공하기 위해서는 역사·사상·문화·정치·경제적으로 그 복합적인 역동성과 상호 대립·갈등·협력 양상을 분석·성찰해야 한다.

최근 동북아에서는 인적·사상적·물적 교류와 순환이 활발해지면서 이주, 환경, 무역, 국제 협력 등의 영역에서 개별 국가 차원을 뛰어넘는 초국가적 현상이 급증하고 있다. 예를 들면 노동, 결혼, 유학으로 인한 지역 내 인구 이동으로 내국인과 이주 외국인 간의 상호 충돌 혹은 공생관계라는 측면에서 다문화, 시민권과 국적, 정체성 문제가 복합적으로 얽혀 있다. 이러한 현상을 총체적으로 이해하기 위해서는 국가 단위의 분석에 치중해 온 기존의 접근과는 다른, 새로운 초국가적 접근 방법이 필요하다.

지역공동체를 오래 전부터 구상해 온 유럽에서는 지역 전체를 하나의 단위로 보는 연구가 활발하지만, 동북아에서는 그러한 시도가 아직 미미한 수준에 머물러 있다. 또한 그 동안 국내의 해외 지역 연구는 인문학과 사회과학 간의 학문적 경계가 높아 학제적 공동 연구가 취약했다. 역동적인 동북아에 대한 보다 정확하고 심층적인 이해·분석을 위해서는 중국학, 일본학, 한국학 등 국가 단위의 분절적 지역 연구를 넘어 동북아를 분석 단위로 하는 지역 연구가 필요하다. 아울러 인문학과 사회과학으로 나뉜 기존의 동북아 지역 연구 관행을 뛰어 넘는 학제 간 종합적 지역 연구도 요구된다.

아연은 1957년 설립 이래 학제 간 연구 실적 축적과 동북아 지역 연구의 선도적 역할, 안정적 재정과 연구 인력 확보, 지속적인 연구 인프라 구축, 동북아 지역 전문 연구재단 등재지 발간, 사회와의 소통 등 다방면에서 국내 최고 수준의 대학 부설 연구소로 자리매김해 왔다. 이런 성과를 바탕으로 2008년부터 한국연구재단의 '인문 한국'(HK) 사업 해외 지역학 분야의 지원기관으로 선정되어, '동북아시아의 초국가적 공간: 사상, 사회문화, 제도의 교류와 재구성'이라는 연구 의제를 중심으로 대규모 연구 사업을 진행하고 있다. 아연은 '인문 한국' 사업의 성과, 각종 동북아 지역 연구 지원, 국내외 소장학자 교류 지원 프로그램을 기반으로 한 연구 성과를 〈아연동북아총서〉를 통해 발간함으로써 학계에 크게 기여한 바 있다.

아연은 '인문 한국' 사업을 마무리하는 현 시점에서 〈아연 인문교양총서〉를 기획했다. 본 총서는 동북아 근현대 시기에 한국에서 활동했던 외국인 가운데, 동북아 근현대의 경제·학술문화·사회운동 등 각 방면에서 비교적 큰 영향을 미친 인물을 선정하여, 그 사상과 활동을 정리하고 평가하는 것을 목표로 한다. 이는 동북아에 대한 제국과 식민지, 지배와 피지배 등의 구도로만 파악했던 기존의 연구 관행을 뛰어넘어 상호 이해와 긍정적 영향을 주었던 것을 역사적 사실을 재조명하고자 하는 것이다. 이를 위해 동북아의 초국가적 공간 속에서 국가 간 민족 간 대립 갈등이라는 상황 속에서도 동북아의 교류에 기여하려 했던 역사적 인물들을 발굴해 널리 알리고자 한다. 이 총서가 동북아에 화해와 평화가 가능하다는 인식을 사회적으로 확산하는 장이 될 수 있기를 기대한다.

2018년 2월

아세아문제연구소 소장 이 종 화

책을 펴내며

서울 지하철에서 심심치 않게 외국인을 보게 된다. 국가 경제 규모에 비해 드물게 폐쇄적인 한국 사회에도 세계화의 추세 속에 조금씩 다양성이 늘어났다. '단일민족의 신화'는 '더불어 사는 사회'에 자리를 양보해야 할 시점이 되었다. 그러나 오랜 이웃인 중국과 일본에 대한 우리의 인식은 역사의 가볍지 않은 무게와 세계화의 압력 사이에 끼어 여전히 동요하고 있다.

오랫동안 한국사에 깊은 영향을 준 중국과 중국인에 대한 우리의 인식은 혁명과 냉전의 시대로 단절되었다가, 1992년 수교 이후 새로운 전기를 맞았다. 한국과 무관한 '죽(竹)의 장막' 속의 중국은 현실의 이웃이 되었다. 미국은 한국전쟁 이래 반세기 동안 한국의 최대 무역 상대국이었으나, 2004년에는 수교한 지 고작 10여 년 만에 중국이 그 자리를 차지했다. 그리고 어느 순간에 부국이자 강국으로 미국과 경쟁하는 G2로 성장했다. 이제는 차이나 머니로 전 세계 경제를 주무르고, 한국 관광을 쥐락펴락하는 최대 고객이 중국인이다.

그런데 나라로서 중국과 한반도는 고대부터 밀접히 얽혀 있는 역사를 공유했으나, 중국인과 한국인 대중이 일상적으로 서로를 감지(感知)하고 부대낀 것은 고작 130여 년밖에 되지 않았다. 중국인은 서양인과 마찬가지로 근대 개항과 함께 한국인의 일상생활 속에 등장했다. 오랜 단절 끝에 오늘날 다시 우리의 일상 속에 자연스러운 풍광이 된 중국인의 모습과 그들을 바라보는 우리의 시선에도 지난 과거의 경험과 그 흔적들이 어딘가에서 그림자를 드리우고 있다.

필자는 중국 근현대사, 그 중에서도 경제 현상에 관심이 많은 역사 연구자이다. 한국사 전공자는 아니지만, 줄곧 공부해 왔던 중국 남부 광동성(廣東省)과 광동 상인에 대한 탐구의 연장선상에서, 개항기 조선에 진출했던 한 광동 상인에 대해 글을 써왔다. 재한 화교 중에 거부를 쌓은 것으로 유명한 동순태호(同順泰號) 담걸생(譚傑生)이다. 고려대학교 아세아문제연구소에서 기획한 인문교양총서는 근대 조선을 살아 나간 다양한 계층의 인물과 그 일대기를 펴내서 일반 대중이 좀 더 쉽고 재미있게 역사에 다가 갈 수 있도록 하는 것이 목적이라고 한다. 마침 담걸생과 동순태호를 눈여겨보시고 한국사 전공자도 아닌 필자에게 집필을 권해 주신 송규진 교수님과 아세아문제연구소에 감사의 말씀을 올린다.

우리나라에서 화교라고 하면 대부분 중국 산동성 출신이다. 일제 강점기에도 마찬가지였다. 하지만 개항 초기에는 꽤 다양한 지역의 중국 상인들이 조선에 찾아왔었다. 그 중 하나가 동순태호였다. 동순태호는 개항 직후 조선에 진출하여 일제 강점기까지 활발히 활동했던, 화교 자본 중에서도 역사가 길고 자본이 컸던 상점이다. 이 회사는 상해에서 동태호(同泰號)를 운영하던 광동 상인 양륜경(梁綸卿)이 조선의 개항을 호기로 보고 자신의 처남 담걸생(譚傑生)을 조선에 파견하여 설립한 무역 회사였다. 담걸생은 동순태호를 잘 경영하여, 훗날 1920년대 서울 최고의 부자로 꼽힐 정도로 성공했다. 두 사람은 모두 광동성(廣東省) 고요현(高要縣) 출신이다. 광동성은 홍콩과 마주한 중국 최남단의 성이다. 따뜻한 아열대 기후의 이 먼 곳에서 담걸생은 어떻게 조선에 건너와 거부를 축적하게 되었을까. 그 질문에 답하는 과정이 이 책의 출발점이 될 것이다.

이미 동순태호나 한국 화교사에 관해서는 연구서가 꽤 출간되었기 때문에, 무엇보다 총서의 취지에 맞게 쉽게 읽을 수 있도록 문장과 체제를 순화하고자 노력하였다. 그렇지만 국내외에 출간된 연구 성과들을 최대한 반영할 수 있도록 힘닿는 한 두루 읽었다. 마침 집필 중에 이시카와 료타(石川亮太) 교수의 동순태호와 한중 무역에 관한 새 책, 재한 중국인 노동자의 역사에 관해 잘 정리한 김태웅 교수의 새 책이 2016년에 출판되어 많은 도움을 받았다. 초고를 꼼꼼히 읽고 비평을 해주신 구범진 교수께는 특히 사의를 표하고 싶다.

또 하나 중국 경제사 전공자인 필자의 관심사에서 출발하여, 담걸생의 일대기를 씨실로 삼되, 한국 화교의 역사를 19세기 교통 혁명 이후 국경을 뛰어 넘는 상업 인구와 노동 인구의 대규모 이동이라는 세계사적 현상 속에서 그려 보려 하였다. 아울러 한국으로 들어온 중국인의 역사를 시간 축을 따라 살펴보면서, 같은 시기 해외로 나갔던 일본인과 한국인의 정황에 대해서도 어느 정도 언급하려 했다. 이 시기의 노동과 상업 교류의 홍망성쇠를 살펴보면, 국가의 틀을 벗어나 움직였던 다양한 방향의 물류와 노동이 서로 긴밀히 영향을 주고받고 있었기 때문이다.

전체 흐름에 방해를 주지 않고 좀 더 다양하고 전문적인 설명을 원하는 독자들을 위해 몇 가지 주제를 뽑아서 '테마'란 형식으로 짧게 정리하여 장 뒤에 붙였다. 작년에 번역해서 출판한 『중국경제사』(경북대출판부, 2016) 책에서 마음에 들어 벤치마킹한 것이다. 우선 동순태호의 이야기가 궁금하신 분은 넘기고 읽으셔도 좋다.

마지막으로 책 집필을 마치며, 한 분의 한중관계사 연구자를 추모하고자 한다. 올해 9월 10일 갑작스럽게 세상을 떠난 요녕대학교 사학과의 권혁수 선생님이다. 서울에서 먼 대구까지 찾아오셔서 동순태문서강독회를 빛내 주셨고, 2011년 동순태호에 관해 쓴 졸저를 중국학계에 과분한 서평으로 소개해 주셨다. 담걸생의 후손인 담영봉 씨와 첫 만남을 주선해 주신 분도 권혁수 선생님이시다. 우울증으로 자택에서 두문불출하신다는 무성한 소문으로 갑자기 연락이 두절된 지 2년여 만에 들려 온 납득할 수 없는 부고였다. 필자가 아는 그 분의 모습으로는 상상하기 힘들다. 마지막 메일(2014.12.1.)에서 수줍게 이홍장의 고향 안휘성 합비에서 광동성 광주로 가는 비행기에서 지었다며 전해 준 시 한 수를 여기에 남겨 고인(故人)을 추억한다.

비오는 밤 합비에서 광주로 날아가는 비행기 위(雨夜由合肥飛廣州機上)

남쪽 나라는 초겨울의 추위조차 느껴지지 않지만, 북녘의 여행객은 따뜻해질 새 봄을 그래도 기대한다네(南國不覺初冬寒, 北客猶期新春暖)

연기와 비에 하늘과 땅이 분간이 가지 않고, 강산은 아직 늙지 않았는데 내 귀밑머리는 벌써 희끗하구나(煙雨天地渾一體, 江山未老鬢已染).

행당골에서

강진아

1장

부유한 이단의 땅
: 광동

남쪽에서 온 편지

2016년 5월 한 낯선 이로부터 이메일이 도착했다. 소택명(蘇澤明)이라는 이름의 발신자는 광동성 고요현 역사에 관해 연구하는 지방 사가로, 동순태호 담걸생(譚傑生)에 관한 잡지 기사를 준비 중이라고 하였다. 지난 2014년 1월의 고요현 금리진 방문이 떠올랐다. 중산대학교 사학과 주상(周湘) 교수 부부의 도움으로 드디어 금리진에 남아 있는 동순태호 장자의 직계 후손을 직접 만나서 인터뷰할 수 있었던 값진 여행이었다. 2년이 지나 이런 메일을 받게 되니, 그 동안 중국 내 몇 개 학술회의에서 조선 동순태호에 관해서 발표를 하고, 중국 잡지에 관련 글을 게재하기도 했던 보람이 느껴졌다. 이제 어느 정도는 동순태호에 관해서 알려졌기 때문이리라. 아닌 게 아니라 2014년 고요현 방문 때에 만난 금리진의 지방 관원, 당 간부, 심지어 담씨 후손들이 사는 마을의 촌장조차도 담걸생에 관해서는 처음 듣는다는 반응이었었다. 그런데 그 동안 어떤 변화가 있었던 것인지, 지방사 연구자까지 관심을 가지고 연락을 취해 왔으니 말이다. 그는 자신도 금리진을 방문해서 담걸생 장자 담정호의 손자(즉 담걸생의 증손자) 담영화(譚永和) 선생을 직접 만났다고 전하면서, 한국에 있는 나에게까지 메일을 주어 이런 저런 질문을 하였다

무엇보다 반가웠던 것은 지난 여행에서 금리진에 갔을 때 담걸생의 묘가 뒷동산에 실재한다는 점을 확인했으나 묘지까지 가는 길이 위험할 정도로 부근 지형이 변해서 결국 가지 못했었는데, 소택명 선생이 친절하게 묘의 상황을 알 수 있는 사진을 보내 온 것이었다. 담영화 선생과 함께 묘지가 있던 곳을 찾았지만 흙이 무너져 알아볼 수가 없어서 결국 곡괭이와 삽으로 한참 파헤친 끝에 묘지를 찾아냈다고 덧붙였다. 컴퓨터 화면에 띄운 묘지의 비문은 많이 닳아서 다른 글씨는 잘 알아볼 수 없었지만, 희미하게 '담걸생지묘(譚傑生之墓)'라는 글자는 읽을 수 있었다. 만감이 교차하는 순간이었다. 저 멀리 중국 남쪽 끝 아열대 기후의 아득한 이국의 땅에서 사계절이 분명하고 겨울 칼바람에 콧등이 시리는 조선 땅으로 건너와, 조선 최고의 거부로 우뚝 선 담걸생(譚傑生). 그의 마지막 흔적 치고는 초라했고 슬펐다.

하지만 이제 이 책에서 우리는 담걸생이라는 한 인물의 생애와 그가 걸어간 상인으로서의 치부의 길을 따라서 인구 이동의 세기인 19세기 중반과 20세기 초반의 100년을 살펴볼 것이다. 그리고 동아시아에서 '근대'라고 불리는 시기가 가지는 혼돈과 매력, 이 시기를 살아간 인간 군상의 역동성에 감탄할 수 있기를 바란다.

담걸생의 고향

동순태호(同順泰號) 경리(經理) 담걸생(譚傑生, 1853~1929년)은 조선의 개항기부터 일제 강점기까지 화상 중 최고의 거부이자 조선인이 누구나 아는 부옹이었다. 그렇지만 동순태호가 손꼽히는 화교 상점이었어도, 담걸생이 처음부터 그 회사의 소유주는 아니었으며 거부였던 것은 더더욱 아니었다. 그는 1853년 12월 28일(음력 11월 28일)에 화교 배출 지역으로 유명한 광동성(廣東省) 고요현(高要縣) 금리촌(金利村)에서 다섯 형제 중에 셋째로 태어났다. 정식 이름은 '이시(以時)'이고, '걸생(傑生)'은 자(字)이다.[1]

광동성은 중국 최남단의 성으로 베트남과 이웃하고 홍콩, 마카오와 접해 있는 중국 무역의 관문이다. 고요현은 광동성 중서부에 위치한다. 금리촌은 오늘날 금리진(金利鎭)으로 예전에는 청말 고요현, 이후 고요시에 속한 진(鎭) 중의 하나였는데, 2015년에 현급 도시인 고요시가 조경시의 일개 구(區)가 되면서, 행정구역상 광동성 조경시 고요구에 속해 있다. 금리진은 조경시와 고요구 전체로도 가장 동쪽에 있어서 불산(佛山), 광주(廣州)와 바로 연결되기 때문에 광동성의 핵심 지역인 주강(珠江) 델타 지역에 속한다. 청대에는 이 주강 델타 지역의 행정구역이 광주부(廣州府)와 조경부(肇慶府)였다. 광조(廣肇)로 통칭되는 이 지역은 광동성의 중심 지역이었다. 이곳 출신자들은 타지에 나가서도 심리적으로 동향으로 묶여서 광방(廣幇) 내지 광조방(廣肇幇)이란 그룹으로 함께 활동하였다. 담걸생의 아들 담정택

1_담걸생은 정부 관원과의 공식 문서 교환에서는 담이시(譚以時)로 서명하고 있고, 그의 형제들도 이(以)를 돌림자로 쓰고 있는데, 그 외의 경우에는 일반적으로 담걸생(譚傑生)으로 활동하였다.

은 회고록에서 부친의 고향, 즉 원적(原籍)을 묵강향(墨岡鄕)이라고 쓰고 있는데, 현재 담씨 후손인 담영화(譚永和) 씨가 대대로 살고 있는 곳은 2014년 당시 주소로 '광동성 고요시(高要市) 금리진(金利鎭) 동위촌(東圍村) 맥강(麥江) 4조(四組)'이다. 담영화 씨에 따르면 묵강(墨岡)과 맥강(麥江)은 광동어 발음이 같아 같은 곳이라고 한다.

1993년 고요현의 인구 조사에 따르면 도합 232개 성씨 중에 최대 성씨가 양씨였고, 담씨 역시 인구 5,000명 이상의 대성(大姓)으로 현지에서 21번째로 큰 씨족이다. 1996년 금리진의 인구는 5만 8,700명으로 대부분이 농업 인구이지만, 홍콩, 마카오, 대만 등 중화권 화교가 9,600명, 기타 해외 화교가 2,300명이나 되어서 금리진 인구의 5명 중에 1명은 해외에 거주하는 친척이 있었다. 오늘날은 트랙터를 비롯해 농기계 제조업이 크게 발전하여, 비농업 인구도 늘어나 발전한 광동성 내지의 모습을 잘 보여 주는데, 여전히 경제적 기회를 찾아 해외로 나간 인구는 많다. 중화인민공화국이 성립하기 직전인 1947년에도 고요현 출신은 타지로 진출한 인구가 상당히 많았다. 같은 시기 홍콩에 고요현 출신이 3,000여 명이나 있었으며, 주로 수입 잡화[洋貨]를 파는 양품점 운영이 많았다고 한다.

해금의 시대와 광동성

이처럼 먼 남쪽 땅에서 담걸생이 조선으로 건너오게 된 경위를 이해하려면 먼저 그의 고향인 광동성을 알아야 하고, 그가 때어난 1853년에 중국이 처한 상황을 이해해야 한다.

광동성은 명청 시기의 500년 동안 줄곧 대외 무역의 창구였고, 광주(廣州)는 아편전쟁 전에는 유일한 합법적 대외 무역항이었다. 북경에서 광주까지는 약 2,200km나 떨어져, 오늘날 자동차로도 22시간 이상 걸리는 거리이다. 이토록 먼 거리에 유일한 대외 무역항을 둔 것은 그만큼 이민족의 문화와 풍속이 중국에 들어오는 것을 꺼려하는 중화주의적 우월의식과 엄격히 관리된 교역만을 허가하는 해금(海禁)의 결과였다. 하지만 결과적으로 광주와 광동성은 중앙권력으로부터 멀리 있는 만큼, 해외의 문물과 정보를 어느 지역보다 빨리 접하여 발상이 자유로울 수 있었고, 상업적 번영을 누리며 높은 소비문화를 누렸다.

19세기 개항 이전 중국을 비롯한 동아시아는 '해금(海禁)'이라고 불리는 엄격한 대외 무역의 통제 하에 있었다. 몽골 왕조인 원(元)을 초원 지대로 내쫓고 한족의 강산을 회복한 명(明) 태조 주원장(朱元璋, 1328~1398년)은 국내 안정을 위해 1371년 해상 통교를 금지하고 "널빤지 하나라도 바다에 띄울 수 없다[不許寸板下海]"는 금령을 내렸다고 하는데, 이를 보통 해금의 시작으로 본다. 하지만 이 금령은 명 중기 이후의 역사가들이 명 초 정책의 엄격성을 평가하면서 쓴 표현이므로, 실상은 정확히 알 수 없다. 처음에는 연해 지역의 해적 활동과 왜구와의 결탁을 막기 위해 바다로 아예 못 나가도록 한 것으로, 연해의 치안 유지와 국방 정책의 성격이 강했다. 따라서 상인의 해외 도항이나 교역이 전면적으로 금지되지는 않았다. 15세기와 16세기 내내 해금 정책은 완화와 강화를 반복했다. 무역을 허가한 항구의 수나 위치는 시대에 따라 변천이 있지만, 중국 최남단 광동성의 광주는 늘 유일 내지 최대의 무역항의 지위를 유지하였다.[2] 1509년부터 명조는 광주(廣州)에 포르투갈, 스페인 등 서양 상선의 입항을 허용하기도 하였다. 포르투갈은 동남아시아를 거쳐 광주에 처음 도착하였고, 마침내 명 정부로부터 거주의 허락을 받아 광동성 내에 마카오를 건설할 수 있었다.

16세기 이후 밀무역이 크게 일어났다. 중국 국내의 상품 경제가 발달하면서 은(銀) 수요가 커졌다. 중국 은(銀) 가격의 10분의 1밖에 하지 않는 일본의 은을 가져가 중국 상품과 교역하면 100배의 이문이 남는다고 여기던 시대였다. 대항해 시대가 열리면서 향료 제도를 찾아왔다가 중국 상품에 눈독을 들인 포르투갈 인들이 라틴아메리카 은을 대량으로 중국에 가져왔다. 왜구, 포르투갈 인, 중국인 해적들이 해금을 어기고 이 매력적인 사업에 뛰어 들었다. 당시 명 조정 내에서도 아예 해금을 이완하고 바다에 나가는 것을 용인하자는 의견이 있었고, 엄격한 해금파와 논쟁을 벌였다. 마치 아편전쟁 직전의 아편 수입과 판매를 아예 허가해서 재정 수입을 올리자는 이금론과 엄금론의 대립을 연상시킨다. 이 논쟁에서 "바다로 나가 타국과 통하는 것[下海通番]을 금지하는 것[禁]"을 약칭하여 '해금'이라는 말이 최초로 사용되었다.

장기간에 걸친 해금 논쟁 끝에 명조는 1567년에 밀무역의 거점인 복건성 장주 월항를 개항하고 대신 징세를 개시하는 등 대폭 해금을 완화하였다. 곧이어 1573년에 스페인이 필리핀 마닐라와 멕시코의 아카풀코 사이의 태평양 무역 간선을 건설함으로써 중국을 중심으로 한 동아시아의 교역은 더욱 활성화되었다.

2_명조가 둔문도(屯門島)를 불법 점령한 포르투갈 세력과 충돌한 후 일시적으로 1522년부터 1529년까지 약 7년간 광주의 무역을 금지하기도 하였으나, 오래간 적은 없다. 근세 이후 광주 한 곳만이 유일한 대외 통상항이었던 시기는 명 가정(嘉靖) 연간 1523~1566년, 청 조 강희 연간과 청 중기 이후 남경조약 체결 전까지인 1757~1842년이다.

17세기 중반에 들어와 중국에서는 명청 교체의 혼란기가 찾아왔다. 1644년 만주족 왕조인 청이 명을 무너뜨리고 중화제국의 자리를 차지한 것이다. 청 왕조는 명의 해금 정책을 계승하였다. 이 시기에 일본도 도쿠가와 막부로 정권 교체가 이뤄지면서, 해외 교역으로 대량의 은(銀)이 유출되는 것에 대한 우려와 기독교의 확산을 막으려는 의도가 맞물리면서 자유로운 해외 교역을 금지했다. 나가사키(長崎) 항구만을 개방하여 네덜란드 상인과 중국 상인에게만 입항을 허가하는 '쇄국(鎖國)' 정책이 실시되었다. 조선 정부 역시 임진왜란, 병자호란 등 일련의 전화를 입으면서 국내 안정과 치안 회복을 위해 호시와 조공 사절에 부수한 중국과의 교역 외에는 대외 교역을 금지하였다.

청초인 순치(順治), 강희(康熙) 연간에는 어느 시대보다 강력한 해금 정책이 취해졌다. 명 왕조의 회복을 꾀하는 반청(反淸) 해상 세력인 정성공(鄭成功) 집단이 끈질기게 저항을 했기 때문이다. 1661년에는 정성공 집단과 연해 거주민들의 결탁을 차단하기 위해 광동성, 복건성 등 5개 성의 해안 주민을 해안 50리 안쪽으로 강제 이주시키는 소개령이 내려지기까지 하였다(遷界令). 그러나 1683년 대만에서 항거하던 정씨 정권이 청에 투항하자 이듬해에는 재차 금령을 풀고 해금을 대폭 완화하게 된다. 광주, 하문(=아모이), 영파, 상해 4개 항구에 해관(海關)을 설치하고 해외 무역을 허가했다(四口通商, 각각 粵海關, 閩海關, 浙海關, 江海關). 또 조공을 하지 않아 공식적인 국교가 없었지만, 일본과 중국 사이의 민간 교역도 활발하여, 1688년에 나가사키에 입항한 중국 선박은 198척에 달할 정도였다.

하지만 18세기에 들어와 재차 해금이 강화되었다. 개항을 계기로 외국 선박이 증가하면서, 국방상의 경계가 고조되었던 탓이다. 청은 내륙에서 러시아와 국경 분쟁을 겪고 1689년의 네르친스크 조약, 1727년 카흐타 조약을 체결해야 했다. 중국인의 해외 도항은 철저히 금했다. 중국의 형법에 해당하는 『대청율례(大清律例)』에는 해금을 범하고 출국하여 무역, 거주, 경작하는 자는 적과 내통한 자로 간주하여 참수를 규정하고 있다. 청조의 도항자에 대한 시선 역시 적대적이었는데, 청의 공문에서 해외 도항자는 '해도(盜賊)', '한간(漢奸)'으로 불렀다. 해적이나 적과 내통한 자였다는 것이다.

1757년(건륭 22년)에 청은 무역을 허가했던 4곳의 항구를 재차 광주(廣州) 한 곳으로 제한하기로 하고, '공행(公行) 제도'를 실시했다.[3] 공행이라는 특허 상인에게만 대외 교역을 독점적으로 허가하고, 외국 상선에 대한 징세와 관리 역시 일임하였다. 이때부터 아편전쟁의 패배로 중국이 불평등 조약 체제 하에서 개항을 강요당하는 1842년까지 85년간 광주는 유일한 서양과의 무역항이라는 지위를 유지하였다. 중국 전역에서 광주만이 민간인이 서양인을 만나고 문물을 교류하고 접촉할 수 있었던 유일한 합법 공간이었던 셈이다.

3_처음 광주에서 공행이 조직된 것은 사구통상 시절의 1720년이었는데 금방 없어지고, 1757년 광주만 개항하는 일구통상. 이른바 광동 체제(Canton system)가 성립한 후, 1760년에 광주의 9개 무역상[行商]이 연명으로 서양과 무역을 처리할 전문적인 공행(公行), 즉 독점 상인을 두자고 요청하여 설립된다. 이 공행을 외양행(外洋行)이라고 하는데, 10년 뒤에 다시 폐지되었다가(1771년), 다시 4년 뒤인 1775년에 재건되면서 오히려 보증인 역할[保商]까지 하고 서양 상인과 청조 관헌 사이의 왕래 문서 처리까지 맡도록 역할이 크게 강화되었다, 이 시스템이 1842년까지 쭉 간다.(이은자 2012)

광동성과 양행(洋行)의 탄생

광주(廣州) 한 곳으로 무역을 제한하고 특허 상인에게만 대외 교역을 허가하는 특수한 관리형 교역 체제를 서양인들은 켄톤 시스템(Canton system)이라고 불렀다. 캔톤(Canton)은 한자로는 '광동(廣東)'을 광동어 방언으로 발음한 것인데, 당시는 무역항인 광주(廣州)를 광동(廣東)이라고 불렀으므로, 서양인들이 말하는 Canton은 다름 아닌 광주를 뜻한다. 광주로 오는 외국 상인은 처음에는 봄베이와 캘커타에서 온 인도와 페르시아 상인들이 다수를 점했으나, 18세기 말부터 유럽 상인들의 직접 진출이 증가하였다. 영국인 중에 경제적 기회를 찾아 고향을 떠난 스코틀랜드 출신의 상인들이 인도에서 상업 활동을 하다가, 광주로 진출하는 사례가 생겨났다. 또 1776년에 미국 식민지가 독립하면서, 영국 동인도회사의 독점권에 영향을 받지 않게 되자, 미국 상인들의 진출 역시 차차 늘어나게 되었다.

광주에 찾아오는 유럽과 미국의 상인들은 자유롭게 교역을 할 수 없고 반드시 청 정부가 지정한 특허 상인을 통해서만 물품의 구입과 판매를 할 수 있었다. 원래 '양행(洋行)'은 바로 이들 구미 상인들로부터 세금을 징수하고 물품의 거래를 대행하는 특허 상인인 '공행(公行)'을 가리키는 말이었다. '양(洋)'은 외국을 의미하고, '행(行)'은 동업 집단, 상인 길드를 뜻하는 말이다. 그러나 개항 이후 공행 제도가 폐지되고 중국의 각 개항장에 서구의 상인과 회사가 대거 진출하면서, '양행'은 개항장을 중심으로 중국에서 활동하는 서양 회사(Western Company)를 지칭하는 말로 바뀌었다.

중국에 진출한 서양 상인 가운데 가장 세력이 컸던 것은 영국 상인들이었다. 영국은 18세기 중반 이후 중국의 최대 무역 상대국이었으며, 1833

년까지 서구와 중국의 무역을 주도한 것은 영국 동인도회사였다. 18세기 말 이 회사는 중국의 대유럽 수출 총량의 70%, 중국의 유럽 수입 총량의 90%를 취급했다. 영국이 중국에서 수입하는 최대의 수입품은 차(茶)였다. 1711~1720년 영국 동인도회사의 중국차 수입량은 264만 파운드 가량이었으나, 1801~1810년에는 약 2억 4,044만 파운드로 90배가 넘게 증가하였다. 그런데 영국의 특산품인 모직물은 중국에서 수요가 없었으므로, 차의 대가로 엄청난 양의 은이 중국으로 유출되었다.

영국은 산업혁명의 시대에 들어서 투자 자금 수요가 늘어나던 상황에 대량의 은이 유출되는 걸 좌시할 수 없었다. 중국에 팔만한 공산품을 못 가졌던 영국은 식민지 인도에서 마약인 아편을 중국에 가져가 팔고 그 결제 대금으로 수입차의 지불을 상쇄하는 삼각 무역을 경영하였다. 게다가 산업혁명의 핵심 산업인 기계 면방직 부문이 급성장하면서, 영국은 원면인 면화를 미국에서 대량 수입해야 했는데, 그 지불 대금을 아편 수출의 흑자로 마련하게 된다.

아편은 이미 1729년(옹정 9년)에 공식적으로 청조가 재배와 수입을 금지시킨 품목이었다. 그러나 아편 수입량은 1809년 4,200상자(1상자=63.5kg)에서 1839년에는 4만 상자로 10배 가까이 크게 늘어났는데, 이는 거의 중독자 400만 명의 소비량에 해당한다. 1817~1833년 영국 동인도회사는 중국과의 무역에서 차 수입으로 매년 약 80만 파운드의 적자를 보았지만, 영령 식민지였던 인도는 아편과 면화 수출로 1828~1829년에는 약 200만 파운드, 1836~1837년은 약 600만 파운드의 흑자를 기록했다. 1828~1840년 사이에 중국에서 인도로 유출된 은(銀)은 1,300만 파운드나 된다. 동서 교역은 차와 아편으로 폭발적으로 증가하면서, 성공을 꿈꾸는 모험적 영국인들을 끌어 모았다.

이제 인도양과 남중국해의 항구 도시에서 상거래로 분주한 영국 젊은 이들을 찾아보기는 어렵지 않게 되었다. 영국 동인도회사는 아시아와 영국 사이의 무역은 독점했지만, 아시아 간 무역인 중국과 인도 사이의 교역은 민간 상인들에게 허용해 주었다. 또한 동인도회사는 인도에서 아편을 생산만 하고, 중국에 불법적으로 가져가 파는 것은 이들 민간 상인들에게 맡겼다. 이런 틈새시장을 개척한 자유 상인들의 성장은 급격했다. 인도에서 활동하다가 중국의 유일한 대외 무역 항구인 광주와 외국인의 거주가 허용된 마카오에 현지 진출하는 구미 상사가 꾸준히 늘어났다. 영국 상인들 중에는 경제적 기회를 찾아 고향을 떠난 스코틀랜드 출신의 상인들이 인도를 거쳐 광주로 흘러들어왔다.

1830년대 말 마드라스, 봄베이, 캘커타에는 수출입업자인 에이전시 하우스(Agency House)가 71개나 활동하고 있었는데, 이들 회사에 참여하는 동업자 수의 절반 이상이 스코틀랜드 인이었다. 청의 아편 단속에 대해 누구보다 불만을 품고 있고 군사력을 써서라도 개항하고자 했던 사람들은 바로 이러한 자유 상인들이었다. 이들은 무역항과 교역 대상에 규제를 가하는 청조에 대해서뿐만 아니라 이문이 높은 동서양 교역을 독점해 온 영국 동인도회사의 규제에도 반대하였고, 독점의 폐지와 자유 무역을 주장했다. 그 결과가 1834년의 영국 동인도회사의 무역 독점 폐지이며 6년 뒤의 아편전쟁이었다.

19세기 광주를 주름잡던 양행들

이 두 역사적 사건에 깊이 개입한 것이 개항 전 중국에 진출한 최대의 서구 회사였던 자딘 메디슨 사(Jardine, Matheson & Co., 怡和洋行)이다. 스코틀랜드 출신인 윌리엄 자딘(William Jardine, 1784~1843년)과 제임스 메디슨(James Matheson, 1796~1878년)이 1832년 광주에서 세운 이 회사의 역사는 광동 양행의 전형적인 발전사이자 우리가 앞으로 볼 광동 상인들의 동아시아 진출사와 겹치는 부분이 많다.

훗날 극동 최대의 무역 회사로 성장한 이 회사는 초기에는 주로 인도의 아편을 중국에 내다 팔아 자본을 축적하였다. 윌리엄 자딘은 스코틀랜드의 농민 가정에서 태어났으나, 형의 도움으로 에든버러 대학에서 외과의사 자격증을 딸 수 있었고, 1803년 19세의 나이로 동인도회사의 승선 의사가 되어 이후 14년간 동인도회사에서 일하였다. 자딘은 직원의 특권인 할당된 화물 적재 공간을 활용해 아편 교역에 종사하여 적지 않은 자본을 모았다. 1817년에 회사를 그만두고 두 동업자와 함께 아편 무역에 본격적으로 뛰어든 그는, 1819년 쾌속 범선 사라 호(the Sarah)를 구입하여 봄베이에서 광주까지 아편을 수출하여 크게 성공하게 된다.

당시 유럽에서는 범선의 시대가 지고 증기선의 시대가 막을 올리고 있었다. 18세기 말에 프랑스에서 최초의 증기선이 발명된 후(1774년, 1783년), 1807년에 미국 뉴욕에서 상업적으로 성공한 증기선 운항이 처음 시작되었다. 허드슨 강을 왕복하는 로버트 풀턴의 클러몬트 호였다. 강과 내륙 운하를 운행하는 수준에서 증기선이 대양을 운항하는 수준으로 옮겨 가는 데에는 시간이 걸렸다. 무엇보다 대양을 횡단하려면 석탄을 대량으로 실어

야만 했고, 그러면 화물 적재 공간이 줄어들기 때문에 가성비 문제가 생겨난다. 따라서 비용 대비 효과가 좋으려면 조금만 석탄을 써도 더 힘 있고 더 멀리 갈 수 있도록 증기기관과 선박의 기술적 개량이 필요했다. 이런 기술적 난제가 해결되고 대양 노선에서 증기선이 범선을 내체하는 것은 19세기 중반에 가서였다. 영국 기술자 브루넬의 그레이트웨스턴 호(1838년)와 그레이트브리튼 호(1843년)의 등장으로 대서양 노선이 빠르게 증기선으로 대체되었던 것과 달리, 범선이 최후까지 항해한 항로가 중국-영국 간 항로였다. 이 노선은 19세기 말까지 쾌속 범선이 살아남았다. 자딘 메디슨 사는 1819년부터 1870년대까지 누구보다 빠른 개량된 쾌속 범선으로 이 구간의 무역에서 우위를 점했다.

제임스 메디슨 역시 스코틀랜드 태생으로 에든버러 대학을 다녔다. 그는 1815년에 동인도회사로부터 자유 무역상의 자격증을 획득하고, 인도 캘커타로 건너가 삼촌의 무역 회사(Mackintosh & Co.)에서 일을 시작했다. 이후 독립한 그는 광주로 가서 스페인 사람 프란시스 자비에르 이리사리(Francis Xavier de Yrissari)와 동업하여 인도와 중국 간의 무역을 취급하면서 사업을 크게 발전시켰다. 윌리엄 자딘과 제임스 메디슨 두 사람 모두 광주의 대표적 양행이었던 매그니악 사에 동업자로 영입되어 일하고 있었는데, 1832년에 기존 동업관계를 재정리하면서 공식적으로 자딘 메디슨 사를 출범시켰다. 이 회사는 중국에서는 중국식 이름인 '이화(怡和, Ewo)'라는 브랜드를 썼기 때문에, 중국과 동아시아 지역에서는 이화양행(怡和洋行)으로 불린다.

영국 동인도회사가 동서 교역을 독점하던 상황에서 자유 무역업자들은 동인도회사로부터 지방 무역(country trade)의 허가장을 얻어야만 인도와 중국 간 무역에 부분적으로 종사할 수 있었다. 그러나 영국과의 무역은 절대 불가했다. 자유 상인들은 18세기 내내 유지해 온 영국 동인도회사의 독점권에 도전했는데, 이미 1813년에 영국 면포업자들의 로비로 영국 동인도회사는 인도와 영국 사이의 무역 독점권을 상실했었다. 자유무역주의자들의 강력한 로비로 1834년에는 마침내 중국과 영국 사이의 무역 독점권까지 폐지되었으며, 양행들은 중국의 차를 직접 유럽 시장에 내다 팔 수 있게 되었다.

차 시장은 신차(新茶) 프리미엄이 큰 상품이었으므로 막 새로 딴 신차를 소비지인 영국에 더 빨리 배송할수록 높은 마진을 올릴 수 있었다. 자딘은 빠른 배송력으로 영국 동인도회사의 옛 시장을 거의 흡수했는데, 자딘 선단 중에 특히 유명했던 실프 호(the Sylph)는 캘커타에서 마카오까지 17일 17시간 만에 주파하여, 범선으로서 누구도 깨지 못한 기록을 세웠다. 1830년대 즈음 이 회사는 아시아 최대의 무역 회사로 성장하였고, 중국 대외 교역의 약 절반가량을 장악했다. 1841년까지 자딘 메디슨 사는 19척의 대륙 간 쾌속 범선, 연해와 내륙 수운의 밀수를 위해 수백 척의 선박과 보트를 보유했다. 주력 상품으로 인도 아편을 중국에 밀수하고, 필리핀에서 설탕과 향료를 중국에 가져와 교역했으며, 중국에서는 차와 비단을 가져가 영국에 수출하였다.

광주-마카오 시기부터 진출한 양행 중에 자딘 메디슨 사와 경쟁한 대표적인 양행으로는 같은 영국 자본인 덴트 사(Dent & Co.)와 미국 회사 러셀 사(Russell & Co.)가 있다. 덴트 상회[중국명 보순양행(寶順洋行), 전지양행(顚地洋行)]는 데이비슨 사(Davidson& Co., 達衛森行)를 전신으로 하는데, 포르투갈 국적이었던 윌리엄 S. 데이비슨이 중국-인도 간 무역의 대리상으로 광주(廣州)에 설립한 회사였다. 동업자로 참여하던 토마스 덴트(Thomas Dent)와 란셀롯 덴트(Lancelot Dent) 형제가 윌리엄 데이비슨이 은퇴한 후 1824년 광주에서 회사를 'Dent & Co.'로 개명하면서 정식으로 성립했다. 중국에서는 보순양행으로 주로 통한다. 러셀 사(Russell & Co.)는 미국 독립 이후 중국과 미국 간 무역이 확대되어 가던 1824년에 광주에서 설립되었다. 러셀 사의 창립자인 사뮤엘 워스워드 러셀(Samuel Wadsworth Russell, 1789~1862년)은 코네티컷 주 미들타운 출신으로 29세인 1818년에 차, 비단, 인삼 등을 취급하는 미국 상사의 대리인으로 처음 광주에 왔다. 그러나 그는 곧 아편 무역의 고수익성에 눈을 떴다. 대리인을 그만둔 그는 독자적으로 동업을 구성하여 러셀 사를 설립하여 자딘, 덴트 사와 더불어 최대의 아편상으로 발전시켰다. 사뮤엘 러셀은 1836년에 미들타운으로 은퇴했지만, 러셀 사는 1842년까지는 중국 내 미국 양행 중 최대 회사로 발전하였다. 중국명은 기창양행(旗昌洋行)이다.

자딘 메디슨, 덴트, 러셀 모두 기본적으로는 성격과 취급 품목에서 유사하다. 모두 일종의 오파상인 위탁판매상(agency house, commission house)으로 각각 중-영 무역과 중-미 무역을 주력으로 하되, 인도와 동남아시아에도 지점을 두고 다양한 상품을 취급하며 아시아 역내 교역도 병행하면서 수익을 극대화하였던 것이다. 세 회사는 광주에서 무역 활동을 하다가 개항과 함께 바로 상해로 진출하게 된다.

아편전쟁과 중국의 개항

영국 동인도회사의 독점권을 무너뜨린 광주의 양행들은 이제 중국의 무역 규제를 무너뜨리기 위해 움직였다. 1835년에 윌리엄 자딘은 제임스 메디슨을 영국에 파견하여 중국을 개항시키기 위해 무력을 동원할 것을 정부에 극력 로비하였다. 당시 영국 외무상이었던 웰링턴 공작(Duke of Wellington)은 이 변방에서 온 무역업자의 호소에 귀를 기울이지 않았다. 1836년 정부를 설득하는 데 실패하고 귀환한 메디슨을 대신해, 윌리엄 자딘이 직접 은퇴를 핑계로 1839년 초에 영국으로 귀국하여 로비 활동을 계속하였다. 자딘은 새로운 외무상인 파머스톤(Sir. Palmerston)을 만나 전쟁을 설득했고, 이때 유명한 '자딘 페이퍼(the Jardine Paper)'를 제출했는데, 거기에는 상세한 지도와 전쟁 전략, 중국 정부에 대한 배상 및 정치적 요구사항, 필요한 군대와 군함 숫자까지 명시되어 있었다.

청 도광제(道光帝)가 자딘의 출발을 보고 받고, 흠차대신 임칙서를 파견한 것은 그 직후였다. 결국 임칙서가 1839년에 광주에서 란셀롯 덴트를 체포하고 자딘 사의 7,000상자를 비롯한 총 2만 상자의 아편을 몰수하여 처분하자 그 대응으로 전쟁을 결정하는 데 자딘의 로비는 결정적인 역할을 했다. 모두가 알고 있듯이, 청은 전쟁에서 처참하게 패배했다. 1842년 남경조약으로 상해와 광주를 비롯해 5개 항구가 개항되었으며 새로운 영국 식민지로 홍콩이 할양되었다. 이제 중국과 동아시아에는 해금의 시대가 끝나고, 불평등조약 하에 제국주의적 특혜와 통상을 양날의 칼로 하는 개항장 체제(treaty port system)가 첫 삽을 뜨게 된 것이다.

중국을 개항시킨 영국처럼, 일본을 개항시킨 미국의 배후에도 동아시아 현지에 진출하여 상업적 부를 축적해 나가던 자유 상인들의 적극적인 움직임이 있었다. 19세기 초까지 광주와 마카오의 미국 상인들은 아시아 해양을 순찰하며 주유하는 미 해군의 입항을 열렬히 환영하고 자체 예산으로 접대를 소홀히 하지 않았는데, 그 주된 접대는 러셀 사가 담당하였다. 미 해군은 1831년 중미 교역 상황을 조사하기 위해 포토맥 호(the frigate Potomac)를 파견하는 등, 동아시아에서 미국 상인의 이익 보호에 관심을 쏟았고, 이 배가 마카오에 한 달여 정박할 때에 지휘관들은 마카오의 러셀 사에서 생활하였다. 1853년 페리 함대가 파견되었을 때 그 목적 역시 중미 무역의 증기선 항행을 위해 일본 내 석탄 기지를 확보하는 것이었다. 러셀과 정치적 커넥션을 가졌던 다니엘 웹스터(Daniel Webster, 1782~1852년)와 캘럽 쿠싱(Caleb Cushing, 1800~1879년)이 모두 일본 원정의 열렬한 지지자였다. 두 사람은 매사추세츠 주 의원을 역임한 태평양주의자이다. 함대가 상해와 광주에 정박할 동안 페리 제독과 수행원들은 모두 두 도시의 러셀 사에서 거주하면서 극진한 대접을 받았다. 이처럼 미국 해군과 동아시아에 진출한 미국 상인, 워싱턴 내의 아시아 진출주의자들 사이의 긴밀한 협조 관계는 중국의 개항 이전에도 확인되는데, 개항 이후 관계는 더욱 전면적으로 전개되었다.

상해의 등장과 광주의 위축

남경조약으로 뽕밭이 바다로 바뀌듯 지위가 바뀌고 성장한 곳은 영국에게 할양된 홍콩 섬과 조약 항으로 지정된 5개 항구(광주, 상해, 영파, 복주,

하문) 중에 돌출하여 성장하게 되는 상해였다. 1842년에 인구 3,000도 못 미치는 작은 어촌이었던 홍콩은 서구 회사의 아시아 본부가 들어서는 새로운 동서 교역의 항행·금융·교역의 허브로 성장했다. 1843년 개항 당시 1,300여 개 중국의 현(縣) 중 하나로 인구 50만의 중소 도시였던 상해는 개항 이후 7년 만에(1850년) 교역량에서 광주의 2배를 기록해 중국 최대의 항구로 부상하였고 곧 동아시아 최대의 메트로폴리스가 되었다. 유럽 상인들은 이제 광주를 떠나 홍콩과 상해로 거점을 옮겼다. "상해는 영국에 의해 영국을 위해 개항하여, 영국의 중국 시장 지배의 거점이 되었다."는 표현이 있을 정도이다.

상해에 영국의 초대 상해영사 조지 발포아(Captain George Balfour)가 처음 도착하여 개항장으로 공식 선포한 것이 1843년 11월이었고, 이후 점차 영국과 미국의 회사들이 상해로 몰려들었다. 개항장이 된 지 1년밖에 안 지난 1844년에 상해에는 벌써 11개의 영국, 미국 회사와 23명의 무역업자가 와 있었다. 그 중에는 광주 시대부터 대중 무역을 선도한 영국 상인 자딘 메디슨 사와 덴트 사, 러셀 사가 있었다. 중국의 경제 중심지인 방대한 양자강 유역을 배후지로 가진 상해는 수출입 무역에서 빠르게 광주를 대체했다. 1849년에 광주는 녹차 수출량에서 상해의 4배였지만, 2년 뒤에는 상해의 수출량이 광주의 2배를 넘어섰다. 중국의 총수출에서 상해의 비중은 1846년 7분의 1에서 1852년에는 절반 이상으로 커졌다.

자딘 메디슨은 1843년에 상해에 가장 먼저 도착하여 조계 지역인 와이탄(外灘)의 빌딩 부지에 깃발을 꼽고 최초로 등록한 회사였다. 와이탄에 사들인 부지의 첫 투자액은 500파운드였지만, 1900년에 이 토지의 가치는 100만 파운드로 뛰어 올랐다. 러셀은 상해에 문을 연 첫 번째 미국 회사였다. 러셀의 대표인 헨리 월콧(Henry G. Wolcott)은 1843년에 상해로 도착하여 에이전시 업무를 시작했고, 정식으로 상해지점이 오픈한 것은 1846년이다. 러셀은 1852년에 본사를 광주에서 상해로 옮겼다. 러셀의 강력한 경쟁자였던 미국 회사 웻트모어 사(Wetmore & Co.)와 어거스틴 허드 사(Augutine Heard & Co.)도 상해지점을 설립하여, 1846년까지 21개의 영국 회사, 3개의 미국 회사가 상해에서 영업 중이었다.

한편, 홍콩의 성장에 큰 기여를 한 것은 자딘 메디슨 사의 제임스 메디슨이었다. 주강 입구에 위치한 작은 섬에 불과했던 홍콩은 초기에 큰 주목을 받지 못했다. 오랫동안 광주-마카오에 거주지와 창고를 구축해 온 양행들은 인프라가 없는 홍콩 섬에 부정적이었다. 그러나 자딘은 홍콩 개발에 처음부터 적극적으로 나섬으로써 훗날까지 자딘의 성장에 결정적인 선택을 한 셈이 되었다. 1841년 6월에 홍콩 개발을 위한 첫 토지 매매가 이뤄지고, 자딘 메디슨 사는 이스트 포인트(East Point)의 세 블록의 토지를 엄청난 헐값에 구입하여 첫 홍콩 사무실을 오픈하였다(총액 565파운드). 이 부지가 자딘 소유 만다린 오리엔탈 호텔(Mandarin Oriental Hotel) 산하의 엑셀시어 호텔(Excelsior hotel)이 자리한 곳이다.[4] 또한 자딘은 공식적으로 홍콩이 새 영국 식민지로 선언된 1843년에 본사를 홍콩으로 옮겼다. 그리고 선박 운영과 승무원 운영, 새로 유입될 유럽인 사회를 위해 창고, 부두, 저택, 쇼핑가 등 필요한 인프라를 건설했다. 홍콩 최초의 제빙 공장, 최초의 면방적·방직 공장, 홍콩 최초의 제당 공장이 건설되었고, 대중교통인 홍콩

4_자딘 메디슨 사가 이 1번 부지를 올해 드디어 매물로 내놓았다고 파이낸셜 타임즈에 보도되었다. 한 시대가 저무는 증거이다. https://www.ft.com/content/d7fc0fa4-9a08-11e7-b83c-95 88e51488a0

트램 서비스 역시 자딘 소유였다. 1850년 이래로 홍콩 입법원 중에 총독이 임명하는 2명의 비관료 위원 중 1명은 늘 자딘 메디슨의 대표였다.

상해에 자딘 메디슨 사에 뒤이어 두 번째로 지점을 연 영국 자본은 사슨 상회(David Sasson and Sons Company)였다. 사슨 가는 대대로 바그다드의 명족으로, 오스만 제국 지배 하에서 지방 재무관을 세습했었는데, 현지에서 유대인에 대한 적대적 분위기가 고조되면서 사슨 가의 족장인 데이비드 사슨(David Sassoon, 1793~1864년)은 일족을 이끌고 바그다드를 탈출해 부셀(Bushehr)에 정착하였다. 이곳은 유럽에서 인도로 건너가는 영국 동인도회사의 페르시아 거점이었다. 인도가 전망이 있다고 판단한 데이비드 사슨은 1832년 재차 일족을 이끌고 봄베이(Bombay, 현재 뭄바이 Mumbai)로 이주를 하여 같은 해 사슨 상회를 설립하였다. 이것이 아시아 재벌 사슨의 시작이었다. 사슨 가는 영국 국적을 취득하였고, 영국 면포를 인도에 수입하고, 중국에 아편을 밀매하는 무역으로 거부를 축적하였다. 데이비드 사슨이 1864년 인도에서 병사할 때까지 자산 규모는 이미 400만 파운드에 달했다. 사슨의 성공은 이전부터 인도양 교역권과 바다의 실크로드에 널리 포진해 있는 유대인 네트워크 덕분이었는데, 데이비드 사슨은 1861년 바그다드에서 유대인 학교를 설립하는 등 유대인 커뮤니티를 위한 자선 활동에 힘썼다.

그런 반면, 중국에 대해서는 오로지 아편무역으로 특화하여 거부를 축적하고 철저히 이윤 추구에 일관했다. 봄베이를 중심으로 활동하던 사슨은 1842년 남경조약과 중국의 개항에 착목하여 중국과 동아시아로 활동권을 넓혔다. 1844년 광주에 처음 도착한 데이비드 사슨의 차남 일리아스(Sir Elias David Sasson, 1820~1880년)는 이듬해인 1845년에 자딘 메디슨에 이어 양행으로서는 두 번째로 상해에 지점을 열었다. 이후 요코하마, 나가사키 등 일본의 개항장까지 지점망을 확대하여, 인도 봄베이에 이어 상해는 사슨 상회의 제2의 거점이 되었다.

상해와 홍콩의 발전으로 광주와 마카오는 위축되었다. 많은 양행들은 홍콩 아니면 상해로 근거지를 옮겼다. 1856년 애로우호 전쟁(제2차 아편전쟁) 때에 광주에 있던 양행 상관(商館, 혹은 洋館이라고도 함, factories)이 현지 중국인의 공격으로 완전히 불타 버린 것이 결정적인 타격이 되었다. 1850년대 말까지 상해의 양행 숫자는 광주의 3배로 늘어나 홍콩에 이어 두 번째였다. 광주는 새롭게 대외 무역 센터와 중계 무역항으로 떠오른 홍콩의 위성(衛星)으로 전락하였다.

1853년

그러나 광주와 광동성은 위축되었어도, 광동인과 그들의 부는 전혀 위축되지 않았다. 오히려 양행의 세력 확대와 지역적 확대에 따라 이제 광동성 고향을 벗어나 힘차게 비상하기 시작하였다. 광동성은 대표적인 화교 배출지로 1945년 이전 5,000만 정도를 헤아리는 화교 인구 중의 70% 가량이 광동성 출신이라고 한다. 이렇게 화교를 대량 배출하게 된 배경으로는 무역항으로서의 지위와 동남아시아와의 지리적 인접성으로 해외로 나가기가 쉬웠다는 점, 또 인구 증가와 경지 부족으로 일자리를 찾아 나가려는 동기가 컸다는 점이 지적된다. 청 중기 이래 중국 인구의 폭발적 증가는 유명하지만 광동성은 유독 심했다. 18세기 후반부터 1930년대까지 중국 인구는 1.7배, 경지는 1.6배가 늘어났는데, 광동성의 인구는 2.1배, 경지는 1.6배로 늘어나 평균을 훨씬 상회할 정도로 인구 압박이 심했다. 일반적으로 광동 화교사 연구는 수적으로 많은 고력(苦力, 쿨리)으로 불리는 노동 이민에 집중되어 있으나, 사실 상인 자본 역시 경제적 기회를 찾아 이주가 가속화되었다. 그리고 광동 상인들의 이주에 중요한 매개가 된 것이 바로 양행과 파트너십을 형성하는 '매판(買辦)'이라는 특수 지위이다.

광동 상인의 이주에서 주요한 특색은 청대 최대의 대외 무역항으로 성장해 온 매판 자본(買辦資本)이라는 특색이 이주 방식과 반경에도 크게 영향을 주었다는 점이다. 200여 년 동안 광주에 활동하던 서양 상인들이 상해로, 다시 일본으로 진출하면서, 이들은 낯선 곳에 비즈니스를 하기 위해 현지인 파트너가 필요했다. 그때 개항 이전까지 공행(公行)으로서 사업 관계에 있었던 광동인들, 그리고 그들의 친인척들을 적극적으로 고용하였고, 새로 개척하는 개항장마다 이들을 함께 데리고 갔다. 무엇보다도 영어가 가능하다는 것이 큰 장점이었다. 이렇게 하여 양행의 매판으로 활동하던 광동인들도 광동성을 벗어나 상해와 다른 개항장으로 이주하기 시작했고, 일본과 조선의 개항에 따라 동아시아 지역으로 활동 영역을 넓혀가게 되었다.

양행의 확대에 따라 광동인 매판이 급속히 늘어난 것은 동아시아에서 서양 회사의 영업 방식 때문이었다. 중국에서 활동하던 양행들은 언어와 제도, 관습의 장벽 등의 이유로 개항장 밖으로 나오지 못했다. 서양인 매니저와 직원들은 중국어를 배우려 하지도 않았다. 이 시기 양행의 비즈니스를 사실상 수행하던 이들은 개항장과 내지를 자유롭게 왕복하며 교역을 중개한 '매판(買辦)'이라 불리는 중국인들이었다. 초기 매판은 광주십삼행(廣

州十三行)으로 불리던 관허 독점 상인들이 개항 후에도 매판으로서 양행과 비즈니스 관계를 이어 갔지만, 점차 동향 관계와 친인척 관계로 외연이 넓어지면서 대상인을 꿈꾸는 많은 광동 젊은이들이 하급 매판으로 커리어를 시작하였다. 매판은 영어로 Comprador라고 하는데, 원래 대항해 시대 이래 인도, 이슬람 문화권에서 서양 회사의 사업 활동에 종사하던 현지인을 가리키는 말이라고 한다. 이와이 시게키(岩井茂樹)의 연구에 따르면, 한자어로 '매판'은 명대에는 관청에 필요한 물자를 조달하거나, 조정의 상납 명령에 지방 관청이 재정 경비로 물자를 구입하는 것, 또는 정부 발행의 지폐로 물자를 구입하는 것을 뜻하는 동사였다고 한다. 그런데 개항 이후는 양행을 위해 중국의 물자를 조달하거나 수입품을 매각하는 대리인을 가리키는 말로 바뀌었다.

이들 매판은 동향 관계와 친인척 관계를 매개로 후임을 뽑고 직책을 계승하였는데, 광주가 유일한 개항장 지위를 유지하던 수백 년 동안 양행의 대리인 역할을 독점하면서 부를 축적하고 하나의 사회 집단을 형성하였다. 이들 광동인 매판들은 1843년 상해 개항과 더불어 서양 상인들이 상해로 거점을 옮기면서 매판으로 함께 상해에 입성했고, 후에는 이 줄을 따라 자체 사업을 벌여 이른바 상해에서 영업하던 외지 출신 상인인 객방(客幇) 중에 최대 세력을 형성했다.

1843년 자딘 메디슨 사가 상해에 처음 진출했을 때, 부지 구입에서 지점 설치까지 실무를 담당했던 것은 자딘 메디슨 사와 대대로 거래하던 공행(公行) 상인으로 매판으로 변신한 오호관(伍浩官)이었다. 그의 자제와 친인척들 아삼(阿三, Asam), 아도(阿陶, Atow), 아복(阿福, William Affo)은 모두 1845~1851년 사이에 차례로 상해에 와서 자딘 매디슨 사의 매판으로 일했다.[5] 1844년에는 청과 미국이 무역 장정을 맺으면서 더 이상 지방관이 양행의 현지인 고용에 관여하거나 관리할 수 없고, 서양 상인이 자유롭게 대리인을 고를 수 있도록 명문화되었다. 이로써 공식적으로 공행 제도는 완전히 폐지되었고, 이제 매판의 세상이 되었다.

1850년 상해는 수출입 교역량에서 광주를 2배나 앞서게 되었다. 1843년에 광주에서 홍콩으로 본사를 옮긴 자딘 메디슨 사에 이어서, 1852년에 미국 상인 러셀 사 역시 본사를 상해로 옮기면서 광주를 떠났다. 개항 후 2년 뒤인 상해현성 외곽에 중국 최초의 외국인 거류지, 조계가 설치되었다(1845년). 늪지대에 쓸모없는 땅이었던 거류지는 도로가 깔리고 부두가 건설되면서 신속하게 근대적 도시로 변모하였고, 1850년대에는 상해 상업의 중심지가 되었다.[6] 원칙적으로 외국인만 거주하는 이 지역에 광동인은 예외였다. 고용인과 매판의 자격으로 함께 입성하여 한편으로는 매판으로 양행을 위해 일하면서, 조계에 자신의 독자적 상점을 열어 경제적 실력을 키워 나갔다.

담걸생이 태어난 1853년은 바로 이러한 광주 양행의 북상과 상해의 발전, 이에 부수한 광동인의 광범위한 상해 진출이 가속화되고 있던 시점이었다. 1853년에 상해에 거류하고 있는 광동 인구는 8만 명에 달했다. 청은 1851년부터 태평천국운동이라는 대규모 내란에 휩싸여 사실상 국가 기

5_오호관(伍浩官)의 집안은 대대로 광동성 광주에서 살았던 상인 집안이지만 원적지는 복건성 천주(泉州)이다.

6_1863년에 영국 조계와 미국 조계가 공공조계로 합병되어 공공조계가 되었고, 프랑스 조계가 따로 있었다. 상해는 공공조계, 프랑스 조계, 구 상해현성 지역으로 삼분되어, 이 구조가 1942년까지 유지되었다. 1854년에 7명의 동사(董事)를 선출하여 조계지 전체의 행정과 경찰권을 행사할 자치기구로 공부국(工部局)을 세웠는데, 1869년부터 프랑스 조계는 따로 프랑스 총영사가 관할하였다.

능이 마비된 상태였다. 이 틈을 타서 1853년에 상해에서는 태평천국에 호응한 반청복명(反淸復明, 청을 무너뜨리고 한족 왕조 명을 부흥시키자는 슬로건) 집단인 소도회(小刀會)의 무장 봉기가 일어났다. 이 봉기를 이끈 것은 역시 비밀 결사 단체인 천지회(天地會)의 수령인 유여천(劉麗川)으로 그는 매판 출신이 많기로 유명한 광동성 향산(香山) 사람이었다. 유여천은 영어가 능통하여 매판으로 고용되어 상해에 입성했으며, 상해에서 무역 상점의 매니저를 지내기도 하고, 차, 설탕, 실크 판매업에 투자하기도 한 엘리트였다. 재미있는 일화가 있다. 그 당시 상해의 행정장관[上海道臺]이었던 오건창(吳健彰) 역시 광동인으로 영국 상인 덴트 상회, 즉 보순양행(寶順洋行) 매판 출신이었다가, 청조에 돈을 헌납하고[捐納] 관직을 산 인물이었다. 상해가 완전히 봉기군의 손에 떨어진 상황에서 오건창은 체포되지 않고 1주일 만에 미국인의 도움으로 무사히 현성을 빠져 나갔는데, 이때 같은 광동성 동향이었던 봉기군 수뇌 유여천이 일부러 풀어 주었다는 설이 있다.

소도회 봉기는 여러모로 향후 상해의 진로에 큰 영향을 미쳤다. 봉기로 중국인들이 대거 외국인 거주지인 조계로 피난한 것을 계기로, 사실상 조계 지역에 중국인 거주가 허가되면서 청조의 의도와 달리 상해에서는 중국인과 외국인이 함께 섞여 사는 잡거(雜居)가 실현되게 되었다. 그리고 소도회 봉기로 해관 직원들이 다 도망가서 출항과 입항 및 관세 징수가 중단되자, 양행들은 자체적으로 이 봉기가 끝날 때까지 해관을 운영하게 되는데, 이를 계기로 청은 영국인을 고용하여 해관 운영을 맡기게 되었다. 청대 해관은 총세무사에서 각 개항장의 세무사까지 영국인이 맡아서 실질적으로 운영하게 되었다. 이 체제는 1930년대까지 이어졌다. 이후 조선 해관에도 이 시스템이 그대로 적용되게 되었다.

한편, 1853년에 상해와 광주에 정박한 페리 함대는 이제 일본을 굴복시키고 그 항구를 열기 위해 출항을 서두르고 있었다. 같은 해에 중국을 시발점으로 인도, 중국을 지나 확장하는 아시아 무역의 무한한 가능성에 착목하여 유럽과 아시아 교역을 뒷받침할 금융기관으로 차터드 은행(The Chartered Bank of India, Australia and China, 渣打銀行)이 런던에서 설립되었다. 상해가 양행의 도시로 거듭나고 있던 때에, 동아시아 지역 전체가 바야흐로 서구와 세계에 막 문이 열리려 할 때, 담걸생은 1853년 12월 28일(음력 11월 28일) 광동성(廣東省) 고요현(高要縣) 금리촌(金利村)에서 출생하였다.

"광주(廣州)에서 가게를 차리려는 사람이라면 반드시 먼저 매판을 한 명 찾아내야 한다. 매판은 특별허가증을 얻어서 하인들의 우두머리 역할을 하는 사람이다. 매판은 가게의 내무(內務)에 전체적인 감독권을 가지고, 고용주의 희망에 따라 다른 하인들을 소개하거나, 식품 및 일용품을 구입하는 등의 일을 한다." 덴마크 상인이자 역사가 안드레 룽스테(Anders Ljungstedt, 중국 이름 龍思泰, 1759~1835년)가 1832년에 쓴 『초기 마카오의 역사』에 나오는 구절이다. 그는 마카오에 정착하여 여생을 보낸 인물로 마카오의 초기 역사에 관해 귀중한 저서를 남겼다.

매판은 아편 전쟁 이후에 서양 상사에 고용되어 실무를 처리하는 중국인 대리인(agency)을 가리키는 특정 직업군 내지 집단을 지칭하는 말이지만, 룽스테가 관찰했듯이 개항 이전에도 광주에는 거의 유사한 '매판' 집단이 이미 존재했다. 어차피 서양 상인들은 중국어를 못하고 배울 생각도 없기 때문에 영어 능력이 있는 중국인으로 상업 거래를 매개할 수 있는 자가 필요했던 것이다. 1809년에 제정된 '외양상인무역장정(外洋商人貿易章程)'에는, "서양 상인의 매판은 부유한 자 중에서 골라, 비로소 그 일을 맡도록 허락한다[夷商買辦, 選擇殷實之人, 始准承充]"는 구절이 있어, 일찍부터 '매판'이란 용어가 등장한다. 또 마카오의 지방관은 매판을 가까운 지역에서 부유한 자들 중에 고르되 동향 종족 집단의 지도자의 연대 보증까지 다 갖춰야만 매판 직책을 맡도록 허락했다. 매판들에게는 허리에 차는 패찰과 인장을 지급했다고 한다.

지방 관리에게 매판 선발권이 있는 것을 제외하면, 종족과 친척이 연대 보증을 서야만 한다는 면에서 근대 매판을 채용할 때 조건과 거의 다름없다. 또 지역적으로 가까운 곳에서 꽤 잘 사는 사람, 즉 손해가 나면 받아 낼 재산이 있는 사람이라고 규정이 되어 있어서, 그 조건이라면 마카오가 속해 있는 향산현(香山縣)에서 권세가 있는 종족 가문에 재력을 갖춘 집단으로 거의 고정되어 버린다. 개항 이전부터 마카오에는 선교사들이 세운 학교가 있었기 때문에, 향산현의 괜찮은 가문들에서는 집안에서 제일 똑똑한 아이들은 과거 공부를 시키고, 애매한 아이들은 이 학교에 보내서 영어를 배우게 한 후에 장삿길로 내보냈다. 이들이 결국 개항 이후에도 계속 매판을 맡았다고 볼 수 있을 것이다.

다만 개항 전과 후가 다른 점은 이전의 매판들은 정말 통역관이나 회계 담당, 현지 비서 정도의 지위였으며 본인이 수출입 무역을 직접 할 수 없었다는 것이다. 개항 후의 매판은 일을 배우는 견습생, 서양인의 계약 고용인에서 출발하여 자신의 사업체를 키우고 대등한 지위의 사업 파트너가 될 수 있었으며, 나아가 서양인의 사업에 투자하여 그들의 특별 관리를 받는 '주주님'까지 되기도 했다. 이러한 매판의 지위는 서양인이 준 것이 아니라 개항 후의 열린 경제 공간에서 그들이 스스로 구축해 낸 것이었다.

청말 혁명파의 이론가였던 장병린(章炳麟, 1869~1936년) 같은 이는 사회 직업을 나누면서 제일 하질의 16등에 서양 상인[洋行]에 고용된 통역[譯], 즉 매판을 집어넣었다. 그는 매판을 '백인의 예쁨을 받는 부하'로 비아냥거리며 서양의 앞잡이로 치부했지만, 그 매판 그룹이 사실 그를 비롯한 혁명파를 후원한 광동 상인 집단의 출발점이었다. 손문의 동료이자 혁명운동의 사상가였지만 절강성의 학식 높은 지주 집단 출신의 장병린으로서는 영어 좀 해서 서양인에게 잘 보여 부와 명예를 다 쥔 것으로 보이는 매판들이 영 구미에 맞지 않았을 것이다.

그러나 오늘날 매판은 서구 학계에서도 중국 학계에서도 '중국과 서양의 가교', '중국 민족 자본의 출발점'으로 새롭게 평가되고 있다. 아니 그런 것을 떠나서라도 이들 중에는 과거 아니면 출세도 할 수 없고 인정도 못 받는 청대의 견고한 학문 세계와 관료 세계를 뚫고 스스로 길을 개척한 풍운아가 많았다는 것을 기억했으면 좋겠다.

테마 2 기선 발전사 속의 동아시아

증기기관이 처음 발명된 후 산업 분야에 적용하여 성공을 거둔 것이 면방직 업이라면, 움직이는 운송기구에 증기기관을 붙여 보려는 시도는 초기부터 있었다. 그러나 마차에 증기기관을 붙여도 노면이 울퉁불퉁하여 금방 고장 나 버리기 일쑤였기 때문에, 처음에는 마찰력이 적은 물 위로 달리는 배, 그리고 레일 위로 달리는 카트에 먼저 증기기관이 적용되었던 것이다. 바로 증기선과 철도의 발명이다. 레일은 이미 탄광에서 인력이나 가축으로 채굴한 석탄을 옮기기 위해 널리 쓰였고, 18세기에는 철제 레일이 나와 있었다. 증기선의 상용화는 1807년 미국 뉴욕에서 허드슨 강의 왕복선 운행이 시작되면서, 철도의 상용화는 1830년의 리버풀-맨체스터 노선이 개통되면서 본격화되었다. 노면의 마찰력 문제를 극복하고 가솔린 엔진이 등장하면서, 자동차가 상용화되는 것은 1880~1900년대에 가서였다.(Robert C. Allen 2011)

증기선의 발전이 가장 빨랐지만, 연료 선적과 엔진 효율성의 문제 때문에 대양 항해에 증기선이 본격적으로 도입되는 것은 기술이 한참 개량된 후의 1850년대 즈음에 가서였다. 동아시아에 기선 항로가 선보이는 것도 이 즈음이다. 그 선두가 영국의 P.&O.기선회사(Peninsular and Oriental and Steam Navigation Company)였다. 1842년 남경조약으로 중국이 개항한 후, P.&O.기선은 1845년에

Lady Mary Wood 호를 싱가포르에 입항시킨 것을 필두로, 홍콩, 상해 등지로 항로를 확산하였다. 1850년에는 상해-홍콩 사이에 정기 항로를 개설하여, 런던-홍콩 항로와 연결시켰다. 또 동아시아 해역 내의 항로로 1859년 상해-나가사키 항로, 1864년 상해-요코하마 항로를 각각 개통했다. 영국 기선 회사로 중국, 일본, 동남아시아가 먼저 서로 연결되었던 것이다. 그리고 1860년대에 들어서면 프랑스의 제국우선(帝國郵船)이 마르세이유-사이공-상해 정기 항로를(1863년), 미국의 태평양우선(太平洋郵船, Pacific Mail Steamship Co.)이 샌프란시스코-요코하마-상해-홍콩 간 항로를 개설함으로써(1867년), 동아시아는 명실공이 전 세계의 기선 네트워크 속에 편입되었다.

동아시아는 이처럼 유럽의 경험과 거꾸로 서구 기선 회사에 의해 원양 및 동아시아 역내 기선 운행이 먼저 이뤄지고, 자국 내의 연안 항로나 하천에서 기선 항로는 나중에 구축되었다. 중국과 일본에서 자국 자본의 기선 회사 설립과 발전은 1870년대에 와서야 시작되었다. 그 과정에서 중국은 서구 기선 회사와 자국 기선 회사의 경쟁이 치열하였으나, 일본은 자국 기선 자본으로 성공적으로 방어하였다. 조선의 경우 바로 중국과 일본이 앞서서 설립한 기선 회사들, 즉 윤선초상국(輪船招商局)과 미쓰비시증기선회사(三菱蒸汽船會社)에 의해 원양 및 동아시아 역내 기선망에 편입되게 된다.

조선이 1876년에 일본의 압박으로 개항하자, 일본 미쓰비시의 기선 낭화호(浪華號)가 정기 항로를 개설해 매월 한 차례 나가사키와 부산을 왕복했고, 1882년 조선이 미국을 시작으로 구미 각국 및 중국과 조약을 체결하자 윤선초상국은 1883년부터 상해-인천 간 정기 노선을 운항하기로 하고 부유호(富有號)를 투입하였다. 하지만 실제로는 1883년 11월, 12월, 1884년 1월 세 차례만 운행했고, 게다가 이듬해인 1884년에 청불전쟁 직전에 이 배는 대만 방어를 위해

징발되어 버려서 정기 노선은 끊기고 말았다. 그런데 청의 견제구에 일본 정부는 이에 질세라 미쓰비시의 기선 사업을 계승한 일본우선(日本郵船)을 1885년부터 나가사키에서 부산, 원산, 인천까지 잇는 정기 항로를 열어 투입하였다. 승승장구하는 일본우선을 보고, 원세개와 조선 화상들은 이홍장에게 우리도 원래 약속한 윤선초상국의 상해-인천 정기 항로를 다시 열어 달라고 탄원했다. 결국 1888년 3월에 윤선초상국의 정기 항로가 재개되어 청일전쟁 발발로 노선이 중단되는 1894년까지 7년간 정기 운항이 유지되었다. 막대한 보조금까지 주면서 청 정부가 적자를 메워 주었기에 가능한 노선이었다. 청일전쟁 이후 조선과 상해는 1899년 러시아 동청철도회사(東淸鐵道會社)가 기선부(汽船部)를 설치하여, 상해-블라디보스토크 노선(블라디보스토크-원산-부산-나가사키-여순-상해)과 우회선(블라디보스토크-나가사키-인천-여순-상해)을 개설했다고 한다. 일본우선은 더욱 영업을 확대해 시모노세키, 고베, 나가사키에서 부산과 인천, 연대(옛 芝罘), 천진, 우장, 청도 등 조선과 중국의 각 개항장에 거의 빠짐없이 노선을 개설했다. 청도-상해 항로는 거의 매일 윤선이 운항했다고 한다.(조세현 2014; 나애자 1998; なつかしい日本の汽船 http://jpnships.g.dgdg.jp/)

테마 3 여권과 출입국 관리의 역사

주민등록증은 국내에서 신분 증명에 쓰지만, 해외에 나갈 때나 나가서는 여권이 필요하다. 일종의 해외여행의 증명서를 여권이라고 본다면 그 역사는 고대로 거슬러 올라가지만, 오늘날과 같은 여권의 원형을 찾는다면, 유럽의 경우 'passe port'라고 불렸던 프랑스 루이 14세가 측근의 해외여행에 써준 'letters of request'에서 찾는다. 루이 14세의 통치 기간 동안 유럽의 대부분 국가가 여권을 발행하는 체제를 갖추게 되었다고 한다. 그런데 19세기 중반 기차의 보급으로 여행객이 폭발적으로 증가하면서 프랑스가 1861년에 여권 제도를 폐지하고 다른 유럽 국가도 줄줄이 이를 따랐다. 사실상 1914년까지 유럽에서 국경을 넘을 때 여권은 필요가 없었다. 그러나 세계 제1차 대전이 발발하자, 안보 문제가 환기되면서 여권이 재차 필수화되었고, 비자 제도 역시 본격적으로 시작되었다. 또 초기 여권은 인장을 찍은 종이 한 장짜리 증명서 형태였는데, 1920년부터 열린 국제여권회의의 결과 오늘날과 같은 공책 형태의 여권이 정착되게 되었다.

아시아 국가들은 서구의 제도를 모방하여 여권 제도를 도입하였다. 일본이 최초로 여권을 발행한 것은 1866년으로 당시는 '인장(ご印章)'이라고 불렀다. 프랑스의 여권을 모방하여 한 장의 종이에 먹으로 썼으며, 사진 대신에 용모의 특징을 적어 넣었다. 1878년 2월 20일에 공표된 '해외여권규칙(海外旅券規則)'에서 처음 법적으로 '여권'이란 용어가 사용되었다. 중국 청조 역시 비슷한 시기에 해외 사절을 위해 여권을 발행했을 것으로 보는데, 중국어 번역어는 '호조(護照)'이다.

그런데 주의해야 할 것은 동아시아에서 여권은 주로 구미 지역으로 가는 여행객들에게만 발행되었다는 점이다. 제2차 세계대전 전까지 일본 내지 및 일본 제국의 속령과 중국 사이에는 여권 소지의 의무가 적용되지 않았다. 또 제1차 대전을 통해 보편화된 사증(査證), 즉 비자(Visa) 역시 면제되었다. 일본은 유럽인에게는 유럽 현지 사례를 따라 1918년 2월부터 일본 입국에 여권뿐만 아니라 비자까지 요구했다. 그러나 일본과 중국은 여권 소지 및 비자 발급 모두 상호 면제했다.

이처럼 중국인의 일본과 조선으로의 입국은 여권이나 사증을 요구하지 않는다는 면에서는 여타 국가 국민의 입국보다 용이하게 보이지만, 실상은 달랐다. 중국인들은 시기에 따라 잡다한 추가적인 입경 조건을 요구받았는데, 입경세(入境稅)로 불린 세금의 납부, 일정액 이상의 현금 보유의 증명, 입경을 위한 보증금과 보증인에 대한 요구가 그런 것들이다. 이러한 요구는 모두 중국인 노동자들의 입경을 통제하기 위해 고안된 것들이었다. 오늘날 미국 비자를 받으려면 통장에 잔고가 일정액 이상 있어야만 대사관에서 비자를 주는 것과 비슷하다. 다만 이때는 입국할 때 현찰로 보여 줘야 했다.

추가적 입국 조건, 사실상 규제를 보면 일본 내지로 들어가는 경우와 조선에 입경하는 경우는 좀 달랐다. 상대적으로 보자면 일본 내지가 훨씬 엄격했고, 조선총독부는 상대적으로 유화적이었는데, 아무래도 만주로 이주한 한인 숫자가 워낙 많다 보니 상대적으로 소수에 불과한 중국인들의 입국을 적극적으로 규제하기 어려웠던 측면이 컸다.(강진아 2013)

2장

성공의 첫 사다리에 발을 디디다 : 상해 시절

고향을 떠나 상해로

가족의 회고에 따르면, 담걸생은 고향 고요현에서 사숙을 다니면서 기본적인 교육을 받았고, 20세 즈음에 장사를 배우고 돈을 벌기 위해 고향을 떠나 상해로 가, 자형(姊兄)인 양륜경(梁綸卿)이 경영하는 동태호(同泰號) 상점에서 견습 직원으로 일하기 시작했다고 한다. 1853년생인 담걸생의 나이로 계산하자면 1872년 즈음이 될 것이다. 그러나 초반의 이력에 대한 가족의 회고는 정확한 것은 아니기 때문에, 사실 담걸생이 고향을 떠나 상해로 가는 시점을 계산하는 데에는 그의 결혼과 자녀 이력을 살펴보는 것이 도움이 된다.

그는 고향에서 황씨(黃氏)의 여성과 결혼을 했으나 자녀가 없이 부인이 곧 사망하였다. 이후 실질적으로 첫 번째 정실부인이 되는 양용방(梁容芳)이라는 여성과 결혼하였다. 양씨는 담걸생과 같은 묵강향(墨岡鄉) 출신으로 1879년에 장남인 담정호(譚廷瑚)를 출산하고는 더 이상 자녀는 없었다. 둘째 부인을 얻고 차남이 태어난 것은 1885년 조선 한성에서였기 때문에 중간에 6년 동안 아이가 없다. 대체적으로 광동성 사람들이 돈벌이로 외지로 나갈 때에는 가족 없이 남자 혼자 나간다. 만일을 위해 대를 이어 두어야 한다면, 장남이 태어난 뒤에 홀로 타지로 떠나는 경우도 종종 있다. 남은 가족들은 남편이 보내 주는 돈에 의존하여 생활한다. 타지에서 남성이 만약 경제적으로 성공한다면 고향을 방문할 때 같은 고향 사람으로 첩을 들여서 데리고 가는 경우가 많고, 본부인은 고향에 남아서 시부모를 공양하고 가산을 돌보는 경우가 보통이다. 담걸생이 두 번째 부인 하씨(何氏)를 맞아들인 시점은 기록이 없지만 결혼 후에 조선으로 따라가서 한성에 거주했고, 1885년에 그녀의 첫 아들이자 담걸생의 차남을 한성에서 낳았다. 세 번째 부인 호운경(胡雲卿)은 1895년에 그가 고향을 방문했을 때에 역시 맞아들여서 조선으로 데리고 왔다. 본부인인 양용방은 내내 고향에 있었다는 가족의 회고처럼 담걸생과 계속 떨어져 있었기 때문에 장남 이외에는 자녀가 없었을 것이다. 그러므로 담걸생이 고향을 떠날 때도 혼자 떠났고 상해에서 생활할 때도 줄곧 혼자 지냈으며, 부인 양용방은 고향에 있었으리라. 그렇게 본다면 장남이 태어난 1879년 후에 담걸생이 상해로 갔다고 해야 자연스럽지 않을까?

그가 상해로 간 이유는 앞에서도 서술했듯이 개항 이후 광주는 쇠락하고, 반면에 상해는 눈부시게 발전하고 있었으며, 상해 경제는 광주에서 북상한 양행과 그들을 도우며 현지 상권을 좌지우지하던 광동 상인들이 장악하고 있었기 때문이었다. 그리고 광동인이 외지로 나갈 때, 늘 먼저 나가 있는 동향과 친인척에 의지해서 진출하듯이, 담걸생 역시 의지처가 있었다. 바로 상해에서 건실한 상점을 운영하고 있던 누이의 남편 양륜경(梁綸卿)이었다. 현재까지 남아있는 자료로 상해에서 담걸생의 생활을 알 수 있는 자료는 거의 없다. 오로지 그의 아홉 번째 아들 담정택이 남긴 회고록에서, 담걸생이 누이 남편이 운영하는 동태(同泰)라는 무역 상점에 들어가 일하기 시작했고, 주로 "중국 세관에 수출입 화물을 신고하고 관세를 납부해서[報關]", "입하한 물건을 찾아오는[提貨]" 일을 했다는 기록이 유일하다. 첫 월급은 응양(鷹洋, 멕시코 은화) 2원(元)이었다고 한다.[7]

그의 아들 담정택은 아버지가 20대였을 때 상해에 가서 일하다가 1882년에 조선에 갔다고 회고록에 쓰고 있는데, 다음 장에서 살펴보겠지만, 조선으로 간 시기에 대해서는 이론이 분분하고 가장 유력한 학설은 1885년이다. 내 생각에는 첫 아들을 얻고 1879년 이후에 상해에 간 뒤 5, 6년을 동태호에서 일하고, 1885년 즈음에 조선에 건너오지 않았을까 싶지만, 역시 추론에 불과하다. 어찌되었든 고향을 떠난 담걸생은 누이 덕에 상해로 와서 점원으로 일하게 되는데, 이 시기에 대한 기록이 전무한 만큼, 여기에서는 그가 상해에 머물렀던 기간에 상해에 있었던 광동인들의 이야기, 그리고 그에게 북상의 기회를 주었던 자형 양륜경(梁綸卿)과 그 주변에 관한 이야기를 해보고자 한다. 왜냐하면 조선 동순태호를 이해하는 데 가장 결정적인 인물이 바로 이 양륜경이라는 인물이기 때문이다.

7_1882년 천진에서 월급이 3량(약 4원)이라면 혼자 생활을 가까스로 할 뿐이고, 부양가족이 1명이라도 있다면, 하루 매일 반근의 양식도 먹지 못했다(곡물 약 100근 가격이 1량 내외). 따라서 숙식을 제공한다고 해도 상해에서 월급 2원은 대단히 낮은 임금이다. 장사를 배우는 견습생의 저임금이었다.

양륜경 1: 상해에서 사업가의 꿈을 키우다

상해에서 무역과 잡화상을 운영한 광동성 출신의 양륜경이란 인물은 문헌 자료에서 그의 족적을 찾기는 대단히 어려웠다. 사실 상인의 경우, 정치가나 사상가와 달리 글을 남기지 않기 때문에, 정말로 전국적 지명도를 가진 부호가 아닌 이상 문헌 자료에서 그의 생애나 활동에 대한 자료를 찾는 것은 정말 힘들다. 상인이지만 정치 활동이나 학술 운동에 참여하거나, 자선 사업에 몰두하는 경우는 예외적으로 기록이 남기도 한다. 흥미롭게도 이러한 장애에도 불구하고, 우리가 양륜경에 대해 알 수 있는 실마리가 있는데, 뜻밖에도 그것은 그의 친구 덕이었다. 다름 아닌 양륜경의 '절친', 즉 젊어서부터 평생을 교류한 친구가 대단히 유명한 인물이었기 때문이다. 청말 대표적 매판 상인이며, 『이언(易言)』, 『구시제요(救時提要)』, 『성세위언(盛世危言)』, 『성세위언후편(盛世危言後編)』 등을 저술하여 개혁 사상가로 이름을 날린 정관응(鄭觀應, 1842~1922년)이다.

정관응은 중국이 당면한 문제에 대한 해결책을 쉽게 썼다는 취지의 『이언』을 저술하여 중체서용의 입장에서 서양 문물을 소개하고 배울 것을 주장했다. 이 책은 김홍집이 조선에 소개한 이후 조선의 개화파와 근대화 운동에 큰 영향을 미쳤으며, 복각본과 한글 언해본이 간행되기도 하였다. 그의 대표작이라고 할 수 있는 『성세위언』에서는 청이 엄혹한 국제질서에서 승리하려면 부국강병을 해야 하나, 강병만으로는 부족하며 '상전(商戰)', 즉 경제 전쟁에서 이겨야만 하다는 주장을 펼쳤다. 그의 상전론은 양무운동의 근대적 산업 건설을 뒷받침하고 청말 개혁운동에 힘을 실어 주었다. 정관응은 그의 저서인 『성세위언(盛世危言)』, 『성세위언후편(盛世危言後編)』

에 친구인 양륜경에게 보낸 편지를 싣고 있고, 그의 유언장에 증인으로 양륜경을 세울 정도로 두 사람은 평생의 지기였다.

또 다른 추적의 실마리는 양륜경이 상해의 광동 상인 커뮤니티 활동에 적극 참여하는 광방(廣幇) 조직의 리더였던 점이다. 담걸생이 태어날 때 8만 가량이었던 상해의 광동인 인구는 담걸생이 상해에 진출했을 즈음이 되면 20만을 헤아릴 정도로 많아져 최전성기를 구가했다. 일반 노동자뿐만 아니라 서구 상인을 따라 북상한 광동 상인의 세력은 대단하였다. 상해에 거류하는 광동 상인들을 중심으로 동향회관인 광조공소(廣肇公所)가 세워진 것이 1872년의 일이다. 이후 광조공소와 관련한 문헌에 양륜경의 이름이 분산적으로 등장하고 있다.

이를 실마리로 양륜경의 이력을 추적해 보자. 양륜경의 출생 연도는 명확하지 않으나, 그의 나이를 추측할 수 있는 단서는 친구 정관응과의 교유 기록이다. 정관응에 관한 가장 전면적인 연구인 『정관응지(鄭觀應志)』에는 두 사람이 1860~1861년 즈음에 서로 알게 되어, 1868년을 전후한 시기에 영국 선교사 존 프라이어(John Fryer, 1839~1928년)가 교장으로 있는 영화서관(英華書館, Anglo-chinese school)의 야간반에 들어가 2년간 영어를 공부했다고 되어 있다. 정관응은 여러 곳에서 양륜경을 '양륜경 군(君)', 혹은 '양 도우(道友)'라고 부르고 있다. 호칭을 볼 때 양륜경은 정관응보다 나이가 많지 않고, 동갑 내지 연하일 가능성이 많다. 정관응은 1842년 출생으로 17세 때 처음 상해로 와서 18세부터 덴트 상회의 하급 매판으로 일하기 시작했고(1859년), 19세 혹은 20세인 상해에 온 지 얼마 되지 않은 때에 같은 광동성 동향인 양륜경과 알게 되었다. 그리고 1868년 27세 전후일 때 둘이 함께 영화서관 야간반에서 공부했다. 이를 유추하면 양륜경 역시 정관응과 별로 다르지 않은 이력일 것이다.

영화서관은 상해에 설립된 최초의 중국어와 영어 교육을 함께 하는 교육기관이었는데, 1865년에 첫 문을 열 때, 자금을 댄 사람들이 자딘 메디슨 사를 필두로 상해에서 비즈니스를 하던 양행들과 상해의 지위 높은 중국인 상인들이었다. 실질적으로 상해에서의 상업 활동이 활발해지면서 영어가 가능한 인재 수요가 늘어났고, 이에 부응하기 위한 원조였던 셈이다. 초기에 학생 모집 요강을 보면, 연령 제한은 10세에서 13세까지로 기숙사 생활을 한 데다, 매년 학비가 은 50량 가량이었다. 개교한 1865년부터 1875년까지 영화서관의 학비는 약간의 변화가 있었지만 대체로 매월 5량(약 7원) 수준이었다. 1~2량이면 상해 하층민은 한 달을 살았기 때문에, 학비가 무척 비쌌음을 알 수 있다. 실제로 첫 해에 모인 학생은 10명 정도밖에 되지 않았고 또 부유한 상인 집안 자제가 대부분이었다. 이듬해인 1866년에는 주간반 22명, 야간반 20명으로 늘어났고, 연령은 10~18세로 넓어졌다.[8]

이러한 상황을 살펴보면 정관응과 양륜경이 10대 후반의 나이에 상해에서 일하기 시작했어도, 10년이 지난 1868년에야 왜 야간반에라도 입학이 가능했는지 알 수 있다. 학비가 대단히 비쌌기 때문에, 그 동안 두 사람은 어느 정도 상해 상계에서 자리를 잡고 수입을 확보하여, 비로소 야간반이나마 등록할 수 있었던 것이다. 원래는 18세까지인 학교 규정이었지만, 두 사람처럼 20대가 지나서 공부하는 사람이 적지 않았을 것이다. 성인 야간반은 1874년에 가서야 정식으로 개설되었으므로, 부유한 어린 학생들과

8_처음 문을 열었을 때 영화서관은 석로(石路)에 위치했는데, 오늘날 복건중로(福建中路)이다.

섞여서 자비로 근근이 마련한 학비로 늦깎이 공부하는 두 사람의 모습이 그려진다. 정관응은 유언장에서 이때를 회고하여 어느 정도 수입이 안정되면서 비로소 여가를 틈타 공부를 했다며, "당시의 가난한 처지에 공부하는 어려움을 알 것이다[可知當日貧讀之難]"라고 술회했다. 그러면서도 영어는 출세하려면 반드시 공부해야 하고, 이제 좋은 환경에서 공부할 수 있으니 열심히 공부하라며 후손들에게 훈계했다.

양륜경 2: 상해에서 기반을 잡다

1868년을 전후한 2년간 열심히 영어를 공부하면서 꿈을 키웠던 즈음 1872년 상해에서는 광동인의 동향 조직으로 광조공소가 처음 세워졌다. 30세 남짓이었을 양륜경은 이때의 기록에는 나타나지 않는다. 필자가 추정하는 1879년, 1880년 즈음 담걸생이 상해에 그를 의지해서 왔을 때, 양륜경의 나이는 30대 중반으로 이미 동태호(同泰號)라는 무역 상점을 운영하고 있었다. 그는 이 상점을 나주신(羅柱臣)과 공동 경영한 것 같은데, 동순태호 문서에도 자주 양륜경 대신에 담걸생과 서신을 주고받는 인물이다. 1905년에 나주신이 사망한 후에는 양륜경이 홀로 경영했던 것 같다.

이시카와 료타에 따르면 1884년에는 상해의 수입 면직물 상인 단체[振華堂洋布公所]에도 양륜경의 이름이 올라와 있었고, 이때는 상점이 조계가 아니라 상해현성의 대동문 안쪽에 있었는데, 원래 이 근처가 수입 면포를 취급하는 중국인 상점이 밀집한 구역이었다고 한다. 당시 수입 면포의 대부분이 영국 면포였다는 점을 생각하면, 초기 양륜경이 영국 면포 수입 판매를 주요 업무로 삼고 있었고, 그가 왜 영어를 열심히 공부했는지 그 이유도 알 수 있다.

양륜경의 이름이 광조공소 관련 문헌에 등장하는 것은 그로부터 1899년 광조회관(廣肇會館)을 중수(重修)할 때이다. 중수를 경축하면서 쓴 기록인 『상해광조회관서(上海廣肇會館序)』에 광조공소의 11명 대표자 명단에 그의 이름이 등장한다. 57세가 되었을 무렵 그는 상해의 유력 광동 상인들과 20여 만 상해 거주 광동인을 대표하는 유력 인사가 되어 있었다. 1899년에 발간된 상해 조계 지역에서 상점을 운영하는 중국인 상점 명단(『상해조계화상행명부책(上海租界華商行名簿冊)』)을 보면 상해에서 해외와 수출입에 관련된 업무를 하는 중국인 상점은 1,095개나 되었다고 한다. 수많은 상점 중에서 양륜경과 동태호는 상해 광동인 커뮤니티와 상계에서 우뚝 선 것이다.

이때부터 광조공소와 상해 상업계의 여러 중요 이벤트에 그의 이름이 자주 등장했다. 1902년 2월 상해 최초의 상회 조직인 상해상업회의공소(上海商業會議公所)가 조직되었을 때 양륜경은 72명 회원 중 한 사람이었다. 이 조직은 청말 정부의 상업 정책을 주도하던 양무파의 거두 성선회(盛宣懷)의 영향력 하에서 만들어 진 것으로, 상해 상계를 망라하기 위해 각 동향 단체[各幇]와 각 업종별 단체[各業]의 대표들로 조직하였으며, 총리(總理)와 부총리(副總理), 제조(提調), 의원(議員), 회원(會員) 도합 72명의 성원들은 모두 상해 상계의 추천으로 선발되었다. 상해의 광방(廣幇)은 외지 상인 그룹인 객방(客幇) 중에 최대 세력을 형성하였다. 따라서 이 조직에서도 현지인인 강소, 절강 상인을 제외하고는 광방(廣幇)의 숫자가 가장 많은데, 공소를 이끄는 다섯 명의 총동(總董) 중 두 사람이 광동 상인이었다.[9] 또한 일반 회원들 중에서도 업종별 대표로 선출된 외국 은행과 양행의 매판들은 대체로 광동인이 많았다. 동향 단체 몫으로 광조공소 대표로는 세 명이 선출되었다. 양륜경과 섭우전(葉雨田) 두 사람이 광조공소 추천만으로 회원이 되었고, 차터드 은행의 매판 위문포(韋文圃)가 외국 회사 대표[洋行業]와 광조공소 대표를 겸하여 회원으로 선출되었다.

신해혁명이 일어나기 직전 1911년 1월 상해에는 외국인 거류지이자 상업 중심지였던 공공조계(公共租界)에서 대규모 철시(撤市) 스트라이크가 발생하여 뒤숭숭하였다. 공공조계는 1843년 상해 개항 이후에 배수도 잘 안 되는 이 척박한 지역을 외국 상사들과 외국인들이 개발해 낸 땅이었고, 부동산 대부분은 외국 회사와 개인이 보유하고 있었다. 그러나 60여 년 세월이 흐르는 동안 공공조계는 상해의 성장과 함께 가장 핫한 상업 지구가 되었고, 각종 상업, 생활 편의 시설이 갖춰진 작은 유럽으로 집값과 임대료가 가장 비싼 지역으로 변모했다. 외국인 인구는 2만여 명 수준을 유지했지만, 수십만 명의 이 지역 주민은 거의 중국인이었다. 그런데 서양인 집주인들이 공공조계의 임대료를 대폭 올린다는 소식이 전해지면서, 대부분 임차인인 중국 상인들이 들고 일어선 것이다. 상해의 행정장관 유양손(劉襄孫)은 결국 철시를 그만두라고 설득하기 위해 상해의 각 동향 단체의 대표자와 원로들을 불러 모으는데, 이때 참가한 광방(廣幇) 대표 중에 양륜경의 이름이 보인다. 이 철시 사태는 결국 진정되지만, 그로부터 아홉 달 뒤에

9_나머지 두 사람은 절강 출신, 한 사람은 강서성 출신이다. 절강성 출신인 엄신후(嚴信厚), 주보삼(朱葆三)은 모두 절강성 출신의 동향 단체인 사명공소(四明公所) 대표로 성선회가 깊이 개입하는 중국통상은행 대표 이사[總董] 들이었다. 반면 광동성 출신은 당걸신(唐傑臣), 양옥당(梁鈺堂) 두 사람으로, 당걸신은 광조공소 대표로 자딘 메디슨 사의 총매판이었으며, 양옥당은 차(茶) 판매업계 대표였다. 진윤부(陳潤夫)는 강서성 출신 동향 단체인 강서회관(江西會館) 대표로, 출판업과 송금업[票號] 을 경영했다.

신해혁명의 첫 포성인 무창봉기(武昌蜂起)가 일어났을 때(1911년 10월 10일), 상해 상계가 이에 호응하여 청조로부터 독립을 선언하는 데 중요한 배경이 되었다.

양륜경 3: 중화민국 시절

신해혁명으로 청조가 무너지고 중화민국이 성립한 후에도 양륜경은 계속해서 광동 동향 단체와 상계의 원로로서 활동을 하는데, 나이가 나이니만큼 주로 '보수파'의 편에서 등장했다. 1918년에 상해 광조공소에는 부유한 상인들이 좌지우지했던 관행을 비판하면서 동향 단체의 민주적 운영을 요청하는 진보파와 기존 기득권층 사이에 내분이 발생하였다. 이때 양륜경의 나이는 (아마도) 이미 77세로 남아 있는 광조공소의 원로 중에서도 최연장자였다고 한다. 결국 광조공소에서 벌어진 내부 계파 투쟁에서 권력이 진보파에게 넘어가게 되자 반대 진영은 월교상업연합회(粵僑商業聯合會)를 창설하게 되는데, 보수파는 1924년 3월 최연장자인 양륜경을 부회장으로 영입하였다(83세).

그의 활약이 마지막으로 확인되는 것은 1919년 5.4운동 시기이다. 일본의 21개조 요구와 베르사유 조약 조인 문제로 촉발된 5.4운동은 중국의 민족의식을 크게 고조시켰다. 일본 제품과 서양 제품을 사지 말고 국산품을 애용하자는 운동이 광범위하게 전개되었다. 이 시기에 애국주의 마케팅으로 크게 선전하고 있던 이른바 '민족 자본'이 바로 남양형제연초공사(南洋兄弟煙草公司)였다. 광동성 향산현 출신으로 일본에 건너가 사업으로 성공한 간조남(簡照南), 간옥계(簡玉階) 형제가 청말 홍콩에서 설립한 담배 회사이다. 잎담배가 아닌 서구 선진 설비를 갖추고 '모던한' 궐련(卷煙, 香煙)을 생산, 판매하는 회사였다. 1905년에 처음 회사를 차렸으나 적자를 면치 못하고 3년 만에 문을 닫았다가, 1909년에 다시 가족 경영 중심으로 회사 조직을 재편하고 이름을 바꾸어 오픈한 것이 제대로 된 시작이었다. 그 후 상해 시장에서 선전한 이 회사는 1916년에 상해에 공장을 건설하고, 1918년 3월에는 아예 총공사, 즉 본사를 홍콩에서 상해로 옮기고, 당시 북양군벌계가 장악하고 있던 북경 정부 농상부에 회사 등록을 마쳤다.

당시 중국 시장을 선점하고 있었던 것은 글로벌 최대의 담배 기업인 영미연공사(英美煙公司, British American Tobacco)였다. 오늘날에도 필립 모리스와 더불어 세계 양대 담배기업인 이 기업은 1902년에 설립되어 중국에 진출해 궐련 시장을 선점했다. 던힐, 럭키 스타라이크, 켄트 브랜드가 이 회사 제품이다. 여하튼 중국 시장을 석권하고 있던 이 골리앗에 대항하기 위해 남양형제연초공사는 5.4운동이라는 최적기를 맞아 '국산품[國貨]' 애용의 슬로건을 내세우고, "우리나라 사람들이 애국하고자 한다면, 국산 담배를 펴주세요.[國人愛國, 請吸國貨香煙]"라고 호소했다.

이 전략이 상당히 효과를 발휘하던 중에, 남양연초공사의 국산품은 가짜라는 대형 스캔들이 터졌다. 담배업계의 한 인물이 북경 정부를 상대로, 이 기업은 홍콩에서 한 번 망했는데 일본인이 주주로 투자한 덕에 기사회생했으며, 일본인 주주들은 세 가지 조건을 내세웠다는 주장을 했다. 첫째, 총경리인 간조남은 일본 국적을 취득하고 이름을 마츠모토 쇼난(松本照南)으로 고칠 것, 두 번째로 원료는 일본에서 반드시 구매할 것, 세 번째로 일본인 기술자를 쓸 것이었다. 따라서 이 회사의 담배는 원료인 담뱃잎, 궐련을 싸는 종이, 담배 곽 안의 함석종이 모두 일본에서 사온 것이니, 자금과 기술·원료가 다 일본 것[日貨]인데 어찌 중국 상품[國貨]이냐는 것이다. 그 인물은 북경 정부 농상부에 당장 이 회사의 등록을 취소하고 영업 정지를 시키라고 요구하였다.

스캔들이 일단 터지자 북경과 상해의 언론들은 앞 다투어 남양연초공사의 '허위'를 파헤치는 기사를 쏟아 냈다. 이때 간씨 형제를 위해 나선 것이 역시 상해의 월교상업연합회였다. 이 단체의 부회장이었던 양륜경을 필두로 96명의 광동 상인들이 연명으로 자신들은 남양연초공사와 남이 아닌 당사자라면서, 처음 회사가 창업되는 험난한 과정을 일일이 밝히고, 남양형제연초공사에는 일본 자본이 전혀 없으며 모든 면에서 '중국인 자본[華人資產]'임을 대대적으로 신문에 광고했다. 이 스캔들의 배후에는 영미연공사가 있었다고 하는데, 여하튼 상해 광동 상인들이 총동원하여 간씨를 변호하고 나섰다. 간조남이 일본에서 사업을 할 때 증기선을 구입해서 내하항행권을 따내기 위해 일시적으로 일본 국적을 취득했으나 중국 국적은 유지했으며, 이미 일본을 떠날 때 일본 국적을 버리는 수속을 신청했음을 서류로 증명했다. 이 기세로 오히려 8월에는 신문에 대대적으로 주주를 모집하는 광고를 내서 2,000만 원의 투자 자본을 확보하고 향후 크게 성장할 수 있는 기틀을 마련했다. 흥미로운 것은 여기에서 양륜경 등 96명의 광동 상인들이 한때는 남양연초공사의 당사자였다는 신분을 내걸고 변호를 하고 있는 점이다. 즉, 양륜경 역시 초기 일본 화교인 간씨 형제가 홍콩에서 담배 회사를 차릴 때 투자를 했었음을 알 수 있다.

그로부터 5년 뒤 1924년 9월 양륜경은 상해에서 사망하였다. 정관응과 동갑이라면 83세로, 81세로 1922년에 사망한 정관응보다 2년을 더 살

왔고, 1929년에 사망한 담걸생보다 5년 일찍 세상을 뜬 셈이다. 때는 바야흐로 손문이 소련·중국 공산당과 손을 잡고 광동 국민정부를 출범하여, 황포군관학교에서 혁명의 기초를 닦던 즈음이었다(제1차 국공합작).

중화민국 시기 고령에도 불구하고 양륜경은 동태호의 오너로 경영 일선에서 얼굴 역할을 한 것 같다. 1918년에 출판된 『상해상업명록(上海商業名錄)』에는 동태호가 광방(廣幇) 카테고리 내의 46개 회사 중 하나로 등재되어 있다. '동태(同泰)… 영국 조계 영파로 11호, 경리 양륜경(英租界甯波路11號 經理 梁綸卿)'이라고 기록되어 있다. 사무실이 오늘날 상해 강서로 서편(江西路西)에 소재했고 77세의 고령에도 여전히 양륜경이 경영책임자였다. 후에 1925년 편찬 출판된 또 다른 『상해상업명록(上海商業名錄)』 및 1928년 증보판 역시 광방 분류 하에 동태호가 있고 '영국 조계 북경로 경순리U 62호 경리 양륜경, 전화 중앙 4498(英租界北京路慶順裏U 62號 經理 梁綸卿 電話中央4498)'이라고 기재되어 있다. 이때는 사무실의 주소가 바뀌고 전화번호가 기재되는 등 변화가 생겼는데, 여전히 경영자로 양륜경의 이름이 있다.

필자는 예전에 이 기록을 보고 1928년까지도 양륜경이 생존한 것으로 추정했는데, 상해의 광동인 연구로 저명한 상해사회과학원의 송찬우(宋鑽友) 교수가 내게 양륜경이 1920년대까지 살아 있었고 중반쯤에 사망해서 『신보(申報)』에 부고가 실린 것을 본 적이 있다고 말해 주었다. 후에 이 『신보』의 부고에 관해 일본의 동순태호 연구자인 이시카와 료타 교수에게 알려 주었는데, 반갑게도 이시카와 교수의 새 책에 『신보(申報)』 1924년 10월 6일자 신문에 그의 9월 사망과 월교상업연합회 부회장 신분으로서 광동인들의 추도회가 열렸다는 사실을 확인할 수 있었다.

정관응 1: 과거를 버리고 매판의 길로

상해의 양륜경과 이후 조선에서 동순태호의 개점, 담걸생의 조선에서의 활동을 이해하는 데 역시 빼놓을 수 없는 인물은 정관응이다. 정관응은 1842년 광동성 향산현(香山縣)의 옹맥향(雍陌鄉)에서 태어났다[오늘날 중산시(中山市)]. 아버지 정문서(鄭文瑞)는 과거에 합격 못한 문인으로 향리에서 사숙 선생을 하던 인물이었다. 처음에 정관응도 과거 공부에 뜻을 두지만 1858년에 17세로 과거의 첫 단계인 향산현 동시(童試)에서 낙방하자 공부를 포기하고 장사를 배우기로 결심했다. 아마 사숙에서 공부했던 담걸생도 학업 포기 후 장사로 전환했었을 것이다.

다른 지역과 달리 광동성은 타지로 나아가 상업으로 출세할 수 있는 길이 있다는 점이 남달랐다. 특히 향산현은 '매판의 고향(買辦故鄉)'이라는 이름이 있을 정도로 매판 출신이 많았는데, 이 지역은 광주와도 멀지 않았고, 홍콩과는 물길 하나를 두고 서로 마주보고 있었으며, 마카오는 원래 향산현의 일부였었다. 따라서 아편전쟁 이전부터 향산현 주민들은 중국과 교역하는 서양 각국 상인들과 교류가 있었으며, 장사로 나서서 성공한 사람도 많았고, 개항 후에는 매판이 된 사람도 자연스럽게 많았던 것이다. 일찍부터 해양 교류에 열려 있던 탓에, 해금(海禁) 시절임에도 동남아시아로 나간 사람도 많았다.

정관응 역시 9세 때에 친척 방문으로 동남아시아 여행을 한 적이 있다(1850년). 정관응이 장사를 배우기로 결심한 데에는 부친이 사숙 교사로 큰 재산이 없었는데 형제자매가 9남 8녀나 있어 학업을 계속할 정도로 가정형편이 좋지 않았던 탓이 있고, 숙부인 정정강(鄭廷江)이 영국 회사 신덕양행

(新德洋行)의 매판으로 상해에서 성공적으로 자리 잡고 있었던 까닭이다.

시험에서 떨어진 바로 그 해에 17세의 정관응은 상해로 가서 숙부인 정정강의 집에 기숙하면서 짬짬이 숙부에게 영어를 배우고, 숙부 덕에 신덕양행에서 심부름꾼으로 보잘것없는 보수나마 받으며 일할 기회를 얻었다. 이 해에 그는 고향에서 막씨(莫氏)를 맞아 결혼하였다. 하지만 그는 홀로 상해에서 생활하였고 정실인 막씨는 고향에서 죽 시부모를 모시고 살다가 자녀 없이 사망한다.

상해로 온 첫 해 겨울에 정관응은 친척인 증기포(曾寄圃)와 대대로 친교가 있었고 같은 향산현 동향인 서윤(徐潤)의 도움으로 보순양행(寶順洋行), 즉 덴트 사(Dent & Co.)의 상해지점에서 일할 기회를 얻었다. 덴트 사는 1861년 시점에 본점과 각지 지점의 매판이 모두 광동인이었을 정도로 매판 인력을 전적으로 광동인으로 충원한 기업이었다. 정관응이 광동 동향의 조력으로 덴트 사에 들어갔을 때는 애로우호 전쟁으로 천진조약(天津條約, 1858년)이 체결되었지만 청조의 비준 거부로 천진의 상황이 뒤숭숭하던 때였다. 그래서 덴트 사는 직원을 천진에 파견해서 영업 상황을 파악하기로 했는데, 그때 함께 따라갈 중국인이 필요했던 것이다. 정관응은 1858년 겨울에 서양인 직원인 상사를 수행하여 덴트 사의 배를 타고 천진으로 갔고, 성실한 근무 태도를 인정받았다. 이듬해 상해로 돌아온 정관응은 상사의 추천으로 드디어 덴트 사의 하급 매판으로 정식 계약을 맺고 일을 시작하게 되었다. 19세의 정관응이 정식 매판으로 처음 맡은 업무는 중국 각지를 다니며 주요 수출품인 중국 비단실의 생산을 감독하고 증기선에 포장 선적하는 업무를 관리하는 것이었다(1859년).

어느 정도 일을 배운 정관응은 3년 뒤 처음으로 강서성(江西省)과 복건성(福建省)에 포장과 선적을 담당하는 상점을 개설하면서 자기 사업을 시작하였다(1862년, 21세). 이때는 아마 중국의 공동 투자 형식인 합고(合股)에 참여한 것이었을 것이다. 덴트 사의 선적 업무를 담당하는 정관응은 많은 일감을 몰아 줄 수 있고, 그만큼 회사 지분을 확보하고 이윤 분배를 받았으리라. 업무를 대강 파악한 그는 이듬해인 1863년에 독자적으로 포장과 선적 회사를 시작했다. 그의 나이 22세 때의 일이다. 이즈음에 상해는 양무운동의 본거지가 되어, 증국번(曾國藩)과 이홍장(李鴻章)이 상해에 중국 최초의 기계 제조 공장을 설립하기로 하고 정관응의 고향 사람인 향산현 출신 용굉(容閎)이 기계 구입 업무를 맡아 미국과 상해를 왕래하였다. 1865년에 드디어 강남기기제조총국(江南機器製造總局)이 완공되어 상해 황포강 변에 위용을 드러냈다. 정관응의 회고에 따르면 그는 어떻게 중국을 실업으로 구할 것인가를 고민한 첫 저작 『구시제요(救時揭要)』를 23세인 1864년 즈음부터 구상했다고 하니, 양행이 점령한 상해에서 중국의 관판기업이 당당하게 모습을 드러낸 것은 그에게 적지 않은 설렘을 주었을 것이다.

젊은 정관응은 덴트 사로부터 점점 더 능력을 인정받았고, 마침내 1866년 덴트 사가 야심차게 증기선 항운 회사[寶順洋行輪船公司]를 설립할 때 25세의 나이로 새 회사의 실무 경영[經理] 겸 창고 관리[棧房]를 맡게 되었다. 증기선 항운 회사의 무한한 가능성에 눈을 뜬 정관응은 이듬해 1867년에 같은 향산 동향이자 친인척인 당정추(唐廷樞)와 함께 투자하여, 서양인과 중국인 합작회사인 공정윤선공사(公正輪船公司, UnionSteam Navigation Co.)를 차렸고, 영국인 투자자들의 추천으로 이 회사의 이사[董事]를 맡기도 했다. 이때에 이미 덴트 사는 경영 난조로 위기에 빠져 있었으나, 정관응은 수년간의 매판 활동으로 얻은 보수와 독자 사업 경영으로 어느 정도 자산을 축적하고 있었다. 1868년에 덴트 사는 부도로 문을 닫았다. 덴트 사의 경영난과 사업 정리로 업무에 여유가 생겼던 정관응이 양륜경과 영어를 공부하며 새로운 모색을 한 것이 이즈음이다.

정관응 2: 부와 명예를 거머쥐다

정관응은 곧 새로운 직장을 찾았는데 서윤(徐潤) 등 광동 향산 동향들이 투자해서 설립한 차 상점[和生祥茶棧]의 통역 자리였다. 얼마 지나지 않아 그는 탁자화(卓子和)와 동업으로 이 회사의 공동 경영을 맡게 되었다. 주로 중국 각지의 차 도매점을 찾아가서 차를 감정하고 구입하는 일을 맡았다(1869년, 28세).

같은 해인 1869년과 이듬해 1870년, 연이어 그는 연납(捐納)으로 원외랑, 낭중의 관품을 샀다. 연납은 청말 재정 곤란으로 정부가 기부 명목으로 돈을 받고 학위와 관직을 팔았던 것을 말한다. 많은 광동 상인들이 정관응처럼 위신을 위해 또는 관료들과의 교류를 위해 연납으로 관직을 샀다. 청말은 새로운 경제 질서와 재정, 경영 수단이 요청되던 시기로, 시장 상황을 잘 알고 실무 능력이 있는 경제 관료로 채용될 수 있는 기회도 있었고, 그런 기회는 사회적 신분 상승뿐만 아니라 또 다른 재부의 창출 기회가 되기도 했다. 정관응은 오랜 매판 활동을 통해 얻은 실업구국의 사상을 펼 수 있는 기회를 꿈꾸기도 했을 것이다. 1870년에 그가 경영하던 차 상점은 적자가 쌓여 결국 주주들의 상의 하에 더 손해를 보기 전에 폐업하기로 했는데, 그럼에도 정관응은 공정윤선회사와 차 상점 경영으로 상당한 자산을 모았다. 그리고 이때 여유 시간을 이용해 정관응은 본격적으로 『이언(易言)』의 저술에 착수하였다.

덴트 사에서의 10년 매판 생활 뒤 불안정한 모색기를 거친 32세의 정관응에게 1873년은 두 번째 인생의 전환점이 되었다. 정관응은 덴트 사 때부터 공정윤선회사 시절까지 상해의 증기선 항운 회사 초창기에 줄곧 이 분야에 종사해 왔는데, 이 해에 중국 최초의 관영 항운 회사인 상해윤선초상공국(上海輪船招商公局, 반년 뒤 윤선초상총국으로 개명), 즉 윤선초상국이 정식 개국을 한 것이다. 정관응은 이 회사의 주식에 투자하는 한편, 첫 저작인 『구시제요』를 간행하였다. 또한 같은 해에 그는 버터필드 앤 스와이어 사의 증기 항운 회사, 즉 태고윤선공사(太古輪船公司, China Steam Navigation Co.)의 창설에 참여하면서 총매판으로 발탁되게 된다.

버터필드 앤 스와이어 사(Butterfield & Swire Co.)는 중국명이 태고양행(Taikoo, 太古洋行)으로 개항 후 중국에 진출한 후기 양행의 대표 주자이다. 1816년에 영국 리버풀에서 설립되어 일본 차와 미국 원면을 수입하다가 미국 남북전쟁으로 거래가 막히자 중국으로 거래처를 바꾸면서 1866년에 정식으로 상해에서 태고양행을 설립하였다. 무역업에 종사하던 이 회사는 증기선 항운회사 설립을 모색하며 변신을 꾀하고 있었다.

버터필드 앤 스와이어 사는 태고윤선공사를 새로 차릴 때, 옛 덴트 사의 선박과 선주를 영입했는데, 그 인연으로 덴트 사의 매판을 지냈던 정관응은 추천을 받아 초빙될 수 있었다. 정관응은 3년간 고용 계약을 맺고 이 회사의 총매니저[總理] 및 회계 책임자[賬房]를 맡아 사실상 매판 중의 탑인 총매판(總買辦)의 지위에 올랐다. 이 회사의 화물 및 승객 운송, 지점 설치와 계약 및 직원 채용 문제까지 그는 전반적으로 영향력을 행사할 수 있었다. 낡은 배 3척으로 시작한 태고윤선공사는 단시간 내에 승객과 화물 확보에 성공하면서 크게 성장하는데, 초기에 정관응의 기여도는 적지 않았다. 그 덕분에 1877년 2월에 계약이 만기가 되었을 때, 버터필드 앤 스와이어 사는 다시 5년 기한으로 정관응과 재계약하였다.

한편, 정관응은 태고윤선공사의 매판이 되었을 때, 이미 자신의 포장 선적 회사를 가지고 있었던 데다가, 태고의 화물과 승객 확보를 위해 양자강 각 포구와 연해의 중요 항구에 선적 회사를 개설하여 윈-윈의 성장을 할 수 있었다. 양자강 각 포구에 태고창(太古昌)이란 이름의 회사를 열었고, 천진에는 원태(源泰), 복주에는 보태(寶泰) 등 전문 선적 회사를 개설했다. 또 영구(營口), 우장(牛莊), 산두(汕頭)에는 승객과 화물을 대리 모집하는 북영태호(北永泰號)가 설립되어, 북쪽의 영구, 우장에서 동북산 콩, 보리, 콩깻묵을 사서 남쪽의 산두, 홍콩 등지로 공급했다.

태고윤선공사 매판이야말로 정관응이 상해의 거상으로 발돋움하는 결정적인 계기가 되었다고 해도 과언이 아닐 것이다. 버터필드 앤 스와이어 사에게 받는 고정 연봉은 7,000량 이상이었고, 이외에 영업 이익에 따라 받은 보너스는 이 연봉보다 더 많았다. 더 결정적인 이윤은 태고윤선공사와 비즈니스를 하면서 그가 각지에 개설한 선적 회사에서 나온 막대한 이익이었다. 무엇보다 이 경력으로 정관응은 오랫동안 꿈꾸던 이홍장 등 양무파 고관에게 발탁되어 윤선초상국의 총판으로 가는 길이 열렸다.

1875년 이제 승승장구하던 그의 나이 34세, 그는 두 번째 저서 『이언(易言)』(36편)의 초고를 완성하고 당대 개혁 사상가로 동아시아에 문명이 자자했던 홍콩 『순환일보(循環日報)』의 주편 왕도(王韜)에게 서문을 부탁했다. 그리고 금의환향한 그는 동향 친구이자 동료였고 훗날 윤선초상국 마카오 지점의 총판이 된 섭여산(葉侶珊)의 조카였던 섭씨(葉氏)를 첩으로 맞아 상해로 데리고 온다. 이제 그의 사회적 지위는 성공을 위해 매진하던 독신 생활을 청산하고 현지에 공식적으로 어린 첩을 둘 수 있는 정도가 된 것이다.[10] 담걸생이 상해에 도착했으리라 필자가 짐작한 이즈음에 정관응이 이룬 성과를 보면, 그의 눈에 양륜경과 정관응이야말로 향후 추구할 롤모델이 아니었을까 생각해 본다.

정관응 3: 양무파와의 만남

정관응이 이홍장과 본격적으로 업무를 함께 하기 시작한 것은 1878년부터 추진된 중국 최초의 기계식 면방직 공장인 상해기기직포국(上海機器織布局) 사업에서였다. 이홍장은 당시 상해에서 개혁적 사상과 실업 능력에서 명성이 자자하던 그를 높이 사서 이 사업에 끌어 들였지만, 사실상 내는 돈은 많고 진전이 지지부진했던 이 사업에 정관응은 영 적극적이지가 않았다. 실제로 책임자가 수차례 바뀌고 상해의 경제 공황으로 자금난이 생기는 등 상해기기직포국이 가동된 것은 1889년에 가서였다. 그렇지만 이 일

10_정관응은 모두 6명의 처첩이 있었다. 정실인 막씨는 1845년생으로 정관응보다 세 살 어렸는데, 14세에 시집 와서 줄곧 고향에서 시부모와 살았다. 그녀는 아들 둘을 얻었으나 다 요절한 탓에 자녀 없이 1877년 33세로 사망했다. 두 번째 부인 섭씨는 첩으로 1875년부터 10년간 정관응과 상해에서 동거했는데, 정관응은 1882년에 15세의 조씨(趙氏)를 다시 첩으로 맞아들였다. 1884년에 정관응이 광주(廣州)로 부임하게 되면서, 이미 정실이 사망한 후였으므로 섭씨는 정관응의 시가가 있는 마카오로 가서 줄곧 시부모를 모시고 살았다. 그 후 조씨가 줄곧 정관응을 수행하였는데, 1892년에 25세로 병사했다. 그 외에도 3명의 첩을 더 얻었다.

을 계기로 정관응은 본격적으로 이홍장 등 양무파 고관들과 채널을 트게 되었다. 마침내 1880년에 사회적으로 큰 반향을 일으킨 그의 저작 『이언』이 상해에서 공식 간행되었다. 그의 명성은 관, 상, 학계에서 높아졌다.

이홍장은 중국 최초의 연안 전선 개설을 계획하였는데, 이홍장의 요청에 정관응은 이 일에 대해서는 대단히 적극적으로 나섰다. 1881년에 상해전보분국의 총판을 맡은 것은 물론, 주주 회의에서 이사장에 해당하는 중국전보국총동(中國電報局總董)에 선출되었다. 한편, 태고윤선공사에서 그의 영향력과 지위는 갈수록 높아갔고, 그의 사업 역시 이때가 절정기였다고 할 수 있다. 마카오에 부친을 도와서 거대한 저택인 '정가대옥(鄭家大屋)'을 지은 것도 이즈음이다. 오늘날 유명 관광지가 된 이 마카오 유일의 중국 사대부의 전통 가옥은 당시 정관응의 위세를 말해 준다. 그의 나이 40세, 이른 성공이었다고 하지 않을 수 없다. 풍운의 도시 상해에서 부의 정점에 가까워졌을 때, 그는 일생일단의 결단을 하게 된다. 바로 5년간의 버터필드 앤 스와이어 사와의 매판 계약을 연장하지 않고, 성선회(盛宣懷)의 요청에 응해서 윤선초상국 방판(幇辦), 즉 부사장에 해당하는 직책으로 들어가기로 한 것이다.

1882년 2월 매판 계약이 공식 종료되고 3월 말에 공식적으로 윤선초상국 방판 직에 취임하였다. 이때를 계기로 매판으로서 그의 전반생은 끝나고, 개혁 사상가이자 실업가, 관영기업의 관료 상인으로서 후반생의 막이 올랐다. 같은 해인 1882년에 정관응은 15세의 조씨(趙氏)를 세 번째 첩으로 상해에서 맞아들였다. 그녀는 안휘성 무석 사람으로 정관응이 관여하던 양무기업인 상해기기직포국(上海機器織布局)의 총판이자 사업 파트너였던 대항(戴恒)의 소개로 얻은 첩이었다. 그의 처첩 관계의 확산 역시 광동성 향산의 동향 네트워크에서 벗어나 상해와 양무운동 활동과의 관련 인맥으로 넓혀지고 있음을 알 수 있다.

1883년에는 이홍장의 명으로 윤선초상국의 영업 확대를 위해 남양(南洋), 즉 동남아시아를 시찰하였고, 부사장 격인 방판에서 사장에 해당하는 총판(總辦)으로 승진하였다. 1884년에도 장지동(張之洞)과 팽옥린(彭玉麟)의 명으로 다시 한 번 동남아시아 시찰을 하고, 재외 화교의 실상을 보고하고 정부의 보호를 촉구하기도 하였다. 일반적으로 이때 그의 보고서에서 처음으로 '화교(華僑)'라는 용어가 쓰였다고 보고 있다.

그러나 이 해에 윤선초상국 내의 부정부패와 적폐, 세력 다툼에 지친 정관응은 초상국을 사임한다.[11] 그리고 프랑스의 베트남 침략으로 청불전쟁의 기운이 높아갈 1884년 초에 베트남과 국경을 맞대고 있는 고향 광동성으로 돌아가 광주의 영무처(營務處)에 부임하였다. 그런데 같은 해에 정관응은 버터필드 앤 스와이어 사에게 거액의 소송을 당하게 된다. 일반적으로 매판 계약서에는 그 매판이 영업에 손실을 입힐 경우 일차적으로 매판이 담보로 제출한 현금 및 부동산에서 제하고, 그래도 부족할 경우 연대 보증인이 물어 주게 되어 있다. 정관응은 1882년에 태고윤선공사를 나오면서 광동성 향산현 동향인 양계헌(楊桂軒)의 연대 보증을 섰는데, 양계헌이 2년 뒤 10만 량의 손해를 입힌 것이 드러나자 버터필드 앤 스와이어 사는 정관응을 비롯한 연대 보증인들에게 추심을 한 것이었다. 이 재판 과정

11_윤선초상국 내부를 개혁하려고 했으나 거기에서 부딪힌 실망 등은 아마 없지는 않았겠지만 일종의 사임을 위한 명분이었을 수도 있다. 아마 이때에 이미 버터필드 스와이어 사에 대한 연대 보증 문제가 떠오르면서 광주로 몸을 피했을 가능성도 있지 않을까 생각한다. 그렇지 않다면 스와이어 사가 후에 정관응을 강제 구인하는 형사적인 절차까지 나섰던 것이 납득이 되지 않는다.

에서 정관응은 홍콩에서 억류를 당하는 듯 고초를 겪었고, 경제적으로도 큰 타격을 입었다.

1886년부터 5년간 그는 거의 마카오에서 은둔하였는데, 이때 온 정력을 쏟아 저술한 것이 그의 대표작 『성세위언(盛世危言)』이다(1894년 출간). 그리고 오랜 은거 생활을 청산하고 1892년 9월 다시 한 번 윤선초상국 방판(幇辦)으로 복귀하였다. 1892년은 정관응에게 있어서 대단히 중요한 재기의 기회였다.

다음 장에서 서술할 담걸생이 조선에 동순태호를 진출한 시점과 조선 내에서의 활동 역시 정관응의 부침(浮沈)과 상관관계를 가지고 있었다. 이 점은 다음 장에서 확인해 보도록 하고, 이제 동순태를 이해하는 데 중요한 이들 상해의 광동성 향산현 출신의 매판 그룹에 대해 좀 더 범위를 넓혀서 살펴보도록 하겠다.

'소광동(小廣東)'의 주역: 상해의 광동 향산현 출신의 관상(官商) 엘리트들

청말 상해의 광동인 인구는 최대 20만 명에 육박하여, 상해는 당시에 '소광동(小廣東)'으로 불렸다. 1878년 9월 5일 상해의 대표적 신문 『신보(申報)』는 "광방은 비즈니스 분야에서 최대의 파벌로 상해에서 첫손에 꼽는다[廣幇爲生意中第一大幇, 在滬上尤首屈一指]"라고 쓰고 있다. 광방이란 광주부와 조경부 출신의 동향 그룹인 광조방(廣肇幇)을 지칭한다. 그 중에도 핵심은 광동 향산현(香山縣) 출신의 매판이자 관료로 입신한 관상(官商) 엘리트들이었다.

향산현에서 매판이 다수 배출된 것도 일찍부터 해외로 열려 있던 개방성 때문이라고 했듯이 상인만 배출한 것이 아니었다. 하와이 화교로 신해혁명을 이끌어 청을 타도하고 중화민국을 세운 손문(孫文) 역시 향산현 사람이다. 정관응보다 24세 연하였던 손문은 정관응 고향 동네에서 가까운 취형촌(翠亨村)에서 태어나 정관응의 저술을 읽고 사상적 영향을 받았으며, 정관응도 한때 이홍장에게 손문을 추천하기도 했었다. 광동 상인집안이 이후로도 중화민국을 지지하고 국민당 지지자가 많았던 데에는 이러한 동향의 배경이 강하게 작용했다.

정관응 외에도 양륜경과 교류가 깊었던 향산현 출신의 광방 상인은 당정추(唐廷樞, 1832~1892년), 당걸신(唐傑臣, 1862~1904년) 등 자딘 메디슨 사의 총매판을 대대로 맡았던 당씨(唐氏) 가문이다. 양륜경보다는 연배가 어리지만 양륜경의 광조공소 활동에서 늘 단체장을 맡으면서 수십 년간 함께 광조공서를 이끌던 인물이 당걸신(唐傑臣)이다. 이 당씨 가문에 관한 언급은 동순태문서 속의 양륜경이 쓴 편지에도 자주 나와서 아주 친밀한 관계임을 잘 알 수 있다. 당걸신은 광동성 향산현 출신의 대표적 매판 관료였던 당정추의 장조카로, 당정추의 친형 당정식(唐廷植, 1828~1897년)의 장자였고, 삼촌과 아버지를 이어 자딘 메디슨 사의 매판을 지냈다. 정관응과 당정추도 친인척 관계로 늘 공동 사업 투자를 하는 등 경제적인 결합이 깊었다. 당정추가 영국 자본 회사였던 자딘 메디슨 사, 즉 이화양행(怡和洋行)의 총매판으로 입신하여 이홍장에게 발탁되어 각종 양무기업과 윤선초상국 총판을 지냈던 족적을 따라, 연배가 어린 정관응도 같은 수순을 밟아 갔다. 1892년에 당정추가 세상을 떠났을 때 정관응은 성선회에게 편지를 써서 "저와는 가까운 친척으로 매사에 신세를 지고 아낌을 받았습니다. 서로 의

지한 것도 가장 오래되었고, 또 서로를 가장 깊게 이해했습니다[弟與之誼屬至親, 諸多叨愛, 相依最久, 亦相知最深]"라고 쓰고 있다.

당정추는 선교사 학교인 모리슨 학교에서 10세 때부터 6년간 영어를 공부해서 영어 실력이 대단히 뛰어났다고 한다. 학교를 마치고 상점 점원으로 일하던 그는 영어 실력으로 20세부터 7년간 홍콩 정부에서 통역 일을 맡았고, 후에 다시 상해 해관(上海海關)에서 3년간 고급 통역 직원으로 일했다. 이미 홍콩 정부에서 일할 때부터 홍콩에 상점을 차려서 장사를 시작했고, 면화 및 생사 수출을 취급하는 상점을 연이어 개설하여 큰 자산을 축적했다. 그때부터 자딘 메디슨 사와 비즈니스 관계를 맺어 왔던 그는 1861년 30세에 해관을 떠나 자딘 메디슨 사의 대리 업무를 해주다가, 1863년에는 아예 정식으로 매판이 되어서 이후 10년간 자딘 메디슨 사를 위해 일했다. 그 후 자딘 메디슨 사의 매판 자리를 친형인 당정식에게 물려주고 그는 이홍장의 부름에 응하여 1873년 윤선초상국의 설립에 참여하였다.

조선 문제에 깊이 관여한 청조 양무파(洋務派)와 친밀했던 당정추는 1882년 임오군란(壬午軍亂)을 진압하기 위해 청이 고종의 요청으로 군사를 파견했을 때, 오장경(吳長慶, 1829~1884년), 원세개(袁世凱, 1859~1916년)와 함께 조선을 방문했었다. 이홍장의 명으로 조선의 광산 개발 가능성을 검토하기 위해 왔던 그는 조선의 광산 개발 예정지를 직접 돌아보기도 하였다. 그는 진수당(陳樹棠)이 총판조선상무위원(總辦朝鮮常務委員)으로 임명되고, 마건충(馬建忠)을 통해 묄렌도르프가 조선 해관 직원으로 당소의(唐紹儀, 1860~1938년)를 발탁하도록 영향력을 행사했다. 진수당은 광동성 향산현 출신으로 그와 동향이었으며 1882년 당정추의 조선행을 수행했었다. 당소의는 동향일 뿐 아니라 당정추와 친척으로 조카뻘이었다. 당소의는 처음에는 해관 직원으로 조선에 왔지만 원세개의 신임을 얻어 막료로 활동하다가 영사에 해당하는 용산 상무위원으로 활약하였다. 훗날 중화민국 초대 총리가 된 당소의는 청일전쟁 기간 동안 조선에 머물며 사후 수습에 힘썼으며 조선총영사(朝鮮總領事)로 상당한 영향력을 행사했다.

당정추가 조선에 온 것은 1회에 불과했지만, 그가 조선에 뿌려 둔 광동성 향산현 인맥은 조선 정책을 좌지우지한 이홍장에게 등용되어 향후 조선에서 청의 제 정책을 실질적으로 수행하게 되었던 것이다. 이처럼 조선 문제에 깊이 관여했던 당정추와 정관응의 관계가 남달랐다는 것은 정관응이 1883년 당정추의 가장 화려한 이력이자 조선과의 관계에서도 핵심이었던 윤선초상국 총판직을 계승한 것에서도 알 수 있다. 양륜경이 조선에 관심을 가지게 된 루트에는 이러한 정관응, 당정추와의 인맥이 작용했을 가능성을 무시할 수 없다. 이들과의 관계망 속에서 양륜경은 조선에서 상업적 기회를 포착하고, 자본을 모집·투자하여 조선에서 동순태호를 설립하는 데 결정적인 작용을 한 것으로 보인다.

당정추와 정관응처럼 매판으로 입신하여 자기 사업을 확대하고, 후에 다시 관직에 오르는 것은 광동 출신의 매판 그룹에서는 매우 전형적인 것이었다. 초기에 덴트 사의 매판을 앞서서 지내고 가장 성공한 매판이었던 서윤은 1862~1868년 사이에 매판 계약의 공식 보수로 받은 것만 80만 량의 거금이었다. 하지만 1883년에 그의 자산 규모는 500만 량에 달했으며, 대부분은 독자적으로 운영하는 상점에서 나오는 수입이었다. 매판 수입은 자기 사업을 경영하기 위한 토대였던 것이다. 서윤은 이홍장의 양무운동에 가장 적극적으로 협력하여 투자한 매판 상인이었다. 이처럼 자기 사업 경영을 위한 인적 네트워크와 기반이 탄탄해지면 유망한 친인척에게 매판 직을 물려주고, 자신은 독자 경영에 전념하거나, 이미 거부를 쌓았으므로 관직으로 가는 길을 모색하는 경우가 많았다. "오래 장사를 하면 관리가 된다[久賈而官]"는 현상이다. 처음에는 연납으로 관직을 사지만, 양무운동이 본격화되면서 실제 업무를 맡고 관품도 높아질 수 있게 되었다. 또한 관직을 가지는 것이 자신의 사업에도 유리한 점이 있었다.

그렇지만 이들은 독자 사업과 관직으로 나가면서도, 줄곧 양행과의 관계를 끊지 않았고, 친인척을 매판에 추천하거나 거래처와 투자자로 관계를 돈독히 하는 형태로 끈을 유지했다. 즉 서양인의 힘이 정부 권력 못지않게 중국에서 사업을 하는 데 중요하다는 것을 잘 알고 있었던 것이다. 앞장에 소도회의 난 때 잠깐 나왔던 오건창(吳健彰) 역시 연납으로 첫 관품을 사고, 나중에 상해의 행정장관과 상해 해관 감독까지 오르지만, 재임 기간에 미국 러셀 사와 동업하여 회사를 차리기도 하였다.

중국 연해 각 개항장으로 뻗어간 광동 상인

개항으로 중국 연해 중요 항구가 개항장으로 지정되고, 1860년대 이후 증기선의 본격적인 등장으로 연해 교역은 더욱 활성화되었다. 이에 따라 양행의 지점들도 각 개항장으로 늘어났고, 매판 혹은 직원으로 함께 북상하는 광동인의 숫자도 늘어났다. 북방의 중요 항구인 천진(天津)은 초기에 광방(廣幫) 세력이 객방 중에 가장 컸는데, 여기에는 상해에서 보았던 것처럼 양행과 양무파 관료와 모두 연결되어 있었던 광동 상인의 성격이 잘 드러난다. 1863년부터 서양 윤선이 홍콩-천진 직통 노선을 운영했는데, 자던 메디슨 사와 버터필드 앤 스와이어 사의 윤선 회사가 가장 세력이 커 기선 회사와 무역 업무를 지배했다. 개항장인 천진에서 외국 양행과 매판의 세력이 압도적인 만큼 천진의 초기 거부들은 모두 양행의 광동인 매판이었다. 자딘 메디슨 사, 즉 이화양행(怡和洋行) 매판 양염경(梁炎卿, 또 다른 이름은 梁彦青)과 태고양행(太古洋行) 매판 정익지(鄭翼之)가 대표적 인물들이다. 그 외에도 이화양행의 부매판(副買辦)이었던 진축령(陳祝齡), 인기양행(仁記洋行) 매판 진자진(陳子珍), 화아도승은행(華俄道勝銀行) 천진 매판 나도생(羅道生), 덕화은행(德華銀行) 매판 엄조정(嚴兆禎) 등 매판 상인의 세력은 천진 상계를 주름잡았는데, 이들 모두는 광동 향산현 출신이었다. 『천진정속연혁기(天津政俗沿革記)』에 의하면 1860년대 초에 광방(廣幇) 상인만 쳐서 천진에 5,000명이나 와 있었다고 한다.

특히 여기에서 주목하고 싶은 사람은 태고양행, 버터필드 앤 스와이어 사의 천진 매판이었던 정익지(鄭翼之, 1859~1916년)이다. 그의 이름은 경린(慶麟), 관부(官富)라고 하며, 자는 정양(正陽)이며, 호가 익지(翼之)이다. 속칭 '태고정(太古鄭)'이라고 불릴 정도로 유명한 버터필드 앤 스와이어 사의 대표적 매판이었다. 그는 정문서(鄭文瑞)의 다섯 번째 아들로 정관응과는 어머니가 다른 형제이다. 두 사람은 열일곱 살의 나이 차에도 특히 우애가 돈독하여 정관응이 1914년에 유언장(『香山鄭愼餘堂待鶴老人囑書』)을 쓸 때 유언 집행인[囑書代理人]을 맡겼을 정도였다. 그때 증인이 양륜경이었다는 점은 앞에서 이미 썼다. 정익지는 16세인 1877년에 상해에서 건실한 기업가로 터를 잡고 있던 형 정관응이 불러서 고향을 떠나 상해로 왔고, 이후 정관응의 후원과 향산현 동향의 추천을 받아 태고양행에 하급 견습 직원으로 들어갔다. 처음에 그는 영어를 전혀 몰랐지만, 일을 하면서 여가를 틈타 열심히 영어를 배웠다. 보고서 작성에 필요한 영어 작문에 뛰어났고 근무 태도가 성실했기 때문에, 일찍 서양인 직원의 인정을 받았다. 1881년에 버터필드 앤 스와이어 사가 천진에 지점을 낼 때 23세의 정익지는 서양인 직원을 수행하여 천진으로 가서 그때부터 천진지점에서 일을 시작했다.

그가 천진으로 갔던 1881년에 버터필드 앤 스와이어 사는 야심찬 새 사업으로 홍콩에서 정당공장(Taikoo Sugar Refining Company, 중국명 太古糖廠)을 설립하였다. 정익지는 천진에서 주력 사업인 기선 업무를 발전시켰을 뿐만 아니라, 이 신생의 태고정당에서 생산한 정제당을 대량으로 천진에 가져와 팔았다. 이후 해운과 설탕은 천진 태고양행의 가장 큰 두 사업이 되었다. 이 태고정당업은 이후 조선 동순태호의 영업을 이야기할 때도 중요하므로 기억해 두자.

이즈음 형인 정관응이 버터필스 앤 스와이어 사와 연대 보증에 의한 손해배상 문제로 곤경을 겪고 화병으로 쓰러졌는데, 1886년에 정익지는 상해로 달려가 1만 1,000량의 현금을 받아 내어 정관응의 남은 채무를 해결해 주고 정관응이 불명예스럽게 빼앗긴 관품[候選道銜]을 회복시켜 주었다. 돈과 명예를 회복시켜 준 정익지에게 정관응은 큰 신뢰를 주게 되었다. 같은 해에 28세의 이른 나이로 정익지는 천진지점 서양인 매니저의 강력한 추천으로 천진지점 매판의 자리에 오르게 되었다. 그는 정력적으로 기선 업무를 확장하여 몇 년이 지나지 않아 태고윤선공사를 천진 지역의 해운업계에서 1등의 자리에 올려놓았다. 또한, 태고설탕[太古糖]의 수입 판매를 위해 천진에 항태창(恒泰昌), 원기(原記), 협무(協茂) 등 8개의 대리점을 열고, 농촌 지역에도 널리 대리점과 판매점을 개설하여 그 덕분에 태고의 정제당은 단시간 내에 화북 설탕 시장을 장악할 수 있었다.

런던 대학 SOAS 도서관의 특장실(London University SOAS Library, Special Collections)에는 버터필드 앤 스와이어 사의 문서가 보관되어 있다. 여기의 천진지점 파일에서 정익지는 Yik Kee라는 영문 이름으로 등장하여 천진 지역의 모든 회사 사무를 한 손에 처리하고 있었다. 각종 사업에 투자하여 거부가 된 20대의 정익지는 그때부터 이미 이화양행 매판 양염경(梁炎卿), 화아도승은행(華俄道勝銀行) 매판 왕명괴(王銘槐), 홍콩상해은행(滙豐銀行, HSBC) 매판 오조경(吳調卿)과 함께 천진 4대 매판으로 병칭되어, '태고정(太古鄭)'이라는 속칭을 얻었다. 1901년(광서 27년) 의화단운동을 진압하기 위해 파병된 8개국 연합군이 천진 성벽을 강제로 허물 때, 양염경과 함께 이 성벽의 벽돌로 신화로(新華路)에 대저택을 짓기도 했다. 1908년(광서 34년)에 50세의 정익지는 광방의 지도자로서 천진에 임관하고 있던 당소의(唐紹儀) 등과 함께 광동인의 천진 동향회관인 광동회관(廣東會館)을 지었다. 천진 곳곳에 부동산을 사들여 건물 임대업을 경영했고, 상해에서 통관 업무 대리점(customs broker)을 개설하였으며(益順盛報關行), 각지의 탄광 채굴업에도 투자하여(開平煤棧, 山海關錦州煤棧 등), 평생 동안 거부를 끌어 모았다. 정씨 가문을 위해 건물 임대료를 걷는 일을 하던 진봉조(陳鳳藻)의 계산에 따르면, 그의 아들 정종음(鄭宗蔭)이 천진 매판 직을 계승했을 때, 천진 정씨의 재산은 1,000만 원[銀元]을 헤아렸다고 한다.

1914년에 늙은 형 정관응의 유언장 집필에 유언 집행인으로 서명을 했던 정익지이지만, 역설적으로 2년 뒤 그의 형보다 앞서서 58세의 이른 나이로 천진에서 병사하였다(1916년). 그의 사후 맏아들인 정종음이 이어서 천진 매판을 맡았으며, 1925년에 정종음이 사직한 후에는 다시 정익지의 3남인 정자음(鄭慈蔭)이 계승했다. 1931년에 버터필드 앤 스와이어 사가 매판 제도를 폐지하고 중국인 직원을 채용하여 직영하기로 결정하면서 '태고정(太古鄭)'의 2대에 걸친 매판 역사는 종지부를 찍었다. 버터필드 앤 스와이어 사의 기선, 정당 사업과 천진에서의 단단한 기반, 그리고 정관응, 정익지로 이어지는 향산현 태고 매판의 존재는 상해 동태호와 조선 동순태호의 영업에도 탄탄한 뒷배가 되었을 것임은 상상하기 어렵지 않다.

게다가 천진에는 조선에서 커리어를 쌓은 광동 출신 관원들이 이홍장이 관여하는 양무기업 및 관공서에 대거 임관하여 천진의 광동인 세력 확대에 기여하였다. 용굉과 이홍장의 협력으로 1872년부터 1875년까지 미국에 파견된 관비유학생 120명 중에 84명이 광동 출신이었는데, 이 관비유학생 프로그램은 4년 만에 보수파의 반발로 취소되고 학생들은 강제 귀국 조치되었다. 이들은 귀국 후 대부분 이홍장의 근거지인 천진에 모여들어 세력을 형성했다. 대표적으로 당소의(唐紹儀)와 주수신(周壽臣)은 잠시 천진에 있다가 조선으로 파견되어 해관과 외교 공관에서 일했다. 귀국한 후에 당소의는 천진해관도(天津海關道)를 지냈으며, 주수진은 천진 윤선초상국 총판과 영구도(營口道)를 지냈다. 그 외에 직예성 민정장관인 포정사(布政使)를 지낸 양돈언(梁敦彥), 염무계핵소(鹽務稽核所) 총판을 지낸 채정간(蔡廷干), 천진 순경도(天津巡警道) 겸 국장(局長)이 되어 근대식 경찰을 창설한 조가상(曹家祥) 등은 모두 이 관비유학생 출신의 광동인 관료들이다.

조선과 가장 왕래가 빈번한 산동성(山東省) 연대(煙臺)와 청도(青島)에서도 객방 중에 광방의 세력이 가장 컸다. 연대에는 광동인 타운으로 광동가(廣東街)가 형성될 정도였으며, 1916년에 가도 연대총상회(煙臺總商會) 안에 광동 출신의 이사[董事]가 4명이나 있었다고 한다. 2014년에 위해(威海)에서 열린 청일전쟁 120주년 기념학술회의(甲午戰爭與東亞歷史進程 - 紀念甲

午戰爭120周年國際學術研討會)에서 만난 한 산동 역사가는 연대, 청도 등 개항장에서 담걸생과 동순태호의 보유 부동산 기록을 본 적이 있다고 했는데, 앞으로 검토가 필요한 부분이다.

이처럼 점차 정비되어 가던 중국 연해 개항장 시스템에서 핵심 도시는 상해(上海)였으며, 일본과 조선의 연이은 개항으로 동아시아 지역 시장이 열리자 상해는 중국 연해 물류의 센터를 넘어서서 곧 동아시아 물류와 배급의 센터가 되었다. 일본 경제사가 후루타 카즈코는 상해를 중추로 방사성으로 뻗어 나간 동아시아 개항장의 물류 네트워크를 '상해 네트워크(Shanghai Network)'라고 명명했다. 1881년이 되면 상해 시장에서 조선산 잉어를 살 수 있었다고 한다. 아직 중국과 조선이 개항장 통상을 시작하지 않아도(1882년에 시작), 일본을 경유해서 이미 물산은 국경을 넘어 유통되고 있었던 것이다.

일본의 개항과 양행, 광동 상인의 진출

홍콩과 상해를 중심으로 발전하던 양행들은 일본과 조선의 개항과 함께 극동 각 개항장에 지점을 설치하거나 대리점을 두어 사업 범위를 확장하였다. 광동 상인은 일본이 개항하자 서양 상인들과 함께 매판으로서 제일 먼저 일본에 건너갔고, 그 과정에서 동아시아 각 개항장에 직접 진출하여 교역 범위를 넓힐 수 있었다. 광동 상인들은 19세기 중후반 상해를 중심으로 동아시아 개항장을 연결하는 상해 네트워크에서 핵심적인 역할을 수행하게 되었다. 조선에 대해서는 다음 장에서 살펴보고 조선에 거류하는 광동 상인의 교역 네트워크에 중요한 역할을 하게 된 일본으로의 진출을 간단하게 살펴보자.

먼저 양행의 확산에 포석을 깔아 주고 선두를 달린 것은 해운 자본이다. 1840년에 설립된 영국의 P.&O.기선회사(Peninsular and Oriental and Steam Navigation Company)는 극동 진출의 선도적 역할을 했다. P.&O.기선은 1845년 레이디 메리 우드 호(Lady Mary Wood)의 싱가포르 입항을 필두로, 홍콩, 상해 등지로 항로를 확산하였다. 홍콩에서 발행하는 『차이나 메일(China Mail)』에 따르면, 1863년에 홍콩 출발의 항로는 홍콩-상해 간 해역이 가장 활발했다. 1867~1868년 2년간 총 20척의 P.&O.기선이 상해에 280차례나 입항했는데, 그 중에서도 아덴(Aden) 호가 52회로 가장 빈번하였다. 그런데 1867년 8월 이래로 아덴 호는 기존처럼 상해에서 홍콩으로 바로 가지 않고, 상해를 출발해 요코하마를 들르기 시작했다. 홍콩-상해 간의 아편 무역에 더해서, 일본에서 상해로 생사 수출을 본격화하여, 상해를 기축으로 한 삼각 무역을 진행하였다. 여기에 더해 1870년이 되면 아덴 호는 효고(兵庫)까지 기항지를 넓혀서 요코하마와 효고 사이의 연안 무역까지 영업을 확대하였다. 중국에서 일본으로의 확대 과정 역시, 봄베이에서 광주, 상해로, 다시 상해와 중국 개항장 간의 연안 무역으로의 영업 확대 과정을 복제하고 있다.

자딘은 일찍부터 일본 시장에 뛰어들었다. 자딘 메디슨 사는 일본이 1858년 안세이 5개 조약으로 개항한 후 처음으로 지점을 설치한 외국 무역 회사였다. 1859년 윌리엄 자딘의 친인척인 윌리엄 케스윅(William Keswick)이 일본 요코하마에 파견되어 사무실을 열었고, 요코하마 개항장의 외국인 거주지를 위한 첫 토지 매각에서 첫 번째 부지(Lot No. 1)를 획득하였다. 이후 일본에서는 고베, 나가사키 및 다른 개항장에도 사무실을 열었다.

나가사키의 이화양행 대리인으로 크게 성공한 사람으로 토마스 글로버(Thomas Blake Glover, 1838~1911년)가 있다. 자딘 메디슨 사는 1859년에 케네스 맥킨지(Kenneth Mackenzie, 1801~1873년)를 나가사키 지점 개설을 위해 파견했는데, 이때 조수로 함께 상해에서 파견된 사람이 글로버였다. 맥킨지와 글로버 모두 스코틀랜드인이다. 글로버가 자딘 사에 채용된 것은 18세인 1857년이었다고 한다. 2년 뒤인 1861년에 맥킨지가 중국 한구(漢口)로 전임되면서, 글로버는 글로버 상회(Glover and Co.)라는 회사를 차리고 이화양행 대리점을 인수했고, 때마침 덴트 상회의 나가사키 대리인인 에반스(E. H. Evans)도 한구로 돌아감에 따라, 덴트 상회의 대리인 업무도 함께 인수하였다.

글로버는 처음에는 일본 녹차의 수출업을 했으나, 막말 혼란기를 틈타 무기상으로 이름을 떨쳤다. 특히 그 과정에서 막말 쵸슈 번(長州藩)을 비롯한 서남 각 번의 도막파(倒幕派)와 긴밀한 관계를 맺었는데, 쵸슈 번에서 이토 히로부미를 비롯한 존왕양이파의 젊은 무사들을 막부 몰래 영국으로 유학을 보낼 때에 이를 지원해 준 것도 글로버였다. 이후 막부가 도막파를 응징하기 위해 제2차 쵸슈 정벌을 감행하자, 글로버는 쵸슈 번에 무기를 공급하여 막부 군을 물리치는데 결정적인 역할을 했다. 메이지 유신 이후 유신 정부와 영국의 밀월관계에는 막말 자딘의 그림자가 있었던 것이다.

글로버 상회의 일본에서의 활동은 자딘 메디슨 사의 상해에서의 활동과 거의 흡사하여 마치 데자뷰를 보는 듯한 느낌이 든다. 글로버는 나가사키 거류지에 철도를 부설하고 소형 증기기관차를 달리게 하여 일본인들을 놀라게 하는데, 이는 상해에서 자딘 메디슨 사가 부설한 오송철로를 연상시킨다. 또 글로버는 일본 최초의 선박 수리소를 세우고, 일본 최초의 등대를 건설했으며, 근대적 탄광을 다카시마에 열고, 일본 최초의 맥주 회사를 창업한다. 자딘 사는 상해와 홍콩에서 선박 설비와 등대 등 인프라를 가장 먼저 구축하였으며, 중국 각지와 남아프리카 공화국에서 탄광 개발로 거부를 축적함과 아울러 조선에서 탄광 개발 가능성을 타진한 바 있고, 상해와 홍콩에서 맥주 회사를 창업하였다. 글로버가 1885년에 설립한 Japan Brewery company는 이후 미쓰비시 사에 매각되어 기린맥주 주식회사로 바뀌었다.

19세기 중반 이래 일본과 조선이 개항하자 광동인들은 서구 자본의 진출에 부수하여 상해를 거점으로 하여 동아시아 지역으로도 이주를 본격화하였다. 조선에 앞서 일본에는 1850년대에 이미 광동인이 활발히 진출했으며, 산동 화교가 수적으로 압도했던 조선과는 달리 광동인의 숫자가 단연 많았다. 하지만 광동인의 직업 구성은 지역마다 차이가 있었다. 요코하마 화교는 대부분이 광동적(廣東籍)이었지만, 상인 이외에 서구의 근대식 기술을 지닌 수공업자(건축, 칠, 인쇄 등) 및 비숙련 노동자의 숫자가 적지 않았다. 1867년 일본 정부는 '요코하마 외국인 교민 관리규칙(橫浜外國人僑民管理規則)'을 정해, 중국인에 대하여 상등으로 매판과 상인은 15엔, 중등으로 고용인, 수공업자는 7엔, 하등 일반 노동자는 3.5엔으로 등록비를 내도록 했다. 메이지 2, 3년의 등기 책에는 상등이 36명, 중등이 63명, 하등이 903명으로 노동자가 훨씬 많았다. 이에 반해 1877년 광업공소(廣業公所)가 성립된 고베(神戶)의 경우는 유력한 광동 상인이 단연 많았다. 1878년 고베 화상은 모두 457명이었는데, 그 중 광동 화상이 323명이었다. 이제 일본까지 개항하여 상해 네트워크에 포섭되어 동아시아 교역이 외연적 확장을 거듭하는 가운데, 이윽고 조선이 개항과 더불어 문을 열게 된다.

테마 4 개항 이전 한반도에 왔던 중국 이주민

한국고대사는 천황가의 한반도 기원설, 일본 궁정 내의 백제계 귀족처럼 한반도에서 일본으로의 이주를 강조하지만, 사실 중국에서 한반도로 이주하여 못지않게 대접받고 살았던 중국인도 적지 않았다. 현재 일본의 화교들은 집단 이주의 경우 송 왕조까지 그 연원을 소급하는데, 한반도에도 명 왕조의 유민들이 집단적으로 조선에 이주한 사적은 충분히 확인된다. 명의 유민들로 청의 지배에 저항하여 조선에 귀화한 경우는 자신이 중국계임을 자랑스럽게 여겨서 족보에 특기해 두었기 때문이다.(최승현 2010)

최승현(2011)의 분석에 따르면, 한국 280여 개 성 중에서 절반 정도가 외래 인종을 시조로 삼고 있는 귀화 성씨라고 한다. 조선 정부는 청조에 복속하고도 면종복배의 태도로 내부적으로는 자신이야말로 멸망한 명의 정통성을 잇는 '소중화(小中華)'라고 자임하며, 귀화한 명의 유민을 우대했다. 청도 이를 뻔히 알고 있었고, 가끔 조선에 도망한 유민들을 송환하라고 윽박지르기도 했지만, 후에는 조선에 대한 유화 정책으로 아예 송환령을 철회했다. 조선 국왕은 명대 유민을 우대하여 식구 수까지 따져서 양식을 주고 궁궐 부근에 살도록 해주었으며, '황조유민(皇朝遺民)'이라는 명분으로 조선 국왕이 명의 자살한 마지막 황제 숭정제에게 제사를 지내는 대보단 제사에 우선적으로 배석시켜 주었다고 한다. 명 유민에게만 따로 충량과(忠良科)라는 과거를 실시하여 벼슬을 주고, 모든 부역과 병역을 면제시켜 주었다. 여진인이나 일본인이 조선에 귀화하면 조선의 덕을 흠모하여 교화를 얻으러 온 자라며 '향화인(向化人)'으로 불렀으나, 명 유민들은 '황조인(皇朝人)'으로 높여 불렀다. 또 이들에게 숭정제의 제사 준비를 시키고 '한족(漢族)'으로 따로 관리했다. 근대 이후 중국과의 조공관계가 부정되고, 일제 강점기를 거치면서 이들 명 유민으로 한반도에 이주한 사람들의 역사 역시 묻혔다. 하지만 근년에는 각종 단체를 결성하면서 다시 살아나고 있다고 한다. 알고 보면 최초의 재한 화교는 이들 명 유민일지도 모르겠다.

테마 5 일본 제국의 팽창과 동아시아의 인구 이동

이주에 관한 심도 깊은 연구를 해온 일본 학자 아라라기 신조(蘭信三)는 만주사 연구자 야마무로 신이치(山室信一)의 연구를 빌어서, 19세기 중반 동아시아에서 발생한 대량의 이주에 관해 3가지의 요인을 제시하였다. 우선 러시아의 진출을 경계하여 청조가 만주 지역의 봉쇄(封禁令)를 풀면서 산동성 사람들이 대량으로 만주로 이주했다. 두 번째로 1860년 연해주의 획득으로 러시아의 극동 진출이 본격화되면서 만주로 러시아인들이 몰려들었다. 시베리아 철도의 종착역으로 블라디보스토크가 건설되었으며, 해군 기지로 여순, 대련이 개발되었다. 또한 철조의 거점인 하얼빈과 같은 근대 도시가 생겨났다. 만주와 연해주가 개발되면서, 토목 건설 노동자로 상인으로 신도시의 서비스 인구로 일본인들, 조선인들까지 몰려들었다. 세 번째로는 청과 러시아 제국의 쇠퇴를 틈타 일어난 일본 제국의 팽창이 이주 붐의 자극제가 되었다. 일본의 식민지 건설과 제국 확대에 수반하여 동아시아 지역에는 광범위한 인구 이동이 발생하였다. 1895년의 대만(臺灣), 1905년의 관동주(關東州)와 사할린, 1910년의 조선, 1919년 남양군도(南洋群島), 1932년 만주국(滿洲國)의 건국과 일본 세력권으로의 수렴, 1937년의 중일전쟁 발발과 1940년 동남아시아 침략으로 제국의 판도는 커져 갔고, 그 세력권에 속한 사람들의 종횡 이동이 자의 내지 타의로 발생했다. 한편, 팽창했던 일본 제국의 몰락 역시 오늘날까지 이어지는 민족 문제의 불씨를 남기게 된다. 러, 중, 일 동아시아 세 제국의 성쇠가 인구 이동에 저류가 되었다는 그의 지적은 상당히 타당성이 있다.

1945년 종전까지 일본인으로 밖으로 나간 인구를 살펴보면, 조선으로 75만 3,000명, 대만으로 38만 5,000명, 사할린으로 40만 명, 남양군도로 7만 명, 만주로 155만 명이며, 중일전쟁 후 일본군이 점령한 중국 내지로 이주한 인구도 49만 7,000명이나 된다. 아라라기에 따르면, 1945년 종전 직후의 일본 내지 인구가 7,200만 명이었다고 하므로, 위의 식민지나 세력권 지역으로 나가 있던 인구 약 365만 명은 일본에 남아 있는 내지 인구의 약 5%나 된다. 이외에 아메리카 대륙으로 이주한 일본인 숫자도 상당해서 1935년까지 미국 이주 일본인이 27만 명, 브라질이 19만 2,823명이었다.

일본으로 들어온 인구는 어떠한가? 태평양전쟁 시기에 강제로 연행된 조선인 숫자는 70만 명이나 된다고 하는데, 이미 전쟁 이전에도 재일 조선인 숫자는 100만 명이나 되었다. 종전까지 재일 조선인 인구는 200만 명에 육박했다. 조선인이 압도적이었지만, 대만, 동남아시아, 만주 등 각 지역에서 일본에 들어와 있던 외지인 인구도 적지 않았다.

조선에 살던 일본인은 대다수가 도시에 살았다. 일제 강점기 조선총독부는 도(道) 아래에 부(府, 도시), 군(郡, 농촌), 도(島, 섬, 도서)를 행정 단위로 두었다. 1935년 조선 전체 인구 중에서 도시인 부(府, 약 20개 내외)에 사는 조선인 인구는 7%에 불과했지만, 일본인은 54%나 부(府)에 살았다. 일본인이 가장 많이 사는 곳은 서울, 경성부였다. 1940년 기준으로 경성부의 총인구는 약 93만 명으로 넘버 2의 평양부 인구(28만 명)를 큰 폭으로 따돌리고 선두를 달리는 대도시였다. 경성부에 사는 일본인 숫자는 15만 명 이상으로 경성부 인구의 16%나 되었다.

하지만 일본인 인구 비중이 가장 높은 도시는 24만 명의 주민을 보유한 넘버 3의 부산이었다. 부산에는 5만 7,000여 명의 일본인이 살아 도시 인구의 약 23%가 일본인이었다.[外村大 2008(a)] 즉 부산은 길거리를 다니면 4명 중에 1명은 일본인이었던 셈이다.

3장

조선으로 향하는 길 : 양륜경의 조선 투자와 조선의 광동인들

담걸생은 도대체 언제 조선으로 왔나?

이제 상해에서 해외 무역 업무를 익히며 직원으로서 커리어를 쌓아가던 담걸생이 조선 땅을 밟게 되는 이야기를 해보자. 그러려면 조선이 개항을 하면서 중국인의 상주가 시작된 경위를 먼저 살펴보아야 한다. 일본이나 동남아시아에서 화상들의 활동이 일찌감치 시작되었던 것과 달리, 조선은 근대 이전까지 화교 상인의 활동이나, 화교, 즉 상주하는 중국인 인구가 거의 없었다. 물론 조선 역시 조공과 호시를 통해 중국과 교역을 하고 있었지만, 조선에 장기 거주하는 화교가 제도적으로도 규모면에서도 처음 등장한 것은 1882년 이후의 일이다. 1876년에 강화도조약으로 부산, 인천, 원산 3개 항구의 개항이 약속되었지만, 실제로는 부산과 원산 두 곳이 일본인에게 개항이 되었을 뿐이다. 본격적인 밖으로의 개방은 1882년부터라고 할 수 있다.

이 해에는 많은 일이 일어났는데, 일본을 견제하기 위해 구미 여러 강국, 특히 미국과 조약을 맺을 것을 권하는 청의 중개로 1882년 5월에 조미수호조약이 체결되었고, 그 해 7월 하필 구식 군대의 반란인 임오군란(壬午軍亂)이 일어나는 바람에 고종의 요청에 따라 청은 오장경(吳長慶)이 이끄는 청군 3,000여 명을 파견하였다. 청군이 경기도 남양만에 도착했을 때, 군대와 함께 따라온 청국 상인이 40여 명이었다. 일반적으로 이들을 근대 재한 화상의 시초로 본다. 이들은 상주 목적으로 온 것은 아니었지만, 반란 진압 후 10월에 조청상민수륙무역장정(朝淸商民水陸貿易章程)이 체결되어 화상 활동에 유리한 환경이 조성되자, 비로소 개항장을 중심으로 화교 이주가 급격히 늘게 되었다.

그런데 우리의 주인공 담걸생이 조선에 온 시기에 관해서는 1874년, 1882년, 1885년, 1888년 등 다양한 주장이 있고, 아직도 확답이 없다. 담걸생과 재한 화상에 관한 최초의 본격적 연구를 시도한 재한 화교 담영성(譚永盛)은 1976년의 논문에서 담정택의 동향인 정가현(鄭家賢)의 증언을 빌어 담걸생이 1874년에 21세의 나이로 처음 조선에 와, 한성 수표교 부근에 동순태호를 창업했다고 주장했다. 이 증언은 1882년 이후에 화상이 본격적으로 조선에 들어온 일반적인 상황과는 상충된다. 또 담정택의 회고록(1973년)에는 서울 화교중학교의 교원이었던 담영성이 교지인 『노력월간(努力月刊)』에 쓴 「담걸생, 그 인물과 사적[譚傑生其人其事]」이란 글을 길게 인용하고 있는데, 담영성은 훗날의 석사 논문과 달리 여기에서는 1882년 30세의 나이로 담걸생이 조선에 왔다고 썼다. 또 담정택은 담영성의 글을 인용하는 형식으로 부친인 담걸생이 1882년에 조선 인천에 와서 얼마 지나지 않아 서울 관수동에 상점을 열었다고 했다.

그렇다면 담영성은 1882년을 주장하다가, 정가현이란 인물의 주장 때문에 석사 논문에서 1874년으로 바꿔 쓴 것이다. 그런데 실상 이 정가현이란 인물은 담정택과 원래 알던 사이가 아니었다. 그는 담정택이 1966년에 동순태호의 옛 명동 부동산에 대해 재산권 반환 소송을 제기하는 과정에서 알게 된 사람으로, 초반에 소송 과정을 도왔으나 보수 문제로 틀어져 갈라선 사이이다. 또한 1882년이란 숫자도 담정택 본인이 말했다기보다는 담영성의 잡지 글을 인용했을 뿐이다. 일반적으로 개설서에서 관행적으로 또 화교 사회에서 상식처럼 믿어지는 화상이 조선에 처음 왔다는 1882년을 담영성도 그냥 쓰지 않았을까 의구심이 든다.

마지막으로 사료로 확인되는 3건의 기록이 있다. 첫 번째는 일본의 동순태호 연구자인 이시카와 료타(石川亮太) 교수가 타이완 중앙연구원(台灣中央研究院) 근대사연구소의 주한사관당안(駐韓使館檔案)에서 찾아 낸 1906년에 담걸생이 민사 소송 과정에서 청의 주한 총영사관에 보낸 자술서이다. 그 문서에서 담걸생은 자신이 1885년 음력 7월경에 처음 인천에 왔다고 진술했다. 또 이시카와 교수는 개항 초기 세 개항장의 중국인 명부가 실려 있는 『청계중일한관계사료(淸季中日韓關係史料)』에서도 1885년과 1886년 두 해의 인천 거주 명단에 담걸생이 처음 출현하는 것을 들어 1885년을 첫 조선 도착 시기로 추측했다. 같은 사료에서 1889년 서울 거주 명단에 동순태 담걸생을 비롯해 3명의 광동성 출신자가 있다는 기사를 찾아서, 아마도 1889년에 서울로 옮겨서 동순태호를 열었을 것이라고 보았다.

두 번째로 필자가 찾아 본 조선총독부의 『치안상황(治安狀況)』 1937년 9월 17일 보고 중에 「중국인의 철수 관련[支那人引揚關係]」이란 제목의 보고가 있다. 여기에서 일본 당국은 1937년 9월 담걸생 유족들의 조선 철수를 보고하면서 약 60년 전에 조선에 왔다고 쓰고 있다. 역산하면 1877년 즈음이 된다. 하지만 일본 당국의 정보 파악이 얼마나 정확할지 의구심이 있어, 역시 정확한 연도를 확정하기에는 신빙성이 떨어진다.

마지막으로 한성과 경성의 화상 조직을 줄곧 연구한 김희신의 최신 연구에서는 새로운 자료를 선보이고 있다. 김희신은 이시카와가 인용한 자료 이외에 주한사관당안 내의 다른 곳에서는 1886년이라고 쓴 사료도 있다면서, 오히려 경성화상총회(1914년) 및 중화상무총회(1913년, 1914년)가 총영사관에 제출한 임원단 명단을 보면 담걸생이 정, 부회장 이력에 모두 첫 이주 시기를 1888년으로 기록한 점을 들어서 기존의 학설에 의문을 표시했다.

그런데 담정택의 회고록에 따르면, 담걸생의 두 번째 부인 하씨는 결혼 후 남편을 따라 한국에 와서 한성에 거주했고, 그녀의 첫째 아들(담걸생의 2남) 담정곤은 1885년에 한성에서 태어났다고 되어 있다. 물론 하씨와 담정곤은 계속 한성에서 살았기 때문에 인천에서 태어났지만 한성으로 출생지를 기록했을 가능성도 있다. 그렇다고 해도 1885년에 인천에 와서 자녀까지 출산하기에는 시간이 너무 촉박하다.

증언의 애매모호함은 물론이요, 자료까지 다 제각각으로 나오면서 갈수록 꼬이는 느낌이다. 그렇지만 기본으로 한 번 돌아가 보면 어떨까 한다. 우선 많은 사료가 공통적으로 지적하듯이, 동순태호는 인천에서 지점을 열고, 바로 이듬해에 한성, 즉 서울에 문을 열었다고 하고 있다. 그런데 이시카와 교수가 찾은 사료를 보면, 담걸생은 1885년에 처음 인천에 와서 개성 상인 손경문(孫景文)의 상점과 교역을 하다가, 이듬해인 광서 12년(1886년)에 그의 알선으로 동생인 손윤필(孫允弼) 등이 운영하는 한성 가게에 동순태호 한성지점을 내고, 집세를 내지 않는 대신 모든 거래를 손(孫) 등에게 위탁했다고 한다. 이후 1889년 말에 손(孫) 등이 경영이 어려워져 도망하자 그 가옥(을지로 2가 소재)을 동순태의 소유로 인수했다는 내용이다. 그런데 그는 왜 한성의 화교 단체에서는 줄곧 이주 시기를 1888년으로 말했을까? 아마도 1888년에 한성, 즉 서울에서 광동 상인들의 동향 단체인 광방(廣幫)이 조직되는데, 이때 담걸생이 이사[董事]로 선출이 되었던 것과 관련이 있지 않을까 싶다. 서울의 화교 상인 단체는 원래 동향 단체를 기초로 상위 지연 단체로 덮어씌우듯이 만들어졌기 때문에, 담걸생은 1888년이라고 줄곧 썼지 않을까 추측한다. 혹은 한성지점을 냈어도 거래를 손윤필 등 조선인 객주에게 맡기고 주로 인천에서 지내다가, 1888년에 한성지점이 본점으로 바뀌면서 담걸생도 이때 인천에서 아예 한성으로 이주했을 가능성도 있다. 조선에, 즉 인천에 처음 도착한 시점은 만약 담정곤의 생년이 확실하다면 1885년보다는 다소 빠른 시기일 가능성이 높다.[12]

동순태호의 주인은 담걸생이 아니었다

원래 조선 동순태호의 '주인', 소유주는 담걸생이 아니었다. 훗날 담걸생이 '주인'까지 되지만, 담걸생은 처음에 동순태호 한성본호의 '경영책임자[經理]'였다. 조선에 동순태호를 개설한 것은 상해에서 담걸생의 고용주

12_본호와 분호의 관계는 현재 비즈니스 세계의 본점과 지점의 관계와는 다르며, 훨씬 독자적이고 회계도 따로 한다.

이자 자형이었던 양륜경이었다. 중국의 상점들은 대체로 합고[合股, 혹은 합과(合夥)]라고 하여 지분을 '고(股)'라고 부르면서 투자자를 모아서 여는 것이 보통이다. 이러한 복수의 동업자들 내지 투자자들을 고동(股東), 동가(東家)라고 부른다. 서양의 주주(share holder)와는 달리, 경영자에 해당하는 경리(經理)나 실무를 뛰는 직원들도 서비스 내지 노동에 따른 지분을 인정받았다[身股]. 직원으로서 사업에서 수완을 발휘하여 기여도가 높으면 자신의 지분, 즉 고분(股分) 역시 커진다. 일개 점원에서 출발하여 경리(經理), 즉 경영책임자로 승진한 사례도 있었다. 영업에 대한 책임 역시 고분에 따라서 지는데, 연말에는 이윤[홍리(紅利)]을 보유 고분대로 계산하여 나눠 주고, 도산할 경우 채무 역시 고분대로 부담하여 청산하였다. 따라서 유한 책임의 주식회사와는 다르다.

담걸생은 양륜경과 상해 동태호를 자주 '동가(東家)'라는 말로 부르는데, 오늘날 중국어에서 동가(東家)는 상사, 고용주, 보스를 의미한다. 19세기 광동 일대에서는 '동가항(東家行)'과 '서가항(西家行)'이라는 조직 구분이 있었는데, 동가항은 즉 자본을 대는 주주[股東] 측이며(대체로 고용주이기도 하다), 서가항은 피고용인, 노동력과 서비스를 제공하는 측이다. 보통 '항(行)'을 생략해서 그냥 '동가', '서가'라고도 불렀다. 그러므로 조선 동순태호를 열 때, 양륜경은 주주 측을 대표하여 처남인 담걸생을 경영책임자인 경리(經理)로 고용한 것에 지나지 않는다. 상해에서 어느 정도 무역 업무 경력을 쌓은 처남을 믿고 경리를 맡겼을 것이다. 게다가 담걸생 혼자 보낸 것이 아니라 담걸생의 형 담청호(譚晴湖, 원래 이름은 譚以端)와 함께 조선에 파견했다.

처음 조선 동순태호에 투자한 주주들이 누군지 알기는 어렵다. 하지만 나중에 동순태호가 조선에서 벌인 가장 큰 사업이었던 한강의 기선 회사의 경우도 상해의 여러 광동 상인들이 투자하고 있어, 동태호 양륜경이 최대 투자자인 것은 틀림없지만 상해 광동 상인들의 공동 투자일 가능성이 높다. 이것은 앞 절에서 정관응, 당정추 등이 거의 문어발식으로 여러 사업에 자본을 분산 투자하는 것을 보아도 이해가 된다. 요즘 식으로 리스크 분산의 포트폴리오 이론을 적용해서 자본을 보호하면서, 같은 동향의 창업을 돕고 유능한 인재에 편승하여 부를 증식해 나간 광동 상인들이다.

양륜경은 이즈음 조선의 개항을 보고 투자를 결심했으리라 생각한다. 1876년 강화도조약 이후 개항으로 일본 상인들이 대거 조선에 진출하면서, 초기 조선에 영국산 면직물을 가져가서 팔고 조선의 쌀과 금은을 사왔는데, 이때 영국 면직물은 일본 개항장에 이미 확고한 지위를 구축한 화교 상인들에게서 구입했었다. 이 시기 화교 상인들의 대다수가 광동 상인이라는 것은 2장에서 서술한 바인데, 일본의 광방 상인들이 조선 시장에서 일본 상인들이 누리고 있던 독점적 무역 이익을 보고 조선 시장 진출을 탐색하게 되는 것은 당연하다. 실제로 1882년 10월에 조청상민수륙무역장정이 체결되어 중국인이 조선 개항장에 진출할 수 있게 되자, 제일 먼저 일본에 있던 광방 화상들이 조선에 상점을 내려고 하였다. 인천에 중국인 거류지인 청국 조계는 1884년 봄에 가서야 설치되었으므로, 재일 화상들은 이미 일본인들을 위한 거류지가 있고 일본과 가까운 부산에 먼저 상륙했다.

1883년 10월 말 고베의 광방 상점 공흥호(公興號)에서 일하던 광동성 향산현 출신의 정익지(鄭翼之),[13] 정위생(鄭渭生) 두 사람이 부산 해관의 개

13_이 정익지와 정관응의 동생으로 천진매판인 정익지는 다른 인물이다. 두 사람 모두 향산현 출신이다. '익

설(11월 3일)에 딱 맞춰서 고베에서 일본 기선을 타고 부산에 와서 다음 달인 11월 6일에 덕흥호 간판을 내걸고 영업을 시작했다. 그러나 3일 만에 부산의 일본 영사는 이 거류지는 모든 외국인이 살 수 있는 각국 거류지가 아니고, 일본인만 거주하는 전관거류지(專管居留地)라면서 나가라고 명했다. 결국 1884년에 덕흥호는 인천으로 옮겨 가는데, 1883년 10월에 청에서 최초의 상주 외교관으로 진수당(陳樹棠)이 조선에 도착했고, 이듬해 4월 인천에 중국인만을 위한 전관거류지(專管居留地)가 마련된 덕분이었다. 그렇게 하여 조선에서 상업적 발전을 꾀한 화상들은 처음부터 인천에 집중적으로 입성하게 되었다.

당시 상해는 동서 교역에서 동아시아의 집배 센터였고, 영국 면직물은 우선 상해를 거쳐 동아시아 각 개항장으로 팔려 나갔다. 1880년대에 수입 면직물을 취급하던 양륜경은 일본의 거래처를 통해 조선의 시황을 잘 알고 있었을 것이다. 조선의 개항과 시장 전망 이외에도 양륜경은 광동성 향산현 출신의 관상(官商) 엘리트들과 밀접한 관계에 있었기 때문에, 조선의 개항과 청조의 조선에 대한 정치적 영향력 강화는 또 다른 진출의 동기가 되었다.

무역이 흥성하려면 안정된 운송 루트를 위해 기선 항로가 확보되어야 한다. 1876년 부산이 개항하자 바로 미쓰비시(三菱) 기선이 일본 정부의 지시로 11월부터 나가사키와 부산을 잇는 정기 항로를 매월 운행하고, 1880년 원산이 개항하자 이 노선을 원산까지 연장하고, 1881년에는 고베-부산-원산-블라디보스토크 항로를 신설했다. 청조에게 일본의 부산과 같은 개

지'는 본인이 지은 '자호(字號)'이다.

항장이 인천이었고, 또 미쓰비시가 한 역할을 해줘야 하는 것이 중국 관영 기선 회사인 윤선초상국이었다. 그런데 이 회사의 핵심 인물들이 모두 상해 광방의 지도자들이었다. 당시에도 윤선초상국에 대해서는 "거의 절반이 광동인[半系粵人]"이라는 말이 있을 정도였다. 상해 광방의 핵심 인물로 매판에서 이제 양무파의 오른팔로 변신한 윤선초상국(輪船招商局) 사장[總辦] 당정추는 1882년에 이홍장의 명에 따라 조선으로 파견되었고, 그때 함께 동행했던 진수당이 당정추의 추천으로 첫 주한 상주 외교 대표(商務委員)로 파견되었다. 그는 부임하자마자 화상의 진출을 돕기 위해 조선 정부와 윤선초상국이 상해와 인천을 잇는 정기 항로를 개설하겠다는 협약을 하였고[輪船往來上海朝鮮公道合約章程, 招商局輪船往來上海朝鮮公道合約章程續約],[14] 이듬해(1884년) 4월에는 조선 정부와 협의하여 인천에 청국 조계를 설치했다[仁川口華商地界章程]. 조선이 청과 조약을 맺고 개항한 1882년은 마침 양륜경의 친우인 정관응이 태고기선회사의 매판 직을 그만두고, 1882년 3월에 윤선초상국 부사장[幇辦]에 취임한 때이다. 양륜경으로서는 조선에 투자할 최고의 타이밍이었다고 보인다.

조선 개항장의 광동인 엘리트 집단

1883년에 처음 문을 연 조선 해관과 청의 주한 사관(駐韓史館), 즉 상

14_실제로는 정기선 부유호는 세 번밖에 인천에 못 오고 1884년 1월의 인천 입항을 끝으로 정기 항로는 중단되었다. 이 정기 항로가 재개된 것은 1888년에 가서이다.

주 외교기관이 모두 광동인에 의해 장악되었고, 이후에도 이러한 우월적 지위가 계속 이어졌다는 점 역시 주목해서 볼 필요가 있다. 조선 진출 초기 동순태호는 상해 동태호의 국제 무역 네트워크의 한 결절이었다. 서울, 인천 등 조선 주요 도시에 지점을 두고, 밖으로 상해 동태호를 통해 연결된 동아시아 각 개항장의 거래처들과 연계되어, 그 네트워크를 통해 가장 시장성 있는 상품을 저렴하게 구입하여 비싸게 판매함으로써 수익을 꾀하는 무역업자였다. 따라서 경영에서 통관을 담당하는 해관과의 관계는 중요하지 않을 수 없고, 정치권력의 힘이 크게 작용하는 조선에서 청의 주한 사관과의 개인적 유대는 무엇보다 중시되었다.

조선 해관에서 주목해야 할 점은 1872년 청의 첫 관비 미국 유학생 프로그램인 '유미유동(留美幼童)' 출신의 광동인들이 대거 직원으로 채용되었던 점이다. 묄렌도르프가 1882년 12월에 처음 입국했을 때 함께 온 당소의(唐紹儀), 오중현(吳仲賢), 이듬해 1883년 4월에 다시 상해에 가서 데려 온 오례당(吳禮堂), 주수신(周壽臣, 원명은 長齡), 양여호(梁如浩), 채소기(蔡紹基, 호는 述堂), 이상 초기 묄렌도르프가 데려 온 6명의 중국인 중에 오례당을 제외한 나머지 사람들은 모두 미국 관비유학생 출신의 광동인들이다.

앞 장에서도 잠깐 언급했지만, 광동성 향산현 출신의 용굉(容閎)이 주도한 이 프로그램으로 1872년부터 1875년까지 네 차례에 걸쳐 매년 30명씩 어린 소년들이 선발되어 미국으로 유학을 떠났다. 4년간 파견된 학생 120명 중에 84명이 광동성 출신이었고, 그 중 40명이 향산현 출신의 소년들이었다. 이 최초의 관비유학생에 광동성 향산현 출신이 많은 이유는 당정추가 양무파를 위해 일했던 광동 상인이기도 하지만, 이홍장에게 강력하게 유학 프로그램을 추천했던 용굉과 당정추가 모리슨 학교 동문이기 때문이다. 선교사 모리슨(Robert Morrison)이 세운 이 학교는 1836년 마카오에 문을 연 최초의 서양식 학교로 1842년에 홍콩으로 옮겼다. 용굉은 1835년부터 마카오의 이 학교에서 공부를 시작하여 1847년 미국 유학길에 오를 수 있었고, 당정추는 아버지가 홍콩의 이 학교에서 일을 하고 있었던 관계로 1842년부터 공부를 시작하여 1848년에 졸업하였다.

이 중에 1874년 제3차 유학생으로 도미한 학생 중에 당소의와 주수신(周壽臣, 1861~1959년)은 광동 동향이자 콜롬비아 대학 동기이기도 했다. 그러나 관비 프로그램이 폐지되면서 지시대로 귀국한 뒤에는 천진 해관에 배치되어 박봉을 감내하며 불우한 시간을 보내고 있었다. 그때 조선에 해관이 세워지게 되면서, 당정추의 추천으로 두 사람은 묄렌도르프에 의해 발탁되어 조선으로 건너가게 된다. 당소의는 당정추의 친척 조카로 향산현 사람이고, 주수신의 원적은 광동성 신안현(新安縣, 현 심천에 해당함)이지만 출생지는 홍콩이다. 양륜경과 상해에서 함께 광조공소를 이끌었던 당정추의 장조카 당걸신 역시 마지막 파견이었던 제4차 유학생 출신이었고, 당소의와는 친척 사이이기도 하고 같은 유학생 프로그램 출신으로 각별한 관계였다. 조선 해관에 있던 당소의는 조선에서 동태호가 무역업을 할 때 통관 등 여러 면에서 협조를 아끼지 않았다. 동순태호 담걸생 역시 해관 시절의 당소의를 '당씨(老唐)'로 친근하게 부르며 편지를 주고받았던 것이다.

광동인으로 화상의 이익을 위해 애쓰던 초대 주한 상무위원 진수당이 1885년에 떠난 뒤에 그 전해(1884년)의 갑신정변 진압에 큰 공을 세운 원세개가 이홍장의 강력한 추천으로 두 번째의 주한 외교 사관의 기관장으로 부임했다. 주한 사관 기관장의 직급은 진수당보다 높아져서 3품의 도원(道員)으로 격상되었으며, 원세개의 정식 직함은 '주찰조선총리교섭통상사의

(駐紮朝鮮總理交涉通商事宜)'였다. 27세의 나이로 부임한 원세개는 이후 1894년 청일전쟁 발발 때까지 10년 동안 이홍장의 대조선 정책의 대리인으로 고종에 맞먹는 권력을 누리며 조선에 막강한 영향력을 행사하였다. 그때 원세개는 자신과 나이가 비슷하고 해외에 유학하여 서구에 대한 지식이 해박한 조선 해관에 운집한 광동인들을 대거 막료로 발탁했다. 제1차 유학생 출신의 채소기는 원세개와 동갑인 27세, 제2차 유학생 출신의 오중현은 26세, 제3차 유학생 출신의 삼인방 당소의, 주수신, 양여호는 각각 24세, 25세, 23세의 청년들이었다. 원세개는 고향은 하남성(河南省) 항성현(項城縣)으로 이들과 출신지는 달랐지만, 원래 과거에 흥미가 없는 실용주의적인 무인이었고, 해외에서 유학하여 서양인과 교섭에 능할 이들을 막료(幕僚)로 뽑아 중용했다. 막료란 중국의 관리들이 현지에서 일을 할 때 도움을 받기 위해 고용하는 개인 비서 및 브레인이다. 당소의, 주수신, 오중현은 훗날 각각 영사 직에 해당하는 용산 상무위원, 인천 상무위원, 원산 상무위원의 직책을 받았다. 담걸생은 당소의가 용산 상무위원이 된 1889년 이후에는 나이가 일곱 살이나 어린 당소의를 '당대인(唐大人)'이라고 부르고 있다. 사업상에서 그리고 정국에 관한 각종 정보에서 당소의로부터 지대한 도움을 받았을 뿐만 아니라, 후술하지만 홍삼 밀수와 같은 비즈니스 파트너이기도 했다.

원세개 재임 시절 동순태호는 이들 광동인 엘리트 집단을 통해 여러 특혜를 누릴 수 있었고, 그만큼 서비스를 제공하면서 유착관계를 심화시켰다. 이 회사는 양무파 및 매판 자본과 깊은 관계를 맺고 있었고, 또 조선 거류 화상 중 최대의 무역상이었다는 점에서 조선에서 상당한 정치적 역할도 맡게 되었다. 우선 동순태호는 주한 사관의 공금 출납을 책임지는 은행 역할을 했다. 당시는 청과 조선 간에 은행이나 송금 네트워크가 없었다. 따라서 주한 외교 사관에 쓸 경비를 송금할 방도가 없었다. 이 문제를 해결한 것이 상해 동태호와 조선 동순태호의 연락망이었다. 상해 동태호가 상해 행정장관인 상해도내의 증서를 받아 상해 해관에 이를 제출하고 경비를 받아 인천을 통해 한성 동순태호로 보내면 원세개의 총서는 한성에서 경비를 수령할 수 있었다. 자연스럽게 주한 사관의 공금 보관과 출납까지 담당하게 되었다. 공적 관계는 사적으로도 이어졌다. 원세개와 당소의 등 청 관리들은 동순태호와 채무 관계를 맺고 있었고, 물건의 구입 대행이나 대출 및 개인적인 부탁까지 하고 있었다. 예를 들어 원세개는 유럽에 외교관으로 나간 여섯째 동생이 상해 해관에서 받는 월급을 관리해 주고 고향 하남성으로 송금해 달라고 조선 동순태호를 통해 상해 동태호에게 부탁하기도 했다. 이런 서비스를 관료들에게 제공해 주는 대신에, 동순태호는 공금을 사업 자금으로 이용하기도 하고, 청 관헌뿐 아니라 조선 상인과 관료, 왕족에게까지 대부업을 크게 벌여 수익을 올렸다.

인천과 한성의 상점 위치를 추적해 보다

다음으로 동순태 인천분호(仁川分號)와 한성본호(漢城本號, 서울 본점)의 대략의 위치는 어디쯤일까. 인천분호의 위치에 관해서는 옛 청국 조계의 지도와 1937년 철수 시기의 주소 신고에서 실마리를 얻을 수 있다. 우선 1937년에 인천 담정택은 자신의 주소를 인천부(仁川府) 이생정(彌生町) 29라고 신고했다. 이생정은 선린동의 일부이다. 그런데 대한민국 국가기록원

조선 인천 제물포 각국 조계 지도

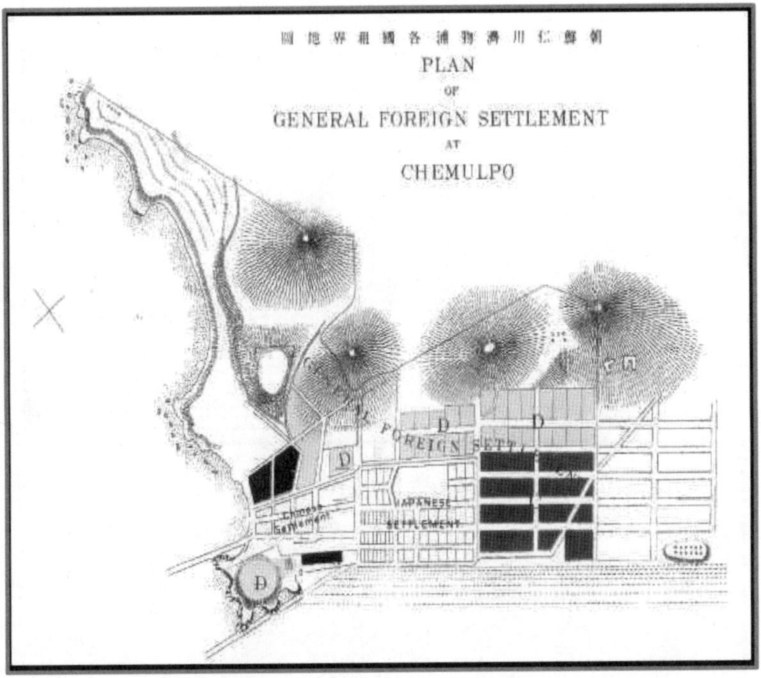

출전: https://ko.m.wikipedia.org/wiki/%ED%8C%8C%EC%9D%BC:Plane_of_general_foriegn_sette ment_at_chemulpo_made_at_1890s.jpg

이 보관하고 있는 1913년 인천 옛 청국 조계지 지도를 살펴보면, 옛 청국 조계 내에 동순태호의 보유 부동산은 모두 7곳이나 된다. 지도를 보면 일본 조계 왼쪽으로 주둥이처럼 튀어 나온 부분이 청국 조계이다.

이 모양을 염두에 두고 1913년 조선총독부가 보유하고 있던 청국 조계지 지도를 복원한 것과 맞춰보면 다음과 같다.

1913년 인천 옛 청국 조계지 지도와 동순태 관련 택지 (등록 명의자)

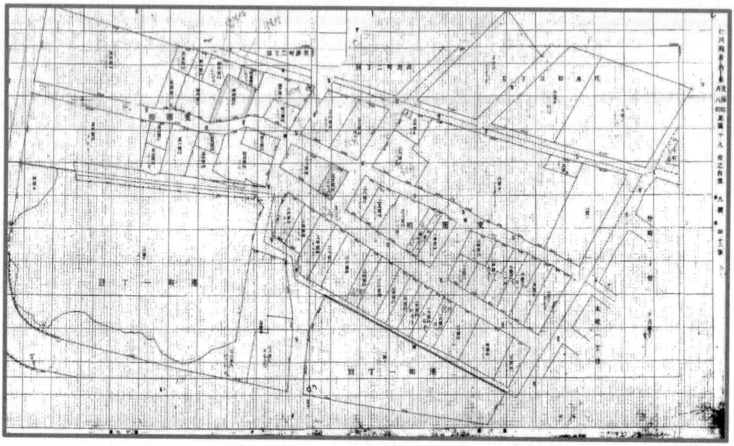

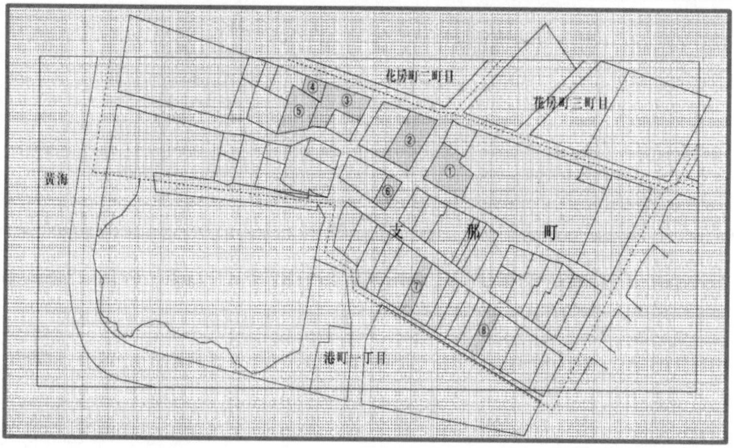

출처: 대한민국국가기록원 BJCA 001493, 001500

① 同順泰: 회사 소유 ② 同順泰: 회사 소유 ③ 同順泰: 회사 소유 ④ 廣肇堂: 광동동향회관
⑤ 譚傑生: 자택으로 추정 ⑥ 譚晴湖: 자택으로 추정 ⑦ 同順泰: 회사 소유
⑧ 同順泰: 회사 소유

출전: 강진아, 『동순태호 : 동아시아 화교 자본과 근대 조선』, 경북대학교출판부, 2011.

인천 각국 조계의 전체 모습과 대조하면 이 지도의 오른쪽이 일본 조계에 해당한다. 청국 조계의 명칭은 지나정(支那町)으로 바뀌어 있다. 지도를 살펴보면 동순태호 회사 명의의 부동산이 5곳, 동순태호 경리인 담걸생 명의가 1곳, 담걸생의 형인 담청호 명의가 1곳이다. 아마 개인 명의는 자택일 것이다. 눈에 띄게도 수십 년 동안 줄곧 동순태호 인천분호 경리가 이사[董事]를 맡았던 광동 동향회관인 광조당(廣肇堂) 건물(4번)이 담걸생 자택(5번)과 바로 붙어서 있다. 담정택이 1937년에 신고한 인천 자택은 5번의 담걸생 자택이거나 6번의 담청호 자택이지 않을까 싶다. 동순태호의 첫 인천분호 지점은 회사 명의로 된 1번, 2번, 3번, 7번, 8번 다섯 곳의 후보지 중 하나일 것이다. 이 다섯 곳 중에 어느 곳일까 궁금해졌다.

그런데 최근에 인천대학교 중국연구원에서 인천화교협회 소장 자료를 이관 받아 정리 작업을 거친 끝에, 그 결실로 협회가 소장하고 있던 귀중한 문서들이 빛을 보게 되었다. 이 소장 자료를 소개한 송승석의 글을 살펴보면, 위의 총독부 지도가 어떻게 만들어지게 되었는지 알 수 있는 기사가 있다. 이 소장 자료에서 인천에 소재한 동순태(同順泰) 소유의 택지를 비롯하여 소유주의 이름과 위치, 택지 면적을 상세히 기재한 개별 측량도와 전체 측량도면 총 60장이 발굴되었는데, 동순태 택지와 전체 택지를 보면 위의 조선총독부 지도와 거의 비슷하다. 송승석에 따르면 이 측량 도면은 1908년에서 1914년 사이에 작성되었고, 당시 인천부(仁川府) 지나정(支那町)과 신정(新町)에 부동산을 보유하고 있던 화교 지주들이 인천영사관에 부동산 등기를 신청하기 위해, 일본인 측량기사 후쿠다 규조(福田久藏)에게 의뢰하여 만들어지게 된 것이라고 한다. 각 택지별로 측량도를 작성해서 3장은 본인이 소장하고, 화상상회(華商商會)와 인천영사관에 각각 1장씩 부

인천화교협회 소장 동순태 소유 택지 측량 도면과 옛 청국 조계

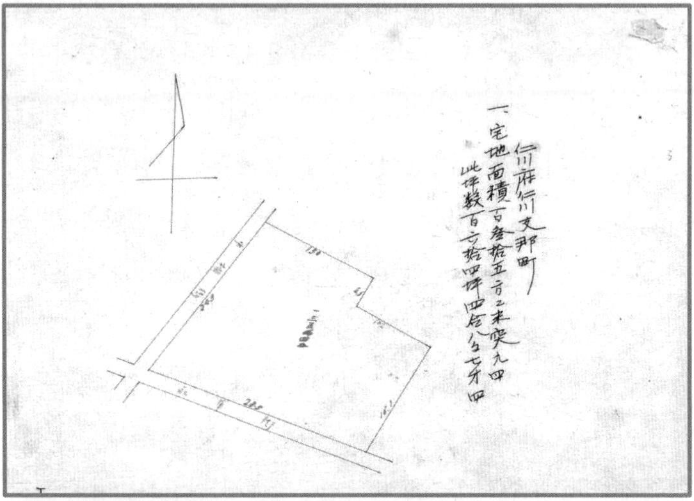

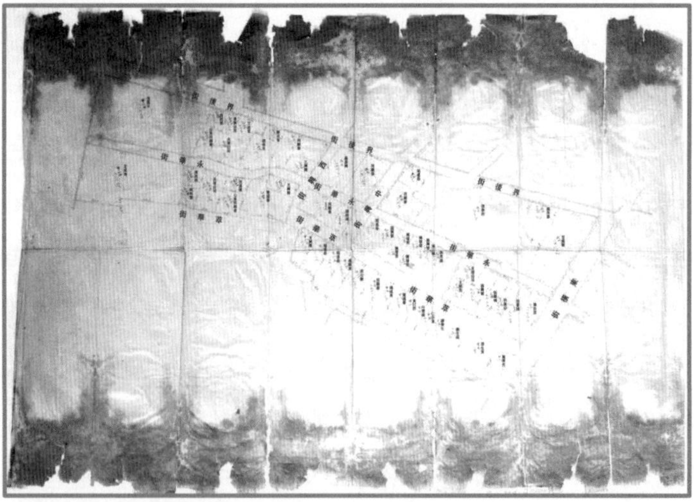

출전: 송승석, 「인천화교협회 소장 자료 발굴에 대한 小考 - 자료의 사료적 가치, 구성 및 활용방안을 중심으로」, 『중앙사론』 42, 2015.12, 561쪽.

본(副本)을 전달했다는 것이다.

앞 그림의 동순태호 택지로 제출했다는 땅의 모양을 보면 조선총독부 지적도에 나오는 동순태 부동산 중에 (1)번과 가장 모양이 비슷하다. 그리고 얼핏 보아도 택지 규모도 나머지 5곳보다 커 보인다. 양쪽으로 나 있는 길 역시 제일 넓고 크다. 그렇게 보자면 (1), 혹은 (1)과 바로 맞은편에 있는 (2)가 상점이 아니었을까. 2011년 여름에 국가기록원에서 조사를 진행할 때, 총독부 지적도에도 보유 인물과 평수가 적혀 있는데 글씨가 깨알 같아서 성명 외에는 잘 알아보기가 힘들었는데, 인천화교협회 자료와 대조해서 보완하는 작업이 필요하다.

반면에 한국사 전공자가 아닌 필자가 자료를 찾아서 그런 것인지, 한성의 지적도는 아무리 찾아도 나오지 않았다. 담정택의 회고록에 따르면, 동순태 한성본호가 수표교 아래 수표동(水標洞)에 있었고, 후에 경영이 확대되자 오늘날 을지로 2가 9번지(일제 강점기 黄金町 2頂目 9番地)로 이사 와서 987평 2층짜리 붉은 벽돌 건물을 새로 지었다고 썼다. 이시카와는 2016년의 저서에서 담걸생이 비즈니스 파트너였던 손윤필의 상점과 부지(모두 4동의 건물이 있었다)를 자기 소유로 하여 한성본호로 삼았다고 하였다. 그리고 그 위치를 오늘날 남대문로와 을지로 교차점에 해당하는 을지로 2가 10번지로 추정했다.

두 사실을 종합해 보면, 을지로 2가 10번지에서 한성본호를 개설했다가, 후에 9번지에 따로 건물을 지었다고 보면 무난할 것이다. 오랫동안 필자를 비롯해 연구자들을 혼란시켰던 관수동, 수표동, 수표교는 잊어 버려도 될 것 같다. 다만 왜 수표동이란 주장이 나왔는가를 고민해 보는데 실마리가 될 기사가 있다. 『매일신보』의 기사에 따르면 1928년경에 담걸생의 둘째 아들 담정곤의 자택 주소가 수표정(水標町) 37번지로 되어 있다. 그는 1925년에는 무교정(武橋町)에서 살고 있었던 듯한데, 후에는 수표정에 살았던 것이다. 1920년대 동순태호 한성분호의 경영은 노쇠한 담걸생 대신에 주로 담정곤이 담당하고 있어서 대외적으로 그는 동순태의 경영자였다. 따라서 비교적 후기의 자택지인 수표정(水標町)이 첫 동순태호의 개점 지점인양 와전되었을 가능성이 있지 않을까.

여하튼 동순태 한성분호의 소재지는 처음부터 계속 을지로였음에 틀림없다. 아울러 담정택이 가게가 커져서 새로 지었다는 '붉은 벽돌 빌딩[紅磚大廈]'은 아마도 1909년경에 지은 건물을 말하는 것으로 보인다. 1909년 1월에 동순태호는 한성본호에 큰 불이 나서 가옥은 전소되고 화물 역시 상당수 잃어버리는 횡액을 당했다. 신문에 날 정도로 규모가 큰 화재였다. 이때 전소된 가옥이 바로 손윤필에게서 빼앗은 가옥이고 을지로가 10번지에 있었는데, 이 사고를 당한 후에 그 옆 9번지에 새로 화재에 강한 벽돌 빌딩을 짓지 않았을까 추정된다.

1900년대 신문 광고에 동순태는 소재지를 동현(銅峴)으로 표기하고 있는데 동현은 '구리개'의 한자 표기로, '구리개'란 지명은 을지로의 옛 이름이다. 1923년 12월의 『동아일보』 기사에도 이 을지로, 즉 일제 강점기의 황금정(黃金町) 2정목 9번지가 담걸생의 주소로 보도되었다. 다만, 1937년 철수 시에 2남 담정곤 역시 한성 주소를 남겼는데 이때는 '경성부(京城府) 명치정(明治町) 2정목(丁目) 82'였다. 그런데 담씨 일가는 철수 직전인 1936년에 채무를 변제하기 위해 부동산은 거의 다 처분하고, 훗날 유네스코 빌딩 부지로 1960년대 소유권 소송의 대상이 된 가장 중요한 부동산 명치정(明治町, 오늘날 명동) 부지와 그 위에 지은 3층 빌딩은 은행에 신탁해 두고 떠났었다. 따라서 이 주소는 오랫동안 동순태호 본점이었던 을지로 부동산을 매각하고 옮긴 상점 주소가 아닐까 한다. 1937년의 동순태호 철수 기사에는 문을 닫은 한성본호의 사진이 실려 있는데 역시 주소가 명치정, 즉 명동으로 되어 있다.

조선에 진출한 양행들

앞에서 광동 화교들의 동아시아 진출은 늘 양행들과 손잡고 이뤄졌다고 강조했다. 조선 역시도 화상과 동시에 양행의 진출이 이뤄졌다. 하지만 일본이나 다른 아시아 지역과는 달리 조선이 청의 강력한 정치적 영향력 아래에 있다는 특수성, 그리고 상대적으로 조선 시장의 전망이 그렇게 매력적이지 않았던 것 등, 여러 복합적인 요인으로 조선에서 규모가 큰 양행의 진출은 없었다. 남은 일본 상인과 화상이 주로 경쟁을 벌이게 된다. 그렇다고 하더라도, 자딘이나 메디슨, 혹은 글로버처럼 대재벌로 성공하리라 풍운의 꿈을 꾸고 후발로 들어온 서구의 젊은이들 중에서 조선 시장을 개척해 나간 사례는 적지 않다. 초기에 아시아에 진출하여 극동 지역을 좌우하는 대형 무역 회사들이 이화양행처럼 인도를 거쳐 중국 연안을 공략하고 이후 동아시아로 뻗어 갔다면, 이들은 대형 양행의 동아시아 각 지점에서 직원으로 일하다가 조선에서 상점을 차리고 독립한 경우가 많았다. 이 점 역시 매판으로 진출한 동아시아의 광동 상인들이 자기 상점을 현지에 차리며 독립해 나가는 패턴과 크게 차이가 없다. 인천 개항 이후 진출한 서구 상인은 대체로 중국과 일본에 진출하여 사업을 하던 구미 상사들의 대리인이나 대리점에서 출발한다.

조선이 중국과 구미에 항구를 개방하자, 자딘 메디슨 사는 중국, 일본에서도 그랬던 것처럼 조선에도 어느 양행보다 가장 일찍 진출하였다. 자딘 메디슨 사는 1882년 조미통상조약 체결 1년 뒤인 1883년에 클락(B.A. Clarke)을 제물포에 파견하여 쇠가죽[牛皮] 무역, 항로 개설, 탄광 개발 등 다양한 방면으로 사업을 타진했다. 금광 개발에 승산이 있다고 본 자딘 메디슨 사는 조선 정부와 협약 하에 금광 개발을 위해 각지를 탐사했는데, 재정 곤란으로 차관을 줄 것을 요구하는 조선 정부와 조건이 맞지 않아 결국 금광 개발은 무산되었다. 또 자딘 메디슨 사는 조선 정부의 요청에 따라 기선 회사 노선을 확장하여, 상해와 인천 사이에 남경호(南京號)를 투입해 정기 항로를 열었다. 그러나 그때까지도 상해와 인천 사이에는 승객과 화물이 별로 없었다. 결국 적자가 나면서 이 노선은 중단되었다. 이 손실 보상을 두고 자딘 메디슨 사와 조선 정부 사이에 분쟁이 생겨났으며, 1884년 10월 조선 시장은 별 전망이 없다고 판단한 자딘 메디슨 사는 철수를 결정했다.

자딘 메디슨 사를 대신해서 조선에서 중국과 일본에서 자딘 사가 했던 역할을 맡으려 했던 양행이 있었다. 자딘 사보다 한 해 늦게 1884년에 조선에 진출한 세창양행(世昌洋行 Heinrich Constantin Edward Meyer & Co.)이다. 세창양행은 자딘이 타진했던 금광 개발권과 항로 개설 사업을 조선 정부로부터 위탁받았고, 대신 차관을 제공해 주었다. 또한 세창양행은 목포에서 인천까지 세미(稅米) 운송을 대행하고 해안 탐사를 비롯해 연안 해운을 장악하려 했다. 독일의 동아시아 경제사 연구자 푸에스(Herald Fuess)에 따르면 이 회사는 원래 홍콩에서 시작되었다. 독일인 마이어 형제[Heinrich Constanin Eduard Meyer(1841~1926년)와 W. D. Johannes Meyer]가

1867년에 홍콩에서 사업을 하다가, 1873년까지는 천진에 지점을 설립했고 이후 청도, 북경, 무순, 제남 등 화북을 중심으로 지점을 확대해 나갔다. 세창양행이 함부르크에 본점을 연 것은 1877년이며, 1883년에는 런던 사무실을 열었다. 조선에서 첫 지점을 연 것은 1884년 6월 3일의 일이다. 필자가 찾은 1867년의 천진에 있던 양행에 관한 자료를 보면, 모두 17개의 양행이 진출해 있었고 그 중에 2개가 독일 회사로 세창양행이 그 중 하나였다. 따라서 홍콩에서 사업을 시작하자마자 화북 쪽으로 특화해서 일찌감치 진출했을 가능성도 있다. 독일은 산동 교주만을 점령해서 중국인의 공분을 샀을 정도로 산동에 관한 관심이 높았기 때문에, 홍콩·상해를 중심으로 사업을 펼치던 영국 상인 자딘 메디슨 사에게 조선은 별로 매력이 없을지 몰라도, 산동과 화북을 근거지로 하는 독일 양행에게는 조선 시장이 비록 크지는 않다고 해도 지리적으로 가까운 이점이 있는 만큼 충분히 투자해 볼 만했다고 본다. 천진에서 마이어 사, 즉 세창양행의 주요 영업 품목은 수입 화약, 총탄 등 군수품이었는데, 그밖에 인공 염료와 재봉 바늘의 판매로 유명했다. 당시 인공 염료와 바늘은 독일이 세계 시장을 선도하던 품목이다. 세창양행은 조선에서도 비슷한 상품들을 팔았다.

자딘 메디슨 사와 같은 거물 양행들이 중국과 일본에서 했던 역할을, 훨씬 규모가 작은 세창양행은 조선에서는 해낼 수 있었다. 세창양행은 조선 정부가 자딘 사에 제안했었던 것들, 즉 금광개발권을 얻는 대신에 기선 노선을 열고 차관을 공여했다. 세창양행은 조선 정부가 근대식 주조창을 설립하려 할 때 기계를 수입해 주었는데, 이 서비스는 자딘 사의 일본 파견 직원에서 사업을 일군 영국 상인 글로버가 메이지 정부에게 제공한 것과 같다. 청조의 경우 장지동(張之洞)이 1889년 광주(廣州)에 최초의 근대식 주조창을 지을 때, 홍콩상해은행(Hongkong and Shanghai Banking Co. 匯豐銀行, HSBC)이 영국에서 기계 설비를 수입하는 데 보증을 서주었다.

1884년에 조선에 입성한 양행은 세창양행 외에 타운센드 상회(Morse and Townsend & Co.)가 있다. 미국 자본인 이 회사는 일본 요코하마 주재 미국무역상사(American Trading Company)의 직원인 월터 타운센드(Walter Davis Townsend, 1856~1918년)가 조선에 파견되면서 시작되었다. 월터 타운센드는 1895년에 독립하여 타운센드 상회를 개설했고, 1897년에 스탠다드 석유 사와 조선에서 등유의 독점판매권을 체결하여 크게 발전하였다. 타운센드 상회는 처음에 잡화류의 중개업에서 출발하여 왕궁의 전등 시설 가설 공사에 참여하기도 하고, 화학 및 정미업 등 제조업 분야까지 투자하였는데, 상해에서 양행들이 걸어갔던 길과 대동소이하다.

지금까지 살펴본 것처럼 1882년에 조선 시장이 중국인과 구미인들에게 열리면서 빠른 시일 내에 화상과 양행이 진출하였고, 특히 청조 양무파의 정치적 영향력이 강하게 작용하는 조선에서 양행과 양무파 모두와 특수 관계에 있었던 광동인들은 타 지역에서는 누릴 수 없는 프리미엄을 기대하면서 발을 디뎠던 것이다. 그 연장선상에서 상해의 광동인 상인들이 조선 동순태호에 투자를 했다는 점을 기억해 두자.

테마 6 조공 사절 숙소로 본 조선의 특수 지위

조선은 청에 연행사라고 하는 조공 사절을 정기적으로 파견하였다. 조선의 조공 사절이 청 북경에 도착하면 묵는 숙소는 청조 예부(禮部)에서 관할하는 회동관(會同館)이라는 곳이다. 그런데 이러한 게스트하우스가 회동관 한 곳밖에 없어서 여러 나라 사절의 북경 방문이 서로 겹치면 몇 가지 원칙이 있었다. 원래 원칙은 선점자 우선으로, 나중에 오는 사절은 공부(工部)에서 따로 숙소를 내줬다고 한다.

그런데 손성욱의 연구에 따르면, 조선 사절은 네르친스크 조약을 맺으러 온 러시아 사절이 북경에 도착하자 회동관을 내주고 다른 곳으로 가야만 했고, 반면 회동관에 먼저 와 있던 류큐 사절은 조선 사절이 오자 방을 빼주고 공부가 마련한 딴 곳으로 옮겨가야 했다. 그의 분석에 따르면, 러시아 사절은 확실히 조공질서 밖에 있었기 때문에 특별대우를 받았고, 조선은 조공국 내에서는 역시 특별대우를 받았다는 것이다. 다른 조공 사절 간에는 어김없이 선점자 우선이 적용되었다. 뿐만 아니다. 후에 원래의 회동관은 러시아 사절의 전용 숙소로 내주고, 부족한 사절 숙소를 해결하기 위해 회동관을 따로 여러 곳에 증설했는데, 조선은 1748년 이후 한 곳을 거의 전용 숙소로 썼다고 한다. 또 증설한 회동관 중에 북경성 밖인 외성에 위치한 숙소가 하나 있어 여기에 묵는 것은 격이 떨어진다고 여겨졌는데, 모든 조공국 중에서 조선은 1893년까지 단 한 번도 이 외성 숙소에 유숙하지 않은 유일한 국가였다고 한다.(손성욱 2016)

청말 관비유학생으로 미국에 건너갔던 120명의 어린이들은 상당수가 귀국 후 이홍장의 배려로 양무운동으로 신설된 관공서, 기업 등에서 직장을 잡았다. 처음에 찬밥 신세였던 이들은 청말 근대화의 노력 중에 서양 지식을 갖춘 인재로 점차 환영받아 관계, 외교계, 상계, 학계에서 출세한 사람이 드물지 않다. 그 중에서 이홍장의 근거지인 천진에 일단 배치되었다가 조선 해관이 청 해관에 부속되어 설치되면서, 조선 해관으로 파견된 사람이 5명 확인된다. 채소기(蔡紹基, 1859~1933년, 蔡述堂), 오중현(吳仲賢, 1860년~?), 당소의(唐紹儀, 1862~1938년), 양여호(梁如浩, 1863~1941년), 주수신(周壽臣, 1861~1959년, 周長齡)이다.

윤광운과 김재승(2004)의 개항기 조선 해관의 외국인 직원에 관한 연구를 살펴보면, 5명 모두 묄렌도르프가 조선 해관을 창설할 때 최초의 중국인 직원으로 1882년 12월과 1883년 4월 사이에 조선 땅을 밟았는데, 해관에서 근무한 기간은 다들 달랐다. 해관 직원표를 보면, 1883년 12월에 오중현이 서울 총해관 방판(幫辦, Assistant)으로 일하고 있었고, 1888년은 주수신이 부산 해관에 근무하고 있었다. 사라진 이들은 주한 사관의 인명록을 보면 찾을 수 있다.

이은자의 주한 사관 운영에 관한 상세한 연구는 이들의 족적을 찾아내는 데 큰 도움을 준다. 먼저 주한 사관에서 눈에 띄는 활약을 한 이가 당소의이다. 1885년 겨울 원세개가 진수당 대신에 조선에 부임한 뒤, 그는 갑신정변 진압 과정에서 눈여겨본 당소의를 막료로 발탁하고, 4월(음력 3월)에는 정식으로 '수판양무(隨辦洋務)'로 임명하면서 한성총서의 '영문번역'을 겸직하게 했다. 당소의는 각 개항장 상무위원을 총괄하는 '비즈니스' 업무 담당의 한성총서 '영문번역'으로 월급을 받지만, 실제 주된 업무는 이홍장이 더욱 중시한 총리교섭통상사의

(總理交涉通商事宜) 원세개의 '교섭' 업무를 따라다니며 돕는 것이었다. '수판양무(隨辦洋務)', 즉 외교 교섭에 관한 일을 처리하는 비서이다. 조선 해관의 중국인 봉급은 80~115원이었다고 하는데, 한성총서의 영문번역 봉급은 120량, 대략 165원이나 되므로 대우가 훨씬 좋았다. 후에 그는 1889년 8월부터 청일전쟁 전까지 약 4년 11개월 간 서울의 상무위원에 해당하는 용산상무위원에 임명되는데, 상무위원 봉급은 200량, 약 270원이었다. 당소의는 원세개가 잠시 귀국했을 때에도(1891년 10월 ~ 1892년 5월) 권한대행을 맡아 용산상무위원 겸 '대리총리교섭통상사의'로 임명되었었고, 청일전쟁 직전에 원세개가 귀국했을 때에는 권한대행이었다. 명실공이 제2인자였다. 담걸생은 그를 '당영사(唐領事)'로 부르다가 '당대인(唐大人)'으로 높여 불렀다.

더 일찍 자리를 옮긴 사람은 채소기와 오중현이다. 채소기는 일찌감치 1883년부터 해관 직원 명단에 보이지 않는데 주한 사관 직원 명단에도 없다. 그는 대북전보총국(大北電報總局), 상해 해관(上海海關)에서 번역을 담당하다가 원세개의 막료로 조선에서 일했다고 하므로, 조선 해관 개설 초에 잠시 조선에 왔다가 다시 중국으로 돌아갔고, 이후 원세개의 주한 사관 집정 시절에 다시 조선에 왔던 것 같다. 오중현은 1883년 12월 해관 직원 명단에 보이지만, 1884년에는 인천상무서의 영문번역으로 등장한다. 그런데 원세개의 부임 이후 오중현은 1886년 11월부터 원산 상무서의 책임자로 임명되어 청일전쟁 전까지 장장 7년 8개월여나 원산에서 근무했다. 처음에는 원세개가 원산에는 상무가 적다고 상무위원 직책을 좌탐위원으로 강등시켰기 때문에 월급이 100원밖에 되지 않았지만, 1893년부터는 다른 지역 상무위원과 마찬가지로 200량으로 올랐고, 담걸생과 양륜경도 그를 원산 오영사(吳領事)로 불렀다.

양여호는 1892년에 당소의가 용산상무위원으로 있을 때 용산상무서의 영문번역으로 일하고 있었다. 가장 늦게 해관을 나온 사람이 주수신일 것이다. 주수신은 서울 총해관에서 근무하다가 영국인 Johnathon H. Hunt와 함께 1888년부터 부산 해관에 내려가 근무했다. 그에 관한 각종 연구에는 인천상무위원으로 일했다는 기록이 있는데, 청일전쟁 이전과 한청조약 이후의 인천상무위원 및 영사 명단에는 없으므로, 그 사이에 청과 조선이 '무조약' 상태에 있으면서 당소의가 실질적으로 상무와 교섭을 담당하던 시기에 인천 상무위원을 하지 않았을까 추측된다.

채소기는 광동성 향산현 출신(오늘날 珠海市) 사람으로 자(字)는 술당(述堂)이다. 1872년에 제1차 관비유학생으로 파견되어, 예일 대학에서 법률을 공부했다. 원세개의 막료로 일하던 조선에서의 활동을 마친 뒤, 그는 원세개의 성장과 커리어를 같이 하면서 북양 군벌의 근거지인 천진 지역에 뿌리를 내렸다. 1933년 천진에서 75세로 병사할 때까지 천진해관도(天津海關道), 천진북양대학의 교장, 천진 영국 조계국 최초의 중국인 이사[天津英租界局董事] 등 각종 요직을 역임하면서, 북양 군벌의 도시로 일컬어지는 천진에서 부와 명예를 누렸다.

오중현은 광동성 신회현 출신이다. 그는 채소기보다 1년 늦게 제2차 관비유학생으로 미국에 건너가 역시 예일 대학에서 공부하였다. 조선에서의 캐리어가 끝난 뒤에는 원세개가 청조로부터 신식 군대의 양성을 명령받자[新建陸軍], 그의 신군 훈련소에서 무기탄약 관리부장[軍火處長]을 맡으며 외교 업무도 함께 보았다. 그는 1900년 의화단운동 때에는 순친왕 재풍을 따라 독일에 수행원으로 가기도 하고, 귀국 후에는 일본 고베와 오사카 영사를 지냈으며, 1901년에는 요코하마 총영사로 승진했다. 멕시코 공사관에서도 근무했으며, 중화민국 시기에는 한구(漢口)에서 해관 외사처(外事處) 처장을 지냈다. 사망 연대는 확실하지 않다.

당소의, 양여호, 주수신은 모두 1874년에 제3기 유학생으로 파견된 그룹이다. 양여호는 광동성 향산현 사람으로 당소의보다 한 살(음력으로는 두 살) 어리고 같은 고향 마을 출신[唐家村]이라 친한 사이로, 두 사람은 유학 떠나기 전에 함께 찍은 사진도 있다. 양여호는 원세개를 따라 귀국한 후 줄곧 철도 부문에서 일하게 된다. 1905년 당산로광학당(唐山路礦學堂, 현재의 서남교통대학) 교장을 지냈으며, 1907년부터 산해관도(山海關道) 및 관내외철로총판(關內外鐵路總辦), 천진해관도(天津海關道), 상해해관도(上海海關道) 등 요직을 역임했으며, 1908년에는 외무부 우승(右丞)에 임명되었다. 원세개에 의해 우전부(郵傳部) 부대신에 임명되기도 했다. 1912년 중화민국 건국 후 초대 국무총리였던 당소의가 그를 교통부 장관[交通總長]에 임명하려 했으나 국회의 동의를 얻지 못했다. 후에 국민당에 가입하였고, 잠시 북경정부의 외무총장을 지내기도 했다. 전형적인 북양 군벌 교통계 관료의 길을 걸은 그도 채소기와 마찬가지로 퇴임 후에는 천진에 정착하여, 1941년 천진에서 사망했다.

'유미유동': 양여호와 당소의

당소의는 원세개의 심복으로 결국 초대 국무총리까지 된 사람이고 본문에서도 설명을 하였으므로 마지막으로 주수신을 살펴보자. 원래 이름은 주장령(周長齡)이다. 당소의와 함께 콜롬비아 대학에서 공부하다가, 귀국 조치를 당한 뒤에는 두 사람이 함께 천진 해관에 근무했는데, 신설 조선 해관 직원으로 선발되어 곧 조선에 가게 된 것이다. 천진에서 두 사람의 첫 월급이 3량, 약 4원에 불과했으니, 조선에 와서 형편이 확 폈다고 하겠다. 후에 원세개의 막료로 일했으며 인천영사에 해당하는 인천상무위원을 지냈다고 한다. 귀국 후 그도 다른 조선파 미국 유학생 그룹과 마찬가지로 해관을 비롯해 천진초상국의 총판(1903년), 경봉철로(京奉鐵路) 총판 등 양무계열의 관직을 두루 역임했다. 그러나 신해혁명 후 그는 홍콩으로 가서 비즈니스와 사회 활동에 전념하였다. 1918년에 동아은행(東亞銀行)을 차렸고, 1925~1929년에 동사국(董事局) 주석이 되었으며, 1922년 홍콩 정부로부터 입법국(立法局, 당시 이름은 定例局) 의원에 임명되어, 1931년까지 홍콩 입법국 의원을 지냈다. 1926년에는 중국인으로는 최초로 홍콩 행정국(行政局) 비관료 의원에 임명되었고, 영국의 기사 작위까지 받았다. 홍콩 사회 내에 중국인의 권익 확대에 노력하여 큰 존경을 받았으며, 1959년까지 장수하였다.

조선 해관이 창설될 때 조선 땅을 밟아 원세개와 인연이 닿은 이들은 거의 빠짐없이 양무 계통의 관직을 거쳐 북양 군벌과 인연을 이어갔음을 알 수 있다. 조선 해관에는 이후에도 '유미유동' 출신의 인물들이 '영어번역' 직무로 조선 땅을 밟은 것 같다. 이은자(2011)의 주한 사관 연구에 따르면, 한청조약을 맺기 위해 서수붕이 1898년 8월에 내한할 때 수행원으로 온 사람 중에 제4차 관비유학생 출신자인 오기조(吳其藻)란 인물이 있다. 그는 영문번역으로 왔다가, 제2대 공사인 허태신 공사 재임 때에 대리 한성총영사(1902년), 부산영사(1904년)로 임명되었고, 증광전 공사 재임 때인 1905년에는 한성총영사로 임명되었다고 한다. 1898년부터 1905년까지 7년 넘게 주한 청국 공사관에서 일한 셈이다. 또 다른 자료를 참고하면, 오기조는 1881년 귀국 조치 후에 처음에는 해군 쪽에 배치되었던 듯하다. 그는 청불전쟁에서 복건함대를 괴멸시킨 전투로 유명한 마강전투(馬江戰鬪)의 몇 안 되는 생존자 중 한 사람이었다. 귀국한 관비유학생 중 상당수가 해군학교에서 재교육을 받고 북양함대와 복건함대에 배치되었는데, 마강전투로 4명의 유학생 출신 해군이 전사했고, 오기조와 용굉의 조카인 용상겸(容尙謙) 2명만이 살아남았다. 두 사람은 1894년의 청일전쟁 때에도 북양함대의 일원으로 참전했다.(戴學稷 1994)

테마 8 조선이 청에 설치한 상주 외교기관

개항 이전에는 상주 외교관의 주재가 동아시아에는 없었으므로, 당연히 외교 공관 역시 서로 없었다. 개항기에 들어서 청과 일본이 먼저, 그리고 조선과 청이 조약을 체결하면서 동아시아 국가들 사이에도 영사관, 공사관 같은 상주 외교기관이 설치되었다. 그런데 동아시아의 국제관계는 전통적 종번 관계에서 하루아침에 조약 관계로 바뀌지는 않았다. 과도기에는 두 가지의 상이한 국제체제가 뒤섞여 있었는데, 그래서 유길준은 이를 '양절체제'라고 부르기도 했다. 조선과 청의 관계가 가장 과도기적 애매함이 잘 드러난다.

1883년 가을에 최초의 주한 청국 상주 외교관인 진수당이 총판상무위원으로서 한성에 도착하자, 조선도 청에 상무위원을 파견하고 공관을 세울 준비를 하였다. 조선은 1884년 4월에야 천진에 상무위원을 파견했다. 조선의 천진 상무위원은 주진독리(駐津督理)라고 불렸고, 그 공관은 주진공관이라고 했다. 김윤식이 들고 온 주진공관 공사비는 턱없이 모자라 천진 해관도(海關道)주복이 사비로 우선 공사비를 충당했다. 나중에 조선 정부는 주복에게 이 돈을 갚아 주는데, 주복이 어디까지나 사비로 부족분을 충당한 이유에 대해서 손성욱은 이렇게 설명한다. 즉 청이 상무위원처럼 근대적 조약 관계로 새로 생겨난 영역에 대해서는 근대적 질서로 운용하려고 했기 때문에 조선 측의 독자적 예산으로 처리할 수 있도록 청 정부 차원의 관여를 회피했다는 것이다. 손성욱은 청의 전략을 '회동관'-조공으로 양국의 특수성, 전통성을 과시하면서 동시에 '주진공관'-조약으로 보편성을 확보하려는 이중플레이였다고 정리했다. 따라서 같은 해인 1883년 조선 연행사가 해로로 천진에 먼저 가서 주진공관을 시찰하고 북경에 가겠다고 하니까, 청의 예부는 연행사는 어디까지나 전통적 조공 사절이므로 육로로 오는 전례를 따르라고 굳이 반대했다는 것이다.

필자의 의견을 좀 더 보태자면, 청은 국가 간의 외교관계는 '회동관'=조공=불평등 상하관계로 내보이고, '주진공관'=비즈니스[商務]=대등관계로 서구 열강에 내보이려고 했던 것이 아닐까 한다. 청이 일본과 조선과 맺은 조약을 굳이 '조규'니 '장정'이니 '조약'과 다른 용어로 쓴 이유도 서구와의 관계는 다르다는 점을 보여 주고 싶었겠지만, 그래도 뭐라고 부르건 조약은 조약이다. 상무위원은 내실은 영사급의 외교관이었다.

손성욱은 재미있는 일화를 소개하고 있다. 청조는 이렇게 조선의 사절 루트를 전례대로 강제하면서 양자를 구분하려고 했지만, 조선의 마지막 조공 사절인 1894년 8월 파견된 진하사(進賀使) 사절은 풍도전투가 벌어지고 청일전쟁이 가시화되자 국경을 넘어선 뒤 전례대로 북경에 가지 않고 기차를 타고 천진으로 먼저 가버렸다고 한다. 주진공관에서 전황을 파악한 후에야 북경에 들어간 이 조공 사절은 9월부터 북경 회동관에 묵었지만 1895년 2월 초에 청과 일본 간에 강화 협상이 시작되자, 청조는 북경에 있던 조선 사절이 부담스러웠다. 청조는 빨리 귀국하라고 종용하더니, 3월 말에는 조공 사절의 숙소인 회동관에서 방을 빼라고 했다. 결국 조선의 마지막 조공 사절은 북경의 민간 객잔에서 머물다가 천진으로 와서 5월 18일에 주진독리 이면상(李冕相)과 함께 귀국했다. 주진공관 역시 사실상 폐쇄되었다.

청일전쟁 이후 조공관계는 끊겼지만, 과거 속국이었던 조선과 대등관계를 맺기는 싫었던 청조는 아관파천을 이유로 남의 나라 공관에 주권자가 도망간 국가는 독립국으로 볼 수 없다며 국교를 맺는 것을 거부했다. 1897년 고종이 러시아 공사관에서 회궁하여 대한제국을 선포했으나 여전히 청은 수교를 거부했다. 하지만 현실적으로 조선에 다수의 화상들이 거주하는 형편에 언제까지 이들의 보호를 영국 영사관에 위탁할 수도 없고, 러시아와 일본의 압박도 있었으며, 1898년 무술변법과 보수 쿠데타 이후 어수선한 정국으로 더 이상 과거 조공관계에 연연할 수도 없었던 이유로 결국 청이 양보하여 1899년 한청통상조약(한청조약)이 체결되었다. 청은 재빨리 그 해에 주한 공사를 파견했지만, 대한제국은 의화단 전쟁과 북경의 공관 마련의 애로 등으로 2년이나 지나서야 외무대신 서리였던 박제순(朴齊純)을 초대 주청 공사로 파견했다. 대한제국의 주청 공사관은 독립국으로서 위신을 내보이려고 고종의 특별한 재정 후원 하에 당시 주청 미국 공사관이 임대하고 있던 번듯한 서양식 건물을 확보했다. 1902년 10월 북경에 도착한 박제순은 미국이 건물을 비워 주지 않아 이듬해 4월에야 겨우 입주할 수 있었는데, 이 비싸게 투자한 대한제국 주청 공사관은 1년도 채 쓰지 못했다. 1904년 2월 러일전쟁의 발발과 일본의 '한일의정서' 강압 체결로 1905년 3월에는 대한제국의 모든 재외 공관에 철수 명령이 하달되었다. 11월 17일 을사늑약의 체결로 대한제국이 공식적으로 외교관을 상실하면서, 12월에는 대한제국 주청 공사관의 모든 문서와 재산이 주청 일본 공사관에 이관되었다.(손성욱 2016)

4장

조선에서 우뚝 서다
: 개항 초기 조선과 동순태호

담씨 형제의 조선 입성

상해 동태호에서 실무 경험을 쌓은 담걸생은 조선에 설치할 연호(聯號)로 동순태호의 개설이 결정되면서 조선에 건너오게 되었으나, 혼자 온 것은 아니었다. 담걸생의 누나는 양륜경과 상해에 함께 거주했으므로 일반적으로 본적지에서 지내는 정실부인은 아니었던 것 같은데, 함께 살면서 자녀를 많이 낳은 두 번째나 세 번째 부인이 실질적으로는 가정에서 세력이 가장 큰 법이다. 담걸생을 광동성 고향에서 끌어 온 것도 누나의 힘이었겠지만, 그 형인 담청호 역시 상해에 있다가 파견된 것 같고, 다른 형제들도 광동성 고향에서 넘어오게 된 것인지 상해에 있다가 온 것인지는 확실하지 않으나 동순태호 개설을 앞두고 대거 조선으로 건너왔다. 1885년에는 뚜렷한 행적이 보이지 않지만, 1886년 4월에 부산 지역을 출입한 중국인 상인의 명단을 보면 광동인 담이서(譚以瑞)가 부산에 도착했고, 부산에 있던 광동인 담이장(譚以莊)이 부산을 떠나 인천으로 갔다는 기사가 있다. 또 같은 해 1886년의 용산에 거주하는 화상 명단에도 담이서(譚以瑞)가 등장하며, 광동성 고요현 사람이라고 기재되었다. 담걸생의 형제들과 같은 항렬의 사촌들은 모두 '이(以)'자를 돌림자로 쓴다. 담걸생도 원래 이름은 '담이시(譚以時)'로 중요한 공문서에서는 모두 담이시로 서명하고 있지만, 일상적인 편지나 호칭으로는 자호인 담걸생을 쓰고 있다. 담이서는 담걸생의 둘째 형인 담청호(譚晴湖)의 원래 이름이고, 담이장은 담걸생의 친동생이다. 또 1886년 인천 지역의 화상 명단에는 이 담씨 삼형제, 담청호(譚晴湖), 담걸생(譚傑生), 담이장(譚以莊) 3명이 나란히 등장하고, 모두 원적지를 광동성 고요현으로 적어 놓았다. 누이의 강한 뒷배도 작용했으리라. 담씨 삼형제는 모두 조선에서 새로운 상점의 개설을 계기로 출세의 발판을 마련하려 하고 있었다. 담걸생은 상해에서 조선에 건너오기 전에 고향에 돌아가서 두 번째 부인인 하씨와 혼인하고, 그녀와 같이 조선으로 와서 1885년에는 차남 담정곤을 얻는데, 이는 장기적으로 조선에 상주하려는 계획이 없이는 불가능한 행보이다. 그만큼 그는 이 벤처에 인생을 걸고 있었다고 보인다.

동태호가 조선에 투자해서 세운 상점은 (아마도) 1885년 인천, 그리고 이듬해(1886년)에는 한성으로 진출한 동순태호만이 아니었다. 인천에 앞서 1880년에 개항한 원산은 그때까지 부산과 마찬가지로 일본 상인 천하였는데, 1886년에 처음으로 화교 상점이 문을 열었다. 원산에 가장 먼저 입성한 화교 상점 동풍태(同豊泰) 역시 상해 동태호에서 투자해서 세운 회사이다. 이 상점은 나요잠(羅耀箴), 나빙신(羅聘臣)이 그 해에 원산으로 와서 문을 열었는데, 두 사람은 모두 나씨이며 광동성 학산현(鶴山縣) 출신이다. 이들은 상해 동태호를 양륜경과 함께 운영하던 나주신(羅柱臣)의 형제 내지 친척일 것으로 추정된다. 이후 동순태 한성본호에서 일한 직원들 중에도 몇몇 나씨가 있는데 모두 광동성 학산현 출신이었다. 원산 동풍태와 동순태 한성본호는 자주 편지를 주고받았고, 서로 상품의 구매 대행을 해주며 밀접하게 사업을 같이 했다. 이시카와에 따르면, 편지 내에서 두 상점은 '동가(東家)', 즉 출자자 내지 오너가 같다고 쓰고 있어 동태호로 연결되어 있음이 확실하다.

시각을 바꾸어 보자면, 양륜경은 새롭게 개척해야 할 리스크가 큰 외국에 믿을 만하고 야심만만한 젊은 친인척을 보내 운영을 맡기는 일종의 벤처 투자를 했다고 볼 수 있다. 따라서 교역은 본사인 동태호의 사업에 도움이 되는 방향으로 진행될 것이고, 그 필요한 서비스를 제공해 주면서 어떻게 시장을 키워서 자신의 배당과 투자 가능성을 키우는가는 주사위판에 던져진 젊은이들 몫이었다.

남다른 출발점

담걸생 형제가 인천에 도착했다고 추정되는 1885년에는 의주를 경유하는 전신이 가설되어, 상해와 서울이 서로 전보로 연락이 가능하게 되었다. 중국은 1871년에 홍콩, 아모이, 상해 구간과 상해, 나가사키 구간에 해저 케이블이 가설되면서 런던을 중심으로 하는 국제 전신망에 연결되었다. 1879년 이홍장이 시험적으로 대고(大沽)와 천진(天津) 사이에 전선을 가설한 이래로 1880년 전보총국(電報總局)과 천진전보학당(天津電報學堂)이 세워졌으며, 1881년에는 상해-천진 육로 전신선이 가설되고 1884년에는 연안 지역의 전신망이 완성되었다. 이듬해 1885년에는 의주 경유로 전신이 가설되어, 상해와 인천 사이에 전신이 연결되었다. 중국 연안망이 완비되자마자 조선까지 중국 전신망에 포섭이 된 것이다. 참고로 이 전신 사업의 실질적인 수행자가 정관응이었다는 점도 덧붙여 둔다.

이렇게 교역을 위한 인프라는 차차 갖춰지고 있었는데, 의외로 1885년까지 자본 규모가 큰 화상의 진출은 별로 없었다. 인천 일본 영사의 보고에 따르면, 인천항의 화상 중 큰 상회(商會)는 없고, 매월 거래액 2,000~3,000원의 회사가 한 곳 있을 뿐, 그 외에는 대략 1,000원 이내의 상점이었다고 한다. 이 한 곳 있다는 비교적 큰 회사가 그해에 진출한 동순태인지는 잘 알 수 없으나, 자본이 적은 화상들 사이에 상해의 꽤 큰 상점이었던 동태호 투자로 세워진 동순태호는 금방 군계일학으로 두각을 나타냈다. 1887년에 화상의 중심지였던 인천에는 광동인 동향회관인 광방(廣幇)이 조직되었는데, 그 지도자인 광방 동사로 인천 동순태호의 책임자 담청호가 선출되었다.

세계 여느 지역의 화교와 마찬가지로, 조선에 온 화교들도 출신지에 따른 동향 집단으로 조직되었는데, 크게 북방(北幇), 광방(廣幇), 남방(南幇)의 세 그룹이 있었다. 북방은 산동성, 하북성[청대 직예성(直隸省)] 등 화북 지역 출신자 그룹으로, 개항 직후인 1880년대를 제외하고는 늘 화교 인구의 80~90%를 차지하였다. 그 중에서도 대부분은 산동인이었다. 광방은 광동성 광조(廣肇) 지역 출신자 그룹으로, 해외 각 개항장에서 약재, 비단, 린넨, 서양 잡화를 수입 판매하는 무역업자가 많았다. 자본이 커서 숫자에 비해 영향력이 세고 화상 단체에서 비중도 높았다. 개항하자 바로 세워진 이 광방 인천 동향 조직의 지도자로 담청호가 선출되었다는 것은 회사 규모가 처음부터 상대적으로 컸다는 의미이다. 광방회관은 관행적인 지칭이며, 정식 이름은 '광조당(廣肇堂)'이었다. 남방은 상해를 중심으로 한 강남 지역 강소(江蘇), 절강(浙江), 호남(湖南), 호북(湖北), 강서(江西), 안휘(安徽) 출신이 이에 속하며 역시 무역상이 많았다.

무역의 전개

1883년 말에 진수당이 조선에 부임하고 화상 진출을 위한 기반 작업으로 청국 전관조계 설치와 기선 항로 개설 등의 노력을 했었는데도 화상 진출이 지지부진했던 것에는 그만한 이유가 있었다. 1884년 초부터 베트남을 두고 식민지로 삼으려는 프랑스와 조공국으로서 베트남을 포기할 수 없었던 청 사이에 전쟁의 기운이 고조되었고, 그 때문에 상해-인천 노선에 투입되었던 기선은 군수용으로 징발되어 버리고 항로는 끊겼다. 게다가 1884년 12월에는 갑신정변이 일어나 쿠데타로 조선의 상황은 불안정했다. 이런저런 이유로 1885년 원세개가 진수당의 뒤를 이어 '총리조선교섭통상사의(總理朝鮮交涉通商事宜)'라는 타이틀로 두 번째 주한 사관 기관장으로 부임하면서 비로소 정치적으로 안정을 찾았다고 할 수 있다(물론 청조는 외교관이 아니라 주재관(駐在官, Resident)이라며 조선이 중국의 속국임을 강조했다).

1886년에도 여전히 인천 화상 명단에 담걸생의 이름이 있기는 하지만, 담걸생은 이미 서울의 거래처였던 손윤필, 현성일의 건물에 입점하여 동순태 한성본호 활동을 시작하였다. 1887년 활동에 대한 기록은 없지만

1888년부터는 동순태문서에서 기록이 있어서 어떤 무역 활동을 했는지 알 수 있다. 또한 계속 중단 상태에 있었던 윤선초상국의 상해(上海)-연대(煙臺)-인천(仁川) 노선이 원세개의 강력한 요청으로 1888년 3월부터 드디어 정기 운항을 시작했던 것이 무역 활동에 큰 자극을 주었다.

1888년[戊子年] 상해 동태호가 동순태 한성본호로 발송한 상품, 즉 수입품 총액은 약 3만 8,000량[15]으로, 이 중에 약 절반이 비단이었고, 면직물 약 40%, 마직 4% 내외로 옷감이 수입의 대부분을 차지했다. 그 중에서도 비단과 면직물이 수입 품목을 양분하고 있는 점이 눈에 띈다. 수입 비단은 대부분 중국 양자강 유역 강남산이었는데, 특히 진강(鎭江) 비단이 조선 시장에서 가장 인기가 있었다. 조선 시대에는 고급 무늬 비단은 거의 중국산 수입에 의존하고 있었는데, 혼례 때에는 평민도 비단을 입었다. 조선 동순태호의 주문을 받으면, 상해 동태호는 진강과 강남의 비단 매뉴팩처 공장[機房]에 맞춤식으로 주문을 넣었으며, 고정 거래처인 진강의 비단 도매상점 발기(發記)와는 장기 계약을 맺고 있었다. 진강 발기는 상해에 점원을 주재시키고 물건을 산지에서 입하하여 바로 상해에서 동태호에게 넘길 정도로 규모 있는 상점이었다.

화상들은 상해-인천 직항 노선의 개설로 조선 수입품 시장의 톱 2였던 비단과 영국 면포를 직수입할 수 있게 되었다. 개항기 조선의 수입총액

15_동순태호 교역의 기본 결제 단위는 상해 시장의 기준 화폐 단위였던 규은(規銀)이다. 98을 앞에 붙여서 98규은이라 부르기도 한다. 규은은 실재하는 화폐 종류가 아니라, 복잡한 순도와 무게의 화폐들이 섞여서 유통되는 상황에서 상해 상업계가 교역을 할 때 표준이 되는 장부 기입용의 추상적 단위(기장단위)로 통일하여 썼던 상상의 단위이다. 이처럼 장부와 계산의 세계에만 존재하는 표준 은량 단위를 '허은(虛銀)'이라고 부른다. 1933년 '폐량개원(廢兩改元)', 즉 장개석의 남경 국민정부가 은량의 유통을 금지하고 은원으로 통일하기 전까지, 중국 각 지역에서는 서로 다른 '허은'을 쓰고 있었다.

가운데 직물 수입은 평균 54% 이상이었다. 일본 상인들은 화교 상인에 앞서 조선 시장에 진출했지만, 조선에서 미곡, 해산물, 귀금속 등을 구매하는 데 필요한 일본 자체의 물산이 없었다. 따라서 그들은 홍콩, 상해를 통해 수입한 영국산 면직물을 조선에 재수출하여 조선 상품을 살 구입 대금을 마련했다. 한 통계에 의하면 1877~1882년 사이 일본으로부터 조선이 수입한 물품 중 88% 가량이 일본 물산이 아닌 외제였다고 하는데, 그 상당수가 영국산 면직물이었다. 일본 상인들은 상해에서 면직물 등 서양 물품[洋品]을 직접 수입하기도 했지만, 대부분은 나가사키에 있는 화교 상점에서 구입해서 조선에 재수출했었다.

이 패턴은 한중 해상 교통이 열리는 1882년 이후 변화했는데, 일본에 근거지를 가진 화상들이 조선과 직접 교역을 시작하고, 이 과정에서 새로운 화상들이 조선에 대거 진출했기 때문이었다. 그리고 재수출업자인 일본 상인은 가격 경쟁력에서 수세에 처하게 되었다. 이즈음은 아직 조선 동전의 가치가 높았고 은화가 약세였다. 덕분에 은화를 쓰는 중국 상품은 환율 약세의 영향으로 수입 가격이 떨어졌고 판매 가격이 저렴해져서 가격 경쟁력이 커졌다. 1888년은 개별 상점의 자본 규모에서 화상이 일본 상인을 앞질러, 1885년에 일본 인천 영사가 보고한 상황은 역전되었다. 같은 해에 이러한 발전상을 증명하듯이, 인천에 이어 서울에서도 광방회관이 성립했는데, 한성본호의 담걸생이 한성 광방의 지도자인 동사(董事)로 선출되었다.

1889년에 담걸생은 개인적으로도 큰 기쁨이 있었다. 서울에서 둘째 부인 하씨, 다섯 살 난 둘째 아들 정곤과 함께 살던 그에게 세 번째 아들이 태어났다. 3남 담정림이다. 또 동향이자 해관 직원으로 친하게 지내던 당소의가 원세개의 막료로 활약하더니 1889년 영사에 해당하는 용산 상무위원에 임명되었다. 비록 호칭을 '당대인'으로 바꿔야 했지만, 담걸생에게 든든한 배경이 생긴 것이다.

이 해에는 사업상에서도 그에게 큰 전환점이 되는 사건이 터졌다. 동업을 하던 손윤필, 현성일이 영업 손실로 담걸생에게 주어야 할 대금을 갚지 못하고 도망을 가버린 것이다. 담걸생은 떼인 돈 대신에 얹혀 살고 있던 두 사람과 손윤필의 형 손경문 소유의 건물과 땅을 차지했다. 이 부지와 건물은 현성일 가옥 1동, 손윤필 가옥 2동, 손경문 가옥 1동으로 규모 있는 저택 네 채를 합친 대규모 부동산이었다. 이 건물들이 공식적으로 동순태호 한성본호의 상점이 되면서 새로운 시작을 알렸다. 1889년에 주한 사관에 신고한 한성본호의 구성원은 모두 3명이었다. 37세가 된 담걸생 외에 담이경(譚以經, 41세, 광동성 고요현), 나장패(羅章佩, 26세, 광동성 학산현)가 있는데, 담이경은 담걸생의 형이거나 항렬이 같은 사촌형일 가능성이 높고, 나장패는 상해 동태호 나관주, 원산 동풍태로 이어지는 학산현 나씨 친족으로 보인다. 담이경이 담걸생의 친형제라면, 담씨 5형제 중 4명이 조선에 왔었다는 이야기가 된다.

1889년 서울에는 약 80여 호의 화교 상점이 영업 중이었고, 가게가 없는 행상을 포함해 화상 600여 명이 장사를 하고 있었다. 이들의 총 거래 규모는 285만 원[銀圓]에 달하였다. 그런데 이 금액은 같은 해 인천 화상의 공식 수입총액의 3.7배나 된다. 한성 화상이 취급하는 상품 대부분이 인천을 통해 들어온 수입품이라는 점을 감안하면 해관을 통과하지 않은 탈세 내지 밀수품이 상당히 많았음을 알 수 있다.

동순태호의 취급 품목에서 흥미를 끄는 것은 설탕[砂糖]이다. 설탕은 조선 시대에는 온전히 수입에만 의존한 상품으로 왕실 내의원의 상비품 혹은 사대부 사이에 문병에 쓰는 귀한 선물로 민간에서는 손에 넣기 어려운 사치품이었다. 조선은 개항 전에 세계 무역에서 뿐 아니라 동아시아 무역에서도 동떨어져 있었다고 할 수 있는데, 16세기 이래 '세계 체계'의 형성이라고 불릴 정도로 긴밀해 진 세계 무역에서 대표적 상품의 하나였던 설탕 역시 조선 민간에서는 거의 소비되지 않았던 것이다.

설탕은 어느 사회든지 처음에는 사치품, 약품으로 소비되다가 후에 일반 생필품이 되는 과정을 거쳤다. 유럽은 15세기 서인도 제도에서 플랜테이션 경영을 본격화하면서 서민에까지 소비가 확대되었다. 인도와 중국은 개항 이전에도 세계 유수의 산당 국가였으며, 사탕수수 재배에 적합한 동남아시아에는 화교에 의해 일찌감치 제당 기술이 전해졌다. 18세기 세계 제1위와 제2위의 산당국 인도와 중국에 비해 일본은 류큐(오늘날 오키나와) 왕국으로부터의 수입 및 큐슈에서의 부분적 생산이 있었을 뿐 산당 후진국이었다. 그렇다고 하더라도 조선을 개항시킨 일본은 산당국의 하나이기도 했고, 당시 중국으로부터 구식 설탕과 홍콩으로부터 근대식 정제당을 대거 수입하고 있었으므로, 개항은 조선 사회에 설탕이 처음 본격적으로 유입되는 계기가 되었다. 일본 상인의 진출에 이어 화상까지 다수 진출하면서 설탕은 의약품이 아니라 식료품으로서 조선 사회에 빠르게 보급되었다.

1889년 2월 20일(음력 1월 21일) 동순태호의 상업 서간을 보면, 이미 인천분호가 성냥, 홍콩 정제당 등 근대적 상품을 수입하여, 수시로 서울로 부치고 있었다. 특히 설탕은 1895년까지 줄곧 수입량이 크게 늘어나 동순태호가 그 해에 수입한 홍콩 정제당은 2만 5,200근이나 되었다. 1659년 현종 즉위년에 조선 왕실 내의원이 수입상을 통해 구입한 설탕이 30근에 불과했던 것과 비교하면 엄청난 변화이다.[16] 청일전쟁 직전인 1894년 2월에는 후추와 설탕이 서울에서 잘 팔려 늘 한성본호가 확보하고 있으니, 이제 전주까지 한 번 판로를 모색해 보자는 이야기를 하고 있다. 개항 후 새로운 상품이었던 설탕을 내지까지 선보이려는 적극적 자세를 볼 수 있는데, 아직 잘 알려져 있지 않은 상품이니까 매매는 적지만 취급하는 상인이 적어서 "토인(土人, 즉 조선인자)들은 가격이 얼마인지 모르기 때문에 큰 이익을 쉽게 얻을 수 있을 것"이라고 하였다. 홍콩 정제당뿐만 아니라 설탕 생산 지역으로 유명한 광동성 동부 조주부(潮州府)의 유명 당과(糖菓)인 생강 설탕조림[糖姜]을 대량으로 조선에 수입하여 판매하였는데, 연대(煙臺)에서 물건을 조달하는 산동 상인과 가격에서 비교우위를 확보하기 위해 조주부의 핵심 개항장이었던 산두(汕頭)로부터 직접 주문을 해왔다.

1888년과 1889년 화상 무역업의 대폭적인 신장은 조선 상인들에게 위협적으로 느껴졌음에 틀림없다. 한성 진출 초기인 1885년에 이미 서울의 육의전(六矣廛)이 일본 상인과 중국인 상인들이 서울에서 퇴거할 것을 요구했었다. 그때만 해도 일본 상인의 세력이 훨씬 컸기 때문에 원세개는 이전 비용만 마련해 주면 나가겠다고 전향적 입장을 취했다. 하지만 조선 정부에 그만한 재원이 없어서 성사되지 않았다. 그런데 1890년이 되면 이제 서울에서 화상의 놀라운 성장세는 일본 상인을 능가할 정도였다. 육의전과 조선 상인들은 실력 행사를 위해 모든 가게 문을 닫는 파시(罷市)를 네 차례에 걸쳐 단행했다. 1887년 2월의 이틀간의 파시, 1889년 2차, 3차 파시

16_같은 시기에 중국에는 자체 생산한 설탕이, 일본에서는 네덜란드 상인이 수입한 벵갈 설탕과 복건 상인이 수입한 중국 설탕, 류큐 설탕이 대량 소비되고 있었고, 바타비아에서는 해금에도 아랑곳없이 화교가 1만 명 넘게 진출해 네덜란드 당국의 억압을 받으며 사탕수수 재배와 설탕 생산을 주도했었다.

에 이어서, 1890년 1월 26일에는 육의전뿐만 아니라 사전(私廛)을 제외한 모든 상점, 술집, 음식점, 골동품점 등이 동참하는 대규모 파시가 발생하여, 한성의 화상과 일본 상인은 용산(당시는 사대문 안이 한성으로 용산은 한성 밖임)으로 이전할 것을 요구했다. 그러나 이러한 토착 상인의 저항은 강력한 원세개의 권력에 아무런 소용이 없었다.

1891년[辛卯年] 한성 동순태가 상해 동태호로부터 수입한 액수는 자그마치 약 9만 2,000량이나 된다. 1888년의 3만 8,000량에서 거의 2.5배가 늘었다. 수출 역시 규모가 커졌다. 한성 동순태호가 상해로 수출한 총액은 약 6만 1,500량(61,495.95량)으로, 그 중에 금이 약 4만 8,000량으로 수출의 대부분인 77.8%를 차지했다(47,841.21량). 나머지는 은이 약 8,000량, 인삼 등 약재가 5,000량이었다. 동태호보다는 못하지만 두 번째로 큰 수출 거래처는 고베의 상융호였다. 한성 동순태호가 수출하여 오사카 곡물 시장으로 팔린 조선 곡물이 8,000량으로 적지 않았다. 조선 미곡의 수출은 일본 상인의 주력 사업이었으므로, 일본에 광동 동향의 사업 파트너를 갖고 있는 상해 동태호와 한성 동순태호 역시 이 사업에 꽤 관여했던 것이다.

화상 무역업의 맹렬한 성장으로 개항 초기에 일본 상인이 독점하고 있었던 조선의 대외 무역의 양상은 크게 바뀌었다. 홍삼, 쇠가죽 정도밖에 조선의 수출품에 별 관심이 없었던 중국 시장과 조선 미곡을 열렬히 원했던 일본 시장의 차이 때문에 수출 무역에서는 여전히 일본 상인이 압도적 우세에 있었으나, 수입 시장에서는 양측이 호각을 다툴 정도로 화상이 치고 올라왔다. 1892년 조선의 전체 수입총액 중에 일본으로부터의 수입은 55%, 중국으로부터의 수입은 45%로 엇비슷해졌다. 1885년에 일본으로부터의 수입이 97%로, 중국으로부터의 수입은 3%에 지나지 않았던 것과 비교하면 7년이란 단기간에 이룬 놀라운 판세 변화였다. 개항장에서의 무역업에서 차지하는 화상의 비중 역시 1885년 개항장 무역액의 18%에서 1892년에는 45%로 급증했다. 그렇다면 조선 동순태호와 담걸생은 로또에 당첨될 정도로 대박이 났어야 할 것 같다. 그러나 사업이란 것은 그렇게 등수나 수치로 보이는 것만 같지 않았다.

이문은 어땠을까?

동순태문서에는 1890년[庚寅年] 동순태 한성본호의 수입과 지출, 이익에 대해 담걸생이 상해 양륜경에게 보고한 서신이 있어서 그 해 동순태호의 경영 상황을 알려 준다. 이시카와의 2016년 책은 1890년 동순태호의 수입, 지출을 상세히 분석하였다. 그에 따르면 결론적으로 상해 동태호 수입품 중에 40%나 차지하는 영국산 면직물[洋布]은 별로 이익이 나지 않는 상품이었다. 한성본호는 수입품 판매로 약 8,000량의 마진을 남겼는데, 그 대부분은 중국산 비단과 마직물, 그리고 조선 정부 전환국(典圜局)에 판매한 동연(銅鉛)에서 나온 것이었다. 오히려 영국산 면직물은 손해가 났다. 1882년 개항 이후 화상이 상해로부터 직수입을 통해 일본 상인을 압도하고 조선의 영국 면직물 시장에서 우위를 점했던 상황은 이미 물 건너가고 있었다.

담걸생은 영국산 면포 수입 판매가 이문은커녕 적자가 났던 이유에 대해, 조선 왕조가 동전 발행을 확 늘리는 바람에 시중에 질 낮은 동전이 대거 풀려서 동전 가격이 떨어졌고, 결국 상대적으로 은의 상대 가격은 높아져서 동순태호가 상해에서 수입해 온 (은원 단위의) 수입품 가격이 올랐다는 점을 먼저 들었다. 다음으로 이 분야에서 산동 상인의 진출이 많아져서 경쟁이 치열해졌다는 점도 거론했다. 이때에도 가격 경쟁력 확보에 관건인 환율 변화가 중요한 변수가 됨을 알 수 있다.

게다가 조선에서의 동전과 은의 환율뿐만 아니라, 상해 수입 시장에서 중요한 금과 은의 환율 역시 불리해지고 있었다. 당시 금 가격이 상승하고, 은값이 떨어지면서, 금본위제인 유럽에서 은본위제인 중국으로 수입되는 물품의 가격이 올라가고 있었던 것이다. 즉 환율의 이중타격으로 조선 직물 시장에서 영국산 면직물은 지나치게 가격이 올라 팔리지도 않고, 팔려면 이문이 거의 없거나 손해를 감수하고 가격을 낮춰서 팔수밖에 없었다. 하지만 적어도 중국산 비단이나 마포는 동전과 은의 환율 영향은 여전히 받겠지만, 금은 환율의 영향은 안 받았기 때문에 차라리 나았고 어느 정도 이문도 확보했던 것이다.

같은 해인 1890년에 동순태 한성본호와 인천분호는 이른바 "문호(門戶)를 나누게" 되었다. 중국의 경우 가족 단위에서 분가를 하게 되면 "아궁이를 나눈다."고 한다. 이 말은 식사 준비를 각자 한다는 의미가 아니다. 경우에 따라 예전처럼 여러 가족이 계속 같은 지붕 아래 동거한다고 하더라도, 이제부터는 지출과 수입, 즉 살림을 따로 산다는 의미이다.[17] 이때부터 두 동순태호는 상호명은 공유해도 자본금을 분할하여, 해외로 상품을 발주할 때도 따로 하게 되었다. 서로의 전문 분야인 항구에서 물품의 하역 및 선적, 통관 서비스(인천), 또 도소매 시장에서의 판매(서울)에서 상대방을

17_오늘날에도 중국어로 "아궁이를 나누어 밥을 먹는다[分灶吃飯]"라는 용어는 경제학상에서 "지출과 수지를 따로 한다[劃分收支]"의 의미이다.

대행해 주기는 하되, 그 수수료는 지불해야 했다. 물론 서로의 경영 방식에 대해서도 조언은 가능하나 궁극적인 결정권은 각자에게 있었다. 자본금은 각자 1,100량(상해 규은량)씩 균등 분할했다고 한다. 두 상점의 투자자인 고동(股東)이 누군지는 모르지만, 1896년 한성본호 자본에서 담걸생의 지분은 18% 가량에 불과했으므로, 이 시점에는 더욱 적었을 것이다. 두 상점이 갑자기 살림을 따로 살기 시작한 것에서 이미 어렴풋이 형 담청호와 동생 담걸생 사이의 경영 스타일의 차이, 사업 방향에서의 이견을 엿볼 수가 있다. 형 담청호는 원래 조선에 파견되었을 때의 임무 그대로 상해 동태호에서 수입한 물건을 열심히 조선에 파는 일 외에 야심적이고 모험적인 사업에는 부정적이었다. 그러나 동생 담걸생은 생각보다 이문이 나지 않는 상해와의 무역 방식에 대해 회의감이 들기 시작했던 것 같다.

살림을 따로 차린 후의 1891년[辛卯年] 수지 결산을 보면 담걸생의 불만이 이해가 간다. 한성본호는 조선으로의 수입 무역으로 1만 1,000량, 수출 무역으로 4,000~5,000량의 이익을 얻었다. 합계하면 1만 5,000~1만 6,000량 정도로 전해의 1890년[庚寅年]의 8,000량에 비하면 2배에 달할 정도로 꽤 괜찮은 이익을 올렸다. 하지만 이 금액은 명목 수입으로 여기에 상해 동태호에게 지불하는 이자, 점원 월급과 점포 운영을 위한 각종 비용, 주한 사관에 내는 각종 납세에 동전값 하락으로 인한 환율 손실 등을 더하면 지출이 1만 3,770~1만 4,770량이나 된다. 결국 순이익은 약 1,000량밖에 안 남게 되어 버렸다. 동순태 한성본호는 상해 동태호로부터 9만 2,000량이나 수입해서 온갖 고생을 해서 물건을 팔았는데 남는 이익이 너무 적었다.

상해 동태호에게 지불하는 이자란 무엇인가. 수입 대금보다 수출 대금이 훨씬 적기 때문에 연말이면 양자를 상쇄하고 상호 대차 장부를 결산하면, 늘 한성본호가 줄 돈이 더 많았고, 못 준 적자분에 대해서는 매월 1.2%의 이자를 내야 했다. 그 빚은 계속해서 이자로 불어 갔다. 점원과 상점 유지비는 수입 물품을 파는 데 더 필요한 것이었지, 수출품은 사서 배에 실어 보내면 되는 것이니 재고를 쌓아 둘 필요도 없는 것이다. 결국 상해 동태호에서 떼 온 수입품을 파느라 생겨나는 비용들이다. 대신 수출이 많아질수록 동태호에 지불할 이자도 줄어들 것이고, 재고품의 보관과 처리를 고민해야 하는 것도 이쪽이 아니라 상해 쪽이다. 상해 동태호에 직접 수출한 것 외에, 일본 거래처에 수출한 물건도 대금은 일본에서 상해 동태호로 바로 송금했기 때문에, 무조건 수출이 많으면 갚아야 할 수입 대금은 줄어들 수 있었다. 물론 수출은 조선 내지에 들어가서 팔 물건을 구해 와야 하는 리스크가 있었다. 조선 상인에게 속을 수도 있다. 또 내지 통상을 위해 개항장 이외의 지역을 여행하려면 주한 사관에서 '호조(護照)'라는 증명서를 발급받아야만 했다. 그러나 담걸생은 조금이라도 순이익을 늘리고 지출을 줄일 수 있다면 리스크를 무릅쓰고라도 수출 사업을 키우고 싶었다.

상해 동태호에 지불하는 이자 이외에 주한 사관에 지불하는 이자도 있었다. 앞 장에서 썼듯이, 동순태호는 원세개의 부탁으로 주한 사관의 공금 출납을 맡고 있었는데, 급할 때 가외의 여유자금으로 쓸 수 있다는 장점은 있겠지만 매월 지급해야 하는 이자도 만만치 않았다. 1892년에 동순태 한성본호가 보관한 공금은 1만 4,000량에 달했다. 1892년 한성본호는 상해 동태호에 내는 이자와 원세개에 지불한 이자를 합해서 6,000량에 가까운 거액을 지출했다. 순이윤은 1,000량밖에 안 되는데 말이다.

게다가 이즈음 환율 동향 역시 수입에 불리하고 수출에 유리해졌다. 인천의 동전 가격이 1887년부터 1893년까지 계속 하락했다. 거꾸로 수입품 가격은 올라가고 수출품 가격은 저렴해졌다. 조선 동전과 일본 은원의 비교 가격은 1888년 동전 1000문[당오전(當五錢) 20매]=0.8원[円=元]에서, 1893년에는 1,000문=0.3원으로 거의 폭락 수준이었다. 따라서 수입품을 팔아 조선에서 동전을 얻어서, 은원으로 상해에 대금을 지불해야 하는 한성본호에게는 타격이 너무 컸다. 오히려 조선 물건을 싸게 사서 해외에서 팔아 은을 많이 얻는 것이 유리했다. 어차피 은원 단위인 상해 물건을 서울에서 팔아서 동전밖에 못 얻을 것이라면, 그 동전을 가지고 조선 내지로 가서 수출품을 살 때 다 쓰고, 수출품을 해외에서 팔아서 은원을 얻어서 상해에 진 빚도 갚고 이익도 올리는 것이 동전 값 하락 시황에서 동순태 담걸생이 구상한 전략이었다. 그러나 조선 물건 수출과 내지 통상에 열을 올리는 담걸생에 대한 상해 양륜경의 반응은 시큰둥했다.

뭘 팔고 어떻게 지불했을까?

동순태호가 상해에서 수입해서 판 상품은 조선 시장에서 가장 인기가 있는 직물(면직물이건 비단이건 마직물이건)이 최대였다. 그 외에도 중국 물건에 대해서는 조선 왕실과 양반 상류층에 강력한 동경과 수요가 있었기 때문에 지필묵, 화분, 약재를 비롯한 전통적 중국산 상품, 설탕, 담배, 비누, 맥주, 거울, 치약, 시계 등 홍콩과 상해를 통해 들여온 서양의 혹은 서양식의 근대적 물건들[洋品] 등 없는 게 없을 정도로 말 그대로 잡화(雜貨)를 수입했다.

반면에 조선에서 화교 상인이 상해, 홍콩이나 일본 시장에 가져가서 팔만한 물건은 그다지 많지 않았다. 가장 많이 수출한 것은 금과 은이지만 이 두 귀금속은 사실 상품 수출이라고 하기 어려웠다. 즉 수입 대금으로 지불하기 위한 화폐라는 의미가 더 크다. 조선에서는 화폐로 유통이 되지는 않지만, 상해에서는 충분히 화폐인 귀금속이다. 동순태호는 조선인이 채굴해서 서울과 개항장에 가져와 파는 사금을 일본인보다 더 높은 값을 주고 경쟁적으로 구입해서 상해로 부쳤다. 이시카와는 금은의 경우 상해 동태호에게 위탁 판매 수수료를 지불하지 않고 대신 순도를 감정하는 비용 및 녹여서 다시 주조하는 비용만 추가되는 것을 볼 때 금과 은이 수출 상품이라고 보기는 어렵다고 강조했다.

그러면 대표적인 조선의 수출품은 역시 홍콩과 일본, 상해에도 수요가 컸던 인삼, 홍삼일 것이다. 청은 조선 정부에 압력을 가하여 청에 수요가 많은 홍삼의 수출세를 30%에서 15%로 인하했는데 외국인의 홍삼 수출은 원래 금지되어 있었고, 조선인에게만 의주 경유로 육로 수출을 허용했을 뿐이다. 그러나 산동 상인들은 정크 선으로 해관의 검사를 거치지 않고 마포까지 들어와, 연대를 이용해서 이미 해양을 통한 밀무역을 진행하고 있었다. 동순태 역시 연대(煙臺)의 광동 상인 이태겸(履泰謙) 상점을 중개로 홍삼을 밀수출했다.

담걸생은 정규의 무역업으로는 상해 동태호에게만 수익을 줄 뿐 자체적으로 이윤을 확보하기 어려운 상황에서, 홍삼의 밀수처럼 불법적이라도 보상이 큰 거래를 단념할 수 없었을 것이다. 상해 양륜경을 통해 생겨난 관(官)과의 네트워크이지만, 이 점을 십분 활용한 것은 담걸생이었다. 많은 화상들이 초대 상주 외교관 진수당과 뒤를 이은 원세개(袁世凱)의 비호로 청 군함을 이용해 홍삼 밀수에 종사하는 형편이었는데, 주한 사관 및 원세개, 당소의 등 고위급 관료와 특수 관계에 있었던 동순태호는 누구보다 유리한 입장에 있었다.[18] 홍삼 이외에 중요한 수출품은 쇠가죽, 중국 음식에 많이 쓰인 해삼을 비롯한 건어물이 있었지만, 기본적으로 수입품에 비해 이를 상쇄할 수출 품목은 참으로 부족했다.

수입 대금의 결제는 금과 은 등을 이른바 지금(地金), 즉 귀금속 덩어리 형태로 직접 상해로 '수출'(사실은 결제)하는 형태 이외에, 은행을 통한 송금 방식이 채용되었다. 청일전쟁 전까지 중국과 조선을 직접 연결 짓는 금융망은 존재하지 않았기 때문에, 동순태호는 일본을 통한 우회 송금을 이용해야 했다. 당시 조선에는 일본 제일은행(第一銀行)이 진출하여 부산과 인천에 지점을 두고 있었다. 한편, 일본의 개항과 양행의 일본 진출에 따라 이미 일본에는 아시아 교역의 금융 강자로 떠오른 홍콩상해은행(滙豊銀行, Hongkong & Shanghai Banking Cooperation, HSBC)이 각 개항장마다 지점을 설치해 두고 있었다. 동순태호 한성본호는 인천분호에 의뢰하여 상해 동태호에게 보낼 결제금을 제일은행(第一銀行) 인천지점을 통해 오사카 지점이나 요코하마 지점에 송금했다. 그리고 송금증서[滙單, 滙票]를 고베 거

18_원세개와 청 관원들은 청 군함이 적재한 화물에 대해서는 해관 조사를 면제시켜 달라고 줄곧 요구하였다. 청상의 위세를 알 수 있는 사건으로 1886년 1월에 일어난 인천세관 습격 사건은 유명하다. 청상 여유생(呂裕生)이란 인물이 청 북양 해군의 군함인 진해(鎭海)호를 타고 인천에 도착하면서, 해관의 밀수 조사에 불응하였다. 인천 해관은 그의 신병을 구속했는데, 이를 전해 들은 인천의 청상들이 해관을 습격하여 기물을 파괴하고 해관 직원을 구타하는 사건이 일어났다. 그러나 이런 횡포에도 불구하고 습격을 주도한 청상들은 일부 주모자들만 본국으로 돌려보내고 기물 파손에 대한 배상금을 지불하는 것으로 끝났다. 1887년 8월에는 남방(南幫)의 두 화상 상점인 조강호(肇康號)와 광대호(廣大號)가 용산과 인천의 상무위원 관서에 근무하는 관원의 짐 속에 홍삼을 넣어 병선에 실어 밀반출하려다가 인천 해관에 적발되는 사건이 일어났다. 원래 홍삼을 실은 자는 태형이 원칙이지만, 원세개는 중국으로 돌려보내는 것으로 끝냈으며, 뇌물을 주고 의뢰한 상인들도 벌금형만 내리고 곧 석방시켜 영업에 복귀시켰다. (조세현 2014)

래처인 상융호나 요코하마 거래처 복화호 등 사업 파트너에게 우편으로 부치면, 두 거래처는 증서를 소지하고 해당 지역의 제일은행 지점에서 이 금액을 찾아서 오사카와 요코하마에 있는 홍콩상해은행 지점에서 홍콩상해은행 상해지점으로 '회풍전표(滙豊電票)'의 형태로 부쳐서 상해 동태호에게 송금할 수 있었다. 조선에서 송금할 때는 일본 제일은행권 단위인 일원(日元), 즉 엔 단위로 송금했고, 일본에서 상해로 송금할 때는 상해 규은량(兩)으로 찾을 수 있도록 환율을 계산하여 보냈다. 또 일본 각 개항장의 송금 수수료를 그때그때 항상 비교하여 저렴한 쪽으로 송금했다. 물론 일본의 거래처는 미미하나마 수수료를 챙겼을 것이다.

조선인과의 갈등

동순태호를 비롯해 조선에 진출한 화상들에게 골칫거리가 된 것은 수입과 수출의 큰 격차에서 나오는 경영상의 부담 이외에, 현지인인 조선인과의 갈등이었다. 보통 한국학계에서는 화상들이 원세개의 위세를 업고 얼마나 행패를 부렸나가 부각되지만, 좀 더 객관적인 입장에서 평가를 하자면, 양자 간의 갈등은 상업 환경과 관행의 차이에서 오는 문화적 요소도 적지 않았다.

개항 바로 직후에 1883년에는 친일 신문이었던 『한성순보』가 청상과 청군 수십 명이 조선인 상점을 부수고 행패를 부렸다고 보도하자, 이에 불만을 품은 청군 수십 명이 회사에 몰려가 시위를 벌인 사건이 발생하였다. 양상만 보자면 임오군란 이후 주둔을 하면서 위세를 과시하던 청군이 언론

사에 대해 과도한 항의를 한 것으로 보인다. 그런데 애초에 사건의 발단은 조선인 한약상이 인삼을 대신 사주겠다고 청 군역 상인의 돈을 받아 놓고 떼먹었기 때문이었다. 화상의 경우 오랫동안 양행과 거래해 온 광동 상인은 물론이거니와 산동 상인 등 화북에서도 신용 거래(외상거래 및 선물거래)의 오랜 전통이 있었기 때문에 신용은 생명이었다. 따라서 모든 거래에는 엄격하게 보증인 및 보증 부동산의 담보 설정이 따랐다. 그러므로 걸핏하면 떼먹고 나른다는 것은 조선에 진출하여 처음 겪는 사태였을 것이다. 반면 조선의 경우, 도덕 경제가 발전하고 이윤을 너무 따지는 것을 채신머리 없다고 생각하고, 형편에 따라 봐주는 것이 미덕이었다. 계약서의 엄격한 이행이란 문서 계약의 엄정성이 부족한 조선 상인에게 각박하다고밖에 생각이 안 들었을 것이다. 이와 대조적으로 개성상인의 경우 직원에서 출발하여 경영책임자까지 승진한다거나, 신용 엄수에 특히 민감하다거나 특수한 측면이 보이는데, 내 생각에는 홍삼 수출을 통해 오랫동안 중국과 거래를 해온 개성상인에게는 중국의 문서화된 상관행이나 합고(合股)와 같은 특수한 경영 조직이 자연스럽게 미리 전파되지 않았나 싶다.

1884년에는 조선 조정과 화교 사회를 뒤흔든 대형 사건이 터졌다. 한성 화상들이 초대 상무위원 진수당의 명으로 낙동(駱洞)에 중화회관을 설립하게 되었는데, 그 부지로 낙점한 곳이 낙동에 위치한 이범진(李範晋) 삼형제의 집 4채였다. 이 네 채의 집은 나란히 연결되어 있어서, 원래는 네 채를 다 매입하기로 하고 이범진의 형제들이 보유한 양끝의 2채는 매입을 끝냈으나, 가운데 집 두 채의 소유주인 장남 이범진이 중간에 파투를 내고 매각을 철회했다. 이에 격분한 화상들은 현직 관료였던 이범진을 납치하여 주한 사관으로 끌고 가 구타하였다. 이 사건으로 조선의 체면은 확 구겨졌다. 하지만 냉정하게 생각하면 4채를 다 넘기기로 하고, 가운데 2채만 못 넘기겠다고 한 것은 돈을 더 받아 내기 위한 잔꾀이거나, 양끝 집만 구입에 성공했을 때 발생할 엄청난 화상의 손해를 전혀 염두에 두지 않는 이기적 행동이다.

화상들과 조선 상인들 사이의 거래에서 발생한 분쟁은 더욱 많았다. 아예 한쪽이 비양심적인 거래를 한 경우도 있지만, 중국과 조선의 상관행이 달라서 발생한 분규도 적지 않았다. 그런데 박정현의 연구에 따르면, 주한 사관은 무조건 화상의 편을 들었다기보다는 경우에 따라 조선의 상관행을 인정하기도, 거부하기도 했다고 한다. 예를 들어 건물주가 상점 건물을 빌려 줄 때 점포 임대료 외에 그 상점 매상의 100분의 1을 구전(口錢)으로 받는 상세(商稅)라는 관행은 조선의 업계 관행이었다. 하지만 중국의 상관행은 전혀 아니었다. 후에 이 돈을 내라, 못 내겠다고 소송이 발생했는데, 진수당은 중국의 상관행만 고집한 것이 아니라, 조선인 건물주와 임대인 화상이 서로 합의해서 처리하라고 하였다. 반면, 청 측 주한 사관과 조선 측 관원인 독판서리(督辦署理)가 공동으로 약속어음을 떼먹고 도망한 조선인을 체포하여 화상에게 대금을 갚게 한 사건은 조선의 관행을 부정한 사례이다. 조선에서는 어음을 떼먹고 나른 이를 추포하는 경우, 추심액의 10%를 서리가 수수료로 가져가는 것이 관례였다. 그러나 청과 주한 사관은 이 수수료는 일종의 관료에 대한 수뢰 행위이기도 하다고 인정하지 않았다. 이와 대조적으로 매상의 일부를 건물주가 일정 비율로 가져가는 조선의 관행을 인정해 준 것은 민간의 상습관을 어느 정도 존중한 것이라고 볼 수 있다. 박정현은 1883년, 1888~1892년 사이 조선인과 중국 상인의 상거래 분쟁 42건을 분석했는데, 여기에서도 개설서에서 논의되는 것과 달리 일방적으로 화상이 횡포를 부렸다고 보기 어려운 정황이 많다. 개항 초기인 1883년 7월 ~ 1884년 9월 사이에 한성 화교와 조선 상민 사이의 채권 분규는 모두 15건인데, 하나같이 채권자가 화상이었다. 채무자인 조선인들은 돈을 떼먹고 차라리 저당으로 잡아 둔 가옥을 날리거나, 감옥에 가는 편을 택했다.

화상들이 돈이 있다는 인식이 퍼지면서, 조선인의 화상 상점에 대한 도난, 방화 사건은 개항 직후부터 끊이지 않았다. 한성에 겨우 40여 명의 화상 점포가 있을 뿐인데, 1884년 한 해 동안 7군데가 도둑을 맞았고, 1885년에는 도둑을 처치하기 위해 점포 주인인 중국인이 총을 쏘는 일도 있었다. 1887년에는 삼화흥(三和興)이라는 화교 상점에 대한 절도 방화 사건으로 3명의 사망자가 나왔다. 원세개가 순사청(巡査廳)을 설치하고 자체 순찰을 통해 화상을 보호한 것도 사실은 조선 군경 당국이 안 한 건지 못 한 건지 알 수는 없지만, 화상에 대한 보호 조치를 적절히 취하지 못했기 때문이다.

새로운 전기: 1892년의 차관과 기선 사업

당연히 조선에서 수입품을 팔 때 마진을 많이 붙여서 판다면, 비용을 제하고도 이윤이 많겠지만, 상해와 화상의 상술은 '박리다매'였기 때문에, 마진이 많지 않다. 일본 상인, 산동 상인과의 경쟁 때문에 마진을 많이 높일 수 없었다. 결국 담걸생에게 상해에 나누어 줄 수익을 확보하고도 자기 수입을 축적해 나가려면 독점 사업의 고이윤이 필요했다.

그러한 측면에서 하나의 전기가 된 것이 1892년의 동순태차관이다.

조선 정부는 근대화 사업을 위해 진 외채가 갈수록 늘어나 이즈음에는 130만 량이라는 거액에 달했다. 그런데 1887년 독일 회사 세창양행에게 기선 사업 진흥을 위해 구입했던 창룡호(蒼龍號)의 배 값, 즉 선채(船債)의 원리금 상환이 임박했는데 재정은 텅 비어 있었다. 청 정부는 조선에 대한 영향력 강화를 위해 나서서 차관 제공을 제의했으나, 갈수록 노골화되는 청의 내정 간섭에 대한 반감이 조정 안팎에서 커져 가고 있었기 때문에, 조선 정부는 쉽사리 이 제안을 받아들이기 어려웠다. 이에 양측은 상의 끝에 실제로는 청 정부가 상해 해관(江海關)의 출사경비항목(出使經費項目, 즉 외국에 주재하는 청 외교관의 경비)에서 차관을 제공하되, 형식적으로는 재한 화상 동순태호가 조선 정부에 빌려 주는 형식으로 명의만 제공하게 되었다. 청조는 국가은행으로 호부은행이 생기기 전에 홍콩상해은행에게 그 역할을 의뢰했었다. 처음에는 해관의 공금 출납을, 후에는 재정의 공금 출납을 맡겼고, 곧잘 채무도 졌다. 따라서 조선에서 주한 사관의 공금 출납 은행의 역할을 하던 동순태호에게 조선 정부가 돈을 빌리도록 하는 것이 형식적이나마 위화감이 적었을 것이다.

제1차 동순태차관(同順泰借款, 10만 량)은 1892년 8월 19일에 체결되었다. 이후 42일 만인 10월 6일에 다시 10만 량을 빌린 제2차 동순태차관이 성사되었다. 이번에는 일본제일은행(日本第一銀行) 차관의 이자 및 미국 상인 타운센드(Townsand)의 배 구입 대금(船債) 체불을 청산하기 위해서였다. 각 차관에는 해관 수입이 담보로 설정되었다. 청 정부가 해외에 차관을 할 때 늘 해관 수입을 담보로 잡혔던 것과 동일하다. 특징적이라면 해관 수입에 대해 다른 어떤 항목 지출보다 동순태차관의 상환을 일 순위로 설정해서, 우선적으로 차관 원리금을 변제한 뒤에 조선 정부에 해관 수입이 지급

되도록 한 점, 1차에는 담보 범위가 인천 해관 만이었는데 2차에는 부산 해관으로 확대된 것, 또 차관의 대가로 서울과 인천을 잇는 한강의 증기선 항로 개설권이 동순태호에게 제공된 것이다. 한중 합작 벤처로 세워진 이 윤선 회사는 통혜공사(通惠公司)라고 하는데, 자본은 동순태호만이 아니라 여러 경로로 모집되었지만, 경영은 동순태호에게 일임되었다.

단지 명분을 빌려 준다고 하지만 동순태호의 정치적인 행보는 단순한 재한 화상의 역할 범주를 벗어난 것이었다. 여기에는 동순태호가 주한 사관 공금의 출납을 대행하고 있었다는 점도 있겠지만, 애초에 이러한 역할을 맡게끔 상해 양륜경과 광방 그룹, 특히 정관응과의 특수 관계가 작용하지 않았을까 추측한다. 정관응은 1883년과 1884년 두 해 동안 윤선초상국의 개혁을 주도하여 그 양적, 질적 성장에 큰 기여를 했었다. 그러나 1884년 버터필드 앤 스와이어 사, 즉 태고양행에게 소송을 당하여 윤선초상국을 나와 큰 정치적·경제적 타격을 입고 마카오에 은둔하고 있었다. 그랬던 정관응이 다시 상계와 관계의 중앙무대로 복귀를 준비하던 때가 1892년이었다. 이홍장과 성선회에게 윤선초상국으로의 복귀를 꾸준히 희망해 왔던 정관응은 1892년 9월 7일(음력 7월 17일)에 윤선초상국 부사장[幫辦] 직을 드디어 제의받았다. 그로부터 한 달 뒤에 상해 광방 매판 그룹의 거물이었고 이홍장을 위해 진력했던 당정추가 천진에서 사망하였다[10월 7일(음력 8월 17일)]. 당정추를 대신해서 광방의 자본을 모으고 양무파를 도울 인물이 필요하기 때문에 정관응의 재기용을 전향적으로 검토했을 것이다. 공식적으로 정관응이 마카오를 떠나 상해로 와서 방판직에 취임한 것은 그해 말인 1892년 12월 6일(음력 10월 18일)로, 그의 이력에서 두 번째 초상국 입성이었다. 두 차례의 동순태차관 체결이 정관응의 복귀 시기와 거의 겹치는 것은 우연이 아닐 것 같다. 양륜경은 나름대로 절친인 정관응의 복귀를 위해 이홍장과 원세개의 조선 업무에 협조했을 가능성이 충분히 있다고 본다. 게다가 기선 사업 진출은 상당히 매력적인 보상이었다.

청의 조선에 대한 정책이나 동순태호의 접근 방식은 서구 양행이나 구미 정부가 청에게 실시한 경제적 침탈 내지 진출과 방식에서 흡사하다. 해관의 설치와 장악, 차관과 특혜 확보, 철도 기선 등 인프라스트럭처에의 투자 등등. 그래서 미국 학자 커크 라센(Kirk Larsen)은 청의 조선 정책을 자신이 영국에게 당한 것을 그대로 학습해서 써먹은 것으로, 다만 혼자 한 것이 아니라 영국과 연합하여 한 비공식적 제국주의(Sino-British informal imperialism)라고 부르기도 했다. 식민지 지배와 같은 비용이 많이 들고 명분상 약한 직접 지배 대신에, 간접적으로 상대국의 내정과 경제를 장악하며, 안보를 확보하는 선에서 경제적 이익의 최대화에 집중하는 특징이 있다. 상당히 일리가 있는 지적이지만 같은 정책을 취한다고 결과가 똑같은 것은 아니다. 게다가 청의 조선 정책은 실리보다는 조공과 속방 관계를 유지하고 일본과 서구 열강에게도 조선에서 청의 특수 권익을 인정받고자 하는 정치적 목적이 더욱 컸다. 오히려 그 사이에서 자양분을 취하려고 한 화상은 한편으로는 덕분에 초기 놀라운 성장을 한 측면도 있지만, 정치적 구조에 자신의 뜻과 달리 대가를 치르거나, 경제적 이익조차도 조선의 협소한 시장성 때문에 변변히 확보 못하는 경우도 있었다.

통혜공사가 전형적인 사례이다. 원래 내하의 기선 항행권은 엄청난 특권이며 주권 침탈이기도 했다. 중국의 내하항행은 미국 러셀 사의 기창윤선공사 때부터 자딘 메디슨 사(이화윤선공사), 버터필드 앤 스와이어 사(태고윤선공사)의 양자강 윤선 항로 진출로 서구 자본에 독점되었고, 이를 저지하기 위해 이홍장은 윤선초상국을 설립하여 기창윤선공사를 흡수한 뒤에는 3강 구도로 만드는 데 성공했었다. 재미있게도 두 영국 윤선공사의 실질적 운영도 윤선초상국의 운영도 모두 광동인 매판이나 매판 출신의 광동 상인이 했다는 점이다. 그리고 동아시아로 나간 광동 상인들도 배운 것이 있기 때문에 자신들이 그 역할을 하려고 했다. 제2장에서 잠깐 나왔지만 훗날 중국 굴지의 담배 회사(南洋兄弟煙草公司)를 세운 간조남(簡照南)도 일본에 가서 기선 사업을 하려고 일본 국적을 취득하기도 했었고, 이번에 동순태호가 한강 기선 사업에 진출한 것도 비슷하게 이해할 수 있다. 기선 사업은 물류와 직결되므로 무역업에는 대단히 중요한 이점이 될 수 있었다.

인천에서 서울까지 곧바로 입항하여 물류 처리를 하려는 화상의 시도는 일찍부터 있었다. 1884년에 일어난 '이명진(李明進) 선박 사건'은 대표적인 사례이다. 1883년부터 산동 범선들은 지속적으로 한강 마포까지 들어오려고 했는데, 조선 정부는 한시적으로 이를 허용하는 한편, 원칙적 불허를 재차 천명하였다. 그런데 산동 상인 이명진의 범선이 양화진(楊花津)에 입항하자, 인천 해관 세무사는 이 선박을 구류했는데, 이를 두고 조청 간에 분쟁이 발생했다. 조선 정부는 마포로 산동 범선이 바로 못 들어오게 하려고 노력했지만, 부임한 지 얼마 안 된 진수당은 교섭을 통해 청의 요구를 관철시켰다. 중국 정크선은 인천 해관에 세금을 낸 뒤 바로 마포로 기항할 수 있게 되었다.

하지만 기선에 관해서는 1889년 조선 정부는 마포에 검사국을 설치하는 한편, '외국기선불취항원칙(外國汽船不就航原則)'을 천명하여 양화진, 용산, 마포로 외국 증기선이 입항하는 것을 금지했다. 그런데 실제로는 일본 상인들이 소규모 기선[小輪船] 2척을 조선 배로 명의만 올려서 한강에서 영업을 하고 있었다. 외국 증기선의 침탈만은 막고자 하는 조선 정부와 일본인의 기선 진출을 막으려 하는 청 정부의 이해관계가 맞아떨어져, 한중 합작으로 통혜공사가 설립된 것이다. 조선 정부는 이 신설 기선 회사에게 향후 15년간 세미(稅米)의 조운독점권(漕運獨占權)을 보장해 주어, 동순태로서는 매년 10만 포의 세미(稅米) 운송과 화물·여객 수송을 기대했다.

그렇지만 동순태호와 담걸생에게 통혜공사는 그다지 수익성 있는 사업으로 발전한 것 같지는 않다. 통혜공사는 동순태호가 한강 항행권을 획득한 뒤, 재한 광동 상인들과 동태호를 비롯해 상해 광동 상인들의 자본을 초모(招募)하여, 1고(股) 당 100원(元) 총 300고(股)를 모집하여 3만 원(元)의 자본금으로 세웠다. 『인천부사』에서는 약간 다르게 기록하고 있는데, 배 건조 비용 1만 5,000원, 용산 창고 건축비 1만 원, 합계 2만 5,000원이 투자되어, 원세개와 당소의가 1만 원, 동순태호가 8,000원, 이생호(怡生號)가 3,000원, 기타 광동 상인이 당소의의 알선으로 나머지를 염출했다고 적고 있다. 그런데 최근 발견한 서울대학교 중앙도서관 고문헌자료실 소장 『윤선공사고표(輪船公司股票)』를 보면 구체적 상황을 알 수 있다. 이 책자는 통혜공사의 주주들에게 발급한 주식 증서를 모아서 철한 장부인데, 전체는 아니고 동순태호가 보관하고 있던 주식 총 152고, 금액 1만 5,200원(멕시코 달러, 墨洋銀)에 해당하는 증서에 대해 고동과 보유 고분을 알 수 있다. 이에 따르면 회사의 공식 명칭은 '통혜천수소윤선공사(通惠淺水小輪船公司)'이고, 전체 300고 총 3만 원의 자금을 모아 설립했다고 되어 있다. 그 중에서 동순태호가 보관하고 있던 주식 발급 영수증의 각 명의자와 주식 액수를 보면, 채립본당(蔡立本堂) 10고(1,000원), 소적옥(蘇積玉) 2고(200원), 조호익(趙鎬翊) 30고(3,000원), 한성동순태(漢城同順泰) 80고(8,000원), 당중량(唐仲良)

10고(1,000원), 당중록(唐仲祿) 10고(1,000원), 정익지(鄭翼之) 10고(1,000원)로 모두 1만 5,200원이며, 한성부 사람인 조선인 조호익과 광동성 고요현 출신의 동순태호를 제외하고는 모두 광동성 향산현 사람으로 적혀 있다.

조선 전운사와 맺은 기선 구매 계약을 보면 총 400고 4만 원을 마련해서 기선 2척을 구매하게 되어 있다. 하지만 실제로는 기선 한양호(漢陽號) 1척만을 2만 원에 구입했다. 이 외에 동순태호는 4대의 승합 마차를 총 1만 원(元)을 투자해 구입하고, 한양호가 제물포에서 마포에 인접한 용산까지 한강을 운행하면, 승합 마차가 다시 용산에서 서울을 연결하도록 하였다. 후에 영업이 제 궤도에 오르면 일본에서 두 개의 소형 증기선을 추가로 구입해 항운에 투입하려고 했으나, 이 회사의 영업은 순탄치 못했다. 먼저 서울과 용산까지 회사가 도로를 내거나 수리하게 되어 있었는데, 노상의 나무다리가 조선인들이 장작불로 쓰려고 뜯어가서 다 파손된 바람에 노선 전체를 달릴 수 없었다. 영국의 서울 주재 대리총영사였던 윌킨슨(W.H. Wilkinson)은 "내가 아는 한 어떤 승합 마차나 화물 마차도 이 코스를 다 달린 적이 없다."고 말할 정도였다. 게다가 한강 운항이 시작된 초기에 한양호가 해안에 부딪쳐 프로펠러 날개가 부서져서 몇 주간 운행이 중단되었다. 설상가상으로 항해를 재개한지 얼마 지나지 않아 한양호가 좁은 제물포 항구를 다 차지하고 있던 청 군함과 충돌하는 사고가 재차 일어나고 말았다. 한양호의 손실은 800원(元)에 이르렀다. 통혜공사의 부진은 담걸생에게도 내하항운을 진흥하려던 조선 정부에게도 타격이 되었다.

조세현은 청일전쟁 이전 조선의 해운업을 3단계로 나누어, 통리교섭사무아문(統理交涉事務衙門)이 담당하던 시기(1883~1886년), 전운국(轉運局)이 담당하던 시기(1886~1892년), 이운사(利運社)가 담당하던 시기(1893~

1895년)로 나누어 잘 설명하고 있다. 그에 따르면 첫 번째 시기의 조선 정부는 일본 해운의 독점을 견제하기 위해 묄렌도르프의 조언을 받아들여 청 윤선초상국과 서양 각국의 기선 자본을 초치했다. 그러나 묄렌도르프가 파직되고 세창양행의 기선 사업에 문제가 많음이 드러나면서, 해운 업무 담당이 통리교섭사무아문에서 원래 전국의 세곡 운송[漕運]을 담당하던 전운국으로 바뀌게 되고, 전운국은 1886년부터 1892년까지 관선으로 해운을 직영하였다. 마지막 단계에서 조선 정부는 정부 직영의 관영기업으로 새롭게 이운사라는 신식 윤선을 소유한 조선 최초의 해운기업을 설립하고, 전운국을 대신해 청일전쟁 이전까지 해운을 담당하게 하였다. 이운사 구상은 중국 최초의 관영 해운기업인 윤선초상국을 모델로 했을 것이다. 윤선초상국 역시 기존에 미국 러셀 사가 운영하던 기창윤선공사의 배들을 매입하면서 본격적으로 영업을 시작할 수 있었다. 통혜공사가 세워진 시기가 전운국에서 이운사로 넘어가는 시기인 1893년이다. 1년도 채우지 못하고, 손실이 누적되던 한강 기선 사업을 동순태호는 포기하게 되는데, 한양호를 전운사에게 팔았고, 전운사는 이 기선을 확보하면서 이운사로 개조되었다.[19]

영국 런던 큐가든(Kew Garden)에 있는 국가공문서관(National Archives)에는 한성 주재 영국 총영사가 북경 공사에게 보낸 보고서가 외교부 문서로 잘 보관되어 있는데, 대리 영국 총영사 윌킨슨은 이 회사가 전혀 수익을 내지 못하고 손해만 끼쳤다고 단언하면서, 동순태호가 조선 전운사(轉運司)에 구입가보다 더 높은 3만 원에 한양호를 매각한 것은 "중국인 주

19_청일전쟁 후 이운사는 일본우선회사에 경영권을 위탁하면서 무력화되었는데, 다시 경영권을 찾았다가 재차 독일 세창양행에게 위탁되었다.

주들에게는 만족스러운 것이라도, 한국에는 유리하다고 볼 수 없다."라고 평가했다. 담걸생도 양륜경에게 보낸 편지에서 "이 배를 팔아치운 것은 정말로 행운"이라며 큰 부담을 덜었다고 가슴을 쓸어내렸다.

사업 방식의 전환과 모색: 청일전쟁 전야(1893~1894년)

그렇지만 모든 사업에는 빛과 그늘이 있는 법이다. 영문 광고지까지 돌리면서 화물과 승객의 확보에 부심했지만 연이은 사고와 운행 중단으로 기선 영업은 부진했다. 하지만 담걸생은 '박리다매'로는 충분한 이윤을 확보하지 못하는 상황에서, 돌파구로 청일전쟁 전야의 이 시기에 여러 가지 시도를 하는데, 그 중 하나는 홍삼 밀수에 이 기선을 잘 활용한 것이었다. 1893년 10월을 전후해서 원세개의 막료이자 용산 상무위원으로 실질적으로 서울 영사로 대우받고 있던 당소의(唐紹儀)가 홍삼 밀수를 방조했다는 스캔들이 터졌다. 당시 당소의는 휴가를 청해 잠시 귀국하게 되는데, 이때 화상들에게 홍삼 1근(斤)에 2원(元)씩 수수료를 받고 1만 원 상당의 홍삼을 외교관 특권을 이용해 해관 검색을 받지 않고 밀수출했다는 소문이었다. 영국 총영사관을 비롯해 외교관가에서 무성했던 이 의혹은 외부로 새어 나가 일본인 거류민이 발행한 『조선신보(朝鮮新報)』 11월 4일자에 보도되었다. 이 보도에 따르면 당소의가 출국하기 3~4일 전인 22일과 23일에 서울의 화상들이 시중에서 집중적으로 약 2만 원에 달하는 홍삼 사재기에 나섰고, 이 짐이 모두 중국 관아로 옮겨졌다는 것이다. 당소의는 용산에서 한양호(漢陽號)를 타고 제물포로 가서 곧바로 제물포에 정박한 윤선초상국(輪船

招商局)의 정기선 진동호(鎭東號)로 짐을 옮겨 싣고 그대로 출국했다. 이때 한양호에서 진동호로 옮겨 실은 짐이 자그마치 150여 개였다. 이 홍삼 지분 중에 얼마만큼이 담걸생의 것인지는 알 수 없지만, 가장 많은 몫을 챙겼을 것임은 거의 의심할 여지가 없다.

이 사례는 동향이자 여러 인연으로 얽힌 당소의라는 관료 커넥션을 적절히 이용하여 성공한 사례라고 볼 수 있다. 그 전해인 1892년에 담걸생은 산동 상인들이 하는 방식과 똑같이 연대를 통한 밀수를 하려다 실패한 적이 있다. 광동인 매판 등계정이란 인물에게 홍삼 46포(包, 보통 1包=1擔, 60kg 남짓)를 맡겨서 윤선초상국 정기선 진동호에 실어 보냈는데, 연태 해관의 검사 과정에서 적발되어 절반을 몰수당했다. 담걸생은 상해 양륜경에게 차라리 일본 개항장의 검사가 느슨하다며 앞으로는 일본을 통해서 부치자고 제안하면서, 자신이 해로로 홍삼을 밀수출하는 것을 형이 있는 인천 분호에는 말하지 말라고 신신당부하고 있었다. 여기에서도 담청호와의 긴장관계가 보이는데, 담청호가 홍삼 밀수를 반대했다고 볼 수도 있지만, 이미 살림을 따로 한 마당에, 인천에서 해로 이용에 훨씬 유리했을 담청호가 하는 홍삼 밀수 비즈니스에 한성의 자신도 딴 루트로 참여하고 있음을 알리지 않으려 했을 가능성도 있다.

홍삼 밀수처럼 리스크가 크지만 수익도 큰 영업에 무리를 해서라도 손댈 수밖에 없었던 것은 앞에서 썼듯이 상해 동태호가 보내온 수입 물품의 판매만으로는 한성분호에 떨어지는 수익이 적었기 때문이다. 이 시기에 좀 더 적극적으로 담걸생은 동전을 조선 내에서 쓰고 은을 벌어들이기 위해 수출 분야를 강화하려고 여러 방면으로 모색을 거듭했다.

첫 번째가 적극적인 내지 통상의 전개이다. 이시카와가 새 책에서 꼼

꼼히 분석한 결론에 따르면, 동순태호는 청일전쟁 이전에 개성, 해주, 전주 3곳과 내지 통상을 시도했다고 한다. 중국인이 내지에 가서 수입품을 판매하거나 조선 토산품을 구입하려면 영사, 즉 상무위원과 조선 지방관 두 사람이 모두 사인한 허가증을 발급받아야 했다. 이 여행허가증을 '내지호조(內地護照)'라고 한다. 일본이 아예 외국인의 내지 여행을 금지할 수 있었던 것과 달리, 조선의 상황은 외국 상인의 침탈을 받기 쉬웠다. 서구 상인[洋行]들은 동아시아 각 개항장에 진출해도 내지로는 거의 안 나갔기 때문에, 실제로 조선에서 내지 통상을 시도했던 것은 주로 일본 상인과 중국 상인이었다. 1885~1893년 사이에 내지호조의 발행 숫자는 일본인이 122건, 중국인이 442건으로 오히려 화상이 더 많았다.

동순태호 한성본호 직원 중에 내지호조를 발급받아 내지로 간 사람은 1892년, 1893년, 1894년 매년 발급 기록이 있는 채병화(蔡炳龢)이다. 1893년에는 소송지(邵松芝) 역시 내지호조를 발급받았다. 담걸생은 주로 이들을 전주로 파견해서 조선 쌀을 사서 일본에 팔려고 했다. 이시카와에 따르면 내지 통상은 양륜경과 담청호는 리스크가 크다며 별로 안 좋아했지만, 담걸생이 주력으로 밀어붙였다고 한다. 게다가 1893년에는 조선 동전과 일본 은원(엔화)의 환율이 거의 바닥을 쳐서, 동전 1,000문의 가치가 약 0.3원(30전)에 불과했다. 수년 만에 3분의 1이나 가격이 떨어졌다. 따라서 수입품을 팔아 동전을 얻어도 이문이 거의 없었고, 상해에 은량 대금을 지불하기 급급했다.

이런 상황에서 조선 쌀의 수출 외에 새로운 돌파구가 생긴 것이 조선 기근 구제를 목적으로 청이 고종의 요청에 의해 특별히 허가한 중국 쌀의 수입 사업이었다. 원세개의 주한 사관이 쌀 수출 허가장[米照]을 특별 발급하여 재한 화상들에게 주고, 이들은 상해에서 쌀을 구입한 뒤 미조를 제시하면 상해 해관을 면세로 통과하고 무사히 인천에 가져올 수 있었다. 원래 청조의 법은 쌀 수출이 금지되어 있으나, 특별히 조공국의 어려움을 가엾게 여겨 허락한다는 조치였다. 당연히 조공관계의 특수성을 국제사회에 다시 한 번 과시하는 이벤트였으므로, 상해를 통해서 인천에 해로로 들여온 이 쌀들은 불쌍한 조선 기민의 구제에 써야 했다. 그러나 조선 시장의 쌀 가격보다 일본 시장의 쌀 가격이 더 높았기 때문에, 이 쌀을 일본에 가져가 몰래 팔면 더 큰 이익을 얻을 수 있을 터였다.

인천분호에서 일하던 담걸생의 조카 담정갱(譚廷賡)은 "지금 아문(衙門, 즉 주한 사관)에서 유단(諭單)이 내려와, 화상(華商)이 쌀을 다른 부두로 옮기는 것을 불허하고, 조선에서만 팔도록 했습니다만 숙부께서는 어떤 대책이 있으신지 모르겠습니다. 편지로 알려주시기 바랍니다."라고 담걸생에게 방법을 촉구했다. 이런 상황에서 담걸생은 당소의에게 부탁하여 원세개에게 일본으로 쌀의 재수출을 허락해 달라고 청했다. 담걸생의 설득 논리는 원래 이 쌀이 조선 기근 해소를 위해 특별히 면세 수출 허가를 한 것이지만, 1894년 3월(음력 2월)부터 이미 조선은 일본의 압력으로 쌀 수출 금지를 풀어서, 일본인들이 이 중국 쌀을 일본에 가져가 큰 이익을 얻고 있으므로, "화상의 이익을 나눠 가져가고 있다[分我商人之利]"는 것이다. 따라서 화상도 일본으로 이 쌀을 팔 수 있도록 부탁한 것이었다. 원세개는 "규칙에 어긋나므로 중당[中堂=이홍장(李鴻章)]에게 알려져 문책을 받지 않도록[于條規有碍, 防中堂知之受責]" 서류 처리만 확실히 한다면, 인천에 도착해서 수입을 보고하고 미조(米照)를 제출하고 난 다음에는 어디에 가서 누구에게 팔든 상관하지 않겠다고 약속해 주었다. 이후 미조의 발급 과정에서도 수속을 빨리 하도록 원세개에게 청탁하거나 공식적으로 미조 발급을 중단한 뒤에도 정식 수순을 밟지 않고 특별 추가 발행을 받고 있다. 담걸생은 상해 양륜경에게 보낸 편지에서, "미조는 이미 발행을 중지하여, 산동방이 다시 얻고자 하였으나 수령하지 못했습니다. 본호는 아문과 잘 알고 지내므로, 한두 친구의 협력을 얻어 원총헌(袁總憲, 원세개)에게 사정하여, 사무실의 손을 거치지 않고 뒤로 발급받았으니, 다른 사람들이 모르도록 하십시오. 지금 이미 수령한 미조 140장을 하영걸(何英傑) 형(兄)에게 맡겨 가져가게 했으니, 살펴 받아서 쓰시기 바랍니다."라고 자랑스럽게 말하고 있다.

인생은 새옹지마

청 정부와의 특수 관계는 담걸생의 지위에도 영향을 미쳤다. 1892년 10월 제1차 동순태차관에 담걸생이 자신의 원래 이름인 담이시(譚以時)로 사인할 때는 이름 앞의 직함이 '한성화상광방상회동사(漢城華商廣幇商會董事)', 즉 번역하면 '한성 화상으로 광방 상회 이사'였는데, 11월 제2차 동순태차관에 서명할 때는 직함이 '한성화상광방상회동사 오품함후선현승(漢城華商廣幇商會董事 五品銜候選縣丞)'으로 원 직함 뒤에 오품(五品) 후선현승(候選縣丞)이 추가되어, 중간 교섭을 담당하면서 관품까지 하사받았음을 알 수 있다. 정관응처럼 연납(捐納)으로 살만한 재력은 없었을 것이므로 양국 간 차관의 격을 생각하고 수고를 치하하는 의미에서 내려진 관품일 것이다.

그러나 좋은 일이 많으면 마가 낀다고, 이와 절묘하게 때를 같이 해서 담걸생 부친이 갑작스럽게 비명횡사했다. 동순태문서에는 담걸생의 부친이 '금리허(金利墟)'에서 극단 공연 중에 발생한 대형 화재로 사망하여 그가 급히 고향에 돌아간 사실이 확인된다. 고요현의 지방 역사가인 소택명 씨에 따르면 이 화재는 아주 유명한 참사라서 『월극사(粵劇史)』에도 관련 기사가 나온다고 한다. 1892년 11월 29일(음력 10월 11일) 밤에 고요현 금리허(金利墟)에서 일종의 지방 축제인 묘회(廟會)를 열면서 유명한 연극반인 '조풍년(兆豊年)'을 초대하여 월극 중에 대표적 작품인 〈재생연(再生緣)〉을 공연했는데, 그만 불이 나서 연극 가설무대가 화염에 휩싸이는 바람에 불이 사방으로 번져 관람객을 비롯해 2,000여 명이 사망했다. 당시 양광총독이었던 이한장(李瀚章)이 광서제에게 올린 상주에는 가옥 전소 200여 동, 사망자 1,000여 명으로 보고되고 있다. 이 참사를 애도하기 위해, 그 후 이 지역에서는 〈재생연(再生緣)〉을 더 이상 공연하지 않았다고 한다.

담걸생 역시 생각지도 않게 한국과 중국의 역사서에 이름을 남기는 큰 활약을 한 후에 아버지를 잃는 비극을 겪었다. 공교롭게도 다시 윤선초상국에 복귀하여 재기의 발판을 다진 정관응 역시 이듬해 1893년에 부친 정문서를 잃었다. 그리고 똑같이 부친을 잃는 아픔을 겪은 형 담청호는 1893년에 인천 지역의 남방, 북방, 광방 즉 모든 화상을 아우르는 삼방동사(三幇董事)라는 영예로운 자리에 올랐다. 1893년은 중국 화교사에서 역사적인 해이다. 청 정부는 설복성(薛福成, 1838~1894년)의 건의를 받아들여 공식적으로 '해금'을 철폐했다. 이제 누구나 조건만 갖추면 자유롭게 해외로 나가고 다시 돌아올 수 있었다.

해가 바뀌어 운명의 1894년이 되었다. 정관응은 계약한 1년이 지났지만, 이홍장과 성선회의 만류로 다시 1년 더 윤선초상국 직무를 수행하게 되었다. 봄에는 정관응의 대표작인 『성세위언(盛世危言)』 5권이 굉도당(宏

道堂)에서 인쇄 출판되었다. 이 책 안에는 정관응이 자신의 사상적 영향을 받은 손문과 함께 쓴 「농공(農功)」이란 문장도 들어 있다. 1894년 6월 정관응은 성선회에게 손문을 소개하면서 이홍장에게 추천해 달라고 특별히 부탁하기도 하였다. 천진까지 북상한 손문은 이홍장을 만날 수 없었고, 그가 쓴 개혁 정책을 담은 문장(上李鴻章書)을 전달할 수도 없었다. 그리고 청일전쟁이 발생했다. 이 전쟁은 많은 이들의 운명을 바꾸게 된다. 울분에 찬 손문은 이제 하와이로 가서 화교들을 규합하여 청조의 타도를 명확히 강령화한 최초의 혁명 단체 흥중회(興中會)를 창립하고(1894년 11월 24일), 1911년 신해혁명으로 가는 반역의 길에 첫 발을 디뎠다. 청일전쟁은 예상치 못한 청의 대패로 끝났다. 이 패전은 이홍장을 권좌에서 끌어내렸으며, 원세개는 역설적으로 이홍장의 자리를 잇는 후계자 수업을 받게 되었고, 당소의 역시 본격적으로 관직 커리어를 쌓게 되었다. 그러나 이러한 정치 거물들이 아니라도, 조선에서 성공을 꿈꾸며 모색을 거듭하던 동순태호 담걸생에게도 이 전쟁은 인생에서 커다란 반환점이 되었다.

동순태호 거래 장부의 회계 단위는 상해 규은(規銀)이라는 은량(銀兩)이다. 하지만 이 단위는 소위 허은(虛銀)이라고 하여, 실재하는 화폐가 아니라 장부 기록과 결산의 단위이다. 워낙 통용되는 화폐 종류가 많고 중량과 순도가 제각각이며 환율도 시시각각 바뀌다 보니, 상해 상업계는 이렇게 '가상'의 표준 화폐를 고안해 냈던 것이다. 하지만 현실상의 결제는 현존하는 화폐로 이뤄져야 한다. 따라서 동순태가 동태호에 대금을 지불하기 위해서는 조선에서 물건을 팔아서 얻을 수 있는 화폐를 동원해서 상해 규은으로 최종 환산해야 했다. 그렇다면 개항기 조선의 개항장에서는 어떠한 화폐가 유통되고 있었을까?

조선 시대는 상평통보와 같은 동전은 국가가 주조했지만, 은화나 금화의 주조는 없었고, 중국처럼 민간 교역에서 은이 널리 쓰이지도 않았다. 오히려 쌀과 면포 등 실물 화폐가 널리 통용되었다. 하지만 개항이 되면서 조선에서도 동아시아 국제무역의 기준 화폐였던 은화가 점차 유입되었다. 청일전쟁 직전에 이르면, 조선 시장의 일반 상거래에는 한전(韓錢, 조선의 동전)이 수수되었고, 개항장에는 외국 은원, 특히 일본 은원(엔화)이 광범위하게 유통되었다. 그것은 갑작스럽게 개항을 맞은 조선 시장에 해외와 교역할만한 결제 화폐가 없었기 때문이었다.

개항 아주 초기인 1888년 서울 주재 영국 총영사 와터스는 북경의 영국 공사 월셤에게 조선인에게 은원은 화폐가 아니라며, 오로지 '동전' 지불만 안다고 불평한 바 있다. 따라서 은원으로 봉급을 받아도 동전으로 바꿔야만 물건을 살 수 있었다. 1884년부터 1887년까지 서울 영사관 직원의 월급은 3원이었는데 그 사이에 환율이 폭락해서, 당초 한전 약 6,000문(文) 정도로 바꿀 수 있던 것이

3,750문밖에 안 되게 되었다. 이렇게 은값이 쌀 때는, 조선 동순태호가 상해에 돈을 지불하기도 좋았다. 수입품인 중국 물건 가격은 싸져서 잘 팔릴 것이고, 중국 수입품을 조선에서 팔아서 동전을 얻으면 은으로 바꿀 때 유리했기 때문이다.

은이 낯설고 천대받던 상황에서 점차 개항에 따른 무역의 증가에 따라 조선에서도 개항장을 중심으로 은원이 점차 유통되게 되었다. 동아시아 3국 간 결제 수단은 은량과 묵은(墨銀)으로 불린 멕시코 달러(멕시코 은화, 혹은 墨洋)였는데, 1871년부터 일본이 은화를 주조하면서 일본 은원 및 지폐가 주요한 결제 화폐로 등장했다. 일본 은원은 중국에서도 유입되었는데, 후에는 대만은행이 발행하는 일본 엔화가 청말 광동 지역에서 꽤 유통되었다.

조선이 개항한 1876년은 그런 즈음이었다. 1880년대에 조선의 대외 무역은 일본과 청 위주였고, 조선 해관은 영국인 총세무사와 휘하 외국인이 장악한 청 해관의 산하로 들어가 있었기 때문에 자연스럽게 청 대외 무역의 결제 화폐로 많이 쓰였던 묵은(墨銀)과 일본 은원(銀元)이 중요하게 쓰였다. 1883년 11월 26일에 영국과 체결한 조영조약(朝英條約)의 세칙장정(稅則章程) 제2관에는 모든 세금 항목은 묵은 혹은 일본 은원으로 납부 가능하다고 되어 있다. 한국사 연구자 유자후(柳子厚)는 영국인 총세무사 브라운이 한전을 불신하고 묵은과 일본 은원을 중시했기 때문이라고 했지만 그것은 단편적인 설명이다. 당시 동아시아 역내 교역 결제 화폐가 은화, 그 중에서도 묵은이었고, 조선 내에 통용 은화가 없었다는 점이 가장 중요했다. 조선 개항장 무역의 대부분이 대일 무역인 당시 상황에서 묵은과 중량과 순도[品位]가 같아 거의 등가로 통용되던 일본 은원을 허용한 것은 자연스러운 일이었다. 개항과 관세 관리의 시작은 조선 경제가 동아시아 역내 경제에 편입되는 과정이었기 때문이다.

묵은과 일본 은원은 관세 납부에 사용된다고 조선 정부가 보증했을 뿐이지만 개항장을 중심으로 결제 화폐로 널리 유통되었다. 두 화폐는 후에 공식적으로 조선 내에서 통용될 수 있는 권리를 보장받게 되는데, 1894년 청일전쟁 중에 조선 정부가 신식화폐발행장정(新式貨幣發行章程)을 발표하면서 장정 제7조에서 신식 은화가 대량 주조되기 전까지 삼성적으로 외국 화폐를 혼용할 수 있다고 명시했기 때문이다. 하지만 이 공시는 사실상 기존에 외국 은화가 널리 유통되었던 현상을 추인한 것에 불과했다. 처음에는 묵은이 조선 개항장에서 환영받았지만 위조 화폐가 등장하고 양적으로 일본 은원이 대량으로 들어오면서 일본 은원이 애용되게 되었다.

그런데 조선에서 유통되는 일본 화폐는 은원(銀元), 즉 액면 가치 1원의 주조은화(鑄造銀貨)뿐 아니라 이 주화와 태환 가능한 태환은행권도 있었다. 일본은 1871년에 신화조례(新貨條例)를 발표하여 화폐 기본 단위를 량에서 원(圓, 서구에서는 dollar, 중국에서는 보통 元, 일본어로는 엔円)으로 바꾸고, 본위화폐는 금화로 하고 은화는 보조화폐로 하였다. 하지만 아시아 무역에서는 은화가 기축통화였기 때문에 일본 정부는 편의를 위해 따로 '무역은(貿易銀)'이란 이름의 1원 은원을 발행했다. 이때 일본 은원은 아시아 지역 간 무역에서 가장 광범위하게 결제 화폐로 쓰였던 묵은(墨銀)과 동일한 무게와 순도로 제작했다. 1875년에 일본 정부는 아시아 교역에서 일본 은원에 힘을 실어 주기 위해 기존의 416그레인에서 미국 달러(미국 은원)와 같은 함량인 420그레인으로 일본 은원의 은 함량을 높였는데, 1878년에는 다시 묵은과 같은 기존의 416 그레인으로 돌아갔다.

대신 일본 정부는 금본위제를 표방하여 원래 1원 은원은 무역 거래 전용으로 국내 일반 거래에서는 못쓰게 했다. 따라서 조선 및 청 개항장에서 결제 화폐로 쓰인 것은 바로 이 무역은인 1원 은원이다. 그러나 일본 내 개항장에서는 은원이 무제한 통용되었고 일본 금화는 해외로 대량 유출되어 버렸기 때문에,

1877년이 되면 일본 국내에서도 시장에서 은화 유통량이 금화보다 많아져 사실상 금본위제가 아닌 금은(金銀) 복본위제 상태였다. 이듬해 1878년부터 무역은인 일본 은원이 일본 국내에서 금화 1원과 동가로 무제한 통용되게 되면서 사실상 1원 액면의 일본 은원은 일본 국내외에서 본위화폐의 역할을 했다. 이런 상황에서 자연스럽게 조선 개항장에서 상거래의 결제 화폐와 관세 납부 화폐로 일본 은원(즉 일본 엔화)이 쓰이게 되었던 것이다.

문제는 은원뿐 아니라 은행태환권도 마찬가지로 개항장에서 쓰이게 되었다는 점이다. 그 중에서 조선 개항장에서 강력한 영향력을 행사한 것이 일본 제일은행권(第一銀行券)이었다. 제일은행(第一銀行, 다이이치 은행)은 1872년 국립은행조례에 따라 1873년에 '국립제일은행(國立第一銀行)'으로 개업한 은행으로 일본 최초의 상업은행이다. 그런데 이때의 국립은행이란 국가 설립 은행이 아니라 국법에 의해 설립된 은행이란 뜻으로 실제는 민간 자본이었다. 제일은행을 비롯한 여러 '국립은행'들은 1876년부터 국립은행조례의 개정으로 지폐를 발행했다. 그러다가 1882년 중앙은행인 일본은행이 개업하면서, 제일은행을 비롯한 구 국립은행들은 일반은행으로 전환되었다. 또 일본은행이 1885년부터 법정화폐인 태환은권(兌換銀券)을 발행하면서 제일은행을 비롯한 구 국립은행권은 1899년 말까지 통용되다가 일본 국내에서 통용이 정지되었다.

그런데 제일은행은 조선 정부와 특수 관계에 있었던 점이 상업은행이면서도 조선 시장에서 제일은행권의 특수 지위를 낳는 결과를 가져왔다. 제일은행은 일찌감치 1878년 부산에 지점을 열면서 조선에 진출하여 원산(1880년), 인천(1882년), 한성(1888년)에 출장소 및 지점을 확대하고, 조선 화폐와 일본 화폐 사이의 태환 업무, 개항장 사이의 송금을 취급하면서 빠르게 세력을 신장하였다.

게다가 1884년에 조선 정부와 계약하여 부산, 인천, 원산 해관의 관세 취급 업무를 대행하는 유일한 은행이 되었다. 이에 따라 제일은행 부산지점은 관세 및 해관 수수료 납부에 쓸 수 있는 어음 형태의 태환권을 조선 동전(銅錢), 당오전(當五錢), 은화 액면 단위로 각각 발행할 수 있게 되었다. 원래 관세 납부로 한정되었으나 시장에서 수수된 은원과 마찬가지로 이 제일은행 태환권도 관세 납부 이외에도 시장에서 수수되게 되었다.

조선 개항장에서 널리 수수된 제일은행 태환권이 제일은행 부산지점에서 발행한 이 태환권만인지, 아니면 일본 본토에서 발행한 제일은행 태환권까지도 포함한 것인지는 확실치 않다. 필자는 후자라고 생각한다. 태환권이란 그 지폐를 해당 은행에 가져가면 액면가의 주화로 바꿔 주는 것이므로, 일본 은원이 광범위하게 유통되고 있는 이상 후자의 태환권 역시 동등하게 유통되었다고 보는 것이 합리적이기 때문이다. 또 동순태문서에서는 '일본 지폐[日紙]'를 결제에 사용할 뿐 아니라 일본 각지의 제일은행 지점에 송금할 때도 쓰고 있으므로, 조선 해관에만 사용되는 부산지점 발행권이 이 '일본 지폐[日紙]'라고 보기는 어렵다.

실제 개항장에 널리 유통된 것은 일본 은원보다는 오히려 제일은행 태환권이었을 것이다. 『조선화폐고』의 저자 유자후에 따르면, 묵은이나 일본 은원이나 주조 은화는 개항장에 들어오기만 하면 청상(淸商), 즉 화상이 매입하여 중국에 결제를 위해 보내 버렸기 때문에 남아나지 않았다고 한다. 조선과 중국의 무역이 입초(入超) 무역이었으므로, 화상은 조선의 금이나 은을 현물로 매입하거나 개항장에 나도는 은원을 한전과 바꿔서 중국에 결제 대금으로 보내야 했다.(강진아 2011)

테마 10 중국의 주한 외교 공관의 역사

상대 국가에 상주 외교관을 파견하는 것은 영국과 프랑스가 중국(청 제국)의 수도 북경을 쑥대밭으로 만들면서까지 1860년 북경조약으로 쟁취해 낸 것이다. 중국 입장에서는 조공질서가 아닌 대등한 조약질서를 온전히 받아들이는 계기가 된다. 이때부터 북경에는 공사(公使)가, 각 주요 개항장에는 영사(領事)가 파견되었고, 공사는 영사들을 관할하고 본국 외교부에 보고하였다. 일본은 1858년 열강과 불평등조약을 맺으면서 외교관의 상호 파견에 동의한다.

조선이 처음 맞은 외국 공사는 강화도조약을 맺은 후 1880년에 일본이 파견한 하나부사 요시모토(花房義質)이다. 일본과만 조약질서에 따른 수교를 한 조선을 걱정하여 중국이 조선을 설득해 미국을 비롯해 서구 열강과 수교를 중개하면서 조청 간에도 첫 조약이 맺어진 것은 잘 알려져 있다. 그런데 중국은 1882년에 조선에 상주 외교 사절을 처음 파견하면서, 서양 각국과 일본에서 조선과 중국의 '특수 관계', 즉 조선이 청의 '번속(藩屬)'임을 보여 주려고 했으므로 '공사'나 '영사'가 아닌 다른 직위를 고안해 냈다. 조선 역시 중국과의 '특수 관계'가 없다면 일본과 서구 열강이 중국의 개입을 걱정하지 않고 조선을 거리낌 없이 침공할 것이라고 생각하여 이에 동조했다. 그래서 청은 공사 대신에 첫 상주 외교관인 진수당에게는 '총판조선상무위원(總辦朝鮮商務委員)'으로, 두 번째 상주 외교관인 원세개에게는 '주차조선총리교섭통상사의(駐箚朝鮮總理交涉通商事宜)'라는 긴 이름을 붙였다. 각 개항장에 보통 파견하는 영사는 '상무위원(商務委員)'으로 지칭했다. 그리고 사무 기관의 이름은 공사관 대신에 '한성상무총서(漢城商務總署)'로, 영사관 대신에 '상무공서(商務公署)'라고 불렀다. 조선 역시 천진에 상무위원을 파견하게 된다. 청의 입장에서는 애초에 조약상 대등한 관계를 나타나는

'주재 외교관'이라기보다는 종주국으로서 조선의 상무와 외교 교섭을 독점적으로 중재하는 특수한 '감독관'이고자 했다.

1883년에 진수당이 첫 상주 외교관으로 부임하면서 서울, 즉 한성의 총서 이외에 인천, 부산, 원산 3곳에 출장 기관인 상무공서(商務公署)를 설치하기로 했다. 청일전쟁 전까지는 진수당이 1883~1885년 2년간 재임했고, 1885년부터 1894년까지 거의 10년간 원세개가 상주 외교관으로 서울에 있으면서 조선 내정에 간섭했다. 최초의 중국의 주한 외교 공관은 한성상무총서(漢城商務總署)라고 불렀고, 1883년 10월에 한성 낙동(駱洞)의 기와집과 공터를 사들여서 지었다. 원세개 때에는 주차조선총서(駐箚朝鮮總署)라고 명칭이 바뀐다. 조선 정부의 문서를 보면 원세개를 '원총리(袁總理)'로 부르고, 한성 상무위원은 '판리용산상무(辦理龍山商務)', 인천 상무위원은 '판리인천상무(辦理仁川商務)' 등으로 불렀다. 그렇지만 동순태문서에서는 원세개를 '원총판(袁總辦)', 각지의 상무위원은 그냥 '영사(領事)'로 부르고 있다.

진수당은 자신이 '총판조선상무위원'이면서 '한성상무위원'을 겸하여 한성의 상무를 돌보았는데, 화상의 권익 확대를 위해 애를 많이 썼다. 하지만 이홍장이 원한 것은 그것만이 아니었다. 오히려 서양 열강에게 청의 '종주국'으로서 특수한 위상을 잘 보일 수 있도록 외교 교섭과 '감독'을 제대로 할 것이라 기대했는데, 진짜 이름대로 상무에만 신경 쓴다고 눈 밖에 났다. 원세개는 아예 한성, 즉 서울의 상무를 따로 '한성상무위원'을 독립시켜 맡기고, 자신은 정치, 외교적 '감독' 업무만을 담당했다. 후에 이름이 헷갈려서인지 아니면 '상무'와 '교섭'을 굳이 분리하려는 청의 의도에 서양 외교관들이 의혹을 표해서인지 경과는 잘 알 수 없지만, '한성상무위원' 대신에 '용산상무위원[辦理龍山商務委員]'을 새로 만들어서 독립 공관까지 건축하여, 전적으로 한성의 상무를 담당하도록 했다. 진수당시절에 주한 외교 공관의 인원은 지방까지 다 해서 42명이었는데, 원세개 재임 시절에 꾸준히 조직이 확대되어 청일전쟁 직전에는 전체 인원이 총97명으로 2.3배나 증가했다.

청일전쟁으로 외교관계가 끊긴 조선과 청은 1899년에 한청통상조약(韓清通商條約)을 맺으면서 '보통의' 국제관계가 되어 조선에는 공사, 영사가 파견되게 되었다. 그 사이에는 영국의 주한 총영사관이 업무를 대행했는데, 당소의가 1895년에 '총판조선상무총동(總辦朝鮮商務總董)'이라는 애매한 직함으로 재차 서울에 파견되어 영국 총영사관을 매개로 사실상 예전의 주한 외교 사관 업무를 수행했다. 중간에 청조는 당소의의 직함을 '대리 조선총영사(代理朝鮮總領事)'로 바꿔 주었으나, 둘 다 청의 공식 외교관 직함이 아니다. 1899년에 마침내 한청통상조약[약칭 韓清條約]이 맺어져 대등한 국교가 수립되었고, 다른 국가들처럼 공사(公使)급의 상주 외교관 파견이 이뤄졌다. 이때부터 1905년 을사늑약으로 외교권이 박탈되는 1905년까지 주한 공사[特命全權駐箚韓國公使]로 서수붕(徐壽朋), 허태신(許台身), 증광전(曾廣銓) 3명이 임명되었다. 1906년 초에는 공사관이 총영사관으로 격하되었다. 이때부터는 주한 총영사[駐箚韓國(朝鮮)總領事]가 파견되었다. 초대 총영사로 마정량(馬廷亮)이 부임하여 1910년 한일 강제 병합, 1911년 신해혁명과 1912년 청의 멸망까지 재직했다. 그는 중화민국으로 바뀐 후에도 원세개 북경 정부에게 총영사로 재임용되었다가 곧 요코하마로 전근되었다.

일제 강점기 이전의 중국의 주한 외교 공관에 관해서는 이은자[2008(b), 2011]와 김희신(2011, 2014)의 연구가 상세하다. 한성과 각 개항장의 조직 구성, 인적 사항, 월급 및 전출입에 관해서 일목요연하게 정리하였으므로 참고를 권한다.

연평도 인근 황해 어업을 둘러싼 한중 분쟁은 중국 어민들의 어장 침해와 이에 대한 단속에 내한 반발로 심각한 갈등을 빚는다. 그런데 놀랍게도 황해의 한중 간 어업 분쟁은 이미 조선 시대에도 있었다. 1680년대 중반 이후부터 근대까지 청국 어선의 불법 어업은 끊이지 않았고, 국가 간에 마찰을 빚었다. 동아시아 삼국이 바다를 열지 않았던 해금 시대에도 청 어선들은 조선 연안에 출몰했는데, 조선 측 기록에서는 이들을 '황당선(荒唐船)'으로 불렀다. 그러나 본격적으로 청 어선이 조선 연안에 침투한 것은 동아시아의 개항과 함께였다. 청이 아편전쟁의 패배로 남경조약을 맺으면서 개항을 하고 해금이 무력화되자, 10년도 지나지 않아 황해도 연안에는 수백 척의 청 어선과 수천 명의 청 어민이 출몰하게 되었다고 한다. 조선 역시 강화도조약으로 개항한 후에는 청 어선의 불법 어업이 더욱 확대되었다. 결국 전통 시대에도 존재하던 잠재적인 어장 경쟁이 19세기 개항으로 일거에 가열되었던 것이다. 1880년대에는 청 어선이 충청도, 전라도 연안까지 침투했다.

이홍장은 "증기선[輪船]이 취항하자 산동의 물고기가 놀라 조선의 서해안으로 옮겨 갔다."는 희한한 논리로, 산동 어민들이 황해에서 고기 잡는 것을 허용해 달라고 주장했다고 한다. 결국 조선 정부는 1882년 '조청무역장정'에서 평안도와 황해도에서 청 어민들의 어업을 허용하는데, 청 어민들은 그 이외의 지역까지 침투하여 고기를 남획하고, 민가에 상륙하여 약탈을 자행하였다. 또 충청도와 전라도까지 가서 어업을 하다가 조선 어민들에게 거꾸로 공격을 당한 사례도 생겨났다. 일단 충돌이 발생하면 조선 정부가 청 어민의 조약 위반과 조선 측의 정당방위로 항변해도, 풍랑과 조난으로 잠시 피신했는데 공격을 받았다는 논리를 구사했으므로 대응이 힘들었다고 한다.

그러나 청일전쟁에서 패배한 청은 기존에 조선과 맺은 조약이 모두 폐기되면서 황해 어업권을 상실했다. 이렇게 1882년 이래 약 12년간의 합법적 어업은 끝났다. 청은 그 후에도 황해 어업권을 재차 인정받기 위해 조선과 교섭을 시도하였으나 조선 정부는 답변을 주지 않았다. 후에 일본은 여순·대련 지역과 한반도에 진출한 일본 어민들이 중국 어장에 접근할 수 있도록 하려고, 직예-봉천-산동 연해와 한국의 주변 연해를 맞교환하자고 제의하지만, 이번에는 청이 거부하였다. 이에 대한 보복으로 1908년에 통감부는 거듭 청 어민의 서해 어로는 엄금한다고 통고하였다. 이듬해인 1909년에 일본은 다시 한 번 청에게 한국의 평안도-황해도-경기도 앞바다와 중국의 산동성-봉천성-직예성 앞바다의 상호 개방을 제의했으나, 이번에도 청은 거부하였다. 그러자 일본은 '한국어업법'을 공포한 뒤, 황해 일대에 군함을 풀어 청의 어선을 강력 단속하고 순찰을 강화하였다.(김문기 2008, 2009, 2017; 조세현 2014; 이은자 2010)

5장

전화(戰火) 속으로 : 청일전쟁 시기의 담걸생

폭풍 전야

갑오년 정월에 전주에서 지방관의 혹정에 반발한 농민들의 봉기가 동학교도를 중심으로 일어났다(1894년 2월 15일, 음력 정월 10일). 동순태호 담걸생의 사업에도 이러한 남도의 불안정한 상황이 전해진 것은 전주에 보낸 한성본호의 직원이 돌아오지 않았기 때문이다. 직원 중에 춘성(春成)이란 인물이 늘 그랬듯이 수입 비단을 봇짐에 지고 전주로 내려갔는데 평상시라면 돌아왔을 시기가 열흘이 지났는데도 돌아오지 않았다. 후에 이 직원은 다행히 돌아온 것 같은데, 이렇게 남도의 반란과 상세한 정황이 한성 동순태호에도 전해지게 되었다.

담걸생은 동학군과 봉기에 상당히 동정적이었다. 조선에서 일하는 직원과 교환한 편지에는 그런 문구가 많은데, "조선의 민심이 멀어진 것은 모두 평소에 관리의 착취로 원한이 쌓인 지 오래되었기 때문으로, 따라서 인심이 반란을 생각하게 된 것이다."면서, "동학당(東學黨) 사람이 이렇게 많으나 관병은 겨우 천, 이 천에 불과하니, 아무리 총포가 있다고 해도 중과부적"일 것이라고 말했다. 반란군과 농민의 약탈이 있지 않을까 근심하면서도, "듣기로 동학은 기치를 내걸기를 지금까지도 호국안민(護國安民)을 내세우며, 이들 밝은 무리는 결코 약탈을 하지 않아 인심이 평상시처럼 편안하다고 하니" 도적의 무리와는 다를 것이라고 기대했다. 그러면서도 날카로운 정치 감각을 보이는데, 그는 "조선왕(朝鮮王)은 동학을 토벌할 힘이 없으므로 반드시 중국에 병사를 청하여 도와 달라고 할 것이니, 이는 필연적인 형세이다."라고 보고, 또 "조선은 중국의 속국(屬國)이므로, 반드시 병사를 파견하여 도와주어야 한다."고 주장했다. 그는 조선에서의 원활한 사업 유지를 위해서도 파병을 강력히 원했다. 봉기 직후 원세개의 친병(親兵)들이 반란 상황을 살피기 위해 전주로 파견되었는데, 그들이 자주 동순태호 전주지점에 들러 안부를 묻고 갔다고 한다. 전주지점에서는 그 덕분에 가게 위상이 높아지고 조선인이 모두 두려워하여, 외상값 받기도 쉬워졌다고 담걸생에게 감사의 편지를 보냈다.

그러나 남도의 내란은 모두의 생각과 달리 일본의 개입으로 국제전으로 치닫는다. 조선의 파병 요청을 받은 청은 6월 6일에 천진조약에 따라 출병 사실을 일본에 통고하고, 6월 6일부터 25일까지 세 번에 걸쳐 아산만에 약 2,500명의 군사를 상륙시켰다. 그러자 일본 역시 파병을 통고했고 선발대와 함께 귀국한 주한 일본 공사 오오토리 게이스케가 6월 10일에 400여 명의 병력을 이끌고 서울에 들어갔다. 예상치 못한 전개에 조선 정부와 동학군은 6월 10일에 향후 개혁 약속과 정전을 골자로 한 전주화의에 합의하고, 조선 정부는 내란이 끝났으니 청과 일본에 군대를 철수해 달라고 청했다. 그러나 일본의 이토 히로부미 내각은 청일 공동으로 조선의 내정 개혁을 지도하되, 청이 거부하면 일본 단독으로 강행하겠다고 청에 통고했다(6월 15일). 이튿날 일본군 4,000명이 인천에 상륙했다(6월 16일). 두 나라 모두 철병 요구에는 응하지 않은 채, 청이 공동의 조선 내정 개혁 제안을 거부하자(21일), 일본 정부는 4,000명의 군대를 인천에 추가 파견하였다(6월 28일). 그 이후 7월에 들어서 영국과 러시아가 중재를 시도하였으나 실패했고, 일본은 오히려 영국과 통상항해조약을 조인하여 염원하던 영사재판권 폐지에 성공하고, 전쟁에 영국의 묵인을 얻어 낼 수 있었다(7월 16일). 원세개가 이홍장의 호출로 귀국한(7월 19일) 그 다음 날 20일 오후 일본 공사 오오토리는 이른바 '최후통첩'을 고종에 내밀고 48시간 내에 조선이 청군의 철수를 요구하고 청과 조선의 종주권을 규정한 조약을 폐지하여 자주독립국임을 증명하라고 윽박질렀다. 그리고 48시간이 지났다며 23일 새벽에 용산에 주둔하던 일본군은 한성에 들어와 3시간의 전투 끝에 왕궁을 점령하고 고종을 잡은 뒤 대원군을 섭정으로 삼아 친일 내각을 세웠다. 원세개의 귀국 후 주한 사관 업무를 대리하고 있던 용산 상무위원 당소의(唐紹儀)는 일본군이 용산 공관을 습격하자 영국 영사관으로 피신할 수밖에 없었다. 거기에서 당소의는 귀국을 준비하면서 조선에 남아 있는 화교들의 생명과 재산 보호를 영국 영사관에 위탁했다.

아직 선전포고가 이뤄지지는 않은 상태에서, 일본군과 청군 간의 첫 전투는 이틀 뒤 바다에서 일어났다. 7월 25일 새벽에 일본 순양함 '요시노(吉野)'와 '나니와(浪速)', '아끼츠시마(秋津洲)' 세 척이 서해안 풍도 해역에서 아산에서 청으로 돌아가던 청 순양함 제원(濟遠), 광을(廣乙) 2척을 우연히 발견하고 포격을 시작한 것이었다(양측은 서로 상대방이 먼저 포격했다고 주장한다). 추격 과정에서 아산 주둔군에 파견할 추가 병력 1,100명을 싣고 있던 영국 상선 고승(高陞) 호와 그 호위를 맡은 포함 조강(操江) 호를 다시 발견하여 전투 규모가 커졌다. 이때 양측의 충돌로 청은 1척의 순양함(광을)과 상선(고승)을 잃고, 추가 병력으로 파견된 1,100명의 병사는 바다에 수장당해 버렸다. 사실상 전쟁이 이미 시작된 이날에 조선 정부는 일본의 요구로 청에 대해 조약 파기를 선언하고, 이에 따라 재한 화교들은 법률적 보호를 받지 못하는 '무조약 국민'이 되어 버렸다. 다행히 이틀 뒤에 주한 영국 총영사 가드너가 조선 정부에게 청국 공관을 봉쇄해 달라고 요구하고, 앞으로 주한 영국 영사관이 청 정부의 요청에 따라 화상과 화교들을 보호할 것임을 통고했다(7월 27일).

그리고 다음 날인 7월 28일부터 이틀간 청일 간 최초의 지상전 아산(牙山) 전투가 일어났다[혹은 성환(成歡) 전투]. 원래 서울에서 왕성을 공격했던 일본군 4,000명이 아산 주둔 청군을 공격한 것이다. 당시 아산 주둔군은 풍도해전으로 추가 지원 병력을 잃는 바람에 3,000명의 병력으로 일본에 밀렸다.[20] 이 전투에서 일본군은 대승을 거두어 청군은 평양으로 후퇴해야 했다. 비록 일본 육해군의 기습으로 시작되었지만, 이제 전면전은 피할 수 없는 상황이 되었다.

8월 1일 청과 일본은 공식적으로 상대국에 선전포고를 하였다. 그 전 날인 7월 31일에 청조는 주일 공관에 철수 명령을 내렸고, 청의 주일 공사

20_3,000명 주장에서, 풍도해전에 잃은 인원이 있지만 풍도해전 직전에 1,300명이 상륙해서 3,800명이라는 주장도 있고, 중일 주장이 다 조금씩 다르다. 사상자 통계도 중일 주장이 다르다. 일본은 사상자 80여 명, 중국은 200~500여 명 등이다.

는 일본에 있는 청인, 즉 화교의 생명과 재산 보호를 영국 주일 공사관에 의뢰했다. 전쟁이 진행되는 동안, 청과 일본은 각자 적지에 있는 자국민 보호를 위해 열강에 보호를 위탁했다. 그때만 해도 일본에 있는 중국인이 청에 체재 중인 일본인보다 5배나 많았다. 일본은 재중 일본인 보호를 청국 주재 미국 공사에게, 청은 일본 및 조선에 체재하는 자국민 보호를 일본 주재 영국 공사와 한성 주재 영국 총영사에게 의뢰했다. 8월 4일 영국 총영사관에 피신해 있던 당소의는 인천을 통해 천진으로 귀국했다.

이 국제전으로 비화되는 6월과 7월 사이에 조선 동순태호 담걸생과 관련 인물들도 시시각각 변화하는 정세에 촉각을 곤두세우며 대책 마련에 부심했다. 담걸생의 제안과 의견을 살펴보면, 그는 잠재적 피해를 걱정하면서도 파병 시의 군량미 조달 사업을 적극적으로 타진하는 등 위기를 기회로 이용하자는 입장이었다. 이런 태도는 인천분호의 형 담청호(譚晴湖)와는 사뭇 달랐다. 담청호는 청에 이어 일본이 파병하자 조선에서 전쟁이 일어나면 큰일이라며, 한성본호가 보관하고 있는 대량의 쌀을 시급히 일본으로 부치자면서, 처음부터 조선에서의 사업 철수 쪽에 기우는 소극적 자세를 보였다. 결국 담청호는 6월 중에 담가(譚家)의 부녀자들을 인솔하여 연대(煙臺), 상해(上海)를 거쳐 고향으로 돌아가, 전쟁 기간 내내 조선에 돌아오지 않았다.

상해의 양륜경은 인천의 담청호를 지지하는 뉘앙스를 띠며, 담걸생의 '모험주의'에 제동을 걸었다. 그는 "이러한 위급한 때에는 '한 발을 살펴보고 한 발을 나아가야지', 어찌 모험적으로 기회를 노릴 수 있겠느냐. 피 같은 자본을 중히 여겨야 한다."고 말하며, "(너는) 인천으로 (상품을) 옮기는 것은 퇴보의 법이라고 하나, 보내 온 편지를 살펴보니 그렇지가 않다."며,

"빨리 서울과 인천의 재고품을 해외로 빼라"고 독촉했다. 아마도 보내 온 편지란 형 담청호가 보낸 것이리라. 그는 "'전주(全州)의 변(變)'은 이익만을 바라다 신세를 망친 것"이라고 지적하는데, 아마 전주에서 돌아오지 않던 춘성의 일을 말하는 듯하다. "손해가 너무 크지 않고 사람이 다치지 않기를 다행이다."라고 한 것으로 보아, 가져간 비단을 약탈당하고 직원은 무사히 돌아왔던 것 같다. 내지 통상을 늘 탐탁치 않아했던 양륜경의 평소 발언으로 보아, 전주에 지점을 두면서까지 적극적으로 사업을 확대한 담걸생을 우회적으로 비난한 것으로도 볼 수 있다(6월 25일 편지).

청군과 일본군이 모두 인천과 한성에 파병된 후 전운이 고조되는 6월 말 시점에서는 담걸생도 고베에 보낸 편지에서, "조선은 반란이 많고 위험한 나라로, 일본과 러시아가 오래도록 점거하고자 노렸는데, 중국 관료들은 모두 안락함만 탐했으니, 생각건대 중국이 다시 기를 펼 날은 없을 것 같습니다."라며, 조선에서의 비즈니스 전망을 염려했다. 윤선초상국이 운영하던 상해-인천 직항로도 끊겼다. 그해 제10차 입항이 있던 6월 12일부터 잠정 중단되다가, 전쟁 가능성이 높아지는 가운데 6월 21일 윤선초상국 선박이 인천을 출항한 것이 이 노선의 마지막 항해가 되었다. 상해 도착 시기로 미루어보아 담청호와 담씨 가족들의 본국으로의 철수도 이 배편을 이용한 것이 아닐까 추정된다.

다행히 6월 말에 상해에서는 조선을 떠난 담씨 가족들이 무사히 연대를 거쳐 상해에 도착했다는 소식이 전해 왔다. 상해 양륜경은 가족들을 잘 보살필 테니 걱정 말라고 전하면서도, 재차 담걸생에게 "군사적 위험이 커질 때에는 평시와는 전혀 다르니, 가문을 보존하는 것이 밑천보다 더 중요하다. 근본을 지켜 낸다면, 미래에 반드시 보답 받을 수 있다."며, "무조건 인천으로 피할 것, 물건을 인천으로 옮겨 외국의 큰 회사 보험을 들어 놓을 것"을 신신당부했다. 그렇게 해야 그는 "혹시 좋지 않은 일이 생길 경우 내가 (투자자들에게) 크게 욕을 안 먹지 않겠느냐"며, "비용이 들더라도 꼭 보험을 들라"고 주문했다.

6월 말까지 동순태호의 거래처인 일본의 광동 상인들은 설마 전쟁이 나겠느냐는 분위기가 많았다. 그들은 일본이 "계란으로 바위를 치는 어리석음"을 범하지는 않을 것이라고 했는데, 만일 전쟁이 나도 요코하마 화상들은 연명으로 영미 영사관에게 중국인의 보호를 대신해 줄 것을 청원하고 있으니 개항장에서는 큰 문제가 없으리라 생각했다. 개항장에 나가 있는 광방 상인들은 한결같이 동아시아에 강력한 영향력을 가진 서양 열강이 병풍이 되어 주리라 기대했다.

양륜경은 6월 28일에 보낸 편지에서 아주 강경한 어조로 한성에 보관 중인 상품을 인천으로 싹 다 옮기고 바로 팔도록 주문하고, 총리아문의 동향을 전하면서 전면전을 확신하였다. 그는 앞서의 담청호와 마찬가지로 조선에서의 손실을 최소화하는 방향으로 영업 활동을 주문했다. 당시 상해 동태호는 전쟁이라는 돌발 사태로 조선 동순태호를 위해 상품을 구입해 부친 대금 결제가 이뤄지지 않아 어려움에 처해 있었다. 앞서 언급한 미곡 거래가 특히 규모가 컸는데, 아직 창고에 있는 미곡은 "어느 항구이든지간에 보내는 것이 살 길이니, 혹여 항구가 봉쇄되는 상황에 대비해야 한다. 쌀 한 포라도 해외로 보내야지 한 포라도 빚이 줄어드는 것임을 명심해라"고 당부하고, "조금이라도 돈이 있으면 다 상해로 부치라"고 했다.

양륜경은 6월 30일에는 담걸생에게 당소의 앞의 편지와 원산 상무위원 오중현(吳仲賢)에게 보내는 편지를 전달하라고 자신의 편지와 함께 보냈다. 당소의는 앞서 소개했듯이 향산현 출신이고, 오중현도 광동성 신회현(新會縣) 출신이며, 이 두 사람과 주수신 모두 청말 관비유학생 출신으로 천진에 있다가 조선 해관으로 와서 다시 상무위원으로 승진한 광동 그룹이다.

7월 초까지 아직 담걸생은 인천에 머물고 있었다. 아직 일본 공사 오오토리가 최후통첩을 내밀기 전인 7월 7일에 담걸생은 상해의 양륜경에게 오오토리가 고종에게 올린 상주문을 입수하여 사본을 보냈다. 담걸생은 오오토리 문장을 요약하면서, "조선을 도와 자주를 하여 중국에 등을 돌리고 일본과 손잡고 순치(脣齒)가 되어, 제도를 모두 바꾸고 무관을 파견하여 군사를 훈련시키고, 이로써 부국강병을 구한다는 뜻"이라고 운을 뗀 뒤, "조선왕은 어리석고 유약하여", 중국이 파병한 뒤 죄를 묻을까봐 승낙을 못하고 있을 뿐이라고 보았다. 이런 상황에서 그는 기민하게 한성본호의 재고품 3만 원 이상의 비단과 린넨 등을 인천 조계지의 창고와 인천 해관 창고로 옮긴 뒤, 7월 중에 인천에서 배를 타고 연대(煙臺)를 거쳐 상해로 몸을 피했다.

청일전쟁 전반부의 동순태호와 재한화상: 담걸생의 상해·연대 체재기

8월 1일 선전포고가 이뤄진지 얼마 지나지 않아 8월 11일에 일본 내무대신 이노우에 가오루(井上馨)는 청국인의 단속 수칙에 관한 '훈령 제605호'를 발표하여, 전쟁 기간 일본 내의 중국인을 '보호'하기 위해 등록제를 실시하고 이동을 개항장 내로 제한하는 각종 단속 조치를 발표했다. 조선에서는 화교들이 '무조약국민'이 되었으며, 사실상 전쟁 기간 내에 개항장 밖으로 이동하기 어려워졌다. 전쟁이 시작되었지만 인천 동순태호는 양륜경의 지시에 따라 15일에 인천에 쌓아 두었던 미곡을 일본우선의 히고마루(肥後丸) 선편으로 오사카로 모두 부쳤다.

이즈음 일본의 조선 내 물자와 병사 동원이 평양성 전투 이전부터 시작되었고, 이에 따라 조선의 화상들 사이에는 조선인에 대한 비판적 시각이 강해지고 있었다. 담걸생은 급하게 떠나온 바람에 미처 못 받은 미수 대금과 빚을 조선인 상인들에게 받아내라고 현지에 남아 있는 직원에게 지시했지만, "일본 병사들이 중국인(中國人)을 농촌 지역에서 보면 모두 병사로 간주하여 잡기 때문에, 감히 인천을 떠날 수가 없었다." 고 한다.

8월 초에 홍삼을 사러 개성에 갔던 동순태 한성본호 직원 소난포(邵蘭圃)는 일본군이 개성에 주둔하는 것을 보고 다른 중국인들과 함께 인천으로 도망쳤다. 그 과정에서 8명의 중국인들이 상품을 싣고 아산에 가던 도중에, 일본군을 만나 1명만 빼고 다 죽었다는 소식을 전했다. 8월 5일에는 일본 군경이 인천 상무위원 사무실과 전보국에 들이닥쳐 수색하다가, 문지기가 알려서 인천의 영국 영사관에서 제지에 나선 일도 생겼다. 어수선한 와중에 부유한 상점들은 약탈의 대상이 되었는데, 화상들도 예외는 아니었다. 8월 7일에는 화상 이태호(怡泰號) 상점이 불에 탔다. 8월 20일과 21일 사이에 덕흥호(德興號) 한성지점 맞은편의 조선 상점에서 불이 나서 여러 채를 태웠고, 이궁(二宮), 남별궁(南別宮) 지역에서도 방화가 발생하여, 폭도들이 각 상점의 문을 부수고, 화물과 돈, 재물을 약탈했다. 동순태호의 직원 소난포는 이런 공격은 일본인이 한 짓이 아니라 모두 '토인(土人, 조선인)' 들이 한 짓이라고 강조했다. 24일과 25일도 연이어서 의화성(義和盛) 등 두 곳의 광동 화교 상점이 조선인에 의해 약탈을 당했으며, 화북 출신인 경방

(京幇) 화교 상점은 방화를 당했다. 28일과 8월 29일은 인천 덕흥호(德興號)와 보안당(保安堂) 두 화교 상점에 누군가가 열쇠를 뜯고 침입해 화물을 훔쳐 갔다.

연대로 피신했다가 8월 중순에 다시 인천으로 돌아와서 분호를 지휘하던 사람은 담걸생의 조카 담정갱이었다. 담씨 내에서도 전쟁 기간의 선택은 다양했는데, 담정택의 형인 담청호와 조카인 담정창(譚廷彰), 담걸생의 아내를 비롯해 여인과 아이들은 광동성 고향으로 귀환했고, 담정갱과 담걸생은 조선으로 돌아왔다. 담정갱은 연대에 피신해 있을 때도 여기서는 할 일이 없다면서 조선에 돌아가고 싶다던 조카였다. 두 사람은 모두 전시 영업에 상당히 적극적이었고, 죽이 잘 맞았다.

조카 담정갱은 담걸생의 부재 기간에 조선 현지 사정에 관한 소식을 다수 전했다. 그는 일본 병선의 연이은 입항을 보면서 곧 큰 전투가 있을 것 같다면서, 인천과 서울은 평안하지만 물건을 사려는 사람이 없어 한가하다고 전했다. 7월에 조선을 떠나 상해로 가 있던 담걸생도 8월 말에는 다시 조선에 돌아가기로 결심하고 연대(煙臺)에서 인천으로 갈 배편을 찾고 있었다. 담걸생은 연대에 있으면서도 전쟁으로 쇠가죽 수요가 커지는 것을 보고 인천의 직원 소난포에게 내지로 가서 쇠가죽을 사오라고 독촉하지만, 소난포는 지금은 인천 밖으로 못 나간다면서 움직이지 않았다.

8월의 마지막 날, 그리고 음력으로는 8월의 첫 날(8월 31일, 음력 8월 1일) 전쟁으로 문을 닫았던 동순태 인천분호는 다시 문을 열고 영업을 재개했다. 일본군의 화상에 대한 단속과 압박이 강화되는 가운데 많은 화상들이 피신했으나, 동순태호는 앞서서 영업을 재개했다. 9월 10일 담정갱은 담걸생에게 '셋째 숙부'가 일본 놈들[日奴]에게 끌려가 심문을 당했으며, 조선인 거룻배가 중국인 3명을 끌고 일본 병선으로 데려가 총으로 쏘아 죽였다는 소식도 전했다. 그럼에도 불구하고 영업은 계속되었다.

9월에는 전쟁의 향배를 결정짓는 두 전투가 연이어 벌어졌다. 9월 15일의 평양 전투와 17일의 황해 해전이다. 두 전투로 청의 패배는 거의 결정적으로 되었다. 평양 전투에서 청은 2,000명이나 되는 전사자가 나왔고, 일본은 100명 남짓한 전사자를 내는 데 그쳤다. 청군은 자국 영토로 비참한 퇴각을 해야 했다. 그 과정에서 조선인에 대한 과도한 징발, 약탈, 강간 등 불법 행위가 횡행했다. 이틀 뒤 17일 황해에서는 일본 해군과 청의 북양함대의 대규모 교전이 벌여져 일본이 압도적인 승리를 거두었다. 살아남은 청의 병선은 산동성 위해(威海)로 도망갔다. 북양함대에는 담씨 일원과 광동인 지인들도 다수 참가하여 일부는 살아남았다는 소식을 상해를 통해 전해 왔고 일부는 희생되었다. 이 패배는 애초에 청의 승리를 예상하던 많은 중국인과 서구인들에게 의미는 다르지만 모두 충격적이었다. 일본에 대한 분노만큼 소난포는 조선인에 대해서도 "일본의 증명서[日本牌]를 몸값 증명서[身價紙]처럼 사용하고 있다."면서, "우리 운은 끝났다"고 한탄을 했다. 담정갱은 인천 상황을 보고 "토민(土民, 조선인)들의 3분의 1은 일본 놈 편으로 넘어갔다."고 분통을 터트렸다.

그렇지만 전쟁이 거의 일본의 승리로 기운 이때에 상해 양륜경은 아마 이제부터 전시 경기가 크게 일어날 것이라면서, "몇 년 동안 안 팔리고 남은 물건은 이문이 얼마든 상관하지 말고 혹은 좀 손해를 보더라도 바로 팔아야만 한다."며, "지금은 기회의 시기"라고 힘을 주었다. 그의 안목은 대단히 정확했다. 그렇지만 노회한 상해의 양륜경은 다시 한 번 담걸생의 모험주의적 근성에 주의를 주고 있다. 10월 10일에 쓴 편지에서, "지금은 전쟁의 시기이니, 손대면 반드시 이익을 얻게 되어 있다. 그러나 이익이 있더라도, 반드시 해는 막아야 하니, 과도하게 용감해서는 안 된다."고 하였다. 그러므로 "밀가루는 절대 취급하려고 해선 안 된다. 관망도 하지 마라"면서, "문제가 될 만한 상품은 절대 취급하지 말라"고 신신당부하였다. 그는 예전에는 상해 러시아 영사관의 도움을 얻어 문제가 될 만한 상품도 상해 해관과 인천 해관을 무사히 통과했다고 하는데, 현재는 인천 해관이 일본인에게 장악되어 이 수법도 안 통한다면서, "어차피 우리가 손댈 수 없다면, 명망을 중히 해야 한다. 당우(唐友)가 괜히 문제를 자초하게 해서는 안 된다. 그 일에 연루가 되면 지위도 명예도 잃어버릴 것이니, 후회해도 이미 늦다. 동생(담걸생)은 인천에 가거든 매사에 각별히 신중하고 조심하기를 바란다."라고 경계하였다. 담걸생이 해관과의 특별 관계를 이용해 밀가루를 수입하려는 등 모험적인 시도를 기획하자 양륜경은 경고를 준 것이다.

밀가루는 쇠가죽, 면직물과 더불어 전시에는 가장 중요한 전략 물자이다. 그런데 일본의 통제 하에 있으면서 전쟁터이기도 한 조선에 밀가루를 공급한다는 것은 일종의 매국 행위일 수 있었다. 그러므로 양륜경은 "각 신문사들이 마구 기사를 게재하고, 또 최근에는 정부가 한간(漢奸)을 비호하여 스스로 밝히지 못하고 있다는 주장을 하고 있다. 앞으로는 화물을 인천에 부칠 때에는 역시 나가사키나 오사카로 수출해야 한다."고 하였던 것이다. 어떻게 해서든 일본으로 가는 화물로 하고, 최종 목적지가 조선임을 숨기려 하였다.

이런저런 지시를 받고 보고를 받으며 연대에서 한 달이 넘는 시간을 보내고 있던 담걸생은 드디어 겨우 인천으로 가는 영국 병선(英國兵船)에 승선할 수 있었다. 10월 22일 담걸생은 연대를 떠나, 24일 인천에 도착한다.

불타는 전시 경기: 동순태호의 시장 독점

담걸생이 배편을 어렵게 구해 드디어 인천에 도착한 날, 그 날은 공교롭게도 일본군이 압록강을 건너 마침내 청국 영토에 진입하던 날이었다. 연대에 있던 담걸생은 서울에서 보내 온 비밀 편지를 하나 받았는데, 이 편지를 쓴 베일에 싸인 인물은 일본 공사관의 무전 내용을 인용하여 평양 전투의 대패 소식과 일본군이 길림성으로 진격할 것이라는 정확한 소식을 제공해 주었었다. 마치 짜 맞춘 것처럼 담걸생이 인천에 도착한 그날부터, 청일전쟁의 전장은 조선에서 중국 동북 지역으로 바뀌게 된다. 그리고 조선은 전시 물자를 공급하는 배후지로서 공급은 적고 수요는 많은 전형적인 공급자 우위의 시장으로 바뀌게 되었다. 조선의 대외 무역을 장악한 것은 일본 상인과 화상이었는데, 화상의 경우 전란을 피해 대다수가 떠나 버린 시장에 동순태호는 거꾸로 돌아왔던 것이다. 독점 이윤이 기대되었다.

벌써 10월 초부터 인천 시장은 살아나서 거래가 활발해지고 있었다. 10월 중순에 동학농민군의 2차 봉기가 일어났으나 전장은 남부 일부에 제한되었고 주요 전장은 중국 동북부였기 때문에, 안전한 경인 지역은 전시 수요로 큰 덕을 보고 있었다.

11월 21일에 여순 요새가 일본군에게 함락되었고, 12월 4일부터 동학농민군이 제2차 공주(公州) 공격을 엿새 동안 시도하였다. 그 와중에 조선을 완전히 장악한 일본 정부의 뜻대로 12월 17일에 박영효, 서광범 등 일본 망명자가 포함된 새로운 내각이 들어섰다. 같은 날 새 정부는 '보호청상규칙(保護淸商規則)'을 반포했다. "조선에 체류하며 문제를 일으키는 중국인(覊留淸國人)" 문제를 다잡기 위해 재한 화교의 활동 범위를 제한한 조치였다.

요즘 식으로 말하자면 '불법 체류자' 단속 정도라고 할 수도 있겠다. 당시 개항장을 벗어나 내지 곳곳에서 불법적으로 활동하고 있는 중국인들을 통제하고, 동시에 새로운 유입을 제한하기 위해서였다. 또 흥미롭게도 후방에서는 2차 봉기한 동학농민군의 항쟁에 청의 패잔병을 포함한 중국인 일부가 가세하는 정황이 포착되고 있었다. 낙오된 청병 중에 동학군 총포대의 교관을 하면서 달마다 많은 급료를 받는 자까지 있었다. 이 '규칙'은 이런저런 이유로 일본이 조선 정부에 법적 규제를 발표하라고 재촉하여 이뤄진 조치였던 것이다.

여순에서의 패배에 법률적 압박까지 받게 된 상황에 대해 담걸생은 상해 동태호 나주신에게 보낸 편지에서 청 정부에 대한 강한 불만과 조선인에 대한 적대감을 드러냈다. 그는 이번 전쟁의 패배는 일본의 "병력이 강한 것이 아니라, 중국이 살기만 바라고 죽음을 두려워하는 무모한 무리들을 등용"했기 때문이라면서, "조선 정부는 이미 새로운 장정을 정하여, 중국과 우호 관계를 완전히 끊었습니다. 화인(華人)이 국내에서 살다가 만약 일이 생기면, 조선 관리의 제약과 징치를 받게 되었으니, 비록 일본 관리들이 농간을 부린 결과라고는 해도, 조선 국왕 역시 근본을 잊었습니다. 나중에 중국이 전쟁에서 이기든 지든, 조선을 상실하고 번지(藩地)로 만들 수 없을 것이라 생각합니다. … 화상(華商)이 외국에서 생계를 꾸려 가면서 매번 타인의 사기와 모욕을 받고, 교섭할 일이 있을 때마다 손해를 보게 되니, 한 뼘을 걸어 나아가기 힘든 것과 같습니다."라고 되뇌었다. 요약하면 중국 정부는 무능하며, 조선인은 배은망덕하니, 힘든 것은 해외에서 영업하는 우리 상인들이고, 아예 조선을 중국 땅으로 만들기도 글렀다는 말이다.

인천으로 돌아온 담걸생이 또 하나 신경 썼던 일은 통혜공사를 해체하면서 한양호를 매각한 대금의 잔여분을 조선 정부로부터 받아 내는 것이었다. 계약은 1894년 1월에 맺었지만 청일전쟁 전까지 담걸생은 매각 대금을 절반밖에 받지 못한 상태였다. 그러다가 전쟁이 터져 몸을 피해야 했으므로, 담걸생은 인천에 오사마자 선운서(轉運署=轉運局)에서 나머지 대금을 받으려 했다. 계약 당시 전운사(轉運使)의 계약 당사자였던 정병하(鄭秉夏)가 이미 관직에서 해임되었다는 소식을 듣고 담걸생은 한성으로 어렵게 와서 돈을 받아 내려고 했는데, 모두들 지불을 미뤘다. 후에 한양호를 일본 정부에 팔고 3만 원을 받았다고 들어, 재차 독촉하여 나머지 대금을 갑오년 연말까지 겨우 다 받고, 주주들에게 대금을 분배하고 채무를 정리할 수 있게 되었다.

이상의 경과는 그가 채무 정리를 위해 필요한 한양호 매각 계약서를 주한 사관에게 달라고 요청하면서 쓴 글에서 나온다. 당시 계약서는 원세개와 정병하가 맺었으므로 주한 사관에서 보관하고 있었던 것이다. 그런데 담걸생이 위에서 말한 내용을 실제에 맞게 다시 추리해 볼 필요가 있다. 그가 인천으로 돌아왔을 때는 갑오개혁으로 전운서가 폐지된 상황이어서 전운사란 자리 자체가 없어졌었다. 그리고 실제 한양호를 받아서 세곡을 운반하던 이운사(利運社)는 청일전쟁으로 소속 선박이 일본군에게 징발당하여 일본의 군수물자 수송을 담당했고, 청일전쟁 후에는 일본우선주식회사(日本郵船株式會社)에게 경영을 위탁했었다. 따라서 한양호가 일본에 다시 팔렸다는 말은 그의 착각이지만, 이운사 소속 기선들이 일본에게 넘어간 상황을 들었을 것이다. 여하튼 연말까지 이 매각 건을 잘 해결함으로서 담걸생은 한숨 돌릴 수 있게 되었다.

해가 바뀌어 1895년 1월, 음력으로는 아직 갑오년 12월에 경기는 점점 달아오르고 있었다. 포목이든 무엇이든 물건을 인천 항구에 내려놓기만 하면 무섭게 팔렸다. 가장 유리한 고지를 점하고 있는 일본 상인들은 일본군을 이용해 아예 해관 소속 감시선을 압류하거나 면세 대상인 조선 왕실 물건이라고 우기면서 관세를 안 냈고, 인천 해관에서도 제대로 검사를 못했다. 담걸생은 자신 역시 청의 군함을 이용하고 각종 방법으로 탈세를 했었지만, 일본 상인을 욕하면서 "이 장사로 틀림없이 그들은 엄청나게 벌 것입니다."라고 하여 과거의 영광을 아쉬워했다.

그즈음 외국 선박 한 척이 인천에 입항했는데 나가사키에서 온 배로 상해에서 발송한 상품을 재수출하는 배였다. 주로 화상들과 서양인들 화물이었는데, 동순태호 앞으로 부쳐 온 상품이 없었다. 담걸생은 상해 동태호에게 "배편이 이렇게 드물기 때문에 되도록 많은 화물을 힘써 매집하여 배가 있으면 바로 (인천에) 부쳐 활황인 시장에 대응을 해야지만 기회를 잃지 않을 수 있습니다."라고 하여 경기가 좋으니 상해에서 물건을 제때에 잘 보내라고 재촉했다. 왜냐하면 화상들이 속속 인천에 오고 있지만, 큰 상점들은 여전히 다 안 왔기 때문에 앞으로 2, 3개월 정도가 호기라는 것이다. "이 시기를 지나면, 후회해도 이미 늦습니다. 만약 한 차례 화물우송을 못하면, 평상시로 치면 1년 장사를 공치는 것이나 마찬가지입니다."라고 강조했다.

인천과 고베, 나가사키를 왕래하는 선박은 많아서, 일본에 거래처를 가지고 있는 동순태호는 상해로부터 일본을 경유하여 필요한 물건을 제때 공급받을 수 있었다. 또 전보 역시 전쟁으로 한중 전신은 끊겼지만, 일본 각 부두를 경유하여 상해 동태호와 인천 동순태호는 줄곧 연락을 주고받을 수 있었다. 담걸생은 고베를 경유하여 전보로 시장 상황을 제때 알려 달라고 적극적으로 요구했다.

그 달 20일부터 시작되어 2월 중순까지 이어진 일본 해군의 북양 해군 본거지 산동성 위해(威海) 함락 작전은 동순태호의 경쟁자인 산동 상인들의 발을 묶어 놓았다. 1월 29일에 상해로 보낸 편지에서 담걸생은 "산동 각 상점들은 모두 연대(煙臺)에서 (조선) 지점을 설치하면서 온 것이기 때문에, 이번에 이렇게 놀라고 나면, 어찌 감히 가까운 것을 버리고 먼 것을 도모하겠습니까"라고 말하고 있다. 즉 담걸생은 한편으로 일본군의 산동 공격을 염려하면서도, 이 공격으로 가장 강력한 경쟁 대상인 산동 상인들이 전시 호황인 조선 시장에 적극적으로 나서지 못할 것이라 반기고 있었던 것이다. 이러한 반짝 전시 특수와 경쟁자 없는 독점 이익은 담걸생이 보기에 2, 3개월 정도 지속되겠지만, 이후는 예년보다 더 어려워질 것이 틀림없었다. 따라서 벌 수 있을 때 벌어 놓아야 할 것이었다. 그는 양륜경에게 "전에 실패를 했다고 해도, 장래에 유의하여 메우면 되는 것이니, 이와 같은 사업 기회는 드물고 만나기 힘든 일입니다. 1만 8,000량 번 것으로 기뻐하기는 부족하니, 10만, 8만 량이 아니라면 실로 만족할 수 없습니다. 절대 헛소리로 치부하지 마십시오."라고 호언장담했다. 그의 과감한 성격을 잘 알 수 있는 구절이다.

2월 초에 위해가 사실상 함락되었다는 소식이 전해지고, 2월 11일에는 인천 일본 조계에서 승전 연회가 크게 열렸다. 일본 상점들은 등불과 깃발을 내걸고 자축 분위기가 대단했던 듯하다. 홍청거리는 이웃한 일본 조계를 보고 청국 조계에 있던 담걸생과 화상들은 적막한 가운데 문을 닫고 술 취한 일본인이 찾아오지 않도록 피했다. 자존심의 상처는 또한 청과 양무파 관료에 대한 강한 불신감으로 드러났다. 담걸생은 그간 그가 편지에서 '이중당(李中堂)'으로 썼던 이홍장(李鴻章)을 그냥 이름으로 부르기 시작한다. 그리고 "한 잡지에서 묘사해 놓았는데, 이홍장(李鴻章)이 수족을 속박 당한 채, 측면에서 한 일본군에게 칼을 휘둘러 베어지는 모습이라고 합니다. 그가 희롱당하는 모양새가 이처럼 국체(國體)를 심각하게 욕되게 하고 있습니다. 신문 보도는 반드시 이런 전해지는 소문과는 모순될 것입니다. 이 늙은이가 그런 소문을 듣고 있다면, 그에게 사내의 기개가 아직 있는지 모르겠습니다. 나라가 쇠약해지니, 이처럼 타인에게 수모와 멸시를 받고, 억울해도 호소하기도 어렵게 만듭니다. …(중략)… 만약 장사에 이익이 없다면, 조선 땅에 오래 거주하고 싶지도 않습니다."면서 흥분한 심정을 토로했다.

그래도 장사는 아주 이익이 많았다. 그는 금방 귀환한 같은 광동인 상점인 의생성(義生盛)에 대해서도 상품을 입수했다고 해도 막 왔으니 우리처럼 각종 상품을 종류별로 다 갖추지는 못했을 것이고, 또 동순태호의 취급 상품과 같은 상품을 해온다면, "가격을 내려서 저가로 풀어, 시장에서 득세하지 못하게" 하면 된다고 자신감과 함께 경계를 늦추지 않았다.

또 호황을 달리던 비단 시장을 선점하기 위해, 상해에 주문 제작을 의뢰해서 직조 거래처를 두세 곳 늘려서 주문해 달라고 요청하였다. 아직 2월에는 수입양이 많지 않아 시장 가격도 높았는데, 그는 "걱정되는 것은 산동 놈[山東牛]들"이라고 말하면서, 산동 상점 원생호(元生號)가 새로 인천과 한성에 가게를 연다는 소문을 전하면서 "지금은 난세이니, 평시에 (조선에) 가게를 열고 장사를 하던 사람도 아직 감히 돌아오지 못하고 있는데, 처음 (조선에) 와서 가게를 열면 사람도 지리도 모두 낯설고, 이곳 사정도 잘 모르는데, 이처럼 간이 클 리는 없을 것"이라며 소문을 일축했다. 또 현재 화북과 북경 출신 상인[京幇]과 산동 상인들[東幇] 모두 예전 있던 가게들도 다 중국으로 철수하고 인천과 한성에 남겨 둔 사람이 없어서, 생산자들이 인천에 와서 물건을 팔려고 해도 역시 전부 "우리 상점"에 의지할 수밖에 없다고 자신했다. 이처럼 인천, 한성 시장에서 동순태호(同順泰號)는 독과점의 위치를 이용해 시장을 조정하고 초과이윤을 획득할 수 있었던 것이다.

이 시기 문시에는 전시로 물자가 부족해 모든 상품이 조선 시장에 들여만 오면 다 팔릴 정도로 호황이었음을 전하고 있다. 특히 수요가 컸던 것은 청의 비단과 쇠가죽 등 피혁류였다. 여우가죽, 개가죽은 일본인들이 주로 매집하는데, 군화 등에 쓰일 수 있어 군수물자로 일본에서 가격이 높아졌기 때문이었다. 게다가 원래 동북 지방에서 피혁류를 공급했었는데 동북이 전장이 되는 바람에, 조선 피혁의 수요가 높아졌다. 또 갑오경장(甲午更張)의 영향으로 조선 정부가 관복을 다 바꾸는 바람에 비단, 린넨 등 옷감이 더욱 잘 팔렸다. 3월은 직물 시장의 호황에 정점을 찍었다. 담걸생이 "이처럼 이문이 짭짤한 적은 일찍이 없었습니다."라고 환호할 정도였다.

조선 시장에서 가장 인기 만점이었던 강남 진강(鎭江)의 비단[鎭紬]은 3월 당시 한 필에 6.23원(元)에 팔리고 있는데, 2원 넘게 이문이 남았다고 한다. 비단뿐만이 아니었다. 조선에는 중국 린넨 시장이 꽤 컸는데, 상해에서는 린넨이 인기 품목이 아니었고 훨씬 비싼 비단을 주로 팔았다. 이전까지 산동 상인들이 린넨 수입 판매에 강했던 것 같다. 그러므로 담걸생은 "산동방은 현재 전란이라는 심복의 우환을 가지고 있어, 인천과 한성에 되돌아와 영업을 할 정신이 아직 없습니다. 이 상품(린넨)은 지금 너무나도 잘 팔리고 있으므로, (우리가) 독점적으로 취급한다면, 반드시 잘 팔릴 것이고, 그 이익도 한이 없을 것입니다. 또 상해에서는 아무도 경쟁하여 매입하는 자가 없기 때문에, 상품을 확보하는 것도 역시 쉬울 것"이라면서 산동 상인의 부재 시기에 린넨도 대거 취급했다.

전쟁으로 예전에는 안 팔리던 물건이 잘 팔리는 상황도 생겨났다. 흑가죽띠[黑皮條]가 어떤 상품인지는 잘 모르겠으나, 예전에 조선시장에는 심양산 제품이 인기였었다. 심양 것은 털이 길고 빽빽하지만, 상해산은 털이 짧고 얇아서 시장에서 인기가 없었다. 하지만 전쟁 때문에 심양에서 물건이 안 오니, 상해산밖에 물건이 안 들어오면서 잘 팔리게 되었다. 즉, 전쟁의 피해는 중국 전역에 골고루 나타난 것은 아니니, 광동방이 산동방의 부재로 조선에서 예기치 못한 독과점 이익을 얻은 것처럼, 동북 지역이 전장으로 화하면서, 동북 특산물을 대신해 상해산 물품이 호기를 만났던 것이다. 동순태호는 전쟁으로 인한 품귀 품목을 상해에서 재빨리 수입하여 추가 수익을 올릴 수 있었다. 그 이외에도 금(金)이나 암시장 물건과 같은 불법적 물품도 역시 취급하였다. '흑마미(黑馬尾)'가 어떤 상품인지는 알 수 없으나 암시장의 물건이라 가격을 올려 이득을 크게 남길 수 있으니, 담걸생은 200근을 부쳐 달라고 상해에 주문을 넣었다.

전쟁의 끝, 그리고 국면의 전환

1895년 3월 19일(음력 2월 23일), 강화조약을 위한 청측 전권대사 이홍장을 실은 배가 일본 기타큐슈의 관문 모지(門司) 항에 도착했다. 담걸생은 이홍장의 파견을 들었을 때 양륜경에게 "장씨(老張. 張蔭桓를 말함. -역자)는 화의가 이뤄지지 않아 상해로 돌아갔고, 지금 듣기로 다시 이씨(老李, 李鴻章을 지칭함. -역자)를 파견한다고 합니다. 이 사람은 일을 하면 손해 보는 것을 두려워 않고 눈앞의 안일만을 탐하는 자이니, 아마도 화의는 이뤄질 것입니다."라고 하여, 이홍장을 장사치의 입장에서 손해만 보는 사람으로 평하면서, 바로 그런 이유로 강화는 이뤄질 것이라고 전망하였다. 비슷한 평가를 다른 편지에서도 하는데, "그는 성정(性情)이 버티기를 잘하고, 손해를 잘 보며, 투자자와 본선을 돌보지 않는 사람이므로, 아마 강화를 성사시킬 겁니다."라고 쓰고 있다. 하지만 도착한 지 닷새 만에 이홍장이 강화 회담 현지에서 일본인 낭인에게 피격당하는 사건이 발생했다(3월 24일). 막상 피격 소식을 듣고는 담걸생은 무조건 강화가 되어야 한다며 소식이 들어오는 대로 알려 달라고 일본 거래처에 부탁하였다.

이제 호시절이 가고 있었다. 3월 30일 편지를 보면 비단 판매가 벌써 예전 같지 않았다. 그 이유는 독과점이 무너졌기 때문이었다. 우선 "조선인과 일본인이 경쟁적으로 물건을 해와서" 가격을 떨어뜨렸다. 또 영파방(寧波幇)이 5~6명 돌아왔고, 북방(北幇)의 서성(瑞盛)과 쌍성태(雙盛泰)도 역시 직원이 인천에 귀환했다면서, 이들이 곧 대량으로 물건을 해올 것이라고 예상했다. 그러므로 그는 "이제는 예전의 전략과는 달라야 합니다. 각 화물은 시장 이익이 클 때에서 이익이 적을 때라도, 이익이 적을 때에서 아예 없을 때에라도 물건을 팔아 버려야 합니다. 먼저 몸을 사려서 딴 사람들이 득세를 하도록 해서는 안 됩니다. 금년은 상해에 이자를 내지 않아도 되어, 장사하기가 자못 쉽습니다."라고 하여 덤핑으로 먼저 재고를 해소하는 전략을 구사하였다.

산동 지역의 전황이 거의 종결되고 강화 정국이 본격화되면서 산동 상인들의 귀환이 시작되자 경쟁은 더욱 치열해졌다. 이러한 경쟁자들의 귀환에 따라, 각 상품별로 동순태호의 비교 우위는 조금씩 달랐던 것 같다. 직물은 거의 모든 일본 상인, 화상이 손대고 있는 품목이지만 동순태호는 줄곧 시장을 선도했던 것 같은데, 그 힘은 역시 강남 생산지에서 물건을 제때에 공급해 주는 상해와의 긴밀한 관계였다. 가구와 소품 제작에 많이 쓰이는 등나무 줄기[藤條]는 당시 조선에서 수요는 많고 공급은 적었다. 담걸생은 일본인들이 대량으로 수입해 올 가능성을 염려하면서도, "우리 상점은 홍콩에서 물건을 해오기 때문에, 어쨌든 일본에서 사오는 것보다 더 낫다."고 하여, 상해와 홍콩이 상품 공급에 비교 우위가 있는 물건에 관해서는 여전히 경쟁력을 유지했다.

그러나 철제품처럼 확실히 열위에 있었던 상품도 있었다. 담걸생은 철 막대[鐵枝]는 시장이 예전만 못하다면서 한성에 기반이 탄탄한 의생성(義生盛), 항순창(恒順昌) 등의 상점이 다시 영업을 시작했기 때문이라고 하였다. 항순창은 철제품을 많이 취급하는데다가, 고객을 넓게 확보하고 있고 또 외상도 주는데, 동순태호는 "한성에는 지명도가 없고, 보관 창고도 없어서", 그들처럼 대량으로 해올 수 없다고 말한다. 즉 동순태호는 아직 한성본호보다는 인천분호 위주로 경영이 되고 있었고, 그 점이 수요가 주로 한성에 있는 품목에 대해서는 같은 광동방의 한성을 중심으로 운영하는 경쟁 상점에 비해 열위에 처해 있었음을 알 수 있다.

이 점은 상당히 흥미로운데, 동아시아의 광동 상인들은 각국 개항장에서 국제무역을 주업으로 하고, 비즈니스도 각국, 각 지역의 시장과 가격 상황을 보아 가장 비싸게 팔 곳에 전송함으로써 시세 차익 위주로 장사를 하고 있었다. 그러므로 담청호나 양륜경이 무역항인 인천분호를 중시하고 조선 시장에 대한 애착이 별로 없는 것도 일반적인 광방(廣幇)의 사고방식이다. 그런데 한성본호를 맡고 있었고, 인천분호의 형 담청호와 의견 대립이 잦았던 담걸생은 문서에서 한성의 내수 시장을 중시하는 모습을 꾸준히 보이고 있다. 결과론적으로 청일전쟁 이후 한일합방 전까지 대자본의 광방 상점이 대부분 조선을 떠난 것에 비해, 담걸생은 조선 체류를 선택했을 뿐 아니라 상해 동태호로부터 독립의 길을 선택해 현지화 전략을 구사했다. 이렇게 다른 광동인 상인과 다른 길을 걸어가게 된 데에는 담걸생이 처음부터 한성본호를 맡았다는 점, 안전 위주보다는 과감한 수익 추구형의 기업가였다는 점, 상해에 돌아가 봐야 조선에서만큼의 지위를 누릴 수 없다는 점 등이 복합적으로 작용했으리라 생각한다.

산동 상인의 귀환도 큰 부담이었지만, 장기적으로 일본의 득세 하에서 조선에서 화상의 입지는 예전과 같을 수 없었다. 담걸생은 3월에 고베에 쓴 편지에서 "중국인[華人]이 수모를 받는 것은 어디든지 마찬가지입니다만, 저희 부두(인천)는 더욱 그러합니다. 하지만 피하는 것이 상책이지, 감히 그들과 시시비비를 논할 수 없습니다."라고 하여 조선에서 굴욕을 당하고 있으나, 절대 일본인과 문제를 만들지 말아야 한다고 몸을 사렸다. 조선에서 청의 정치적 위세가 사라지고 일본이 득세한 이상, 담걸생은 모든 면에서 일본 상인과의 경쟁을 극력 회피했다. 전시 물자로 가격이 고공행진을 이어가고 쇠가죽에서 이러한 모습이 잘 드러난다. 사업 파트너였던 일본의 거래처들은 줄곧 조선의 쇠가죽을 매집해 일본 시장으로 부쳐 줄 것을 집요하게 요청했었다. 그러나 담걸생은 그렇게 일본에서 물건이 없어서 못 판다고 하니 당연히 해드려야 하지만, "일본에서 온 자가 심히 많아 늘 사달을 만들려고 하므로, 이들을 피하는 편이 낫고 문제가 안 생깁니다. 감히 거리에 나가지도 못하고, 조선 물건[土貨]을 매입하려고 하면 그들의 장사를 침범하는 것처럼 굴기 때문에, 그들의 질시를 막아야 하고, 더욱 몸붙이고 살기 어렵습니다."면서 완곡히 거절하였다.

일본 상인이 피혁 제품을 싹쓸이하기도 했지만, 사실은 신변의 위협으로 화상은 산지는커녕 인천 밖으로 나갈 수도 없는 처지였다. 화상의 조선에서의 영업은 오로지 인천이라는 개항장의 국제성에 의존하고 있었던 것이다. 이러한 태도는 계속 이어져 "코끼리표 성냥은 (생산자인 일본) 공익사(公益社)가 직접 인천에 가져와서 팔고, 다른 상인이 파는 것은 허락하지 않는다."면서 일본인과 경쟁하는 상품은 안 팔겠다면서 일본 거래처의 위탁 판매 제의를 거절했다.

4월에 드디어 청일전쟁의 강화조약인 시모노세키 조약이 체결되었다(1895년 4월 17일, 음력 3월 23일). 같은 날에 조선 체류의 자국민을 보호하기 위해 청 정부는 당소의(唐紹儀)를 재차 조선에 파견하기로 하였다. 손성욱의 논문을 참조하면, 바로 그 전 달에 청일전쟁 직전에 파견된 마지막 조선의 조공 사절이 북경의 조공 사절단 숙소인 회동관(會同館)에서 쫓겨났다. 그리고 무조건 조공 사절은 전통에 따라 육로로 오가게 했던 청조는 어서 가라고 이 조공 사절을 천진에서 배를 태워 돌려보냈다. 이제 청과 조선은 조공이나 종번 관계는 당연히 없어졌고, 국교조차 없는 사이가 되어 버렸다. 그리고 무조약국민으로서 화상은 힘겹게 일본 세력이 압도적인 조선 땅에서 생계를 꾸려가야 했다. 과거 청의 정치적 그늘을 누구보다 시원하게 누렸던 동순태호는 전혀 낯선 환경에서 생존을 도모해야 했다.

전쟁의 패배와 경영의 성공: 초국적 상인 디아스포라의 모순

1893년 조선과 중국 간의 무역량은 약 53만 량(해관량)이었으나, 전쟁 기간인 1894년과 1895년은 각각 약 133만 량, 약 70만 량으로 오히려 늘어났다. 그 중에서 화상이 주로 담당한 중국으로부터 조선으로의 수입은 1893년의 약 40만 량에 비해, 1894년은 약 90만 량, 1895년은 약 64만 량으로 전쟁 전에 비해서 50%에서 200%까지 늘어났다. 전시 특수가 만든 역설적인 결과이다. 그런데 이시카와가 집계한 갑오년과 을미년 동순태의 수입액을 살펴보면, 갑오년(1894년)이 5만 2,000량, 을미년(1895년)은 14만 8,000량으로 을미년이 오히려 거의 3배나 더 크다. 이 수치에 근거하여 동순태호의 수입량이 조선의 대중국 수입총액에서 점하는 비율을 계산하면, 5.8%(1894년), 23.1%(1895년)이다. 즉 상대적으로 갑오년에 비해 수입총액이 줄어든 을미년에 동순태호는 거꾸로 평년을 훨씬 웃도는 수입량을 취급함으로써 전체 무역에서 비중도 크게 늘어났던 것이다. 그 이유는 앞에서 살펴보았듯이 다들 피난을 떠난 타이밍에 과감하게 조선으로 돌아와 점포를 다시 열었던 동순태호 담걸생과 직원들의 과단성, 그리고 경쟁자였던 산동 상인들의 근거지인 산동성이 전쟁터로 변하면서 몇 달 동안 시장을 독점할 수 있었던 점으로 요약할 수 있다.

동순태호를 포함하여 동아시아 각 개항장에 활약하고 있던 광동 상인들은 청일전쟁에 대해 '중국인'의 입장에서 전승을 바라면서도, 전쟁은 전쟁이고 사업은 사업이라는 태도를 명확히 하고 있었다. 양륜경은 여러 차례 상인은 '자본의 보존'이 가장 중요하다는 말을 반복하고, 또 정치적 위기가 최고조에 이를 때에는 '자본의 보존'보다도 '가(家)의 보존'이 더욱 중요하다고 역설하였다. 이 '가(家)'의 보존이란 동향과 친인척 네트워크로 연결되어 있는 상업 네트워크 자체의 보존에 다름 아니다. 여기에서의 '가'는 '가문(家門)'이기도 하지만 '동가(東家, 공동 투자를 하는 자본공동체)'이기도

한 것이다. 따라서 '국가 대사'로서 전쟁을 걱정하면서도, 전쟁 자체에 대해서 '기회'일 수도 있다는 입장을 동시에 노출한다. '한간(漢奸)'이라는 중국 미디어의 비난을 의식하면서도 일본을 중개항으로 하여 조선으로 물품을 계속 수출하고, 식량이나 전시 수요가 높은 쇠가죽과 같은 품목에 대해서는 이윤이 높은 일본 시장으로 상품을 돌리는 등 이율배반적인 행동 양식을 보여 주었다. 일본의 산동 공격 역시 '중국인'의 입장에서는 안타까운 일이었을지 몰라도, '상인' 동순태호의 입장에서는 천재일우의 기회였던 것이다.

이러한 착종된 감정이 서신에서도 묻어 나오는데, 상인 디아스포라로서 이들의 정체성과 근대 민족주의 역사상 사이에는 이처럼 균열이 늘 존재하고 있었다. 특히나 아시아 여타 지역이나 구미 등 세계 각지의 화교들이 늘 소수자로서 박해받으며 (신정을 시작한 청조, 청말 개량파와 혁명파의 열정적인 선전 이전에는) 국가와의 일체감을 느끼기 힘들었던 것과 달리, 조선의 화상들은 청의 입김이 센 조선에서 우월적 지위를 누렸고, 동순태호는 양무파 관료 매판 네트워크를 통해 국가권력과 특수 관계에까지 있었다. 따라서 그러한 균열은 더 도드라져 보인다. 하지만 이제는 동순태호와 조선 화상들도 세계 다른 곳의 화교와 마찬가지로 소수자의 지위로 떨어져, 부당한 대접과 맞서며 생존을 위해 싸워 나가야 했다.

청일전쟁 이후 중국 내지에서도 밖에서도 화교를 둘러싼 환경은 격변하기 시작했다. 1895년 5월 2일에 강유위(康有爲)를 비롯한 과거 시험을 보러 상경한 1,300여 명의 거인(擧人)들이 청의 역사상 처음으로 연명 상소를 올리는 집단행동을 했다(公車上書). 양무파를 비판하고 새로운 개혁을 요청한다. 청말 변법운동의 시작이었다. 담걸생은 편지에서 이 전쟁의 패배가 중국에서 내란의 시작이 될 것이라고 예언했고, 그 자신이 청조에 대한 완전한 환멸을 대놓고 드러냈었다. 청일전쟁은 청말 개혁운동과 혁명운동 모두에 불을 당겼고, 둘 다 1895년에 활동이 개시되었다. 변법운동을 일으킨 강유위는 광동성 남해현(南海縣) 출신이며, 혁명운동의 선구자가 된 손문은 광동성 향산현 출신이다.

동순태호 이야기의 숨은 주인공이기도 한 정관응은 동향인 젊은 지식인 손문을 높이 사서 함께 쓴 글을 자신의 『성세위언』에 발표했으며, 성선회를 통해 이홍장에게 소개하려 노력했었다. 또 손문은 1894년에 당대 저명한 언론인이면서 격치서원(格致書院) 원장으로 있던 왕도(王韜)를 만나 이홍장에게 올릴 『상이부상서(上李傅相書, 上李鴻章書)』의 교정을 부탁하고, 추천서까지 받을 수 있었다. 이 격치서원은 애초에 서양 선교사들이 발의하고 당정추, 서윤 등 등 상해의 광방 상인들이 자금을 대서 세운 근대식 교육기관이다. 정관응은 그 운영에 깊이 관여하고 있었고, 왕도와 절친한 사이였다. 손문이 왕도를 만날 수 있었던 것에는 정관응의 배려가 있었을 것이다. 이홍장에게 면담을 거절당한 손문은 하와이로 건너가 그해 11월에 청조 타도를 내건 흥중회를 창립하여 혁명의 길을 걷지만,[21] 그 길을 가장 응원한 것은 해외의 광동 화교들이었다. 정관응은 1895년 12월 상해로 온 강유위와도 환담을 나눈 뒤 그를 격치서원으로 안내하여 왕도(王韜)에게 추천해 주고 함께 서원을 참관하였다. 또한 강유위의 강학서국(强學書局)에 자금을 투자해 주었다. 청 양무파와 늘 함께였던 광동 커뮤니티는 이제 개량파와 혁명파의 물결 속으로 옮겨 갔다.

21_하와이 창립 당시 멤버는 20여 명으로 대부분 광동 출신의 화교였다. 흥중회 초기 멤버 325명 가운데 광동 출신 화교가 70%를 차지한다.

5월에 최후의 조선 연행사가 천진에 파견된 조선 상무위원[駐津督理]과 함께 귀국하면서 조선의 천진 주재 공관까지 폐쇄되고, 청과 조선의 외교관계는 단절되었다. 이듬해(1896년) 7월에 청은 영사재판권 인정을 포함해 각종 특권을 인정하는 불평등조약을 일본과 체결해야 했다(清日通商航海條約). 일본은 중국에서 서양 열강과 같은 지위에 올라섰다. 일본은 승전으로 할양받은 대만에 총독부를 설치했다. 대만총독부는 '청국인대만상륙조례(清國人臺灣上陸條例)'를 제정하여 '중국인'과 '대만인'을 구분하고, 중국인의 대만 입경과 활동을 제한하였다(1895년 11월). 바야흐로 동아시아 지역 각지(조선, 대만, 일본)에서 중국인의 출입국과 노동, 무역, 상업 등 경제 활동이 겹겹이 규제받는 시대가 찾아오고 있었다.

변화하는 상해: 무역항에서 산업기지로

청일전쟁과 그 패배는 장기적으로 상해 지역과 그곳에 근거지를 틀고 있던 광동인 사회, 서양인 사회 모두에게 커다란 전환점이 되었다. 이미 동아시아 유수의 무역항으로 성장한 상해이지만, 이 시점을 계기로 중국 최대의 산업기지로 탈바꿈하게 된 것이다. 바로 영국의 요구로 일본이 강화조약에 끼워 넣은 개항장에서 외국인의 공장 부설을 허용한 조항 때문이었다. 1895년 당시 상해 공공조계의 인구는 영국인 1,936명, 미국인 328명, 중국인 인구가 24만 명으로 이제 조계는 외국인과 중국인이 섞여 사는 상해 경제와 문화의 중심지로 변모했다. 이 조계의 가장 큰 권력자는 영국 자본들이었는데, 그 중에서도 선두를 달리는 자딘 메디슨 사는 러셀 사를 비롯한 초기 양행들이 부도로 사라져 간 속에서 꾸준히 자기 변신에 성공해 조계 사회의 지도자로 군림했다. 자딘 메디슨 사는 이전에도 무역업의 마진에만 의지해서는 경영이 취약하다는 것을 깨닫고 기선, 철도 등 교통업 분야에 신출을 꾀했으며, 19세기 경제를 선도하는 제조업에도 투자를 계속하였다. 그러나 중국에서는 외국인이 공장을 세울 수 없었기 때문에 본격적인 공장 건설 계획은 번번이 좌초되었다. 조계에는 청 정부의 묵인 하에 약간의 소규모 근대식 공장들, 외국인 사회의 소모품을 위한 식품 생산이나 수입출항을 관리하는 데 필요한 선박 수리 공장 정도가 가동하고 있을 뿐이었다.

19세기가 끝날 무렵 산업의 꽃은 면방적, 면방직 업이었다. 인구 5억에 육박하는 중국의 면직물 소비 시장을 두고 영국, 인도, 후에는 일본 면직물이 중국 시장에서 목숨을 건 경쟁을 펼쳤다. 이홍장도 양무운동의 하이라이트로 정관응과 상해 광방의 도움을 받아 중국 최초의 기계화된 면방직 공장인 상해기기직포국(上海機器織布局)을 개설하여 외국 수입품과 경쟁했다. 자딘 메디슨 사를 비롯한 영국 자본의 양행들은 개항장에서 자신들도 공장을 지을 수 있기를 강력하게 희망했다. 그 당시 일본 면업 자본은 막 성장 단계로 중국 현지 공장 건설과 같은 자본 수출까지는 여력이 없었으므로 이 조항은 자국의 이해와는 큰 상관이 없었으나, 일본 정부는 청일전쟁을 암묵적으로 용인하고 향후 전략적 제휴를 약속한 영국을 위해 이 조항을 끼워 넣었다. 조약이 체결된 1895년에 자딘 메디슨 사는 상해에 이화 면방적·방직공장(the EWO Cotton Spinning and Weaving Co., 중국명 怡和絲廠, 怡和紗廠, 후에 怡和綿紡織局)을 설립하였는데, 중국의 첫 외국인 소유의 면업 공장이다. 이후 이 공장은 3개로 늘어나 중일전쟁까지 17만 5,000

개의 방추와 3,200개의 직기를 보유한 상해 최대의 면방직 공장으로 발전하였다. 양행의 상해 면업 투자의 고이윤을 보고, '민족 자본'이라 불리는 중국인 자본의 면업 공장이 연이어 건설되면서, 상해는 단기간 내에 제조업 도시로 거듭나게 되었다. 이때부터 중일전쟁까지 상해는 수출입 무역항으로서의 지위를 계속 유지함과 동시에, 중국 근대식 제조업 생산의 거의 절반을 차지하는 산업도시로 발전했다.

이즈음 새롭게 등장한 제조업 투자의 '민족 자본'에 상해 현지의 절강성 상인 자본이 많았다. 때문에 상해 도시의 산업구조 변모에 따라 무역업에 주로 종사했던 광동 상인 자본의 세력이 약화되고 절강 상인 자본이 제조업 분야의 성장과 또 부수한 금융 자본 성장을 타고 세력이 강화되었다는 것이 통설로 받아들여지고 있다. 청일전쟁의 패배로 양무파가 몰락하면서 이른바 관상(官商)으로 활동했던 많은 광동인 매판 출신 상인들은 이후 크게 두각을 드러내지 못했다. 그러나 주목해야 할 점은 이 제조업 투자와 민족 자본의 흥기가 일어난 첫 단계인 청의 마지막 17년(1895~1912년) 동안, 그리고 구조조정을 거치며 본격적으로 민족 자본이 성장한 중화민국 초기 10여 년(1912~1925년) 동안 제조업 투자를 이끈 것은 중국인이되 국내 자본이 아닌 화교 자본이었고, 그 중에서도 본국으로 투자를 개시한 광동인 자본이었다는 점이다. 이 점에 관해서는 다음 장에서 상세히 검토하겠다.

청일전쟁 종료와 함께 조선에 진출한 서구 양행의 발걸음 역시 빨라졌다. 1895년 미국 상인 월터 타운센드는 미국무역상사(American Trading Company)에서 독립하여, 기존의 모스 & 타운센드 상사(Morse and Townsend & Co)를 개조하여 타운센드 상사(Townsend & Co)로 새롭게 출발했다. 이듬해인 1896년에는 나가사키 최대의 양행이었던 홈 링거 양행(咸陵

加洋行, Holme Ringer & Co.)이 제물포에 첫 조선 지점을 오픈하였다. 동아시아 교역을 주름잡던 영국 금융 자본이 최초로 조선에 진출한 것은 1897년이었다. 차터드 은행이 독일 상인 인천 세창양행을 대행점으로 하여 최초로 조선에 지점을 개설하였고, 홍콩상해은행(匯豐銀行, HSBC)은 홈 링거 양행을 대행점으로 역시 인천지점을 열었다. 러시아 기선의 진출도 이때부터 이뤄졌다. 상해-블라디보스토크를 연결하던 러시아 기선 항로가 1896년에 인천에도 기항하게 된 것이다. 덴마크 자본인 이스트 아시아틱 사(寶隆輪船公司, East Asiatic Co.)는 1897년 코펜하겐에서 설립되어, 처음에 코펜하겐과 방콕 및 극동 지역을 연결하는 노선을 운영하였는데, 1899년에는 지사로 Russian East Asiatic Steamship Co.를 설립하여 발틱해, 흑해와 극동을 연결하는 노선을 경영하였다. 이 회사의 보유 선박에는 1899년에 건조해서 이듬해 Russian East Asiatic Steamship Co. 노선에 투입된 Korea(6,163톤)라는 배가 있다. 러시아 기선 항로의 확대에 따라 여러 다국적 자본의 기선 네트워크에 조선 역시 본격적으로 포섭되어 갔다고 볼 수 있다.

동순태호 주력 사업의 전환과 담걸생

초기 동순태호의 주력 사업은 무역이었으므로 윤선초상국이 상해와의 정기 항로를 개설한 인천이 대단히 중요했고, 인천분호의 비중은 컸다. 화물의 하역과 적재뿐 아니라, 동아시아 무역 결제에서 중요했던 조선 동전[韓錢]과 일본·중국 은화 사이의 환전 및 결제 송금 네트워크에서도 인천이 중개 지점이었다. 따라서 초반에 담걸생의 형이 인천분호를 맡은 것은 실제로 인천이 한성보다 더 중요했기 때문일 것이다. 하지만 담청호의 경영 능력은 담걸생에 비해 뒤쳐졌던 것 같고, 양륜경은 갈수록 담걸생을 신임했다. 한편, 담청호에서 담걸생으로의 무게중심 이동은 개인 역량과 더불어 조청무역 규모가 갈수록 커지고 특히 청으로의 수출보다 조선으로의 수입이 압도적인 비중으로 증가하면서, 중국 상품의 판매처인 시장으로서 한성의 중요성이 점차 커져 갔던 것과도 연관성이 있을 것이다.

잊지 말아야 할 것은 청일전쟁이 이 전환에 중요한 방점이 되었다는 점이다. 청일전쟁 당시 인천의 책임자 담청호는 일찌감치 담가의 부녀자들을 이끌고 귀국하여 상해를 경유해 고향인 광동성으로 돌아가 버렸고, 조선에서의 사업도 향후 전망이 없다고 소극적이었다. 상해의 양륜경 역시 동아시아 전체의 경영 네트워크에서 조선은 변방에 불과했기 때문에 자본의 안전한 철수 쪽에 무게를 싣고 있었다. 반면에 담걸생은 위기일수록 기회라면서 평양 전투 전후에 잠시 피난을 한 것을 제외하고는 다시 조선에 돌아가 줄곧 적극적으로 경영을 지휘하였다. 결과적으로 1895년에 전쟁터가 조선에서 중국 동북 지역과 산동 지역으로 바뀐 뒤로는 조선은 군수물자를 공급할 배후지로서 공전의 전시 호황을 맞이하였다. 일본의 산동성 위해(威海) 공격으로 산동 상인들이 철수한 공백을 틈타 담걸생은 공격적인 경영으로 수요 과잉과 공급 부족의 조선 시장에 신속하게 물자를 공급하여 엄청난 이익을 올릴 수 있었다. 청일전쟁은 그러한 의미에서 담청호가 경영 일선에서 차차 밀려 나고, 조선 동순태호 운영에서 담걸생의 지위가 독보적으로 되는 데 중요한 전환점이 되지 않았을까 생각한다.

그렇지만 담걸생이 그 자리에까지 올라서는 과정은 결코 순탄하지 않았다. 전쟁 기간의 맹활약으로 큰 수익을 올린 담걸생은 1895년 12월에 광동성 고향으로 돌아갔다. 승리의 단 열매를 만끽했을 것이다. 하지만 그가 돌아왔을 때 현실은 전혀 달랐다.

테마 12 동아시아인의 멸칭

19세기 후반 동아시아의 개항으로부터 동아시아 한, 중, 일 사이에는 대량 이주의 파도가 일어났다. 그리고 20세기 중반 제2차 세계대전과 냉전으로 세 나라 사이에는 보이지 않는 유리벽이 세워졌다. 넘실대던 이주의 물결은 1990년대 냉전 와해와 전 지구화가 본격화될 때까지 갇혀 버렸다. 우리가 동순태호로 살펴본 이 시기는 바로 그 물결이 넘실되던 때인데, 그러다보니 전근대 시대와 달리 한, 중, 일 민족은 서로 지역적으로 섞여 살면서 부대끼고 정(情)도 들었지만, 주로는 남을 낮춰보며 자기가 잘났음을 확인했다. 그래서 과거 없었던 '멸칭' 들이 대거 발명된다.

그 중에 중국인을 낮춰보는 말로 짱꼴라라는 말이 있다. 송승석은 식민지 조선에서 중국인에 대한 차별적 언어로 널리 사용된 '짱꼴라'의 어원을 '청국노(淸國奴)'에서 찾고 있다. 일본인들이 중국어 발음인 '칭궈누(Qingguo-nu)'를 '잔코로'라고 불렀는데, 현해탄을 넘어 한국에 전파되어 '짱꼴라'가 되었다는 것이다. '야츠(奴)'라는 칭호는 일본어에서 '놈'에 해당되는 비속어이다. 한편 널리 알려져 있듯이 '짱깨'라는 또 다른 차별적 언어는 화교 상인이나 점포 주인을 '짱꾸이(掌櫃, Zhanggui)'라고 널리 부르던 말이 변용되었다고 많은 서적에서 쓰고 있다. 오늘날 '짱깨'는 중국집 점원이나 중국 짜장면을 비하하는 용어로 여전히 쓰인다.(송승석 2011)

하지만 원래 '짱꾸이'는 돈 궤짝을 관할하는 자, 즉 가게 점원 중에서도 회계 담당자로 상당히 높은 직책이다. 작은 단위에서는 바로 경영자, CEO이다. 그런데 이런 말이 한국에서는 비속어가 된 것처럼, 한국에서 중국인의 부정적 이미지는 돈벌레, 아무리 몸이 힘들어도 돈만 번다면 뭐든지 다 하고, 돈 모으느라

씻지도 않고 비위생적이면서 알고 보면 알부자이고 자린고비인 사람들이다.

만주 지역에서는 중국인들이 조선인을 욕하는 말로 '까오리빵즈(高麗棒子)'라는 말이 있다. '조선(朝鮮)'은 이성계가 작명한 국호라서 명, 청 시대의 중국인들에게나 에도 시대의 일본에게도 500년이나 들어오던 '고려'라는 말이 익숙했다. 19세기 양국의 민간 서적에는 조선을 지칭하면서 고려라고 쓴 용례가 더 많을 정도이다. 고려는 그렇다고 하고 '빵즈'는 무엇인가. '방자(棒子)'는 원래는 몽둥이라는 뜻이지만, 중국에서는 주로 건달, 주먹으로 많이 쓰이는 용어이다(房子에서 유래하여 조선인 노복을 뜻한다는 주장도 있다). 당시 중국인들의 눈에 비친 재만 한인은 여자는 애를 등에 업고 열심히 밭일하지만, 남자는 대낮부터 막걸리 마시며 시국을 논하며 열을 내고, 자존심은 대단하여 욱하면 주먹 휘두르는 이미지가 강했던 듯하다. 동북 태생의 한 중국인 학자가 어린 시절부터 봐왔다고 필자에게 들려 준 '조선족'의 이미지이기도 하다.

이 책의 연구 대상인 동순태호의 서신 자료에서도 화교들이 조선인이나 일본인을 비하하는 용어로 비슷한 한자가 등장하여 눈길을 끈다. 예를 들어 조선인을 가리킬 때는 그냥 '조선인(朝鮮人)'이라고도 쓰지만 꽤 많은 곳에서 '토인(土人)'이라는 용어를 사용하고 있다. 토인이라는 용어에는 문명론과 사회진화론이 지배하던 19세기 말에서 거의 문명권에서 벗어난 곳의 야만인이라는 시선이 내포되어 있다. 따로 조선인에 대해서는 멸칭조차 없는데 그것은 의식할 가치도 없었던 존재였다고 할 것이다. 반면 일본인에 대해서는 중립적으로는 '일인(日人)'이라는 말을 가장 많이 사용하는데, 청일전쟁이 일본의 연전연승으로 급속하게 전세가 기울어지고 난 후에는 막말이 나오기 시작한다. '일노(日奴)'라는 호칭이 등장하고, 더 지나면 '왜노(倭奴)'라는 말이 대세가 된다. 막판에는 '무 대가리(蘿蔔頭, 간체자로는 蘿卜頭)'라는 재미있는 단어도 등장한다.[강진아 2014(c)] 일본 사무라이의 삭발 후에 상투를 모아서 트는 모양새가 무와 무 잎을 닮아서인가라고 생각한 적이 있다. 하지만 최근에 중국인 지인에게 들은 바로는 무가 막 자라서 땅 위로 살짝 머리를 내민 어린 무를 말한다고 한다. 즉 키가 작다는 '왜(倭)'와 통하는 멸칭이다.

테마 13 국적이란 무엇인가

국적이란 광범위한 개념이지만, 적어도 국적법의 시행으로 법률적으로 규정되는 역사는 서구에서 시작되었다. 각국의 국적법의 역사는 유구한데, 1772년에 제정된 영국 국적법(the British Nationality Act)은 아버지가 영국인이면 해외에서 태어난 자라도 영국인으로 처음 인정하였다. 1804년의 프랑스 민법이나 1842년의 프로이센 국적법도 대개 부계주의를 잇고 있다. 동아시아에서는 1892년 오늘날 인도네시아에 해당하는 네덜란드령 동인도(1800~1949년)의 지배자 네덜란드 정부가 해외 식민지에서 출생한 자에게 네덜란드 국적을 부여하는 '네덜란드 국적 및 거주 조례'를 발표하면서 일본, 중국 등 지역 내의 국가들에게 국적법 제정을 해야 하겠다는 자극을 주었다. 이 법률의 13조에는 '제국의 주민'을 "제국이나 혹은 식민지의 영지에서 18개월 이상 연속 거주하고, 현재 역시 해당 영지에서 거주하고 있는 자"로 규정하여 네덜란드 국적을 부여했기 때문에, 식민지에 거주하는 화교와 일본인들에게도 네덜란드 국적 취득의 길이 열렸다. 유럽에서도 18세기까지는 보편적이었던 혈통주의가 사실상 방기되었다.

이에 국적으로 자국민을 단속해야 할 필요를 느낀 동아시아 국가들도 국적법 제정에 나섰던 것이다. 호적이 국내용이라면, 국적은 해외와의 관계 속에서 구상되었다는 점을 알 수 있다. 1899년에는 일본에서 국적법이 시행되었다. 1909년에는 중국 역시 '대청국적조례(大淸國籍條例)'를 발표하여 이때 처음으로 청국인, 청나라 사람이 아니라 '중국인(中國人)'이 법률상 용어로 등장하였다. 화교 출신의 상부(商部) 좌시랑(左侍郞)이었던 오정방(伍廷芳)이 1903년 상소를 올려 "한 국가의 국민이란 당연히 그 국가의 국적을 가져야 하며, 국적의 출입은 당연히 법률로써 정해야" 한다면서, 해외의 사정을 전했다. 정지호와 한상협의 연구에 따르면 청은 러시아와 접경 지역에서 신강, 위구르 지역민의 러시아 국적 취득과 이탈이 심했던 상황도 의식하고 있었다고 하며, 법률 제정에 임해서는 네덜란드의 국적법과 일본의 국적법을 입수해서 적극 참조했다고 한다. 이 중국 최초의 국적법은 아버지가 중국인이었다면 세계 어디에서 살던 중국인으로 국적을 부여하고 있다. 또 아버지의 국적을 모르거나 아예 없으면 어머니만 확실히 중국인이라도 역시 중국 국적을 주었다.(위키피디아; 정지호 2008; 한상협 2015)

테마 14 일본 제국의 국적법과 시민권

일본은 1899년에 국적법을 제정했는데, 그 이전에는 다른 동아시아 국가들과 마찬가지로 호적만 있었다. 메이지 유신 이후 1871년에 일본 호적법이 제정되었다. 이때는 통치 대상이 되는 주민을 가(家) 단위로 등록하는 제도였다. 근대적 국민국가를 지향하면서도 전통적 호적 제도의 요소가 짙게 남아 있다. 이를 메이지 국가가 지향했던 가부장적 천황제, 즉 가정에서는 가장인 호주가, 국가에서는 천황이 가부장적 권위를 행사하며 개인 위에 군림하는 국가 지향과 맞닿아 있는 발상이라고 보기도 한다. 1898년에 천황이 일본 국민들에게 은혜

롭게 내려 준다는 일본제국헌법을 공포한 후, 이듬해 1899년 국적법을 제정하면서 이 호적법과 연계시킨 것은 그 연장선상이다. 국적의 부여와 이탈은 여전히 개인이 단위가 아니었다. 일본 호적을 가지면 자동적으로 일본 국적을 가졌고, 일본 국적에서 나가려면 일본 호적에서 이탈하면 된다. 그러니 일본 국적을 취득하거나 상실하려면 먼저 일본 호적에 등록이 되어 있어야 했다. 또 호적이 가(家) 단위이므로 처와 자녀의 국적은 자동적으로 아버지나 남편을 따라가야 했다. 홀로 이탈하거나 진입할 수 없었다.

그런데 1871년 호적법 제정 이후 일본이 영토 확장으로 새롭게 병합한 지역과 나라가 생겨나면서 호적법과 국적법 사이에 간극이 생겨났다. 류큐 왕국은 1879년에 오키나와 현으로 일본에 합병되면서 류큐, 즉 오키나와 사람들은 일본 호적에 등록되었고, 자연스럽게 이후에도 일본 국적을 취득하여 호적과 국적이 일치했다. 그런데 1895년, 1905년, 1910년에 각각 병합된 대만인, 사할린 남부 원주민, 조선인은 일본 호적이 아니라 각각 대만 호적, 사할린 '토인(土人)' 호적, 조선 호적에 등록되었다. 다만 대만인과 사할린 남부 원주민은 호적은 따로 작성해도 일본 국적법이 적용되었으나, 조선만은 국적도 조선 호적이고 일본 국적법 대상에서도 제외되었다. 따라서 현실적으로는 일본 국적 보유자로 간주되어 해외에 나갈 때 일본 여권은 발급해 주었지만, 국적의 이탈에 있어서는 '일본 호적'에 편성이 되어 있지도 않고 '일본 국적법' 적용 대상자도 아니므로 법적 근거가 없어서 일본 국적에서 이탈하여 다른 나라 국적을 취득할 수 없었다.

그런데 '일본 국적'을 보유한 것과 선거권, 피선거권를 행사할 수 있는 '시민권'은 또 달랐다. 여기에는 혈연주의가 아닌 지연주의가 적용되었다. 타이완, 사할린 남부, 조선 세 지역의 거주민은 해방 직전인 1945년 4월까지 일본 제국의 신민이지만 일본 제국의 국회, 즉 중의원(衆議院) 선거에 참여할 수 없었다.

여기에서 중요한 것은 민족이 아니라 거주자, 즉 지역에 대한 차별이었다는 점이다. 따라서 일본 내지인으로 일본 호적과 일본 국적을 다 가지고 조선에 이주한 사람이라도 선거에 참여할 수 없었다. 대신 타이완 인이나 조선인이라도 일본에 거주하고 있는 자는 일본 호적에는 편입될 수 없어도 선거에는 출마할 수도 있고 한 표를 행사할 수도 있었다.(塩出浩之 2015)

테마15 20세기 초 재만 한인의 국적 문제

일제 강점기의 한인들 역시 국적 문제로 고통을 받았다. 중국 동북 지역, 즉 만주로 이주한 재만 한인이 그 피해를 많이 받은 디아스포라이다. 1930년대 재만 한인은 그야말로 '낀' 존재였다. 만주에는 땅이 많다고 하여, 또는 나라를 뺏은 일본이 싫어서 혹은 일본이 만주가 살기 좋다고 정책적으로 후원해서 많은 조선인들이 만주로 이주했다. 이렇게 만주로 이주한 조선인들은 '외국인'으로 중국 현지에서 토지를 사거나 영주하는 데 제약이 많았고 중국 당국에게 여러 불합리한 박해를 당했다. 일본은 이들 조선인의 권익을 보호한다는 명분으로 툭하면 영사재판권을 발동하여 반대로 중국인들을 억압하거나 조선인 보호를 명분으로 중국 각지에 일본의 경찰을 두었다. 따라서 중국에 망명하여 독립운동을 하던 민족주의 진영과 사회주의 진영의 한인들에게도 재만 한인은 한편으로는 독립운동을 지지하는 토대이지만, 다른 한편으로는 일본 제국의 앞잡이로 중국과의 연대를 훼손하는 양날의 칼이었다.

민족주의 진영 중의 자치주의자들은 재만 한인에게 중국법을 존중해서 그냥 중국 국적을 취득하라고 권하면서, 중국 정부에게는 조선인이 귀화해서 중국 국적을 취득할 수 있도록 허락해 달라고 요청하고, 또 일본 정부에는 중국 국적을 취득하려면 우선 조선인이 일본 국적을 포기해야 하는데 현재 아예 법률이 없으니 그게 가능하도록 법을 고치라고 요구했다. 그러나 이러한 주장에 중국 정부나 일본 정부나 동의하지 않았다. 중국 정부는 처음에는 귀화를 권했지만 이주 한인의 숫자가 너무 많아지면 산동성 이주민을 비롯한 자국민의 만주 정착을 방해할 수 있는데다가 이들 한인이 일본 세력과 100% 단절되리라고 신용할 수 없었기 때문에 귀화에 더욱 소극적으로 되었다. 일본 정부 역시 조선인이 일본에 대거 들어오는 것은 사양하고 싶었고, 한인이 대거 중국 국적을 취득해서 빠져 나가 버리면 그야말로 해외에 합법적 독립운동의 공간을 만들어 주는 것이라고 생각했기 때문에 이도저도 아닌 회색 지대에 조선인들을 가둬 두었다.

이에 반해 사회주의 진영은 한인 좌익 독립운동가 측도 중국 공산당 측도 피압박 민족과 프롤레타리아의 국제적 연대의식을 강조하면서 만주 지역에서 조선인의 거주와 생명과 재산 보호를 옹호했다. 그러나 실제 사회주의 진영 역시 민족주의적 정서에서 자유롭지 못했다. 이는 다수의 좌익 세력이 국내의 화교들을 빈곤한 조선인을 억압하는 부르주아 계급으로 간주하고 린치와 선동에 앞장섰던 것에서도 잘 알 수 있다.[다나카 류이찌 2004; 강진아 2012; 강진아 2013(b)]

6장

구조조정의 시대
: 일본 식민지 조선에서 살아남기

다시 조선으로: 전후 불경기와 방향 모색

1896년 11월 담걸생은 광동성에서 조선으로 돌아왔다. 새로 맞은 부인도 함께였다. 전쟁이 끝나고 1895년 12월에 귀향길에 오른 그는 뜻하지 않게 병이 났다고 하는데, 그로 인해 체재 기간이 길어져 결국 거의 1년의 부재 뒤에 일터로 복귀한 것이다. 고향에 있는 동안 그는 광동성 불산(佛山) 출신의 호운경(胡雲卿)을 세 번째 부인으로 맞았다. 그녀는 1879년 10월 11일(음력 8월 26일) 출생으로 18세에 결혼했다는 담정택의 회고록을 따른다면 1896년에 혼인했을 것이다. 그때 담걸생의 나이 44세였다. 담걸생의 고향 금리(金利)는 고요현이지만, 고요현과 불산현의 경계 지역에 위치하기 때문에, 불산과 같은 생활권이었다. 여하튼 요절한 첫 혼인 배우자, 고향을 지키고 있는 정실인 첫 번째 부인, 두 번째 부인은 모두 같은 금리 출신이었지만, 세 번째 부인부터는 혼인 범위가 더 넓어지고 있고, 이는 정관응

등 다른 성공한 상인들의 혼맥 경향과도 일치한다. 중국에서 처첩의 수는 성공과 사회적 지위의 척도이기도 하므로, 청일전쟁 기간의 사업 성공을 나타내는 행보로도 볼 수 있다.

금의환향한 뒤에 새 식구까지 끌고 돌아온 그였지만, 이시카와의 표현을 빌자면, 그는 서울로 돌아와 쌓여 있는 대량의 재고를 보고 충격을 받았다고 한다. 전후 호황이 끝나고 불경기가 찾아온 탓이었다. 그렇다고는 해도 단 1년 동안의 부재 동안 이 정도의 재고가 쌓였다는 것은 담걸생이 그만큼 경영 능력이 뛰어났다는 반증이기도 하다. 이때부터 청일전쟁 당시부터 고민해 왔던 사업 진로에 관한 그의 고민이 본격화되었다고 여겨진다.

그는 상해 양륜경에게 쓴 편지에서 1895년 을미년의 결산은 장부상으로는 3만 량이나 이윤이 남았다고 나오지만 재고를 조작한 탓이라면서 1896년 경기는 좋지 않았고 앞으로도 어려운 시기가 당분간 계속될 것이라고 전망했다. 그는 1897년 봄에 평양과 목포가 개항될 것이라는 소문을 양륜경에게 보고하면서, 새로운 사업 방향으로 인천과 서울의 장사에만 머물지 말고 각 개항장으로 지점을 넓히고 시장을 확대해 나갈 것을 제시했다. 그러자면 자금이 필요하니, 당시 한성본호의 자본은 4만 8,000량이었는데, 이를 6만 4,000량으로 증자하자고 건의했다. 그러나 양륜경은 조선에서의 사업 확대에 부정적이었던 듯 이 제안을 거부한다. 지점을 확대 설치하는 것에 대해서는 알아서 하라고 한 것 같지만, 결국 자본은 현행을 유지했다. 담걸생은 이렇게 소극적인 경영으로는 결국 산동방에 뒤쳐질 것이라고 불만을 토로했지만, 양륜경의 입장에서는 아시아 어디든 더 좋은 투자처가 있다면 투자할 수 있는 상황에서 다른 곳보다 리스크가 큰 조선 시장에 필요 이상으로 모험을 하고 싶지 않았을 것이다. 그러나 조선에서의 사업에 모든 것을 건 담걸생의 입장은 달랐으리라 생각한다. 담걸생은 일본과 조선 간의 무역이 확대일로를 걷고, 일본의 주도 하에 조선의 철도, 기선, 도로를 비롯해 인프라 건설이 본격화되는 큰 변화를 보면서, 새로운 환경에 대응할 전략을 고민하기 시작했다.

1898년 담걸생은 블라디보스토크의 거래처인 복태융(福泰隆) 상점에 흑룡강성 흑하(黑河) 지역으로 곡물 수출을 함께 해보자고 제의하였다. 아무르 강을 끼고 연해주를 마주보고 있는 이 지역에는 19세기 후반 금이 채굴되기 시작하면서 많은 화교 노동자들이 금광 노동자로 진출했다. 거기에 중국 동북 지역에 러시아의 진출이 본격화되고 시베리아 철도, 동청철도(東淸鐵道) 등 철도가 건설되면서 더 많은 화공(華工)들이 이 지역에 몰려들었다. 담걸생은 이 화교 노동자들에게 팔 식량을 공급해 보려고 했던 것이다. 하지만 리스크가 지나치게 크다고 판단한 담걸생은 결국 이 벤처 사업을 포기했다.

새로운 사업 영역을 개척하는 것 이외에 담걸생은 청일전쟁 전부터 꾸준히 관심을 표했던 내지 통상의 확대에 본격적으로 손을 댔다. 그는 서울로 돌아오자 맨 먼저 전주에 직원 하정생(何梃生)을 파견했다. 율포에 이미 다른 직원 왕정삼(王鼎三)이 체재하고 있었기 때문에, 두 사람에게 쌓여 있던 수입품 재고를 팔고, 한편으로 예전 전쟁 전에 깔아 두었던 외상을 회수하도록 하였다. 전주 다음으로는 충청남도 강경에 직원 맥군발(麥羣拔)과 조선인 정덕윤을 함께 파견하여, 그곳에 체재하면서 미곡을 구입해서 서울로 보내도록 했다. 1898년에는 맥군발은 서울로 올라오고 담수지(譚秀枝)가 파견되어 계속 쌀 매입을 담당했다. 담수지는 이듬해 1899년에 다시 서울로 소환되었고, 그 후로는 강경에 점원을 파견하지 않았다.

강경에 있던 담수지는 1898년 말에 목포로 간 적이 있는데, 담걸생의 지시로 토지를 구매하기 위해서였다. 목포는 앞에서 담걸생이 말한 소문대로 1897년 10월에 개항을 하고, 각국 거류지가 조성되던 상황이었다. 당시 조선에 다시 돌아와 한성 총영사 역할을 수행하던 당소의는 목포의 새 거류지를 일본이 다 차지할 것을 염려해서, 담걸생에게 그쪽에 땅을 사두라고 했다고 한다. 그러나 땅과 건물은 구입해 두었으되 임대를 주었을 뿐, 목포에 지점은 설치하지 않았다. 또 1899년에도 목포와 같이 1897년에 개항한 진남포의 각국 거류지에 동순태호는 토지를 구입하였는데, 시간 격차가 거의 없는 것으로 보아 부동산 투자의 의미와 함께 역시 목포 사례와 마찬가지로 당소의의 부탁과 관련한 토지 구매가 아니었을까 생각된다.

1899년 5월에는 금강 하구의 전라북도 군산이 개항했는데, 담걸생은 오히려 군산에 많은 관심을 가졌다. 왜냐하면 기존에 내지 통상을 해왔던 전주, 강경에서 보면 목포보다 군산이 훨씬 가까웠고 서울에도 근접했기 때문이다. 이시카와의 분석에 따르면, 동순태문서에 분산적으로 보이는 군산 분호의 서찰이 있고, 매년 보내는 편지의 개수와 연번을 추적해 보건데, 군산에는 개항하자마자 얼마 안 되어 바로 지점이 설치된 것 같다고 한다. 홍삼 교역 때문에 왕래가 많았던 개성은 청일전쟁 이후는 활동이 미미해졌다.

1897년 담걸생은 미곡, 비단 등 수출입 상품의 조선 내 운반에 처음으로 기선 회사를 이용했는데, 이후 기선 회사 이용은 빈번해졌다. 당시 1894년에 문을 연 일본 자본의 광통사(廣通社)라는 기선 회사의 선박이 인천, 군산, 목포 사이를 한 달에 5번 빈도로 왕복하여 대단히 편리해졌다. 각 지점 간의 연락도 예전에는 인편이나 해관 우편을 이용하던 것이, 청일전쟁 후는 우편을 이용할 수 있었고, 서울-전주 간의 통신은 왕복 10일로 단축되었다.

1899년 동순태호 한성본호 구성원의 숫자와 출신을 살펴보면 1889년에는 담걸생과 그의 형제, 상해 동태호 나주신의 친인척 이렇게 3명이었는데, 1899년에는 10명으로 크게 늘어났다. 주한 사관에 신고된 거주 상황을 보면 담걸생(譚傑生)은 처와 두 아들, 딸과 동거하고 있다고 기록되어 있는데, 둘째 부인 하씨와 그 자녀들은 한성에서 거주하고 셋째 부인 호씨와 그 자녀들은 인천에서 거주했다고 하므로, 처는 하씨, 두 아들은 2남 담정곤(1885년 생), 3남 담정림(1889년 생)으로 추정된다. 딸은 아마 1894년 8월 청일전쟁 중에 태어난 여아로 추정된다. 이외에 담걸생과 동향인 고요현 출신이 하정생(何梃生, 53세, 고요현, 처자 있음, 딸 2), 담정창(譚梃昌, 36세), 담기옥(譚其玉, 25세), 담기신(譚其燊, 23세), 황태분(黃泰芬, 23세), 이정파(李靜波, 29세) 6명으로 친인척일 가능성이 높다. 나머지는 광동성 향산현 출신이 담수기(譚秀枝, 46세) 고수흥(古穗興, 26세) 2명이며, 학산현 출신이 맥군발(麥羣拔, 25세) 1명이다. 대체로 직원 구성이 광동성 내에서도 상해 동태호와 연관된 고요현, 학산현, 향산현 세 현에 집중되어 있으며, 담씨 일족이 다수를 차지한다. 담걸생 이외에 처자와 함께 거주하는 이는 하정생뿐이었다.[22]

22_이상은 이시카와(2016)의 청일전쟁 이후 동순태호의 내지 통상에 관한 분석을 요약한 것이다. 자세한 내용은 위 책을 참조하기 바란다.

내지 통상과 인천 무역의 위기

상점의 규모는 커졌지만 조선에서 물건을 파는 것도 사는 것도 이제는 만만치가 않게 되었다. 청일전쟁 전에 전주지점에서 원세개의 친병이 가게에 몇 번 나타나는 것만으로 밀린 대금과 빚을 받아 내기가 훨씬 수월해질 것이라고 좋아했었는데, 거꾸로 이제는 청의 위세가 바닥에 떨어졌다. 심지어 말로만 당소의가 총영사급이지 국교도 끊겨서 어떤 공식적 외교 직책도 사실은 없었고 여전히 영국 총영사가 외교 대리자였다. 변변한 대표자도 없는 화교들은 만만한 존재가 되었다. 그나마 담걸생과 절친한 당소의도 1898년 가을 부친상으로 조선을 떠나면서 10년에 가까운 조선에서의 외교관 생활에 종지부를 찍었다.

내지 통상을 위해 협력관계에 있던 조선인들은 대금을 미루거나 횡령을 하거나 하여 끊임없이 분란을 일으켰다. 율포에서 직원 왕정삼은 최정화란 객주의 집에 거주하면서 그를 통해 서울로 쌀을 매입해 보냈었다. 이 객주는 동순태의 자금을 빌려서 쌀을 매입했었는데, 꽤 오랫동안 거래를 했던 인물인데도, 툭하면 화물이 없어지고 자금 유용이 발생하는 등 말썽이 빈발하기 시작했다. 결국 담걸생은 1899년에 최정화를 고발하여 소송까지 가게 된다.

강경에서도 유사한 사건이 발생했다. 1897년에 강경에 파견된 직원 맥군발이 쌀을 사라고 미리 객주에 주었던 돈을 떼인 것이다. 이 대금 역시 1899년까지 회수를 하지 못했다. 이시카와는 이러한 패턴의 사건들을 제시하면서, 보통 이러한 '선대(先貸)' 제도가 외국 상인에의 종속화라고 해석되지만, 돈을 준 사람 입장에서는 대금을 떼이면 손해를 입기 쉬웠다고 지적한다. 즉 계약 엄수의 사회적 분위기가 정착되어 있고 법률적 제재가 강하게 작동하는 사회라면 '종속화'일 수 있으나 그렇지 않다면 그저 투자하기 어려운 환경일 뿐이라는 것이다. 필자 역시 비슷한 생각을 하는데, 다만 위와 유사한 패턴이 중국에 진출한 양행과 중국인 내지 상인 사이에 개항 후부터 계속 반복되어 왔다는 점을 지적하고 싶다. 양행의 입장에서 중국 역시 돈 떼이고 물건 잃어버리기 딱 좋은 시장이었던 것이다. 소송 내용과 패턴 역시 대단히 유사해서 지역과 사람 이름만 바꾸면 될 정도이다.

그렇다면 양행은 어떻게 이 문제를 극복했는가? 다름 아닌 매판 제도를 통해서였다. 비록 아편전쟁을 통해 공행 제도를 폐지했지만, 여전히 중국 시장은 직접 거래를 시장에서 완결하기에는 리스크가 크고 법적 정비와 신용도가 떨어진 사회였다. 따라서 매판을 일종의 직원이자 판매 대리인(agency)으로 고용하여 판매에 대한 책임과 보상을 다 맡기는 것이 편했다. 매판은 연봉을 계산해서 받고 사무실에 소속되어 본사의 지시에 따라 일처리를 하고 보고와 결산 등 문서 행정을 완료한다는 면에서 직원의 성격이 있지만, 상급 매판으로 갈수록 따로 매판 사무실을 가지고 그 하급의 직원(하급 매판)은 스스로 선택해서 고용할 권한을 가지며 연봉 이외에 실적에 따른 수당이 훨씬 금액이 컸다.

예를 들어 버터필드 앤 스와이어 사가 홍콩에서 생산한 정당을 천진에서 판매한다고 할 때, 천진 매판 정익지는 매년 일정 금액 이상의 정당을 판매 완료해야 할 노르마(norma)를 지며, 그 규정 판매액의 일정 비율을 수수료 내지 수당으로 차지한다. 따라서 많이 팔수록 수입이 커지는 것이다. 판매를 촉진하기 위해 피라미드식으로 각지의 상인들과 또다시 노르마를 설정한 도급 계약(sub-agency contract)을 맺기도 하고, 전망이 좋다면 자신이 아예 각지에 판매 연쇄점을 차려서 소매 이익까지 다 차지하기도 했다.

하지만 판매 노르마를 채우지 못한 경우, 그만큼의 돈을 본사에 물어주어야 했다. 회사는 손실을 입는 상황을 미리 예상하고 매판계약서에 매판이 손실을 발생시켰을 경우 차압할 수 있도록 현금 일정액 및 평가 금액 일정액에 상당하는 부동산 담보를 잡고, 그것도 모자라 보증인을 2~3명 이상 세운 뒤, 그들의 현금 및 부동산도 함께 담보를 잡는다. 배상금 지불이 완결되기 전까지 미뤄지는 기간의 이자까지 철저하게 설정되었다. 그리고 그 매판계약서와 부동산 담보 계약서는 각 개항장의 영국 영사관에 가서 공증을 받고 땅 문서, 건물 문서를 영사관에서 보관하도록 하는 것이다. 이 매판계약서는 가장 하급의 매판부터 총매판까지 반드시 작성되었다. 일반적으로 하급 매판의 보증을 서주는 사람은 그를 고용한 상급 매판인 경우가 많고, 총매판은 자리에서 물러나면서 회사에 그 사람을 추천한 전임 총매판인 경우가 많다. 오늘날에도 마찬가지이지만, 보증은 쉬운 일이 아니다. 대단한 신뢰가 필요하다. 그렇기 때문에 매판 사회는 대체로 부자 승계, 형제 승계, 친인척, 동향으로 개인적으로 절대 배신하기 힘든 관계끼리 계승되는 경우가 많아지고 폐쇄적으로 될 수밖에 없었다.

조선에 진출한 광동 상인들은 오랜 기간 동안 매판의 역할을 통해 서구 양행의 기업 문화와 관리에 익숙한 사람들이었다. 그런 그들에게 중국식 '매판'의 역할을 기대했을 조선인 객주의 행태는 이해하기 어려웠을 것이다. 중국인 상인이 제기한 소송이 대단히 많은 것 중 하나는, 중국의 상업 및 신용 문화와 조선의 상업 및 신용 문화 사이의 갭이 그만큼 컸기 때문이기도 하다.

서구 양행들도 매판 시스템을 서구의 법적 기준에 준할 정도로 정교하게 규제하려고 했지만 그래도 빈번히 사고와 횡령이 발생했기 때문에, 1930년대에 버터필드 앤 스와이어 사는 매판 제도를 전부 폐지하고 직원 제도로 바꾸는 개혁을 시도하기도 하였다. 그러나 가장 대표적인 영국 자본인 홍콩상해은행조차도 1960년대에 가서야 비로소 매판 제도가 사라지는 것처럼, 매판 제도가 가진 이점과 서구 자본이 활동하기에 동아시아 시장이 안고 있는 제약이 여전히 있었기 때문에 쉽사리 매판 제도가 없어지지는 않았다.

동순태호 역시 최정화 사건을 겪으면서 아예 건물을 하나 사고 객주를 이용하지 않고 직영을 할 생각도 했던 것 같다. 수수료만 챙기고 보증이나 배상 관념이 희박한 객주라면 거래에서 발생할 리스크가 너무 커지기 때문이다. 또한 우편 제도, 항로 개설 등 교역을 위한 인프라가 차차 갖춰지면서 예전에 객주가 제공하던 부대 서비스가 그렇게 중요하지 않게 되었다. 그럼에도 불구하고 내지 통상의 가장 중요한 거점이었던 전주에서 직접 점포를 내려던 계획은 실패로 돌아갔다. 외국인은 개항장 이외에 토지를 구입할 수 없었으므로 지인을 통해 조선인 명의로 사려고 했지만 결국 1899년까지 점포 구입은 이뤄지지 않고, 계속 객주를 이용해야 했다고 한다. 1899년 9월 11일에 드디어 대한제국(1897년 10월 12일 수립)과 청 사이에 '한청통상조약(韓清通商條約)'이 체결되어 두 국가 사이에는 국교가 수립되었다. 그러나 대등 조약으로서 일체의 특혜가 사라졌으며, 개항장 밖에서는 거주가 허락되지 않았다.

객주를 계속 이용할 수밖에 없었던 원인으로 한말(韓末) 화교에 대한 배타적 분위기도 작용했다. 담걸생 자신도 독립협회의 활동이 활발해지고 민족주의가 고조되면서 배외적인 언론이 나오고 있으므로 법에 저촉이 되지 않는 객주에 계속 체재하는 것이 좋겠다는 이야기도 하고 있었다. 이시카와는 담걸생이 목포 각국 거류지에 땅을 사둔 것은 당소의의 건의도 있었지만 여차해서 전주에서 나가라고 하면 옮겨 가기 위한 대비용이었을 것이라고 추측한다.

조선 쌀을 일본에 수출하는 비즈니스는 일본에 거래처를 가지고 있는 동순태호가 청일전쟁 전부터 줄곧 해오던 사업이었는데, 이 분야도 일본인 상인과의 경쟁이 갈수록 어려워지고 있었다. 쌀은 시가 변동이 커서, 일본 쌀의 작황이 어떤지, 또 경쟁 상품인 베트남과 타이 쌀의 수입 상황 등 변수가 컸다. 자금 결제는 청일전쟁 전 주로 금과 은의 직접 수출, 일본을 경유한 우회 송금을 이용했다면, 청일전쟁 후에는 금은의 직접 수출은 거의 없어졌다. 산동 상인과의 경쟁으로 사금 값이 오르고 구하기도 힘들어졌고 은화 역시 구하기 어렵고 시장에는 지폐만 넘쳐 났기 때문이다. 1897년 차터드 은행과 홍콩상해은행이 인천지점을 열어, 상해로 직접 송금이 가능해졌는데, 생각만큼 많이 이용하지는 않았다. 왜냐하면 수수료가 비싸서, 일본을 통한 우회 송금이 더 싼 경우도 많았기 때문이었다. 동순태호가 발행한 어음인 동순태표(同順泰票)는 청일전쟁 전에 신용도가 높아서 마치 현금처럼 개항장 내의 결제에 유통되었는데, 산동 상인들은 일본에 동향 거래처가 없어서 일본에 결제를 할 때 이 동순태표를 많이 매입해서 이용했다고 한다. 그런데 청일전쟁 후에는 산동 상인들도 전국적 미곡 시장이 있는 오사카에 진출하여 동향 거래처가 생겨났기 때문에, 동순태표를 더 이상 이용할 필요가 없게 되었다. 이시카와는 오히려 동순태호가 산동 상인이 발행한 송금 어음을 일본에 결제할 용도로 샀다고 하는데, 대단히 흥미로운 사실이다. 이 동순태표에 관해서는 뒤에서 다시 상세하게 살펴보겠다.

이시카와가 분석한 1901년과 1903년의 동순태의 무역 상황을 보면 청일전쟁 후 이 회사의 무역이 겪은 변화를 알 수 있다. 1901년은 수출이 약 2만 6,000원, 수입 약 7만 5,000원, 합하면 약 10만 2,000원 정도이다. 단위가 량에서 원으로 바뀌어 있는데 이유는 명확하지 않다. 항목에서 눈에 띄는 것은 수출 품목에서 금과 은이 사라지고, 상해에 판 쇠가죽이 6,000원, 고베에 판 쌀이 2만 원으로 대부분을 차지한다. 그 외 약간의 해산물이 있을 뿐, 홍삼 등 약재도 사라졌다. 수입품은 여전히 상해에서 부쳐오는 비단, 면직, 마직 등 직물이 대부분이다. 그 중에서 비단이 약 5만 원, 면직물이 약 1만 4,000원으로 가장 크다. 1903년은 수출 1만 1,000여 원, 수입 7만 3,000여 원, 합계 약 8만 5,000원으로 수입이 대폭 줄어드는 바람에 전체적으로 무역액도 줄었다. 그 이유는 수출 항목 중에 컸던 고베로의 미곡 수출이 없어지고, 오로지 상해로 판 쇠가죽이 거의 전부였기 때문이다. 수입은 금액도 품목 구성도 거의 같아서, 비단이 4만 2,000원, 면직물이 1만 8,000원이었다. 홍콩에서 수입한 약재 품목이 3,000원 정도로 꽤 커졌다. 쇠가죽 수출이 늘어난 것은 러일전쟁 전야에 군화 및 군 장비에 쓰이는 쇠가죽 수요가 예상되면서 상해의 쇠가죽 가격이 뛰었기 때문이었다. 홍삼이 수출 항목에서 사라진 것은 조선 홍삼 수출 방식의 변화 때문이다. 청일전쟁 이후 관제 개혁으로 신설된 탁지아문이 홍삼 판매를 관할하면서, 일정 세금을 낸 상인들에게 인천에서 해로로 홍삼을 수출할 수 있도록 제도가 바뀌었다. 그때는 담걸생도 홍삼 수출을 활발히 했었는데, 1899년에 고종이 황실 재정을 확대하면서 내장원(內藏院)이 홍삼을 전매하게 되었다. 이시카와는 담걸생이 예전과 달리 위험이 큰 밀수에 소극적으로 되었다고 했는데, 사실은 더 이상 청군과 해관의 비호를 받을 수 없고 자칫 잘못하면

생명과 재산을 위협받을 수 있는 상황에서 밀수를 할 수 없었다는 말이 맞을 것이다.

그렇지만 이시카와의 연구와는 달리 동순태호가 홍삼 교역을 1900년대까지 줄곧 했다는 사료도 함께 있어서 향후 홍삼 유통 방식에 대한 검토가 좀 더 필요할 것 같다. 1908년 10월 7일의 『공립신보』를 보면 관삼(官蔘) 공매에 관한 기사가 실리는데, 이 해 8월 25일 탁지부 사세국(司稅局)에서 개성부 제일은행 지점 창고에 있는 인삼 1만 1,855근(『황성신문』은 1만 1,845근)을 공매했는데, 동순태, 유풍덕(裕豊德), 독일 회사 세창양행, 일본 회사 미쯔이(三井)물산 네 회사가 입찰하여 동순태가 56만 1,000원을 불러 낙찰 받았다는 기사가 있다. 또 이듬해 1909년 8월 18일 『신한민보』에는 개성(송도) 인삼의 장래 5개년 간 입찰권을 두고 동순태와 미쓰이물산이 경쟁을 펼친 결과 미쓰이가 입찰을 땄다. 따라서 어떤 경로이든지 홍삼 무역은 한일 강제 병합 이전까지는 상당한 규모로 지속되었다고 보는 것이 합리적일 것 같다.

그러나 1909년 송도의 입찰권에서 미쓰이에게 밀린 것처럼 조선에서 일본 상인과 경쟁하기는 쉽지 않았을 것이다. 게다가 1905년 서울과 부산을 잇는 경부철도가 개통되면서, 조일 무역은 더욱 활성화된 반면, 서울과 인천을 잇는 경인 무역은 위기에 봉착하게 되었다.

새로운 상품의 개발: 복권 사업

이렇게 조선에서 물건을 파는 것도 사는 것도 힘들어 진 상황에서 담결생은 어떻게 출로를 모색했을까. 일본인과 경쟁하지 않아도 되는 사업을 개발하는 것이다. 청일전쟁 후 1898년부터 1909년까지 동순태에게 10년간 알짜 사업이 되어 준 것이 중국 복권을 조선에 수입해서 판매하는 영업이었다.

원래 근대적 복권(lottery), 중국어로 채표(彩票)는 1850년대 스페인이 식민지 필리핀에서 발행한 여송표(呂宋票)가 처음 상해로 유입되면서 알려졌다. 1850~1860년대 사이에 중국에 유입된 여송표는 반세기 동안이나 중국 시장에 독점적인 지위를 확보했다. 하지만 1898년 스페인과의 전쟁에 승리한 미국이 필리핀을 식민지로 획득하면서 채표의 발행을 중단시켜서 여송표는 중국에서 사라지게 되었다. 발행이 중단되기 직전 판매량은 130만여 원이었는데, 이중 상해에서 위탁 판매되던 여송표의 액수는 50만 원이나 되었다. 당시 10원으로 1무(畝)의 좋은 논밭[良田]을 샀다고 하는데 여송표 1등 상금은 10만 원이나 했다.

해외의 채표가 유행하고는 있었지만, 청조가 도박을 엄금했기 때문에 중국 국내에서 공공연히 채표를 발행할 수는 없었다. 그러다가 재해 구제기금 마련이라는 '의진(義賑)'의 명목으로 드디어 청조의 허가를 받은 제도화된 근대식 복권이 중국에 나타났다. 1899년 강남의진채표(江南義賑彩票, 이하 강남표로 약칭)의 발행이다. 상해를 낀 강소성과 절강성을 관할하는 양강총독(兩江總督) 유곤일(劉坤一)은 청조의 허락을 받아 광제공사(廣濟公司)에게 6년간 독점적으로 상해에서 복권을 발행할 수 있는 권한을 주었다. 이 회사는 광동 상인들이 세운 회사였는데, 1899년 4월에 첫 추첨을 성공적으로 마친 뒤 대히트를 기록하였다. 첫 회의 복권 발행 수는 1만 장, 1장 가격은 5원으로 연간 판매액은 60만 원이었으나, 2년도 되지 않은 1901년

8월경까지 매회 3만 장, 연간 판매액은 180만 원으로 크게 늘었다. 1등의 상금은 4만 원이었다.

강남표의 성공은 큰 자극제가 되어 유사한 복권 회사가 난립했다. 각 지방장관들은 다투어 자신들도 필요하다며 청조의 허가를 구한 뒤에, 강남표처럼 상인들에게 복권 사업을 맡겨서 운영하거나, 직접 성정부에서 운영하는 관판(官辦) 복권 회사를 세우기도 했다. 이렇게 지방정부가 이익 사업에 뛰어든 데에는 나름의 고충이 있었다. 시작은 역시 청일전쟁부터였다. 패전으로 청 정부는 막대한 배상금을 일본에 물게 되고(2억 3,000만 량, 청 정부 재정의 3배, 일본 1년 국가 예산의 4배에 해당함) 외채와 내채에 허덕이게 되었다. 결국 1896년 청조는 서구 열강에게서 빌린 2종의 차관의 원금과 이자 상환을 각 성과 해관에 알아서 나눠 내라고 명령했는데, 이렇게 재정 지출을 지방 재정 단위에 무조건 할당하는 것을 '탄파(攤派)'라고 한다. 이때부터 '탄파'가 본격적으로 시작되어, 청말 지방정부는 갈수록 재정 부담이 커졌다. 지방정부는 온갖 명목의 증세와 이익 사업을 할 수밖에 없게 되었고, 갈수록 지방 재정은 비대화되었다. 결정타는 1900년 의화단 사건으로 8개국 연합군이 출병하면서 그 피해보상으로 청조가 물게 된 막대한 배상금이었다. 돈 나올 곳이 없었던 청조는 이 신축배상금(1901년)을 각 지방정부에 할당시켰고, 지방정부의 재정 부담이 대폭 늘어났다.[23] 더구나 1901년부터 청 정부 주도로 교육, 경찰, 군대 각 영역에 걸친 근대화 정책인 신정(新政)이 시작되는데, 이 비용도 대부분 지방정부에 전가되었다.

무엇이든 재원이 될 만한 것을 찾던 지방정부에게 복권 사업의 성공

23_약 4억 5,000만 량으로 39년 분할 지급인데, 원금과 이자를 합하면 대략 9억 8,200만 량이나 된다.

이 눈에 띄었다. 우후죽순처럼 관판 복권이 생겨났다. 그 중에 가장 성공한 것이 1902년에 호북성과 호남성을 관할하는 호광총독(湖廣總督) 장지동(張之洞)이 기획한 호북첨연채표(湖北籤捐彩票, 이하 호북표로 약칭)였다. 이 채표의 성공 전략은 첫째로 성정부가 현금 및 하급 기관에 무조건 판매를 할당시켰던 것이고, 둘째로는 발행량을 대폭 늘린 대신 당첨액을 10만 원으로 팍 올려서 손님을 끌었던 것이다. 전략은 딱 맞아떨어져 호북표는 단시일 내에 가장 인기 있는 복권이 되었다. 청말 10만 원은 중소기업의 평균 자산에 거의 맞먹는 금액이었다. 1장당 가격이 5원인데, 당시 노동자의 한 달 월급에 맞먹는다. 그러나 판매를 촉진하기 위해 10조각[十則]으로 쪼개서 조각은 0.5원(5角)에 판매하여 구매력이 크지 않은 계층까지 시장을 확대시킬 수 있었다. 이런 마케팅으로 빈민, 부녀자들까지 복권 열풍에 휩쓸려, 중국 전역에 복권 광풍이 불었다.

이 중국 복권을 구입하여 서울과 인천에서 판 것이 주로 광동 상인들이었다. 『황성신문』은 화상들이 실은 복권 광고로 먹고 산다고 해도 과언이 아닐 정도로 광고 페이지 대부분이 복권 판매점 광고로 도배가 되었다. 『황성신문』에서 채표 광고가 나타나는 기간은 1899년 11월 16일부터 1903년 3월 13일까지 약 3년 4개월이다. 중국에서 처음 강남표가 선을 보인지 얼마 되지 않아, 거의 시차가 없이 조선에 수입, 판매되었음을 알 수 있다. 동순태는 한말 최대의 무역상답게 대량으로 수입해서 대량으로 판매했고, 신문 광고에서 선발 광고율과 지면 점유율 둘 다에서 경쟁 상점을 눌렀다. 그 덕분에 신문 광고에서 보는 한, 1등 당첨이 나온 것은 동순태호가 판매한 복권이 유일하다. 당첨은 '득채(得采)' 혹은 '중식(中式)'이라고 하는데, 그 중에서 1등에서 4등까지 큰 상금에 당첨이 되면 '대채(大彩)'라고 한다. 채표를 판매한 상점에서 '대채'가 나오면 대단한 선전 효과가 있기 때문에, 당첨 채표를 판매한 상점은 바로 신문에 선전 광고를 실었다. 그런데 상해의 신문 『신보』와 서울 신문인 『황성신문』의 광고에서 둘 다 '득채' 광고를 내고 있는 유일한 상점이 바로 동순태호이다. 『신보』에는 당첨자 발표를 매번 게재하여 당첨 번호와 그 번호를 판매한 상점의 이름을 공표했는데, 경자년(1900년) 음력 10월 제20회 강남표의 2등이 "당첨 번호는 5978호로, 상해 동태호에서 인천 동순태호로 부친 것"으로 되어 있다. 채표 판매를 시작한 지 여덟 달만에 터진 낭보였다.

신축년(1901년) 음력 9월 강남표 추첨에서는 당당히 1등 복권이 동순태호에서 나오게 되어 『황성신문』에 광고가 대대적으로 실렸다. 1등 당첨금은 자그마치 4만 원(元)이었다. 한성은행(漢城銀行, 조흥은행의 전신)의 1897년 초기 자본금이 4만 5,000원이었으니, 1등 당첨금은 당시 한국에서 은행을 차릴 수 있는 금액이었던 것이다. 이 광고는 1901년 11월 6일부터 12월 10일까지 한 달이 넘게 연속해서 실렸다. 우선 유일하게 두 차례나 당첨자가 나왔다는 것은 동순태의 취급 물량이 적지 않았고, 자본력이 우세했음을 보여 준다. 당첨 축하 광고는 동순태의 채표 마케팅에 결정적으로 도움이 되었음에 틀림없다. 동순태는 두 달 만에 다시 새로운 채표인 대덕교주채표(大德膠洲彩票)를 최초로 한국에 선보이며 대대적인 마케팅을 시작하고, 연이어 북양대표(北洋大票)와 호북표(湖北票)도 한국에서는 가장 먼저 취급하면서 종목을 확대하는 한편, 광고 지면도 크게 늘렸다. 채표 시장에서 동순태의 결정적 우위가 굳어진 것은 대체로 이 1등 당첨을 전후한 것으로 판단된다.

중국 채표가 머나먼 한국에서 1등 당첨이 나왔다는 것과 광고의 확대는 한국 사회 내에도 엄청난 채표 열기를 가져왔을 것이다. 1등 당첨 채표는 따로 명시는 없지만, 아마도 화교나 일본인이었을 것으로 예상되는데, 이후 구매층은 한국인을 포함하여 크게 확대되었다고 보인다. 이듬해 동순태호가 판매한 임인년(壬寅年, 1902년) 4월분 교주채표에서 드디어 한국인 당첨자가 나왔다. 『황성신문』에는 또 다시 "4등에 당첨되어, 은화 1, 000원은 대한인(大韓人)이 획득"하였다고 대대적인 광고가 시작되어 역시 한 달간 광고가 이어졌다. 이 한국인의 당첨과 동순태호의 광고 이후 복권 사업은 폭발적으로 성장한 것 같다. 관망하고 있던 다른 화상들이 앞다투어 이 사업에 뛰어든 것에서 알 수 있다. 그렇지만 1903년에 갑자기 신문의 복권 광고는 약속이나 한 듯이 뚝 끊어지고 말았다. 1903년에 동순태호는 회사 설립 이후 최대의 위기를 맞이하였던 것이다.

1903년: 민족주의의 열풍 속에서 살아남기

1903년 초 동순태호는 악재가 거듭되어 힘든 시기를 맞고 있었다. 1903년이 시작되자마자 1월(임인년 12월)부터 동순태호가 발행한 어음인 동순태표의 유통에 반대하는 서울 시민들의 민족주의적 운동이 발생한 것이다. 앞에서 잠깐 언급했듯이 동순태표는 일개 상점이 발행한 어음이기는 하지만, 동순태호의 신용과 위세가 높았기 때문에 청일전쟁 전부터 개항장의 화상들과 조선 상인 사이에서 결제 수단으로 널리 애용되었다. 당시 조선 시장에 고액 결제 화폐가 부족했기 때문에 나타난 현상이었다. 이렇게 상점의 어음이 화폐처럼 유통되는 것은 중국 상계에서는 드물지 않은 일이었다. 지역사회에서 자산이 풍부하고 신용 있는 상점의 어음이 널리 유통되면, 그 상점은 일종의 지방은행인 은호(銀號)의 역할을 겸하게 되고 어음은 화폐처럼 유통되었다. 은호가 자본금보다 30배 이상의 지폐를 발행하는 것은 중국 상계에서는 일반적으로, 지폐 유통과 대출로 높은 경영 수익을 올릴 수 있었다. 대규모로 원격지 결제까지 하는 표호(票號)도 마찬가지인데, 청말 청의 재정 송금까지 맡아하던 대표적인 표호인 산서표호(山西票號) 역시 원래는 안료(顔料) 상점에서 출발했다가 금융기관으로 발전한 사례이다. 동순태호도 동순태표의 발행으로 운전자금 확보 등 적지 않은 이익을 누렸을 것이다.

그런데 1902년에 일본 제일은행(第一銀行)이 한국 정부로부터 화폐 발행권을 얻어 내 부산에서 은행권을 발행하면서 이 지폐가 서울 및 개항장을 중심으로 대량으로 유통되자, 이에 자극 받아 외국 화폐의 통용 일반이 화폐 주권의 침해 사안으로 불거져 나오게 되었다. 외화 유통에 대한 반감이 고조되면서 1903년에 들어서면 제일은행권과 동순태표의 유통 금지를 요구하는 자발적인 시민운동이 벌어지게 되었다.

1903년 1월부터 서울에서는 송수만 등이 전국에 통고문을 발하여, 두 지폐의 발행 금지를 요구하는 운동을 시작하였고, 6월에는 벽보가 종로 및 시내 요소에 붙었다. 그 내용을 보면 "화상 동순태의 지표(紙票)와 일본 은행의 신권(新券)은 준비해 둔 은원(銀元) 통화도 없을 뿐 아니라 여러 나라에 통용되는 것도 아니니" 한낱 종이쪽지에 불과한데도, 무한정 찍어 내어 조선의 자원을 수탈할 수 있게 되었으며, 지폐 통용으로 물가가 뛰고 경제가 망가지고 있다고 비난했다. 그 비판에는 "통화의 권리가 외국인의 손에 떨어지게 되었다."는 민족주의적 위기감이 있었다. 서울에 설립된 시민 조직 공제회(共濟會)는 두 지폐의 유통 금지를 요구하는 대중 집회를 열었고, 서울 시내에 방을 붙이고 전국에 통문(通文)을 발송하였다.

일본은 제일은행권(第一銀行券)의 발행과 유통은 이미 다 합의가 된 내용인데 시민운동은 이를 방해하는 위법적 행위라면서 외무부에 강력히 항의했다. 한국 정부는 할 수 없이 단속에 나서 운동은 수그러들었다. 그러나 한국 정부는 이미 정치적 영향력을 상실한 청에 대해서는 청의 주한 사관을 통해 적극적으로 동순태표에 대한 제재를 요구했다. 주한성 총영사 허태신(許台身)은 동순태표는 중국인과 한국인 사이에 통용된 지 오래된 어음이라면서 갑자기 없애는 것은 어려우나 동순태호에게 추가 발행은 못하게 하겠다고 답변했다. 제일은행권의 유통은 아무런 제재를 받지 않은 것은 물론이다.

제일은행권의 발행으로 촉발된 외국 화폐에 대한 민족주의적 반감은 조선에서 동순태호의 사업 환경에 악영향을 주었다. 복권 사업에서 이 해에 터진 악재는 엎친 데 덮친 격이 되었다. 동순태호는 조선 내 복권 시장에서 처음으로 산동에서 발행하는 채표를 수입 판매하기도 했는데, 1903년[癸卯年] 음력 2월차 교주채표에서 문제가 생겼다. 발행사인 인제공사가 조선 동순태호로 복권을 발송했는데, 중간에 물건이 없어진 것이다. 유실 사고가 발생하자, 결국 추첨 자체를 취소하고 표를 환불해야 했다. 동순태호의 신용에는 큰 타격이 가해졌다.

"나쁜 일은 혼자 오지 않는다."는 중국 속담이 있다. 1903년 3월경에 동순태표의 위조 문제가 불거졌다. 동순태호가 1903년 3월 2일자 『황성신문』에 낸 광고를 보면, 동순태표는 각각 당오전(當五錢)으로 시전(市錢) 25량, 50량, 100량, 500량, 1,000량 등 5등급으로 나눠져 있는데, "뻔뻔한 무리들이[無恥之徒]이" 25량 전표를 1,000량 표로 위조하여 유통시켰다고 한다. 동순태호는 신문에 위조지폐 판별법을 설명하는 광고를 3월 28일부터 5월 1일까지 한 달 넘게 게재하는 등 사태 수습에 나섰으나, 이와 시기를 같이 하여 동순태호의 채표 광고는 지면에서 자취를 감췄다. 동순태표를 현금으로 태환해 달라는 요구가 몰렸을 것이고, 이 시기 동순태호는 여유 자금이 쪼들렸을 것이다.

1890년대부터 개항장에 광범위하게 유통되어 신용이 높았던 동순태표의 발행은 동순태호에게 일종의 지폐발행권을 보유한 것처럼 실제 자산을 훨씬 넘는 자금 동원력을 보장해 주었다. 그랬던 동순태표의 위축은 당연히 회사에 중대한 타격이 되었음에 틀림없다. 결국 1904년 8월경 동순태호는 공식적으로 한 달 간 모든 전표(錢標)를 회수하고 향후 영구히 발행을 중단하겠다고 선언하였다. 동순태호는 1904년 8월 4일자 『황성신문』에 광고를 내 한 달 내로 전표(錢票)를 다 회수하려 하니 와서 현금으로 태환해 가라고 고지하였다. 그 이유로, "본 상점에서 발행한 전표는 수년 동안 여러분의 신용을 입어 감사드리기 이를 바 없다."면서, 최근의 위조 사태로 심한 누를 끼쳐 더 이상의 피해를 막기 위해 일괄 태환을 실시한다고 밝히고 있다.

동순태는 개항 초기부터 어음 발행으로 가외의 금융업 수익도 확보할 수 있었고, 개항장 경제의 원활한 회전에도 기여를 하였다. 청일전쟁 이후에도 산동 상인들의 일본 진출, 영국계 은행의 조선 진출 등 새로운 도전 속에서 동순태표는 10년이나 개항장 시장에서 널리 유통되었다. 그러나 일본의 한국 내 화폐 발행권의 접수, 한국 민족주의의 고조, 위조지폐 유통 등 복합적인 요인으로 인해 1904년에 와서야 사업을 접었던 것이다.

신문 광고가 사라졌다고 해서, 중국 복권 판매업 자체가 중단된 것은 아니었다. 1907년 동순태호의 교역을 보여 주는 『동순태보호기』를 살펴보면 여전히 대량의 복권이 중국에서 수입되고 있었다. 호북표의 1년 발행량은 72만 장인데, 1907년에 동순태호가 수입하여 조서에서 판매한 호북표는 1,330장으로 약 0.18% 정도이다. 동순태호 외에도 여러 화상이 판매를 했지만 다 합해도 1% 내외를 넘지 않을 것이다. 많다면 많고 적다면 적은 수치이지만, 당첨율의 빈도를 볼 때 1900~1902년의 전성기에는 못 미쳤을 것으로 생각한다. 그리고 1907년경에는 이미 복권의 폐해에 대한 민간의 여론이 거세지고 있었다. 중국에서는 일찍부터 '채표(彩票)', 즉 복권 열풍이 '망국'의 풍조라며 비판 여론이 들끓었지만 지방의 중요한 재원이라서 폐지를 못하고 있었는데, 입헌운동이 고조되고 각 성 의회에 해당하는 자의국(諮議局)이 성립하자 조직적인 반대운동이 일어났다. 1909년 말에 광동성과 강소성이 채표를 금지하였고, 이를 기폭제로 전국 각 성에서 채표의 발행이 금지되었다. 다만 호북표만은 '특수한 상황'이라는 이유로 각 성의 동의를 얻어 발행량을 3분의 1로 줄이는 조건으로 1910년 말까지 유지되었으나, 신해혁명인 직전인 1911년에 역시 취소되면서 중국 전역에서 채표는 일률적으로 금지되었다.

절묘하게도 중국에서 채표 단속이 실현되는 1909년 한국에서도 채표 단속이 한 발 앞서 시작되었다. 통감부(統監府) 이사청(理事廳)이 '채표 구매자 단속법'을 발표하고 한국 정부도 함께 단속에 나섬에 따라, 복권 판매가 거의 3분의 1로 줄었다. 이에 복권 판매업에 종사하는 30여 명의 화상들이 1909년 6월 25일에 낙동(駱洞)의 화상총회(華商總會)에 모여 대책 회의를 가졌다. 참여 상점으로 기록된 동순태를 비롯해, 덕흥호, 안창호 등 다수가 광동 화상들이었다. 채표 단속은 상당한 타격을 주었음에 틀림없다. 그 자리에서 나온 발언을 일본 밀정이 기록하여 보고한 바에 따르면 "일본 정부가 일본인, 한국인의 중국 채표 구입을 금지한 이상 한국에 체류해도 이익이 없다."고 입을 모았다고 한다. 단속도 단속이지만, 그해 말에 중국에서 복권 발행이 아예 금지되면서, 한국에서 중국 복권 판매와 동순태호의 복권 판매업도 딱 10년 만에 막을 내렸다.

1909년은 여러모로 동순태호와 담걸생에게 어려운 한 해였다. 1월 25일에 을지로에 있던 동순태 한성본호에 큰 불이 나서 건물과 창고가 전소하는 사고가 생겼다. 신문에까지 "청상의 불행"이라고 다수 실렸을 정도로 큰 화재였고, 기사에 따르면 10만 원 이상의 큰 손해를 보았다. 5월에 동순태호는 화재 때에 요행히 건진 비단을 싸게 팔 예정이므로 어서 와서 사 가라는 특별 광고를 『대한매일신보』에 실었다. 불이 나서 점포도 화물도 다 타버리고, 채표 사업은 접게 되고 진퇴양난의 어려운 시절이었을 것이다.

그래도 담걸생은 조선에서의 사업을 포기하지도 않고 오히려 '억만장자'(조선 신문들이 자주 담걸생을 지칭했던 표현이다)의 호칭을 듣게 되었다. 그의 끈질긴 비즈니스 정신을 이미 청일전쟁에서 엿볼 수 있었지만, 1915년 일본 정부가 원세개에게 21개조의 요구를 들이대면서 최후통첩을 했을 때 동순태호의 반응에서 청일전쟁 때와 똑같은 표현을 보아서 놀랐다. 1915년 5월 9일 『매일신문』은 일본과 중국 사이에 전쟁을 점치는 가운데 재한 화상 사회의 동향을 알아보기 위해 여러 르포 기사를 게재하였다. 대부분이 시국 때문에 인천을 통해 화교들이 귀국을 하고 있거나, 재한 화교들이 상점에서 물건을 싸게 처분하고 있는 모습과, 또 외상 독촉에 나선 모습을 취재하였다. 하지만 한 기자가 "조선에서는 유수한 대상인 동순태 상점"에 잠시 들어가서 점원과 인터뷰를 했다. 그가 마침 『오사카아사히신문(大阪朝日新聞)』을 읽고 있다가 일어나 예를 갖추기에 요즘 어떠냐고 물으니, 그는 "아무렇지도 않은 낯으로" 두 나라의 전쟁은 "나라와 나라 사이에" 싸우는 일이지, 우리는 "국민"이라 아무 까닭이 없고, 장사하는 사람은 마땅히 안심하고 영업을 할 일이라고 대답했다. 그리고 요즘 시류에 휩쓸려 귀국하는 자들이 많지만, 이들은 다 잠시 상점에 고용되어 있던 자들이니, 정말 장사하는 사람들은 한 명도 돌아간 일이 없다고 대답했다고 한다. 전쟁은 나라 간의 일이니 장사하는 사람은 장사만 하면 된다는 것은 바로 청일전쟁 때 양륜경이 편지에 썼던 말이고, 제대로 장사하는 사람은 이만한 일에 조선을 떠나지 않는다는 것은 바로 당시 담걸생이 보여 주었던 태도였다. 담걸생의 강인한 비즈니스 정신을 떠올릴 수 있는 대목이다.

합작사업의 시도와 무역업의 유지

을사늑약으로 대한제국이 일본의 보호국으로 전락하자(1905년 11월 17일) 한국 내의 각국 공사관은 모두 철수했고, 조선에 진출했던 양행들과 광동 상인들 중에서도 귀국하는 이가 늘어났다. 그렇지만 조선 밖에 있는 본사는 전망이 탐탁지 않으면 쉽게 자본을 철수해도, 지점에서 뼈 빠지게 일했던 경영책임자는 돌아가도 별 볼일이 없기 마련이므로 남는 쪽을 택하는 경우가 많다. 예를 들어 인천 홈 링거 양행의 경영책임자였던 베네트(W. G. Bennett)가 그러하다. 1898년에 홈 링거 양행 인천지점의 책임자로 파견되었던 그는 1904년에 독립해서 1906년에 광창양행(廣昌洋行, W. G. Bennet

&Co.)을 설립하였다. 베네트의 부인은 자딘 메디슨 사의 직원에서 일본의 대표적 양행으로 성장한 토마스 글로버와 그의 일본인 아내 사이에서 태어난 딸 하나 글로버 베네트(Hana Glover Bennett, 1873~1938년)이다. 1910년 홈 링거 양행은 인천(제물포)지점을 폐쇄하고 조선에서 철수했지만, 베네트 가는 1938년에 조선에서 하나가 사망하면서 영국으로 철수하기까지 40여 년을 조선에서 보냈다. 홈 링거 양행이 조선에서 철수하면서 붕 뜨게 된 홍콩상해은행의 조선 대리점 업무는 역시 1897년에 본사에서 독립한 타운센드 상회가 인수했다.

동순태호 담걸생의 행보도 양행의 지점 경영자에서 독립한 위의 사례와 유사한 선상에서 파악할 수 있다. 양행과 광동 상인 다수가 철수하는 가운데, 담걸생은 오히려 한중일 합작사업을 구상했던 것 같다. 원래 궁중과 관부의 물품 조달은 육의전이 담당했었는데, 1906년 궁내부(宮內部)는 궁의 물품을 전적으로 조달할 회사로 동양용달회사(東洋用達會社)라는 특허회사를 설립하겠다고 선언했다. 신문에 실린 이 회사의 발기인 면면을 보면, '한국인 조동원(趙東元)·정영두(鄭永斗)·예종석(芮宗錫), 청국인 동순태(同順泰), 일본인 핫토리 겐분스케(服部鍵文助)'로 여기의 청국인 동순태는 동순태호를 지칭하는 것으로 보아 무리가 없다. 동순태호는 개항 초기부터 조선 왕실과 밀접한 관계를 가지고, 비단과 약재를 왕궁과 서울 상류 양반층에 공급해 왔었고, 급전이 필요한 고종을 위해 홍삼을 상해에서 위탁 판매하기도 하고, 왕실에서 원하는 상품을 따로 상해에 주문하여 구입해 주기도 했었기 때문에 쉽게 조달 사업에 참여할 수 있었을 것으로 판단된다. 이 회사의 사장은 한국인 조동원이, 회계부장은 동순태가, 영업부장은 일본인 사이토 마키타로(佐藤牧太郎)가 맡았다. 이외에 1908년에는 동순태가 한용식(韓龍植) 등 조선인과 함께 동양회사(東洋會社)를 조직했다는 보도가 있으나 1906년의 용달회사와 관련된 것인지 아니면 다른 것인지 상세한 것은 알 수 없다.

동순태호의 주력 영업 부문인 무역업에 대해서는 이시카와의 연구를 빌어 1901년과 1903년 무역을 앞에서 살펴보았는데, 『황성신문』을 통해서도 같은 시기 동순태호의 영업을 살필 수 있다. 동순태호는 수입품의 입고 상황을 알리고 고객을 끄는 광고를 이 신문에 늘 실었기 때문이다. 1901년 동순태 한성본호 광고의 품목을 보면, 서양 가구, 피아노, 망원경, 전축, 유리 등 매우 다양하다. 1904년에는 일본 기린맥주(麒麟麥酒)의 입수를 알리는 광고도 빈번히 내고 있어, 중국 물품의 수입뿐 아니라 일본 상품의 수입도 활발히 취급했음을 보여 준다. 1915년에도 황금정(黃金町) 2정목(丁目)의 동순태호 본점은 잡화 상점으로 활발히 영업하고 있었음이 신문 자료에서도 확인된다.

동순태호의 꾸준한 발전상을 가늠하는 사례로 신문물을 상징하는 전화가 있다. 1902년 서울과 인천 간에 일반 전화가 한국에서 처음으로 개설되는데, 당시 전화 회선 수는 4회선이었고, 가입자는 한성 10곳, 인천에 12곳에 불과했다고 한다. 그런데 가입자 명단을 보면 동순태는 한성본호와 인천분호가 모두 들어 있었다. 전화의 이용이 물론 영업에 도움이 되겠지만, 이용료가 연간 100원의 거금이었던 것을 감안하면 동순태가 얼마나 대단한 상점이었는지 알 수 있다.

이상과 같이 청일전쟁 이후도 동순태는 각국에 거래처를 두고 수출입 무역업과 인천 및 서울 등 소비 시장에서의 도소매점 운영이라는 패턴을 유지하면서 무역업을 계속 운영했다. 그런데 무역에서 교역액 자체는 줄고 있었다. 동순태호의 수입 무역 규모를 1894년, 1895년과 1907년을 비교해 보면, 각각 5만 2,000량, 14만 8,000량, 2만 9,414량으로 절대 액수에서도 격감하고 있지만, 중국에서 조선으로 수입되는 무역액 대비 점유율을 보면 각각 5.8%(1895년), 23.1%(1896년), 1.3%(1907년)으로 더 큰 낙차를 보인다.

동순태호의 주력 사업인 무역업은 상대적으로 위축되었다. 그런데 이는 일반적인 한중 무역의 경향과는 배치된다. 조선과 중국 간의 무역은 1883년에서 청일전쟁이 발발한 1894년까지 10배나 늘어났지만, 전후에 조선에서 청의 영향력이 사실상 사라진 후에도 무역액은 계속 증가했으며 오히려 더욱 빠른 스피드로 증가했다. 청일전쟁 직후인 1896년과 일본이 조선을 강제 병합한 1913년을 비교하면 양국 간 무역 규모는 약 93만 량에서 약 1,034만 량으로 10배 이상 늘어났다. 조선과 중국과의 무역은 조선 대외 무역의 7~8할을 점했던 대일본 무역에 은닉되어 잘 보이지 않지만 이처럼 정치적 환경 변화를 이겨 내고 성장하고 있었다. 게다가 양국 간의 무역은 수출보다 수입이 훨씬 빠른 속도로 증가하여 무역 규모 성장을 견인했는데 그 담당자는 여전히 화상이었다. 1913년의 수출입 전체 1,034만 량 중에 중국으로부터의 수입이 681만 량이나 된다. 그렇다면 동순태호의 무역이 청일전쟁 전에 비해 확 줄어든 것은 다른 이유가 있을 것이다. 여기에서 1907년 동순태호의 수입 무역업에 대해 한 번 검토해 보자.

1907년 동순태호의 무역업

동순태문서 중에 가장 시기가 늦은 발송장 기록은 1907년[丁未年]의

문서를 모은 『동순태보호기』이다. 이 사료에 실려 있는 발송장은 크게 화물과 채표로 나눌 수 있다. 각각의 총액을 합산해 보면, 화물 발송장의 총액은 약 2만 924량, 복권[彩票] 발송장의 총액은 약 8,490량으로, 화물이 여전히 복권보다 2배나 많기는 하지만 복권 수입의 비중이 상당히 크다. 전체로는 약 3만 량(29,414.312량)으로 규모가 작지는 않으나, 14만 8,000량을 기록한 1895년(을미년)과 비교해서는 물론이거니와 1901년의 수입액 약 5만 4,000량(7만 5천 원), 1903년 약 5만 2,560량(7만 3,000원)에 비해서도 2만 량 이상 줄어든 액수이다. 1907년의 교역을 1894년, 1895년과 비교해 보면 다음과 같은 특징적인 변화가 보인다.

우선 교역 대상이 예전보다도 중국으로 집중되는 경향이다. 청일전쟁 시기는 상해 동순태와 홍콩 안화태 이외에도 광주 영안태(永安泰), 고베 상융호(祥隆號), 나가사키 만창호(萬昌號), 요코하마 복화호(福和號) 등 일본 거래처와의 교역이 꽤 있었지만, 1907년이 되면 광동과 홍콩으로부터의 수입 외에는 보이지 않는다.

다음으로 상품 구성을 살펴보면 여전히 비단이 중요한 수입품인 것은 동일하다. 1894년과 1895년은 비단이 각각 전체 수입품의 57%와 47%를 차지했는데, 1907년도 역시 화물 수입량의 60%, 복권까지 포함한 전체 수입액의 42%를 차지해서 가장 많다. 그런데 1894년과 1895년에서 2위의 수입 품목은 면직물로 각각 약 4,000량, 4만 1,000량의 큰 액수였다. 그런데 1907년에는 면직물은 거의 없고 잡화와 약재의 수입량이 크게 늘어났다. 이시카와에 따르면 청일전쟁 두 해의 면직물 수입은 4만 8,000량이었다. 이 중에 2만 1,000량이 '시포(市布)', 9,000량이 '양라(洋羅)'로 둘 다 서양에서 수입된 면포였다. 시포는 일본어로는 생금건(生金巾, shirting)으로 불리던 면직품으로 이 시포의 대부분은 상해의 의원양행(義源洋行, Brand Brothers & Co. Merchants), 풍유양행(豊裕洋行, China & Japan trading Co. Ltd)에서 수입한 영국 맨체스터 제품을 상해 양륜경이 조선으로 부쳐 준 것들이라고 한다. 그런데 1907년 수입 화물 중에 면포는 '토포(土布)' 12필, '죽포(竹布)' 40필, '상순토포(祥順土布)' 500필로 총액 약 257량에 불과했고, 영국산 수입면직물[洋布]이 아니라 중국의 전통 수방직 면직물[土布]이었다.

이 변화는 아주 흥미로운데 영국 면직물이 동아시아 면직물 시장의 지배적 공급자였을 때에는 양행과 결합된 화상들이 조선에서 유통의 우위에 섰었다. 그러므로 뒤늦게 진출한 화상이 상해에서 직접 영국산 면직물을 수입해서 조선에서 팔자, 일본 개항장을 경유하여 조선에 재수출하던 일본 상인들은 경쟁에서 밀렸던 것이다. 그러나 유통에서 밀리던 일본은 궁극적으로 산업 자본에 투자하여 근대적 방적, 방직업을 일으켜 생산과 공급에서 영국산 면직물을 따라잡았다. 1880년대의 면방직업, 철도, 제사업에서 시작된 일본의 제1차 산업혁명은 1890년대와 1900년대를 지나면서 성숙기에 들어가 상당한 경쟁력을 축적했다. 더구나 청일전쟁 이후 조선이 정치적으로 일본의 세력 범위로 포섭되면서 일본 면직물은 신속하게 영국 면직물을 대체했고, 화상은 중요한 수입품 품목을 잃어버리게 되었던 것이다.

유사한 사례가 설탕에서도 발견된다. 조선에서 설탕[砂糖]은 19세기 초까지 왕실과 일부 사인 계층에서 약용이자 귀중품으로 수입되어 드물게 유통되었다. 19세기 말에 와서 조선이 개항을 한 뒤, 일본 상인과 화상에 의해 비로소 각종 설탕 상품이 본격적으로 도입되었다. 동순태호는 확인된 기록만으로도 '차당(車糖)'이라고 쓴 정제당과 광동성 조주 특산품인 '당강

(糖姜)', 즉 생강 설탕절임을 1889년부터 수입했다. 여기에 나오는 '차당'은 홍콩에서 기계식으로 생산된 근대식 정제당을 가리키는 말인데, 버터필드 앤 스와이어 사가 홍콩에서 생산하여 중국과 일본 각지로 판매하던 '태고 설탕(太古糖)'으로 추정된다.

버터필드 앤 스와이어 사는 1881년 홍콩에 태고당창(太古糖廠, Taikoo Sugar Refining Company, 1883년에 전면 가동)을 설립하여, 자바의 원당(raw sugar, 원료당, 粗糖)을 수입하여 정제한 뒤 동아시아 전역으로 판매했다. 동아시아 개항장의 태고당의 위탁 판매는 현지에 파견한 광동인 매판과 개항장에 진출하여 현지에 뿌리를 내린 광동 상인들이 담당했다. 버터필드 앤 스와이어 사가 운영하는 기선 회사(太古輪船公司, China Steam Navigation Co.)는 각 개항장을 연결하며 승객과 화물을 운반했는데, 회사의 주력 상품인 설탕은 금방 이 노선을 타고 아시아 곳곳으로 퍼져 나갔다.

동순태호는 원래 버티필드 앤 스와이어 사와 사업상으로도 개인적으로도 깊이 관련되어 있었다. 1907년에도 동순태호는 화물 운반에 버터필스 앤 스와이어 사의 기선 회사인 태고윤선공사의 배를 가장 많이 이용하고 있었고, 일부 상품의 밀수에 태고윤선공사의 선박 매판을 적극적으로 이용했다. 왜냐하면 이 회사의 매판은 모두 광동인이기 때문이다. 또 상해 양륜경의 친우 정관응도 버터필드 앤 스와이어 사 매판 출신이지만, 정관응의 동생으로 유언 집행인이자 천진에서 '태고정(太古鄭)'으로 불리던 정익지(鄭翼之)는 천진의 버티필드 앤 스와이어 사(太古洋行)의 유명한 매판이다. 바로 태고 설탕을 화북 지역에 처음 들여와 판로를 개척해서 독점적 지위까지 올려놓은 인물이었다.

그런데 1894년과 1895년에 동순태호의 정제당 수입은 각각 504량과

1,512량이나 되었는데, 1899년이 되면 168량으로 대폭 하락하더니, 1907년에는 아예 수입품 명단에서 사라져 버렸다. 오로지 꾸준히 수입된 것은 전통적 기법으로 만든 설탕을 이용한 식품인 당강뿐이었다. 당강은 1899년에도 520량의 수입을 기록했고, 1907년에도 526량이 수입되었다. 홍콩 정제당은 왜 사라졌을까? 바로 영국산 면직물 수입이 1907년에 사라진 것과 똑같은 메커니즘이 여기에서도 작동하고 있었다고 본다.

일본은 원래 아시아의 제당 후진국으로 1881년에는 최대 수입품이 면직물, 2위의 수입 품목이 설탕이었다. 설탕 수입은 1895년에 228만 담(擔, picul, 1담=약 60kg), 금액으로는 1,332만 원까지 치솟았다. 일본 수입 설탕 시장을 장악한 것은 처음에는 중국산 설탕(전통 기법으로 제조한 土糖)과 인도산 설탕이었지만 1880년대 후반부터 홍콩당, 그 중에서도 버터필드 앤 스와이어 사의 태고 설탕으로 바뀐다. 일본 정부는 일찍이 1870년대부터 설탕의 수입 대체를 위해 국내에 근대식 정제당 공장의 설립을 줄곧 시도했으나 가격 경쟁력과 품질에서 밀려서 모두 실패했었다. 이런 상황에 역전의 계기를 제공한 것이 청일전쟁의 승리와 대만 영유였다. 일본 정부는 원래 산당 지역이었던 대만에 설탕 플랜테이션을 대규모로 조성하고 정책적으로 막대한 정부 보조금을 지급하여 대만 원당 제조업, 일본 내지의 정제당업이라는 일관 생산 시스템을 구축했다. 한편으로 수입 설탕에는 최대 가격의 60%나 되는 보호 관세를 부과하였다. 그 결과 1903년까지 일본은 설탕을 완전히 자급할 수 있었고, 러일전쟁 기간에 생산 능력을 크게 키운 결과, 1905년에는 처음으로 중국에 일본 설탕을 수출하였다. 1906년에는 일약 70만 담이나 수출하여, 그 해 중국의 총 설탕 수입량의 40%를 일본 설탕이 차지했다.

필자는 이 역전 현상을 19세기 중반부터 이어진 영국 산업 자본과 광동 상인 자본 사이의 생산과 유통 면에서의 협조적 분업 체제가 일본 산업 자본과 일본 상사 자본의 도전을 받으며 동아시아 시장이 재편되는 과정으로 설명한 바 있다. 그러나 이 대결 구조는 단순히 일본의 승리와 '조선, 중국 시장의 획득'으로 끝나는 것이 아니라 새로운 국면을 열게 되는데, 이 점은 다음 장에서 토론하기로 한다.

여하튼 동순태호의 1907년 교역은 바로 이와 같은 동아시아 내의 '대분기'를 간접적으로 시사한다는 면에서 대단히 흥미롭다. 대한제국의 보호국화와 한일 강제 병합에도 불구하고 한중 무역이 오히려 10배로 늘어나고 화상의 수입 무역업은 승승장구하는 가운데, 동순태호만이 무역업을 축소시켜 나갔다는 것은 이 시기 일반적인 재한 화상, 특히 다수를 차지하는 산동 화상과는 다른 광동 화상의 처지를 말해 주는 것이 아닐까 생각한다. 동아시아를 주유하는 양행과 그 특수 관계로부터 많은 이익을 얻고 있던 광동 상인에게는 일본의 정치적 등장과 일본 산업 자본의 성장은 분명히 타격이 되었다. 또한 산동 상인과 달리 언제든지 동아시아의 다른 개항장으로 철수할 수 있는 네트워크를 확보한 광동 상인의 경우 굳이 이윤이 박하고 리스크가 큰 조선 시장에 연연할 필요도 없었을 것이다.

많은 광동 상인들이 1905년 을사늑약과 1910년 조선의 식민지화를 겪으면서 자본을 철수하여 조선을 떠났다. 그리고 조선의 화교 사회는 더욱더 산동인 중심으로 강화되었다. 그렇지만 예외적으로 동순태호는 조선에 계속 남았던 것이다. 무역업이 이렇게 축소되었다면 경영의 위축이라고 할 텐데, 오히려 동순태호 담걸생은 1920년대까지 화교 사회뿐 아니라 조선에서 손꼽히는 거부(巨富)로 성장해 나갔다. 그것은 동순태호가 상해 동태호와의 수입업에서 종속적 지위에 놓여서 생각보다 무역업에서 큰 이문을 남기지 못했던 점, 담걸생이 계속해서 내지 통상의 강화나 지점 확대 등 현지 투자를 강화하는 방향으로 사업 전략을 구상하는 데에서 양륜경과 의견 충돌이 줄곧 있었던 점과 연결하여 생각할 수 있다. 이제 담걸생은 다른 광동 상인과 달리 조선에 남는 길을 선택하는 대신, 상해 동태호와 양륜경으로부터 독립하여 현지화와 토착화라는 자신의 경영 노선을 추구하기 시작했다.

1910년 국권 상실과 재한 화교 사회: 떠나가는 화상과 남은 화상

1910년 8월 대한제국은 한일병합조약의 강제 조인(8월 22일 조인, 29일 발효)으로 사라지고, 조선은 일본 제국에 병합되어 1945년까지 총독부의 통치를 받는 식민지 상태에 놓이게 되었다. 이와 동시에 조선에도 일부 일본의 법령이 동일하게 적용되는데, 한일병합이 조인되자마자 1910년 8월 25일 통감부령 제52호와 10월 1일 조선총독부령 제17호가 공포된 것은 일본 정부의 자국 내 거주 외국인에 대한 법률을 조선에 동일하게 적용하기 위한 조치였다. 외국인이라고 해도 일본이나 조선이나 살고 있는 외국인은 거의 대부분이 중국인이었기 때문에, 체류 중국인에 대한 규정이나 다름없다.

일본은 1899년 '내지잡거령(內地雜居令)'을 공포하여 외국인이 내지에 자유롭게 거주하고 영업할 수 있도록 하였다. 반면 조선은 청일전쟁 중인 '보호청상규칙(保護淸商規則)'(1894년 11월 12일)과 이후 제정된 '화상조규(華商條規)'(1896년 8월), 다시 국교를 회복한 '한청통상조약(韓淸通商條約)'(1899

년 9월 11일)에 따라 중국인의 거주지는 기본적으로 조계지에 제한되어 있었다. 그런데 이제 일본과 동일한 법률을 적용받게 되었으므로 오히려 거주와 영업이 자유로워졌다. 다만 여기에 주의해야 할 것은 일본의 법률은 모든 외국인에 대해 거주와 영업의 자유를 준 것이 아니라, 상인에 대해서는 용인한 반면, 노동자는 지방장관의 허가를 받지 않으면 종전의 거류지 이외에서 거주 또는 취로를 행할 수 없고, 규정을 위반한 자는 100원 이하의 벌금에 처하는 등 엄격히 규제를 가했다는 점이다. 따라서 조선에 체재하는 중국인은 상인, 즉 화상(華商)의 경우 거주와 영업에 불이익은 오히려 덜해졌으나, 중국인 노동자 화공(華工)은 여러 엄격한 규제를 받게 되어 문제의 씨앗을 남겼다. 또 1916년 10월에는 재차 거주 제한을 명문화하여 상인에 대해서도 중국인은 개항장 등 특정 지역 이외에는 반드시 허가를 받아야 거주할 수 있도록 거주 제한이 강화되기도 하였다.

공식적으로 파악된 재한 화교 숫자는 청일전쟁 전인 1893년 2,182명에서, 1906년 3,661명, 1907년은 7,902명, 1908년 9,978명으로 오히려 대폭 늘어났다. 1906년만 보면 3,661명 중에 서울(1,363명)과 인천(714명)에 사는 중국인이 2,000명 이상으로 압도적으로 많았다. 경기도 이남 지역에서 돌출적으로 꽤 많은 중국인이 거주한 곳이 바로 군산(365명)인 점은 특기할 만한데, 동순태호가 군산에 지점을 설치한 것처럼 일본 미곡 수출에 관여하던 화상들에게는 군산이 중요했기 때문이다.

조선 화교 인구의 40%가 상업 종사자였고(1,468명), 두 번째가 농민이었다(641명). 상업 종사자 중에는 광동인이 꽤 있었으나, 농민은 모두 산동인이었다. 1910년 대한제국이 일본에 강제 합병된 해에 재한 화교 숫자는 1만 1,818명으로 처음 1만 명을 돌파한다. 줄곧 증가 추세를 보이던 재한 화교 숫자가 이듬해인 1911년에는 1만 1,837명으로 19명의 증가에 그친 것은, 새롭게 들어온 사람만큼 조선을 떠난 사람도 많았기 때문이 아닐까 추정된다. 특히 광동인 중에 유력한 무역 상점 중에는 직원 중에 귀국하거나, 아예 상점을 접거나 이탈자가 많았을 것 같다.

고승제와 이정희의 연구에 따르면 1910년대 광동 상인은 뚜렷이 약세를 보이고 산동 상인 일색으로 재편되었다. 왕은미 역시 1900년을 경계로 남방 상인이 조선을 떠나면서 산동 상인 출신자가 중심을 이룬다고 지적한다. 가장 중요한 수입품이었던 직물 수입을 살펴보면, 1906년 서울의 유력 포목상 7개 상점 중에 5개가 산동인 상점이었고, 광동인 상점은 딱 2개였는데 동순태호 한성본호는 없었다. 1920년대에 서울의 유력 포목 상점은 100% 산동 상인으로 바뀐다. 인천도 사정은 마찬가지로, 1906년 인천중화회관에 등록된 18개의 포목상 중에 광동방은 동순태호(同順泰號) 인천분호뿐이고, 나머지는 모두 산동방이었다. 1927년 인천의 포목 수입상 10곳은 모두 산동성 출신이었다. 고승제는 1910년대 인천의 유력한 면직물 수입 화교 상점으로 12개 점포를 나열하고 일본 상인에 필적할 정도로 세력이 컸다고 하는데, 모두 산동인 상인이고, 동순태나 광동 상인은 없었다.

그렇다고 동순태호도 존속하고 담걸생도 계속 조선에 있었던 것처럼, 남아있는 광동 상인이 아예 없는 것은 아니었다. 그러나 주력 업종의 변화가 나타난다. 특히 1903년 러일전쟁 전후의 경의선 공사와 이후 일본의 각종 조선 내 인프라 건설 사업으로 목재 수요가 급속히 늘어나면서, 목재 수입업에 종사하는 상인의 세력이 커졌다. 1900년대 서울의 중국인 상인 단체 내에 이사(董事)로 참여하는 산동인 상인과 광동인 상인이 모두 목재업 종사자였다는 점에 주목할 필요가 있다. 한편으로 화교 사회 내에서 대상인의 비중이 줄어든다는 지적도 있다. 이옥련은 1914년의 통계를 이용해 경성에 거주한 중국인 2,500여 명 중에 노동자가 반수 이상을 차지했고, 상인으로 상당한 재산을 소유하거나 세력이 있는 자는 100인에 지나지 않는다는 사료를 인용하여 화상 세력의 전반적인 약화를 지적했다.

전체적으로 볼 때, 개항 초기 상해 네트워크를 이용해 대규모 국제 무역을 했던 광동 상인들의 활동은 뒤로 갈수록 미약해져서, 조선에서 자본을 철수하거나 남은 쪽을 선택한 이들은 업종을 변경한 것 같다. 반면 조선에 지정학적으로 가깝고 국제적 네트워크가 약한 산동 상인들은 규모는 작지만 꾸준히 조선에서 영업을 했고, 1920년대까지 산동 지역 자체가 군벌 내전과 흉년으로 살기 어려웠던 탓에 소상인이든 노동자, 농민이든 조선으로의 이주는 더욱 늘어났다. 따라서 재한 화교의 숫자는 늘어나고, 노동자와 농민의 비중도 커졌지만, 그렇다고 화상의 세력이 약화되었다고 보기는 힘들다. 대규모의 국제적 자본으로서 광동 상인은 떠났어도, 한중 무역의 성장세가 1920년대까지 이어졌기 때문에 화교의 경제적 세력은 총량으로 볼 때 줄곧 성장세를 유지했다. 또 이점을 잃어버린 무역을 떠나 다른 방향으로 투자처를 찾아 거부를 축적한 동순태호 담걸생과 같은 예외적 사례도 있었다.

필자는 광동 상인이 조선을 떠나고, 산동 상인은 조선을 지킨 원인으로 지정학적 요인 이외에 '소금'을 지적하고 싶다. 당시 산동 상인들은 광동 상인과 달리 국제 무역망이 없어도 산동 소금을 조선에 파는 것만으로 큰 이익을 얻고 있었다. 조선은 원래 천일염이 없고 바닷물을 끓여서 얻는 자염(煮鹽)만 있었는데, 산동 상인들이 질은 떨어져도 값은 3분의 1인 산동 염장의 천일염을 대거 조선에 가져와 엄청난 이익을 얻고 있었다.

서석하의 연구에 따르면 처음에는 일본 소금이 1885년에 조선에 수입된 이래로 부산항과 원산항을 통해 점차 수입량을 늘려갔으나, 1898년을 기점으로 중국 소금[淸國鹽]이 조선에 수출되기 시작하면서, 기존에 수입염의 대부분을 차지하던 일본염을 대체하기 시작했다. 이 중국 소금은 산동 천일염장에서 생산되는 산동 소금이었다. 1897년에 조선 내 수입염의 99%의 비중을 차지하던 일본염은 1898년부터 청국염의 수입 급증으로 인해 점차 수입의 절대 비중이 깨지기 시작했고, 1903년 무렵 일본염의 비중은 33%로 급격히 떨어졌으며, 1910년에는 5%대로 감소하였다. 반면 산동 소금은 1903년에 2,000만 근을 넘어서고, 1908년과 1909년에 이르러서 5,000만 근에 달하여 전체 소금 수입량에서 70% 이상의 비중을 차지했고, 조선 소금 수요의 절반 이상을 산동 소금이 공급하게 되었다.

이 상황을 개선하고자 일본은 통감부 시절부터 조선 내에 천일염장을 조성하는 일에 적극 나섰다. 1907년 탁지부는 인천의 주안(朱安)과 부산 용호(龍湖)에 각각 천일염과 자염의 시험 염전을 설립하였는데, 시험 결과 주안의 천일염 시험장이 양호한 것으로 나타났고, 인천항 인근의 주안과 평안도 진남포항 연안의 광량만에 천일염전을 조성한다는 개발 계획이 정식으로 수립되었던 것이다. 우리나라 천일염의 시작이다. 그 결과 1910년대 말까지 1억 근에 가까운 천일염이 생산되기 시작하면서, 조선의 소금 수요에서 국내 천일염이 차지하는 비중이 점차 늘어갔다. 거꾸로 이야기하면 1910년대 말까지 산동 상인들은 산동 소금의 수입 및 밀수입으로 안정된 영업 수단을 가지고 있었다는 이야기가 된다. 또한 역설적으로 천일염장을 조성하는데 조선 내에서는 기술자가 없었기 때문에 산동인 기술자와 노동자를 대거 고용하는 바람에 산동인 노동자가 이 시기에 대거 조선에 들어오게 되었다.

'매판', '관상(官商)'에서 '민족 자본'으로: 상해 광동 자본의 변모

청일전쟁의 패전으로 양무파가 공격받는 가운데 상해에서 양륜경과 정관응도 어려운 시기를 겪고 있었다. 1897년 3월 15일 '장모(張某)'를 칭한 인물이 상해 『소보(蘇報)』에 「총판득인(總辦得人)」이란 글을 발표하여, 정관응을 조준하여 비판하였다. 그가 양무운동 기간에 경영을 담당했던 상해 기기직포국, 윤선초상국에서 줄곧 장부를 조작하고 부정행위를 하여 이익을 취했으며, 양무 관료들에게 영합했다는 비방성 기사였다. 정관응은 억울한 마음에 소송도 생각했지만 성선회에게 편지를 써 "한번 소송을 하면 결과가 나오기까지 끝이 없고" 재정 상황도 어렵다고 호소했다. 성선회는 "큰 도량으로 포용하고[包以大度]", "일소에 붙이라고[一笑置之]"하면서도, 자신이 주도하여 정관응을 잘 아는 명사 및 친구들의 서명을 받아 연명으로 정관응의 결백함을 알리는 반박 성명을 다시 『소보』에 실었다(3월 24일자). 이 중에 당연히 양륜경의 이름도 보인다.

이러한 비난에도 불구하고 정관응은 여전히 활발한 정치, 문화 활동을 이어갔다. 성선회는 정관응을 잊지 않고 길림성의 광산 개발 회사인 길림광무공사(吉林鑛務公司)의 이사장[總董]으로 임명하여 광동 상인들의 투자를 유치하는 일을 맡겼다. 이렇게 양무파와의 협력을 유지하면서도, 정관응은 강유위 그룹에 대한 지원을 아끼지 않았다. 1898년에는 상해에서 광서제의 스승이자 변법운동을 지지한 옹동화(翁同龢)를 만났고, 변법운동이 실패하여 강유위가 일본으로 망명한 후에는 강유위의 부친을 모시고 마카오로 피난 온 강유위의 동료 하수전(何穗田)을 통해 그 부친의 생활비를 보태 주기도 하였다. 1907년 정관응은 『성세위언후편(盛世危言後編)』을 출판하는데, 여기에는 양륜경에 보내는 몇 편의 글이 실려 있다.

양륜경은 1898년에 담걸생이 검토했다가 포기한 연해주의 곡물 판매 사업에 뛰어들었다. 철도 건설로 급증한 중국인 인부를 겨냥해서 식량 판매를 시도한 것이지만, 현지와 연락이 원활하지 못한 탓에 결국 크게 손해를 보았다고 한다. 그 후에 양륜경은 2장에서 자세히 살펴보았듯이 상해 내의 상인 조직 및 광동 동향 조직 활동에 열심히 참여했다. 1901년 상해(上海) 잡곡 판매업 내의 광동 상인 동업 조직으로 신수당(愼守堂) 건립에 참여했으며, 이듬해 1902년에는 상해 최초의 상회 조직인 상해상업회의공소(上海商業會議公所)의 72명 회원 중 하나로 광조공소의 추천으로 참여하였다. 1905년에는 상해 동태호에서 같이 일한(이시카와는 양자 관계를 대등하게 동업자로 판단한 듯하다) 나주신(羅柱臣)이 사망하여, 동태호의 운영은 전적으로 양륜경이 책임지게 되었다.

1901년 신정이 실시된 이래 청조는 적극적으로 상업을 장려하고 해외 화교 자본의 초치에 노력하였다. 1903년에 상부(商部)가 새로이 설립되었고, 근대적 회사법에 해당하는 '공사례(公司例)', '장려공사장정(獎勵公司章程)', '공사주책시판장정(公司注冊試辦章程)' 등이 연이어 반포되었다. 또한 상인의 조직화를 위해 '상회간명장정(商會簡明章程)'을 반포하여, 국내 각 주요 도시에 상회를 조직하도록 하는 한편, 해외에서도 화교 상인 조직인 중화총상회(中華總商會)를 설립하도록 하였다. 중화총상회는 청조의 관리를 받으며, 임원은 공천을 거쳐 청조 상부(商部)의 비준을 받아 임명하도록 한 반관반민의 조직이었다. 이듬해 청 정부는 동남아시아 화교 상인인 장진훈(張振勳)을 상무대신(商務大臣)으로 삼아 동남아 각지를 돌며 화교를 대상으로 투자 유치를 진행했다. 1905년에는 복건성(福建省)의 일부 지현(知縣, 현의 지방관)들을 화교 투자를 철저히 보호하지 못했다는 이유로 면직하기도 하였다. 1907년 재차 농공상부(農工商部) 우시랑(右侍郞) 양사기(楊士琦)가 동남아에 파견되어, 대규모 투자를 하는 화교에게는 학위나 관위를 수여하는 한편, 모국에 투자한 사업체에 대해서는 지방관이 철저히 보호할 것을 약속하였다.

이러한 적극적 선전에 호응하여 청일전쟁 이후 신해혁명 전까지 약 15년 동안 광범위하게 화교의 모국 투자가 이뤄졌다. 1903년에는 광동 화교 황아복(黃亞福)이 싱가포르에서 세계 최초의 화교은행인 광익은행(廣益銀行)을 창설하기도 하였다. 여기에서 놓쳐서는 안 될 현상은 양행과 더불어 해외로 진출한 광동 상인들이 모국인 중국, 특히 상해에 집중적인 자본 투자를 시작했다는 점이다. 더구나 그 투자는 예전과 같은 지역 간 시세 차익을 노리는 무역업이 아니라 예전 영국이 담당했었던 면직물, 궐련 등 상품의 공급, 즉 제조업에 대한 투자였다. 필자는 앞에서도 언급했지만 이를 생산-영국 산업 자본, 유통-광동 상인 자본의 분업적 협력이 일본의 자본주의 성장에 의해 무너지는 과정이라고 보았는데, 또한 최근 학회 발표에서 이 시기의 광동 화교의 상해로의 자본 환류와 제조업 투자를 광동 상인 중에 일부가 앞서서 과거 영국 산업 자본이 담당했던 역할을 스스로 맡기로 하고, 제조업으로 투자 분야를 전환한 것이라고 해석한 바 있다.

화교의 중국 투자는 일찍이 1860~1870년대부터 시작되었는데, 화교들의 주요 출신지인 광동성, 복건성 2성과 함께 상공업 중심지인 상해 세

곳에 집중되었다. 개항 이래 1949년까지 광동, 복건, 상해에 투자한 화교 자본 총액은 6억 3,271만 원 가량이었다. 화교 투자 기업수와 투자 자본에서 광동성이 2만 1,268개, 3억 8,617만 원으로 61%를 차지하였고, 복건성이 4,055개, 1억 3,918만 원으로 22%, 상해가 187개, 1억 734만 원(1955년 인민폐 환산 기준)으로 약 17%를 점하고 있다. 그런데 상해의 경우는 기업 숫자에 비해 자본 규모가 큰 투자가 이뤄졌다. 기업 평균 투자액 규모가 57만 원이나 되어 복건의 16배, 광동의 30배나 된다. 사실상 복건과 광동의 소위 '투자액'은 화교들이 고향에 장만한 토지, 가옥 등 부동산 투자가 가장 많았다. 그러나 화교 자본으로 상해에 투자된 것은 대자본이었으며 산업 투자였다. 광동, 복건은 화교 투자 중 부동산이 45~50% 내외를 차지했고 공업은 15%에 불과했다. 이에 반해 상해는 공업 투자가 수위를 차지하였으며, 다음이 상업, 금융업이었고, 부동산 투자는 거의 없었다. 상해에서 화교의 공업 투자는 50개 공장, 5,100만 원으로 화교 상해 총투자 총액의 47.43%로 거의 절반을 차지한다.

상해는 대자본의 화교 기업이 가장 선호한 투자 지역이었는데, 그 대부분은 바로 해외에서 돌아온 광동 자본이었다. 상해의 화교 기업 중에 특히 유명한 것은 중국의 담배 시장을 장악하고 있던 영미연공사(英美煙公司, British American Tobacco, 이하 BAT)에 도전장을 던진 남양형제연초공사(南洋兄弟烟草公司)이다. 이 회사는 앞에서도 설명했듯이 광동성 출신으로 홍콩과 일본에서 사업을 하던 간조남(簡照南), 간옥계(簡玉階) 형제가 1905년에 설립한 회사이다. 이 회사는 양륜경과도 관련이 있는 회사이다(2장 참조). 초기에 양륜경도 이 회사에 투자를 했었고 이후 상해 광조공소에서도 줄곧 이사[董事]로 같이 일했다. 남양형제연초공사는 제국주의 자본에 맞선 대표적인 민족 자본으로 칭송되고 있으나 엄밀히 말하면 화교 자본이며 귀국한 광동 상인 자본이다.

재미있는 것은 남양형제연초공사의 최대 경쟁자인 BAT의 중국 매판 역시 광동 출신의 상인이었다는 점이다. 그는 바로 훗날 담걸생과 사돈을 맺게 되는 정백소(鄭伯昭)였다. 남양형제연초공사의 간씨 형제는 광동성 불산현(佛山縣) 출신이며, 정백소는 광동성 향산현(香山縣) 출신으로 필자는 그가 정관응과 같은 정씨 일족이 아닐까 의심하고 있다. 민족 자본의 대표로 싸우던 측이나 제국주의 자본의 대표 주자로 대응하던 측이나 모두 광동성 출신이라는 점은 대단히 시사적이다. 게다가 간씨 형제나 정백소나 상해에서 광조공소 및 각종 상해의 광동 동향 단체의 주요 멤버로서 줄곧 함께 활동했던 것이다.[24]

이쯤에서 정관응-양륜경 라인만큼이나 끈끈한 담걸생-정백소 라인에 관해 검토할 필요가 있다. 정백소(1863~1951년)는 담걸생보다 열 살 아래로 훗날 그의 아들 정관주(鄭棺柱)와 담걸생의 넷째 딸 담수란(譚秀鸞)이 혼인하여 사돈을 맺게 된다. 담걸생의 9남 담정택은 회고록에서 담걸생이 상해에서 동태호 직원으로 해관 업무를 맡고 있을 때 정백소 역시 담배 제조 및 판매 회사인 영태잔(永泰棧)의 직원으로 해관 업무를 맡고 있어서 서로 면식을 익혔다고 썼으나, 이것은 잘못된 기술로 생각된다. 왜냐하면 정백소는 상해 중서서원(中西書院)에서 영어를 배운 뒤 해관, 철도 회사, 은행에서 일하다가 30세인 1893년 즈음에야 비로소 광동 출신의 동향이 함께 출자한 영태잔(永泰棧)이라는 담배 제조 및 판매 상회에 들어갔기 때문이다.

24_1934년에 정백소는 광동 재상해 동향회(廣東旅滬同鄉會)의 이사직을 사임하는 기사가 있다.

굳이 두 사람이 상해에서 만났을 가능성을 생각해 본다면 담걸생이 조선에 왔을 1885년에 정백소는 23세였으므로 해관에서 일하고 있다가 담걸생과 알게 되었을 가능성은 있다.

하지만 보다 직접적인 관계는 역시 비즈니스에서 생겼다고 본다. 정백소는 영태잔에서 사업 수완을 발휘하여 1901년 39세 때에 공발영행(公發英行)과 계약을 맺어 BAT의 주력 상품인 노도패(老刀牌)와 황후패(皇后牌) 2종의 궐련을 위탁 판매하게 되었다. 1902년에 정백소는 상해영미궐련총공사(上海英美卷煙總公司)를 설립하여 당시 BAT의 궐련을 위탁 판매하는 3개 메이저 상점 중 하나로 성장시켰다. 1905년은 반미 보이콧 운동으로 국산품 애용 운동[國貨運動]에 불이 붙은 해이고 이 열기를 타고 남양형제연초공사가 홍콩에서 출범한 해이지만, 정백소는 같은 해에 BAT 판매업계 판매량 1위를 달성하고 영태잔(永泰棧)의 최고경영자, 경리(經理)에 취임하였다.

필자가 여기에서 주목하는 것은 1907년 1월 『제국신문』에 실린 동순태호의 신문 광고이다. 이 광고는 '광동연초공사(廣東煙草公司) 대리인 한성 인천 동순태' 이름으로 나갔고, 각종 궐련을 상점에 구비하고 있으니 많이 와서 사라는 내용이었다. 예전부터 필자는 두 사람이 사돈 관계를 맺는 것을 보고, BAT의 조선 판매 대리인이 동순태호가 아니었을까 의심을 품고 있었는데, 이 광고는 그 가능성을 뒷받침해 주었다. 거기에 확신을 준 것은 담걸생의 증손녀로 현재 오스트레일리아에 거주하고 있는 아이비 탐(Ivy Tam) 씨 부부와의 인터뷰였다. 그녀의 부군은 장인인 담걸생의 손자 담내량(譚乃亮)으로부터 동순태호가 BAT의 조선 독점 판매로 크게 돈을 벌었다는 이야기를 들었다고 한다. 여러모로 담걸생과 정백소는 양륜경과 정관응처럼 밀접한 관계였음에 틀림없다.

정백소는 상해뿐 아니라 전국적으로 BAT의 유통망을 확대하여 큰 성공을 거두었고, 그 성과를 인정받아 1918년에 BAT 본사로부터 15년간 중국에서의 독점판매권, 즉 프랜차이즈를 획득했다. 이 프랜차이즈는 정백소가 속한 영태잔이 아니라 그 개인에 준 것이었다. 이듬해 1919년에 그는 20여 년간 일한 영태잔을 나와서 BAT 지분 51%, 자신의 지분 49%로 영태화연행(永泰和烟行)을 창업했으며, 자연히 중국 판매독점권도 영태잔(永泰棧)에서 영태화(永泰和)로 넘어 왔다. 바로 이 해에 담걸생의 4녀와 정백소의 아들이 혼인을 했다. 1900년대에 담걸생은 복권 사업뿐만 아니라 BAT의 조선 판매업에 나섰을 가능성이 높다. 그리고 그 인연으로 조선의 독점사업권자인 담걸생과 중국의 독점사업권자인 정백소가 혼인으로 인척 관계를 맺었으리라 추측되는데, 향후 검증이 필요하다.

화상(華商)의 조직화

청일전쟁 이후 눈에 띄는 현상은 패전에 의한 위기감과 민족의식의 고조, 그리고 1901년 청의 신정의 영향으로 해외 화교의 조직화가 급진전되었다는 점이다. 조선의 화교 역시 예외가 아니었다. 청일전쟁의 패배로 현지 정권의 압박이 더 거세질 것이라는 위기감은 해외 화교들의 조직화를 촉진했다. 1896년에 일본 오사카에서 광동공소(廣東公所)가 설립되고, 1898년 일본 요코하마에서도 광동공소(廣東公所)가 설립되었다. 위기를 직감하면서 조직의 필요성을 느낀 것이다.

조선 화교 사회의 동향 역시 비슷했다. 청일전쟁 패배 후 청이 조선에서 정치적 영향력을 상실하고, 화교들의 뒷배가 사라지면서, 화교에 대한 각종의 불합리한 탄압이 줄을 이었다. 앞에서 살펴본 청일전쟁 당시의 화상에 대한 공격에서도 나타났지만, 원세개 부임 시절 화상의 횡포와 이윤만 추구하는 몰인정한 행태를 조선인들은 잘 기억하고 있었다. 1901년 5월에는 화상 부취성(傅聚盛)을 도박장으로 오해하여 과잉 단속하는 사건이 일어났는데, 이를 막기 위해 출동한 중국인 순포(巡捕)가 한국 병사의 공격으로 부상당하는 일이 생겼다. 청일전쟁 전에 중국 순포는 위세가 대단하여 밀수 혐의로 화교 상점을 단속하러 왔던 한국 병사를 두들겨 팼었는데, 이제는 중국 순포가 오히려 한국 병사에게 얻어맞는 상황이 된 것이다. 1902년 9월 21일에는 개성 화상 양만당(楊滿堂)이 홍삼 밀수 혐의로 체포되었는데, 정작 주범에 해당하는 일본인은 전혀 처벌을 받지 않고, 양만당만이 체포되어 가혹 행위를 당한 후에 관리에게 뇌물을 주고 겨우 풀려나는 일이 있었다. 1904년 9월에는 산동성 위해(威海)의 소금 상인[鹽商]들이 황해도 해주에서 소금을 팔다가 조선 상인들과 다툼이 일어나 영국 국적의 중국인 1명이 살해당하는 사건이 발생하기도 했다. 1910년 한일 강제 병합으로 조선 내 외국인의 경찰권이 회수되면서, 20년 넘게 유지되던 중국 순포방(巡捕房, 경찰서)은 해산되었다.

이렇게 수세적 입장에 놓일수록 똘똘 뭉칠 이유가 생기는 법이다. 1901년부터 주한 사관의 주도로 서울 지역 화상 단체의 설립이 모색되었고 1904년에는 한성화상총회(漢城華商總會)가 발족되었다. 동향별의 분파주의가 지배하여 지역 화상 조직의 탄생이 어려웠으나, 러일전쟁에서 일본이 승리하면서 조선에서 화상의 입지가 더 힘들어 질 것으로 예상되자, 고질적인 동향 분파주의를 넘어서 북방, 남방, 광방 3방 연합으로 한성화상총회라는 동업 단체가 조직될 수 있었던 것이다. 1910년에 한일 강제 병합으로 서울의 이름이 '한성'에서 '경성부(京城府)'로 바뀌면서 '한성화상총회'는 '경성화상총회(京城華商總會)'로 이름이 바뀌었다. 주한 사관 역시 화교의 공동체의식을 고취하기 위한 다양한 기획을 하였다. 원래 정무사(靖武祠)는 조선 왕실이 임오군란을 진압한 오장경이 1884년에 사망하자 그를 기리기 위해 1885년에 세운 사당이었는데 청과의 종번 관계를 청산한 이후 제사가 끊어지고 건물이 허물어지기 직전까지 퇴락했었다. 청의 주한 총영사관은 정무사 관리권을 접수하여 건물을 새로 고치고 오무장공사(吳武壯公祠)로 이름을 고쳐 제사를 정례화하였다.

필자는 담걸생의 화상 단체의 활동을 추적하던 중에 특이한 점을 발견했다. 김희신의 연구에 따르면 담걸생은 1888년에 한성 광방의 이사(董事)로 선출된 후 1901년 8월까지 13년간 재임했었다. 그런데 그 이후 이 자리를 벗어났다가, 중화민국 성립 후 1913년부터 1927년까지 다시 14년간 광방 동사를 지낸다. 필자는 담걸생이 줄곧 광방의 이사였다고 알고 있었기 때문에 중간에 공백기가 있음을 알고 1901년부터 1913년 사이 광방의 활동이 멈춰 있었을 가능성도 생각해 보았다. 하지만 그러한 사실은 확인된 적이 없기 때문에 김희신의 연구를 받아들인다면, 그저 중간에 담걸생이 광방 이사에서 떠난 적이 있다는 말이 된다. 중국의 관습상 동향 단체의 동사는 가장 중요한 것이 얼마나 자본이 튼실한 큰 회사인가라는 점이다. 대단히 실용적인 접근인데, 1902년부터 1913년 사이에 담걸생이 이사직을 수행하지 않았다는 것은, 바로 이 시기에 동태호 양륜경이 조선에서 자본을 거두고 담걸생이 독립하는 과정이 단계적으로 진행되면서 자본의 축소가 발생하지 않았을까 한다. 또한 양륜경과 성향이 비슷했던 담청호가 이

즈음 고향으로 은퇴했을 가능성도 있다. 왜냐하면 1913년 인천화상총회의 이사진을 보면 이사(董事)로 이름을 올리고 있는 동순태호의 대표가 담청호가 아니라 담걸생의 장남 담정호(譚廷瑚, 당시 34세)이기 때문이다. 그 후 담걸생은 다음 장에서 보듯이 다시 조선 최대의 부상(富商)으로 성장하는데, 그렇게 성장하면서 다시 광방 동사 직책을 독점하게 되지 않았을까 하는 추론이다.

마지막으로 이 시기의 담걸생의 개인적인 가정사를 살펴보자. 1898년 담걸생은 셋째 부인 호운경 사이에서 첫 아들인 담정란을 얻었다. 다섯 번째 아들이었다. 담걸생의 나이 46세였다. 그녀와의 사이에는 4녀 담수란도 1900년에 태어나는데, 담정택의 회고록에는 그녀의 생몰연대가 없어서 확인이 불가능했으나, 후에 홍콩에 거주하는 담내걸(譚乃傑, 담걸생 손자) 선생의 도움으로 비문을 촬영하여 생년월일이 확실해졌다. 이듬해 1901년에는 두 번째 부인 하씨(何氏)에게서 딸 담수봉(譚秀鳳)을 다시 얻었다(담걸생 48세). 자녀들 모두 출생지는 서울로 되어 있어서, 셋째 부인 호운경은 처음에는 서울에서 둘째 부인, 그 식구들과 함께 살았던 것 같은데, 이후 호윤경은 인천으로 옮겨 간다. 1905년에는 하씨에게서 다시 7남 담정검을 얻었고, 셋째 부인 호윤경과의 사이에서 1911년까지 9남 담정택과 6녀 담수금을 얻고, 1913년에는 막내아들 10남 담정황을 얻었다(담걸생 61세). 담걸생의 인생도 벌써 이순(耳順)의 나이로 접어들고 있었다.

남북한을 합한 한반도의 면적은 오늘날 일본의 약 3분의 2가량이지만, 1910년에 일본에 강제 병합될 당시 조선은 타이완, 사할린 등 영토까지 영유한 일본 제국 영토의 32.7%에 불과했다. 인구는 줄곧 22~24% 정도였다. 그런데 일본 제국권에 편입되면서 조선 밖으로 나간 인구 숫자는 해외로 나간 일본인만큼이나 많다. 종전 즈음에 해외에 거주하고 있던 조선인 숫자를 살펴보면, 일본에 약 200만(1945년), 만주에 약 163만 4,000명(1943년), 대만 2,662명, 중국 본토 8만 6,654명, 사할린 남부 2만 5,765명(1940년대 초), 연해주 등 소련 18만 412명(1940년) 등으로 400만 명에 육박한다.

일제 강점기 한인 이주의 특징은 일본인의 해외 이주와 비교할 때 일본과 만주 등 일본 제국권 내에 집중되어 있다는 점이다. 일본에 거주하는 조선인 숫자는 1917년에 처음 만 명을 넘어섰고, 1920년대 후반과 1930년대 초반의 세계 대공황 불황기에 가파르게 증가하여 1935년에는 60만 명을 넘어서 이 해에 처음으로 조선에 사는 일본인 숫자(약 59만 명)보다 더 많아졌다. 중일전쟁과 태평양전쟁 시기에는 전시 노무동원령으로 조선인 노동자를 일본으로 대거 데려가면서 1945년 종전까지 200만 명에 육박하는 조선인이 일본에 체재하게 되었다(196만 8,807명).

물론 조선인이 더 많이 일본에 건너가도 일본 인구가 워낙 조선 인구보다 5배가 많다 보니, 총인구에서 점하는 비율은 조선에 사는 일본인 비율보다 낮았다. 1942년 일본 내지 총인구에서 재일 조선인의 비율은 1.43%였는데, 조선 총인구에서 일본인 비율은 2.87%나 되었다. 그렇지만 재일 조선인들이 집중 거주하는 오사카, 도쿄 등 대도시에서의 인구 비중은 훨씬 높았다. 1935년 오사카시의 조선인 숫자는 15만 4,503명이었다. 오사카 인구의 5%를 넘고, 또 같은 시기 평양부 인구보다 많다. 도쿄 시의 조선인 인구는 6만 5,259명으로, 같은 시기 인천부의 인구 규모이다.

1944년 6월부터 일본 본토는 미군의 공습을 받게 되었다. 종전까지 공습으로 사망한 재일 조선인 숫자는 도쿄와 오사카 두 도시만으로 12만 명이 넘었다. 일본의 패전 후 재일 조선인 중에 150만 명이 귀국했고, 일본에는 약 46만 4,277명이 남았다고 하는데, 이들이 오늘날 재일 교포의 원류이다. 이들이 잔류를 결정한 이유는 복합적이다. 이미 생활 기반이 일본에 있었다는 점, 고국 조선에서 정치적 혼란이 커지고 있던 점, 미국과 미군정 당국이 일본 경제에 미칠 영향 때문에 귀국자의 소지금 및 재산을 제한했던 것 등 여러 요인으로 일본에 남은 자도 많았고, 귀국했다가 다시 밀항하여 일본에 돌아온 사람도 많았다.[外村大 2008(a)]

테마 17 한인의 만주 이주와 간도 문제

1943년에 동북 3성, 즉 만주에 거주하던 한인 인구는 163만 명을 넘어, 일본을 제외하고는 최대의 이주 지역이었다. 조선인의 동북 3성, 즉 만주와 러시아령(후의 소련) 연해주로의 이주는 1860년대 즈음부터 시작되었다고 본다. 한인 농민들이 경계를 넘어서 동북 지역으로 들어가 농사를 짓기 시작하고, 1860년에 러시아가 청조에게서 사할린과 연해주를 할양받으면서 극동 개발이 본격화되자 노동자로서 국경을 넘기도 했다. 1869년과 1870년에 연이어 한반도 북부를 덮친 대기근도 이주의 중요한 푸쉬(push) 요인이 되었다.

1861년에 중국 동북 지역의 항구인 영구(營口)가 개항하고, 1898년에 하얼빈 건설이 시작되고, 1903년 동청철도(東淸鐵道) 및 봉산철도(奉山鐵道)가 개통되면서, 대량의 인구가 유입되었다. 동북 3성의 인구는 1907년에 약 1,677만 8,000명이던 것이 1917년에는 2,106만 9,000명으로 급증했다. 증가 인구의 48%는 이민이었다. 이주 인구의 90%는 산동성을 비롯한 화북 중국인들이었으나, 러시아인, 일본인, 조선인의 이주도 줄곧 늘었다. 그 중에서 조선인의 만주 이주의 경우, 1905년 을사늑약과 1910년 한일합방, 1919년 3.1운동 등 몇 차례 정치적 이유로 인한 망명 성격의 이주 급증이 있었다. 조선인의 이주가 가장 집중되었던 곳은 역시 국경이 맞닿아 있는 간도 지역이었다.

간도는 조선과 중국 사이에 영토 분쟁이 있던 곳이었다. 그런데 1909년 일본 정부는 청과 간도협약을 맺어 간도를 중국 영토로 인정해 주었다. 대신에 간도 내에 외국인이 거주 및 영업을 할 수 있는 4곳의 개방 지역을 둘 것, 기타 개간지에도 조선인이 잡거, 즉 중국인과 섞여 살 수 있도록 요구하여 이를 명문화하였다. 개방지에 사는 외국인, 사실상 조선인은 일본인처럼 치외법권을 누리지만, 잡거지의 조선인은 중국인처럼 청의 법률에 따라 재판을 받도록 했다.

그런데 1915년 일본은 원세개 정권을 협박하여 유명한 '21개조 요구'를 내밀어 만몽조약이라 불리는 '남만주와 동부 내몽고에 관한 조약'을 맺어 각종 특권을 얻어 냈는데, 그 안에는 일본인이 토지를 계약에 따라 사용할 수 있는 토지상조권(土地商租權)과 치외법권이 있었다. 일본은 조선은 일본의 영토가 되었으므로, 간도협약은 무효이고, 만주의 조선인도 똑같이 토지상조권과 치외법권을 누려야 한다고 주장했다.

중국 정부는 간도협약은 중국의 특수 지역에 특수하게 대량의 인구 유입을 한 조선인에 대한 특수한 협약이므로 여전히 유효하다고 맞섰다. 중국 입장에서 간도에서 조선인의 토지 소유를 이미 허락했는데, 다른 지역에서까지 이를 허용하면 만주 땅이 조선인, 사실상 일본인에게 넘어갈 우려가 컸다. 처음에 중국은 조선인이라도 귀화를 하면 토지를 소유할 수 있도록 하고 귀화를 장려했는데, 많은 재만 한인이 귀화를 해서 토지소유권을 얻으면 일본의 토지 회사에 팔아 버렸기 때문에, 결국 중국은 귀화도 허락하지 않게 되었다. 게다가 일본은 조선인 보호를 빌미로 각지에 총영사관과 분관을 설치하고 영사관 경찰을 상주시켜 중국의 주권을 침해하고, 만주에서 활동하던 독립운동가, 공산주의자를 단속하였다.

문제를 악화시킨 것은 1925년 조선총독부가 파견한 경찰청장 미쓰야 미야마쓰(三矢宮松)와 장작림 군벌 정권 하의 봉천성 경찰청장이 심양에 맺은 소위 미쓰야 협정(三矢協定)이었다. 일본은 중국 정부가 재만 한인에 대해 행정력을 행사하는 것을 치외법권을 근거로 펄쩍 뛰면서 반대했었고, 그것을 빌미로 만주 내의 일본 경찰력을 늘리고 내정 간섭을 강화했었다. 그런데 만주에서 '조선인 독립당'을 단속하기 위해 이제 와서 일본은 중국 군경에 조선인에 대한 체포와 단속의 권한을 인정해 주고, 대신 체포하면 바로 일본 영사관에 넘기도록 했던 것이다. 그 결과 중국 경찰은 독립운동 단속 명목으로 만주의 조선인 일반에 대해 일본의 눈치를 볼 것 없이 합법적으로 단속할 수 있게 되었다. 그리고 이 권한을 이용해 만주에서 조선인을 박해하였다. 1927년에 중국에 대해 온건한 정책을 펴던 와카쓰키 레이지로(若槻禮次郎) 내각이 무너지고 만몽 권익을 위해서 무력 개입도 불사하겠다는 다나카 기이치(田中義一) 내각이 들어서면서, 만주 지역을 장악하고 있던 장작림 정권의 일본에 대한 불안감은 커졌다. 동북 3성에서는 반일 정서가 고조되었고, 장작림 정권의 재만 한인에 대한 대우는 갈수록 적대적으로 변했다.

1931년 만주사변 이후 다수의 조선인이 일제의 앞잡이로 중국인에게 공격받아 살해당하는 사태가 발생하자, 국내에서는 조선일보를 비롯한 각 단체가 '만주조난동포문제협의회'를 발족하고 의연금을 모았는데, 재정난을 겪던 조선일보가 의연금을 유용하여 1932년 1월 말까지 보내기로 한 송금을 못하는 사건이 일어났다. 이러한 불신 속에서 1932년 3월 만주국이 성립하자, 조선총독부는 신속하게 시찰단을 꾸려 간도에 총독부 출장소를 설치하고 재만 한인 보호를 천명했다. 만주국 성립 이후 1945년 종전까지 조선인은 일제의 보호 아래 중국인의 집단 공격에서 안전할 수 있었다. 대신 만주 내의 독립운동에 동조하는 조선인은 일본 군경에 의해 철저하게 탄압받았다.[고승제 1972; 박정현 2014(c)]

테마 18 한인 밀항의 역사

3.1운동 이후 일본으로 건너가는 조선인에 대한 도항 관리가 시작되었지만, 조선인의 일본 입국에 각종 규제가 가해진 것은 1920년대 후반이다. 이즈음 일본 내 실업 문제와 재일 조선인 노동자와 일본인 노동자와의 경쟁과 마찰이 심화되었기 때문이다. 토노무라 마사루(外村大)는 이 시기 밀항 비즈니스에 관한 탁월한 연구를 선보였는데, 그에 따르면 1930년대 도항 규제의 강화로 부산에서 도항 신청자 중에 배에 못 타는 경우가 50%까지 육박하자, 일본에 가려는 조선인을 몰래 어선으로 일본 해안에 밀항시키는 비즈니스가 대단히 성행했다. 밀항에 드는 총비용이 일반 서민이 감당하지 못할 정도가 아니었기 때문에 더욱 번성했다. 부산과 시모노세키를 연결하는 관부연락선의 3등칸 요금이 3.55엔, 2등칸이 10엔 남짓이었다고 하는데, 1930년대 밀항 비용은 2엔에서 20엔 정도로

천차만별이어서 3등 요금과 큰 차이가 없는 경우조차 있었다고 한다. 경상남도의 논 1마지기 가격이 50엔 정도였다고 하므로, 토지가 있는 농민이라면 충분히 마련할 수 있을 정도의 비용이었다. 어선 한 척에 수십 명을 태워서 보내면, 밀항 브로커는 한 차례에 수백 엔 이상의 수입이 생겼는데, 밀항이 적발되어도 벌금형이 적용될 뿐이고, 게다가 벌금액이 보통 100엔 정도라서 가끔 적발되어도 충분히 남는 장사였다고 한다.

1945년 해방 직후 한국인의 일본 밀항이 극성이었다는 점 역시 주목을 끈다. 이른바 여권도 없이 어선을 타고 몰래 일본에 건너온 '부정입국(不正入國)'으로 검거된 한국인 숫자는 1946년에만 2만 명에 육박했고, 한국전쟁 이후 1950년대 중반까지도 매년 1,000명에서 2,000명이나 되었다. 그러므로 발각이 안 되고 입국에 성공한 숫자는 더 많았을 것이다. 일본에 있다가 종전 후 고향에 귀환했지만 한국의 혼란한 시국으로 먹고 살 길이 막막해서 다시 일본으로 온 경우가 많았다. 또 좌익 사범으로 정치적 탄압을 피해 망명한 사람이나 원래 일본에 온 적은 없지만 일본에서 자리 잡고 사는 친인척에 의탁해서 밀항한 사람도 있었다. 특히 청장년층 다수가 일본에 일하러 가서 그 송금으로 생활하던 제주도는 해방 후 경제가 사실상 붕괴되자 일자리를 찾아 일본으로 재도항을 꾀한 밀항자가 대단히 많았다. 게다가 1947년 4.3항쟁으로 제주도가 내전 상태가 되면서 밀항 시도자는 폭발적으로 늘었다. 그 때문에 1946년 7월에 1인당 500~1,000엔 정도 하던 밀항 비용이 1949년에는 2만 엔, 1950년에는 2~4만 엔까지 치솟았다고 한다.[外村大 2008(a), 2008(b); 伊地知紀子·村上尙子 2008]

1923년 9월 관동대지진으로 수천 명의 조선인이 학살되었으나, 이때 일본 정부가 도항 관리를 강화하여 조선인의 입국을 막자, 조선에서는 오히려 일본에 가게 해달라고 각지에서 '도일저지반대운동'이 벌어졌다. 여론의 압력에 일본 정부는 1924년 5월 말에 여행증명서 제도를 폐지했다. 이는 마치 1905년의 반미 보이콧 운동을 연상시킨다. 미국으로 건너간 중국인 노동자들이 각지에서 노동 시장을 둘러싸고 백인 노동자들과 충돌하면서, 머리 가죽이 벗겨지고 화형을 당하는 등 심각한 테러와 린치를 겪었다. 그러나 1905년 중국 각지에서 일어난 반미 보이콧 운동은 미국 내의 중국 노동자에 대한 차별과 학살을 비난하면서도, 미국 정부가 계속해서 중국인 노동자 이주 금지 방침을 재확인한 것을 겨냥해 미국에 건너가서 일할 수 있게 해달라는 것이 운동 목표였다. 중국인에게도 조선인에게도 차별과 학살보다 더 무서운 것이 일자리였다.

7장

장안 제일의 부자가 된 담걸생

부동산 재벌 담걸생

일제 강점기에 담걸생은 무역업보다는 운수업에 꾸준히 관심을 가졌다. 1893년에 서울과 인천을 잇는 기선 사업의 일환으로 용산의 선착장과 서울을 잇는 육로 교통 건설과 마차 사업을 시작하였고, 이를 계기로 동순태호는 무역업 일변도에서 벗어나 운송업으로 사업 영역을 확장시켜 나갔다. 일제 강점기 운수업 분야에서 동순태는 두각을 드러냈다. 전영선의 연구에 따르면, 1920년대에 동순태호는 상당히 성공적으로 택시 사업을 운영한 것으로 확인된다. 담걸생은 미국으로부터 최신형 고급차인 대당 1만 원의 커닝험(Cunningham)을 수입하여 을지로 2가에 미카도 택시 회사를 창업하였다. 신형 고급차 커닝험이 들어오기 전의 서울 택시는 대당 4,000원 정도하던 포드(Ford) 차가 거의 대부분이었으나 낡고 구형이어서 타기도 불편하고 성능이 썩 좋지 않았다. 미카도 택시 회사의 신형 차는 큰 성공을 거두어 2년 후 다시 10대를 더 들여왔는데, 조선에서는 최초로 자동 시동기가 장착된 모델이었다고 한다. 또 복권 사업에서도 보았듯이 마케팅에서도 수완을 보여, 조선 최초로 신문에 택시 회사 광고를 내서 손님을 끌었고, 그 결과 당시 10개 택시 회사와 경쟁해서 20년대 말에는 서울 택시의 70%를 점유할 정도로 선두를 달리게 되었다.

그렇지만 담걸생이 수출입 무역에서 거리를 두면서 대거 자산을 투자하고 결정적으로 거부를 쌓게 된 것은 다름 아닌 부동산 비즈니스였다. 청일전쟁 이후 조선의 개항장이 늘어날 때마다 각 개항장에 꾸준히 토지와 건물을 구입하던 담걸생은 무엇보다 서울과 인천에 부동산 투자를 늘렸다. 중국 상인이 부동산으로 크게 이익을 본 것은 중국 상인의 조선 진출의 계기이기도 한 1882년 임오군란 때문이었다. 군란의 충격으로 피난을 간 서울 주민이 매우 많아, 원래 25만의 서울 인구가 절반으로 줄었다고 한다. 그 결과 집값은 4분의 1로 폭락하였고, 연이은 갑신정변은 부동산 가격 하락에 박차를 가했다. 중국 상인들은 최저가로 서울 번화가의 상점과 가옥을 대량으로 구입할 수 있었다.

서울의 화상은 1883년에 상점 22호, 상인 82명이었던 것이 1884년에 상점 47호, 상인 165명로 늘어났는데, 이들은 1년 반 동안(1883년 9월 ~ 1884년 말) 한성 번화가에 있는 13개의 건물과 대지(垈地) 450간(間)을 구입하였다. 이 시기에 전체 화상의 25%인 12호가 토지를 구입하고 있었다. 화상들은 1885~1886년에 부동산 가격이 반등하자 재산이 몇 배로 늘어났다. 그 만큼 서울 부동산 가격 앙등의 원흉으로 화상들이 지목되고, 세입자인 조선인과의 마찰이 불거지면서 중국인에 대한 부정적인 인식이 자리 잡는 원인이 되기도 하였다. 토지와 가옥을 둘러싼 조선인과의 분쟁은 자주

소송으로 이어졌다. 청은 화상의 권익을 보호하기 위해 조선 정부에 압력을 가하여, 1893년 8월부터 한성부는 청국 상인들의 가옥과 토지의 소유권을 보장해 주기 위한 목적으로 한성부 내 가옥에 대해 가권(家券)을 발급하기 시작하였다. 1899년에 대한제국은 한성 전체를 측량하면서, 일본인, 중국인 등 거류민의 소유 토지에게도 지계(地契)를 발급하여 토지에 대한 권리를 인정해 주었고, 이는 화교의 부동산 투자에 큰 자극이 되었다.

담걸생의 9남 담정택은 후반기 담걸생의 부가 바로 부동산 투자에서 나왔다고 기록했는데, 산동 화교들은 돈을 벌면 주로 고향인 산동성에 땅과 건물을 구입했지만 담걸생만이 이윤을 모두 서울, 인천, 군산 등지의 토지 구입에 투자하여 건물을 사서 세를 주었다고 한다. 담걸생의 부동산 중 90% 이상이 서울에 집중해 있었으며, 이 땅들이 일제 강점기 이후 폭등하여 거부가 되었다는 것이다. 담정택은 광동성 고요현의 상황을 알지 못했으므로 조선에서의 투자만 이야기했겠지만, 담걸생은 고향인 고요현 금리촌에도 토지를 대량으로 구입해 두었으므로 현지에서 담가(譚家)는 대지주였다. 어쨌든 광동성보다는 개항기 서울의 부동산 값이 훨씬 쌌고, 현지 투자를 꺼려하는 양륜경이나 담청호와 달리, 일찍부터 조선 왕실과 관리들에게 고리대를 놓고 노른자 땅을 구입하는 등 현지화에 거리낌이 없었던 담걸생의 성향은 분명히 여타 광방 상인과는 달랐던 것 같다.

어느 곳에서든 화상의 대표적인 자산 증식의 수단은 부동산이었으나, 동순태호 담걸생은 재한 화교 사회 내에서 부동산으로 거부를 쌓은 돌출적 사례에 해당한다. 동순태의 소유 토지는 재한 화교 중에서도 최대 규모로 알려졌는데, 그 전모를 파악하기는 어렵다. 1923년 12월 11일 『동아일보』의 보도에 따르면 1923년 11월 말 시점에서 서울 시내에 토지를 소유한 중국인은 총 156명으로 면적은 2만 2,547평인데, 그중 담걸생 혼자 38%에 해당하는 8,626평을 소유하고 있었다고 한다. 다만 그 구체적인 소재지는 일일이 확인하기 어렵다. 그래도 동순태 명의의 건물을 신문 광고나 여러 단편적 사료에서 부분적이나마 확인할 수 있다.

동순태는 1904년 1월 26일자 『황성신문』 4면에 광고를 내서 서울 중서(中署) 경행방(慶幸坊) 한원궁(漢原宮) 제6통(統) 6호(戶)에 위치한 방 5개짜리 가게 하나와 기와집 18칸의 건물 입주자를 구하기도 했다. 또 1909년 11월에 대구 사람 윤대섭(尹大燮) 등은 안중근 의사의 이토 히로부미(伊藤博文) 저격을 사죄한다는 친일 단체 '국민사죄단(國民謝罪團)'을 조직하는데, 이들이 모임을 갖고 사무소로 정한 곳도 서울 중부(中部) 대사동(大寺洞) 19통 9호의 동순태 소유 가옥이었다. 중서 경행방은 오늘날 종로구 경운동, 낙원동 일대이며, 대사동은 종로구 관훈동, 인사동에 해당한다.

동순태 소유 건물 중에는 서양식 붉은 벽돌 건물로 인근에서 유명한 건물이 많았다. 우선 한성본호 건물이다. 앞에서 살펴보았던 을지로 2가 9번지(일제 강점기 黃金町 2丁目 9番地)의 2층짜리 붉은 벽돌 건물이 있고, 가장 유명한 건물은 명치정(明治町, 오늘날 명동) 소재의 동순태 소유 3층 빌딩이었다. 화신백화점으로 유명한 화신연쇄점(和信連鎖店) 본점이 5만여 점의 상품 박람회를 개최하기도 했으며, 최남선이 창간한 시대일보(時代日報) 사옥(社屋)으로 쓰이기도 했다. 1925년에 현 유네스코회관 옆 명동에 있던 '동순태 건물'은 그 지역에서 가장 큰 건물이었다. 이 건물은 한국전쟁 때에 화재로 불타지만 오늘날 명동의 유네스코회관이 서 있는 일대의 대지 1,508평은 해방 후에 재산권 분쟁의 대상이 되었다.[25]

이 대지는 동순태호 담걸생이 1919년에 재단법인 선린상업학교 이사

미노베 슌키치(美濃部俊吉), 야마모토 헤이지(山本平治), 아베 슈토(阿部集人) 및 중국인 당류기(唐榴記)에게서 구매한 토지였다. 담걸생은 이 토지를 매입한 후 은행에 융자를 얻어 1923년에 2층과 3층짜리 붉은 벽돌의 근대식 건물 두 동을 완공했다. 선린상업학교는 원래 1899년 대한제국이 관립 상공학교 관제를 공포하면서 설립된 학교로 처음에는 명동 2가 25번지에 있다가, 1913년에 현재 용산구 청파동으로 이전했다. 담걸생이 구입한 토지는 아마 선린상업학교의 초기 부지가 아닐까 추정된다. 매도자 중 한 사람인 미노베 슌키치는 조선은행(朝鮮銀行) 총재를 지낸(1916~1924년 재임) 거물로 최남선의 후원자이기도 했다. 최남선이 동순태 건물을 신문사 사옥으로 쓴 것은 우연이 아닐 것이다.

서울시 전체에 담걸생이 얼마나 되는 부동산을 가지고 있었는지 대략적으로 알려 주는 신문 기사도 있다. 1932년 7월 13일자 『동아일보』는 경성부(京城府)의 공식 발표를 인용하여 당시 '경성부'의 주택 소유 상황에 대해 보도하였다. 이에 따르면 경성부 전체에는 약 7만 호(戶)가 있는데, 이 중에 1만 1,865호가 임대 주택이라고 한다. 10호(戶) 이상의 임대 주택을 소유한 자가 470명이었다. 그 중에서 가장 많은 임대 주택을 보유한 기관은 600호를 보유한 조선신탁주식회사(1932년 설립)이고, 두 번째가 150호를 보유한 동순태호였다.[26] 서울에서 개인으로서는 가장 많은 부동산 소유자였다.

그런데 다음 장에서 살펴보듯이 1932년은 동순태호가 안팎의 위기로

25_담정택은 회고록에서 이 토지를 1,498평이라고 하고 있고, 중앙일보 신문 보도에는 1,508평으로 보도했다.
26_필자는 2011년의 저서에 350호로 썼는데, 사료를 옮기는 과정에서 실수한 것임을 밝힌다. 150호가 정확한 수치임.

한 차례 급한 불을 끄기 위해 부동산을 처분한 후의 상황이므로, 최전성기인 1923년은 더 대단했을 터이다. 1921년 『매일신보』 2월 15일 기사에는 담걸생이 경성부 내에 약 300호의 임대 가옥을 가지고 있다고 보도했고, 또 같은 신문의 1923년의 8월 12일 기사에는 그의 서울 내 임대 가옥을 약 400호로 보도하고 있다. 1920년대에는 조선신탁주식회사가 설립되기 전이므로 동순태호는 명실상부하게 서울 제1위의 임대 가옥업자였던 것이다. 이상은 서울의 부동산만 본 것이지만, 동순태호는 서울 이외에 인천을 비롯한 각 개항장에도 상당한 토지와 건물을 갖고 있었다.

1923년 서울(京城府)의 개인 최고 납세액 순위는 그의 재력을 잘 알려준다. 이 해에 담걸생은 도시토지세, 가옥세, 호구세 세 항목에서 모두 1위를 차지했다. 담걸생은 1923년에 세 항목의 납세액으로만 5,000원 이상을 납부했으며, 토지세와 가옥세는 2위였던 일본인 나카무라 사이조(中村再造)의 2배를 훌쩍 뛰어넘었다. 또한 두 항목에서 담걸생의 납세액은 서울에서 화교들이 납세한 총액의 약 40%나 된다. 법인 중에 도시토지세(일본어로는 市街地稅)의 최고 납부기관은 조선은행으로 4,038원이었고, 조선은행 납부액의 절반 넘는 금액을 담걸생이 개인으로 혼자 납부했다. 당시 서울(경성부) 인구가 29만 가량이었으니, 그 중 으뜸가는 땅 부자였다고 해도 과언이 아닐 것이다.

대자본의 광동인 무역상이 조선에서 철수한 뒤 남은 광동인 중에는 동순태호의 담걸생처럼 자본을 분리하고 계속 조선에 남아서 이름을 계승하여 영업을 계속한 경우도 있었겠지만, 광동성 지역 출신자의 특기인 요식업에 종사하는 경우도 많아졌던 것 같다. 재한 화교 진유광의 회고록을 참고하면, 1920년대 화교 음식점으로 유명한 곳 중에 절반은 광동성 사람

1923년 서울(京城府) 개인 최고납세액의 비교 (단위: 원)				
세목	담걸생 납세액	일본인 최고납세액	조선인 최고납세액	화교 납세총액
도시토지세	2,461.95	1,157.11	1,082.32	6,082.32
가옥세	1,255.00	393.00	439.00	3,590.00
호구세	1,576.00	1,557.00	612.00	6,769.62
합계	5,292.95	3,107.11	2,133.32	16,441.94

출전: 華僑志編纂委員會 編, 『韓國華僑志』, 臺北, 華僑志編纂委員會, 1958, p. 67.

이 운영했다고 한다. 톱 4를 유명한 순으로 꼽은 것이 명치정의 사해루(四海樓), 소공동의 금곡원(金谷園), 을지로의 아서원(雅敍園), 관수동의 대관원(大觀園) 순이다. 이 중에서 톱 2인 사해루, 금곡원은 모두 광동인이 경영하는 음식점이었다. 나머지 둘은 산동인 경영이다. 그가 서울에서 가장 유명했다고 뽑은 음식점 사해루(四海樓)의 경영자는 광동성 고요현 출신의 담정환(譚廷煥)이었다. 그는 1923년 서울 화상 단체의 회동(會董)이었는데 당시 32세로 기록이 나와 있다. 진유광의 회고에는 없지만 1919년에 역시 서울 화상 단체의 회동으로 유일한 음식점 주인이 신세계(新世界)의 담벽서(譚碧緒)로 당시 45세인데, 그 역시 광동성 고요현 출신이었다. 소공동의 금곡원 역시 회동으로 자주 등장했는데, 광동성 개평현 출신의 주세현(周世顯)이다. 김희신의 연구에 따르면, 역대 서울 화상 단체의 이사급 중에 요릿집 주인이 등장하는 것은 1919년이 처음이고, 이후 1930년까지 회장이나 부회장에 오른 적은 한 번도 없었으며, 이 기간 동안 요식업자의 이사 선출은 총 8차례(동일 인물의 중복 선출 포함)인데 그 중에 6차례가 광동인 요리점 경영자였다.

필자는 예전에도 고요현 출신 신세계의 담벽서나 사해루의 담정환이 고향도 담걸생과 같아 혹시 동순태가 투자한 친인척 경영이 아닐까 의심했었다. 담벽서의 '벽서'는 한자를 볼 때 본명이 아니라 '걸생'처럼 본인이 붙인 '자'일 가능성이 높지만, 담정환의 '정환'은 담걸생 아들 세대의 돌림자 '정(廷)'을 가지고 있어서 본명으로 보이기 때문이다. 마침 이를 확인할 수 있는 사료가 나왔다. 1924년 9월 7일『시대일보』기사에 사해루를 담걸생이 경영한다는 내용이 나오기 때문이다. 물론 단편적인 기사만으로는 부족하고 추가 조사가 필요하겠지만, 담걸생이 요식업에 투자했을 가능성은 충분히 있지 않을까 생각한다.

1924년 5월 18일자『조선신문(朝鮮新聞)』이 8,000호 발간을 맞이하자, 많은 경성의 대표적 기업들이 축하 광고를 게재했는데, 그 중에 동순태의 것도 있고, 바로 그 옆에 사해루 역시 나란히 축하 광고를 실었다. 이때 동순태호 광고는 업종 소개를 "일본 제품, 서양 제품, 잡화, 무역, 가옥 임대업(和洋, 雜貨, 貿易, 賃家業)"으로 하고 있고, 주소는 역시 황금정 2정목 9, 전화번호는 본국 2013번으로 적고 있다. 그 옆의 사해루는 업종을 "고급 중화요리(中華高等料理)"로, 주소는 명치정 104번지 전화는 본국 82, 3036번이었다. 한편 이 신문의 같은 해 3월 3일의 광고에는 화재 진압에 감사하는 시내 각 상점들의 감사 광고가 실렸는데, 그때에는 "동순태 미카도 자동차 부서(同順泰 ミカド自動車部)"로 광고가 나갔다. 이 두 광고로 당시 동순태호의 주요 업종은 대강 일별이 된다고 하겠다.

이처럼 담걸생은 무역업에 대한 과다한 의존 구조를 탈피하려 모색하면서 분산 투자를 꾀했고, 부동산, 운수업, 무역업, 그리고 아마도 BAT 수입 담배의 독점 판매 등 다양한 분야의 영업을 통해 일제 강점기에도 꾸준히 성장을 거듭하였다.[27] 과연 그 자산 규모는 얼마나 되었을까? 정확히 알기는 어렵고, 설도 분분하다. 1920년대 초 전성기 담걸생의 자산 규모에 대해서는 신문에 따라서는 수천만 원이었다는 기사도 있고, 일본 총독부의 치안 보고에서는 절정기에는 400만 원이었다는 설도 있고, 500만 원에 달했다고 보기도 한다. 반면 일본인 신문인 『조선신문』에는 동순태호의 부는 바깥에서 보기에 과장된 측면이 많아 실제로는 100만 원도 되지 않고 70~80만 원 정도밖에 안 된다는 기사도 보인다(1924년 8월 13일). 훗날 재산 청산 과정을 보건대 적어도 500만 원 가량의 자산은 보유했다고 추정된다.

상해 양행의 부동산 투자

양행과 광동 상인의 경영 방식이 비슷하다는 이야기는 앞에서도 했지만, 고향에서 돈을 벌어 집 사고 땅 사는 수준이 아니라 부동산 개발과 투자를 비즈니스 차원에서 크게 하는 것은 양행이 먼저 아시아에서 선 보였던 수법이었다. 동아시아 양행은 19세기 아편상, 위탁 판매상에서 20세기 교통, 제조업 자본으로 기업 체질의 변화를 겪었으나, 그럼에도 불구하고 변하지 않은 수익 분야가 부동산 개발이었다. 그리고 아시아 경제의 발전과 그에 따른 지가 폭등과 개발 이익이 고스란히 이들 양행의 운영에 윤활유로 돌아갔다.

27_1916년의 재한 중국 총영사관의 보고에 따르면 매년 10만 원 이상의 무역총액을 3년 이상 유지했던 무역상으로 8개 회사를 꼽았는데, 그 중에 동순태호가 들어가 있었다. 따라서 개항 초기 최대 무역상이었던 시절에 비해서는 비중이 줄었지만, 1910년대까지도 무역업을 상당 규모로 유지했다고 보인다.(김희신 2017)

자딘 메디슨 사는 홍콩 개발을 선도한 기업으로 이미 1881년에 홍콩의 부동산세 톱 18 중에 유일한 외국인 회사였다. 나아가 1889년에는 동업으로 홍콩토지투자공사(The Hongkong Land Investment and Agency Company Limited, 훗날의 Hong Kong Land)를 설립하여, 자딘 선박이 입항하는 부두 근교의 부지를 사들이고 개발하는 것을 시작으로 부동산 개발업을 본격화하였다. 특히 홍콩의 교통업에 깊이 관여하던 자딘은 대중교통 시스템 구축과 함께 핵심 요지의 토지 구입과 건물 신축을 병행해 나가 막대한 개발 이익을 얻었다. 중국 본토에서도 상해, 영파 등 현지의 선박용 부두 건설을 시작으로 각지에 건물과 토지 구입을 늘려갔던 것이다.

양행 중에 아시아 최대의 부동산 재벌로 손꼽힐 정도로 부동산 투자로 특화했던 기업은 '동양의 로스차일드'로 알려진 유대인 재벌 사슨 상회(Sassoon & Co.)였다. 사슨 상회는 아편 무역이 퇴조하면서 오로지 부동산 투자에 매진하였다. 사슨은 1877년에 오늘날 유명한 화평반점(和平飯店)이 서있는 토지 구간을 구입하였는데, 이곳에 상해 사슨의 거점이 된 사슨 하우스(沙遜大厦, Sassoon House)를 건축하였다. 사슨 가는 상해 조계지의 부동산을 취득하여 건물을 세우고 임대업으로 이윤을 극대화하였다.

1877년부터 1921년까지 44년간 각종 비용을 제외한 임대 순수입이 1,098만 량, 이에 더해 최초 투자 209만 량에서 이후 부동산 평가 가치가 1,330만 량으로 상승하면서 1,121만 량의 자신 증식을 이루어, 총이윤은 2,219만 량에 달했다. 즉 매년 평균 이윤 50.43만 량, 평균이윤율 24%로서, 주력 사업인 아편(연간 평균 이윤 약 200만 량, 평균이윤율 30%)에는 약간 못 미칠 뿐 대단히 높은 수익을 안겨 주었다. 사슨 재벌은 1926년에 전문적 부동산 개발 회사[華懋(Cathay)地産公司]를 설립한 것을 시작으로 상해에서 많은 자회사와 관련 기업을 설립하였다. 1941년까지 상해에 소재한 10층 이상 고층빌딩 26개 중에 6개(평가액 3,604만 원)가 사슨 가의 소유였다.

그러나 부동산 사업이 황금알을 낳는 거위가 되려면 그 지역의 경제 전망이 밝고 성장 추세를 유지하고 따라서 사람들이 모여 들어 집값을 올려야만 가능하다. 그러한 의미에서 상해 조계의 부동산을 키운 것은 양행이 아니라 중국인이었다. 원래 상해의 조계는 청 정부가 외국인 전용 거주지로 할당해 준 것으로 '화양분거(華洋分居)'가 원칙이었다. 그러나 태평천국운동 때에 난을 피해 조계로 밀려들어온 부유한 중국인들로 부동산 가격과 임대료가 천정부지로 올랐고, '부동산 과두체제(real estate oligarchy)' 하에서 벼락부자가 된 상해의 양행들은 나서서 '화양잡거(華洋雜居)', 즉 중국인과 서양인이 조계에서 함께 사는 것을 환영했던 것이다. 물론 조계 공원에 "개와 중국인은 금지"라고 써 붙여 어디까지나 격이 다르다는 것은 강조했다.[28]

1865년의 상해 공공조계에는 외국인 주민 총 2,297명 중에 영국인이 1,372명, 미국인이 378명이었고 중국인 인구는 9만 명이 넘었는데, 1895년에 이르면 영국인 1,936명, 미국인 328명으로 영미인의 거주 인구는 큰 변화가 없는 반면, 중국인 거주 인구는 24만 명이 넘었다. 조계라는 특수 공간에 양행을 비롯한 상해 거류의 '구교(歐僑)'들은 토지와 건물을 보유한 자산계

28_이 일화는 널리 알려진 것이지만, 실제 상황을 정확히 전달한 것은 아니다. 처음 와이탄에 공원을 개설했을 때, 공부국은 중국인의 출입을 제한하지 않았다. 그러나 후에 공원이 대소변으로 더럽혀지기 시작하여 그 주범으로 애완동물과 중국인이 지목되면서, 애완동물을 데리고는 공원에 들어갈 수 없다는 조항과 함께, 중국인은 출입 금지라는 조항도 들어간 안내문이 붙게 된 것이었다. 조계의 서양인 사회에서도 명망이 있었던 당정추가 이 푯말 건으로 공부국에 정식으로 항의를 했는데, 공부국은 위와 같이 답변하면서 '위생 문제' 임을 강조했다고 한다.

급으로 중국인 거주민 위에 군림하며 상해 개발의 이익을 독식했던 것이다.

담걸생이 부동산으로 조선 최대의 부상이 될 수 있었던 것도 역시 서울과 조선 경제에 대해 희망적인 전망을 가지고 과감하게 투자했기 때문이다. 다른 광동 상인처럼 쉽게 사업을 정리하고 조선을 떠났더라면 결코 손에 넣을 수 없는 부였다.

부와 명예를 한 손에

담걸생은 개항 초기부터 동순태차관의 제공, 주한 사관을 위한 공금 출납 기관의 역할 등 일찍부터 정부와 가까운 사이를 유지하였고, 5품관을 청조로부터 받기도 하였다. 양륜경이나 정관응의 사례에서도 알 수 있지만, 중국 사회에서 재부는 사회적 신분 상승의 중요한 요소였어도 그것만으로는 부족했다. 역시 동향 단체나 지역 사회에서의 명망, 과거를 통하지는 못해도 설사 돈으로 사는 연납(捐納)과 같은 경로라도 학위(學位)와 관품(官品)의 취득은 사회적 신분 상승을 완성하는 데 매우 중요했다.

앞 장에서 담걸생이 청말 1901년부터 1913년까지는 광방 동사에서 떠나 있었다는 점을 지적했는데, 재한 화교 사회에서 담걸생이 활발하게 역할을 하기 시작한 것은 1912년 청조가 신해혁명으로 무너지고 중화민국이 새롭게 아시아 최초의 공화국(필리핀이 먼저이지만 몇 달 못 갔기 때문에 차치하면)으로 거듭나면서였다. 이후 담걸생의 족적을 따라가면서 필자는 담씨 가문이 손문, 국민당의 활동과 긴밀히 연결되어 있었다는 느낌을 지울 수 없었다. 그렇지만 한편으로 원세개부터 시작된 청조 양무파와 보수파와도 어느 정도 인맥을 유지하는 정황도 뚜렷하게 보인다. 특히 원세개, 당소의 등 조선에서부터 인연을 맺은 두 사람은 신생 중화민국의 초대 총통, 초대 총리가 되었다.

1911년 신군(新軍)의 쿠데타인 무창기의(武昌起義)로 신해혁명이 일어나 상해를 비롯한 남부 각 성이 청조로부터 독립을 선포하고 남경에 임시정부를 세웠다. 청조에 의해 진압군 사령관으로 임명된 원세개와 남경 임시정부의 임시 총통 손문은 내란을 막기 위해 담판을 시작했고, 결국 1912년 청의 마지막 황제 선통제가 퇴위하고 원세개가 초대 총통으로 취임하면서 혁명은 성공했다. 이렇게 중화민국의 탄생까지 손문과 원세개는 그래도 협조적 관계를 유지했는데, 1913년 2월 '중화민국임시약법'에 따라 최초로 실시된 국회의원 선거에서 손문의 국민당이 압도적 승리를 거두고 3월에 국민당 총재 송교인이 암살되는 사건이 터지자 양자 사이는 원수가 되어 버렸다. 원세개의 독재를 저지하려는 제2차 혁명이 진압되면서 손문은 일본으로 망명했다. 원세개는 중국에서 독재 체제를 굳혔으나, 각 지역이 군벌 지배로 분할되면서 토지세의 10여 %밖에 중앙에 송금하지 않는 등 그가 애초에 구상한 국가 재건은 제대로 추진할 수 없었다. 원세개는 1915년 12월 다시 공화제를 폐하고 황제로 등극하겠다는 홍헌제제(洪憲帝制)를 선포하였다. 그러나 각지에 군사 봉기가 일어나고 언론이 맹공격하는 가운데 자신들의 부하마저 반대하는 상황에 직면하자 결국 한 달 만에 뜻을 꺾고 이듬해 1916년 화병으로 사망했다. 한 시대의 종결이었다.

1917년은 참으로 흥미진진한 해이다. 중국 현지에서도 그러하고, 조선의 담걸생에게도 마찬가지였다. 이 해에 해외에서 떠돌던 손문은 중국 정계의 중앙무대로 컴백했는데, 그와 함께 옛 광동 출신의 옛 정치가들도 함께 활동에 들어갔다. 원세개 사후 북경의 북양군벌 정권은 여원홍(黎元洪)이 총통, 단기서(段祺瑞)가 총리(總理)를 맡으면서 흩어진 민심을 모으기 위해 신해혁명 때 만들어진 '임시약법'과 국회를 부활시켰다. 그런데 중국의 제1차 세계대전 참전과 독일에 대한 선전포고를 두고 의견이 엇갈리면서, 단기서는 군사력을 배경으로 여원홍과 국회에 참전을 승인하라며 위협했다. 이를 거부한 여원홍은 선수를 쳐서 단기서를 총리 자리에서 해임하고 대비책으로 장훈(張勛)과 그의 군대를 북경에 끌어들였는데 오히려 장훈은 여원홍을 협박하여 국회를 해산하게 만들고 쿠데타를 일으켜 선통제를 복위시키는 '복벽(復辟)'을 감행했다. 그때 상해에 있던 손문은 공화(共和)를 수호하고 장훈을 토벌하자고 전국에 호소하면서 지지자들과 자신의 호소에 호응해 온 지방 군벌 세력을 끌어 모아 광주로 내려갔다.

한편 북경에서는 단기서 군이 복벽을 진압하면서 여원홍을 내쫓고 재차 정권을 잡았는데, 그는 기왕 여원홍이 국회를 해산시켰으니 옛 국회의 맥은 이제 끊어졌다며, '임시약법'과 구 국회를 부정하고, 양계초의 건의를 받아들여 '임시참의원(臨時參議院)'을 열 준비를 하면서 새로 국회조직법과 선거법을 제정했다. 새 국회 선거를 치러서 국민당 의원이 우세를 점하는 옛 국회와 임시약법을 취소하려는 목적이었던 것이다. 그러나 광주에 있던 손문은 단기서를 '가짜 공화주의자'로 비난하고 약법 수호와 옛 국회를 지키자는 '호법(護法) 운동'을 전개하였다. 그러자 직장을 잃게 생긴 옛 국회의원들은 손문의 호소에 응하여 광주로 내려갔는데, 8월 중순까지 광주에 도착한 국회의원이 이미 150여 명이었다. 1917년 8월 광주로 남하한 국회의원들은 광주에서 '국회비상회의'를 소집하고, '중화민국군정부조직대강(中華民國軍政府組織大綱)'을 통과시켜, 중화민국 군정부의 설립을 결정했다. 손문이 군정부의 육해군 대원수로 선출되었다. 이때 손문의 소위 '호법운동(護法運動)'에 참가하여 군정부의 외교부장이 된 이가 오정방(伍廷芳)이고, 재정부장이 당소의(唐紹儀)이다.

오정방(1842~1922년)과 당소의(1862~1938년)는 각각 고향이 신회현, 향산현으로 둘 다 광동인이다. 오정방은 런던 대학 법학과 박사, 당소의는 미국 콜롬비아 대학 수학 등 모두 해외에서 교육받은 경력이 있다. 또 다른 공통점은 이홍장(李鴻章)에 의해 발탁된 인재들이며 양무파 관료라는 점이다. 나이가 스무 살이나 어린 당소의는 어릴 때에 이홍장의 관비유학생 프로그램으로 미국에서 교육을 받고 귀국 후에 이홍장의 안배로 천진에 배치되었다가 조선으로 가서 원세개의 막료가 되었다. 한편 오정방은 싱가포르에서 태어난 화교로 홍콩에서 공부하고, 런던 대학에서 법학 박사 및 변호사 자격증을 딴 중국 최초의 법학 박사, 변호사이다. 오정방은 1882년에 이홍장 막료로 들어가 법률 고문을 맡았고, 1895년의 시모노세키 강화조약의 협상에도 참여하였다. 그는 1896년 미국·스페인·페루 지역의 청국 공사로 임명되어, 중국 최초의 평등조약인 '중국·멕시코 통상조약'을 체결하기도 하였다. 또한 신해혁명 때에는 상해에서 적극적으로 공화혁명을 지지하여 상해 독립에 주도적인 역할을 했다. 남경에 임시정부가 성립되자 그는 사법총장을 맡았다. 그 결과 남북 담판 때 오정방은 남측 협상 대표로 나섰는데, 북측 원세개의 전권 대표로 협상 테이블에 앉은 사람이 바로 당소의였다.

앞 장에서 잠깐 언급했듯이 당소의는 1898년 말에 조선을 떠났다. 그의 관운은 이번에도 원세개가 다시 열어 주었다. 1901년 원세개가 직예총독 겸 북양대신으로 발탁되면서 그를 천진해관도(天津海關道)에 중용한 것이다. 과거 출신이 아니면서도 영어가 뛰어나고 조선에서 외교 경력을 쌓았던 당소의는 원세개의 지원을 받으며 그 후 줄곧 외교와 양무 관련한 주요 직책을 맡아 커리어를 쌓았다. 1904년에는 전권대신으로 티베트 문제를 둘러싸고 영국과 담판을 벌였고, 1906년의 '티벳에 관한 중영 협약(中英續訂藏印條約, Convention Between Great Britain and China Respecting Tibet)'을 체결하여 중국의 티베트에 대한 권리를 인정받았다. 이 공적으로 외무부 우시랑(右侍郞)에 승진하였고, 이후에도 만주 지역을 둘러싼 일본, 러시아와의 담판에 나서기도 하였다.

1906년부터 전국철로총공사 독판(督辦), 세무처의 회판대신(會辦大臣) 등 서양 열강과 양행과의 담판이 필요한 분야에서 크게 활약하였다. 세무처 회판대신 시절에 그는 해관 행정의 자주권에 큰 관심을 가졌다. 해관에서 일하는 영국인 총세무사와 각 세무사들이 청 정부의 고용인에 불과하다는 것을 강조하고, 총세무사 하트를 비롯해 각 해관 세무사들을 북경으로 구태여 불러 모아 일장 훈시를 하는 등 지휘 체계를 확실히 했다. 1883년 조선 해관에서 중국인 직원으로 서양인 직원에게 부림을 받던 당소의로서는 통쾌한 순간이었을 것이다. 1907년에는 봉천성 순무로 임명되어 만주, 즉 동북 지역의 외교를 담당하면서 주로 미국 자본을 끌어들여 철도를 부설하는 등 "미국과 손잡고" 일본을 견제하는 전략에 부심하였다. 미국에 투자 유치와 정부 특사로 두 차례 간 당소의의 노력은 큰 성과를 얻지는 못했다.

그의 행적을 보면 과거 합격을 하지 않았지만 유학과 영어와 같은 시대가 요청한 능력으로 '양무(洋務, foreign affairs)'에 특화된 관료로 성공한 사례인데, 대체로 양무와 관련된 직책이 외교와 재정에 관련된 알짜배기 관직이었다. 이점은 오정방도 마찬가지였다. 두 사람과 같이 서양 교육을 받고 그 경력으로 양무 관련의 관료로 커리어를 쌓은 이들 광동 출신의 관료들을 정치계의 '매판(買辦)'이라고 부를 수 있지 않을까?

이 두 사람은 신해혁명 때는 각자 남과 북을 대표해서 앉았지만 서로 잘 알고 있는 사이였고 또한 광동성 동향이었다. 당소의는 원세개의 전권 특사로 파견되어 남북 간 합의를 할 때 오정방과 긴밀한 협조를 통해 사실상 남경 측에 많은 양보를 하고 원세개가 타협할 수 있도록 조정자 역할을 해냈다. 놀랍게도 당소의는 남북 화의를 거쳐 중화민국이 탄생하는 과정에서 손문의 허락을 얻어 동맹회(同盟會)에 가입하였다. 1912년 3월 원세개가 초대 총통이 되면서 당소의는 초대 총리로 발탁되었다. 1912년 4월 북경에서 새 정부 업무가 시작될 때 당소의는 송교인을 비롯해 동맹회 회원들을 내각에 발탁하려고 노력하였다. 그러나 손문과 동맹회 계열을 경계하던 원세개는 당소의의 제의를 계속 거부하였다. 당소의는 6월에 석 달도 되지 않은 총리 자리를 사직하고, 상해로 내려가 버렸다. 이렇게 조선에서부터 끈끈히 이어졌던 원세개와 당소의의 인연은 끝이 났다. 특히 1913년 3월 송교인 암살 사건이 일어나자, 당소의는 원세개가 다시 총리를 맡으라고 한 제의도 물리쳤고, 1915년 원세개가 황제를 선포했을 때에는 적극적으로 퇴위를 권했다. 그러다 원세개 사후 북경 정부가 여원홍, 단기서를 중심으로 새롭게 조직되자 합류 의사를 보였으나, 장훈 복벽 사태를 보고 손문에게 합류하여 광동군 정부를 지지하였다.

당소의가 원세개 집정 기간 동안 그와 거리를 둔 것처럼, 오정방 역시 원세개와 손문이 이끄는 동맹회·혁명파가 갈라선 뒤 출사를 하지 않았다. 그랬던 그가 원세개 사후 북경 정부의 초빙으로 1916년 외교부 수장인 외교총장에 취임했다. 여원홍이 단기서를 해임한 후에는 1917년 총리 대행까지 맡았다. 그런데 1917년 장훈의 협박으로 여원홍이 국회를 해산하려 하자, 그는 끝까지 이를 거부하며 총리 직인을 안 내주려고 버텼다. 하지만 군대가 공관을 둘러싸고 협박을 했으므로, 할 수 없이 직인을 내주고 사표를 던진 채 북경을 떠났던 것이다. 그 직후 장훈이 복벽을 선언하고 나서자, 오정방은 이때부터 영원히 북경 정부와 결별하겠다고 결심하고, 1917년 손문의 호법운동을 적극 지지하여 광주로 내려가 1922년 사망할 때까지 손문을 지지했다. 군정부에서 외교부장을 지냈고 1921년에는 재정총장까지 맡았으며 북벌전쟁 시기에는 총통 손문의 직권을 대리하기도 하였다. 1922년 6월 16일에 손문의 북벌정책에 불만을 품은 진형명이 쿠데타를 일으켜서 손문을 광주에서 내쫓을 때, 오정방은 화병으로 쓰러져 폐렴 증세로 며칠 만에 사망하는데 그때 나이 80세였다.

잘 살펴보면 1917년은 이처럼 손문, 오정방, 당소의처럼 일찍 해외에 나가서 서양 문물을 배우며 혁명 현장에서 혹은 청 정부 내에서 활동하던 광동성 출신의 정치계 인물들이 신해혁명 성공 후 전면에 나섰으나 원세개의 독재로 재야에 묻히거나 일본에 망명하거나 잠룡의 시절을 보내다가, 다시 한 번 정치 무대로 복귀하는 해였다.

필자가 이렇게 길게 중국의 상황을 설명하는 것은 조선의 재한 화교 사회와 담걸생의 움직임도 모국 중국과 무관하지 않았다고 생각하기 때문이다. 광방 이사를 오래 지내기는 했지만, 담걸생은 서울의 화상 단체 활동에는 적극적이지 않았었다. 그는 1915년 원세개 정권의 농상부로부터 3등 훈장[奬章]을 받았는데, 기부금 여부나 원세개와의 연관성 여부는 확인되지 않는다. 그랬던 그가 1917년에 '조선경성중화상무총회(朝鮮京城中華商務總會)'(1913년)가 '조선경성중화총상회(朝鮮京城中華總商會)'로 개조될 때 65세의 나이로 처음 부회장을 맡았다. 회장은 늘 그랬듯이 화상 중에 90% 넘게 차지하는 북방, 즉 산동인 중에서 1913년 이래 줄곧 회장을 맡고 있는 장시영(張時英)이 맡았다. 담걸생은 1917년부터 1921년까지 3차례 고령에도 불구하고 6년간이나 부회장을 맡았다. 그리고 그가 서울 납세자 순위 1위를 기록하면서 서울에서 가장 부자임을 만천하가 알게 된 1923년 7월에는 처음으로 회장에 선출되었다. 그의 나이 71세 때였다. 회장직에서 물러난 후에도 활동을 이어갔다. 1925년 4월에는 북경의 국민대표회의에 파견할 대표로 선발되었다. 서울 화교 단체들이 상의하여 선발한 5명 중에 광동회관 추천 자리 1명으로 담걸생이 추천된 것이다. 그의 나이 73세의 고령으로 실제로 중국까지 가지는 못했다. 그의 대리인으로 황월정(68세, 강소 관적, 상해 거주자)이 임명되어 대리 출석하게 했다고 한다.

1917년이 담걸생의 커뮤니티 활동의 스타트가 되었던 점도 주목을 끌었지만, 필자가 이 해에 특별히 주목한 또 다른 이유는 김희신의 경성 화상 단체에 관한 논문 중에, 이 해에 제3기 참의원에 파견할 서울(京城) 화교 대표를 선발하는 선거가 열려 3명이 선발되었는데, 그 중 1명으로 경성광방회관(京城廣幇會館)의 대표로 풍자유(馮自由)가 선출되었다는 짤막한 문장 때문이었다.[29] 처음 이 글을 보고는 '엇 이 사람이 왜 여기에?'라는 생각이 맨 먼저 들었다. 풍자유(馮自由, 1882~1958년), 손문의 열렬한 지지자로 손문 혁명운동의 핵심 인물이다. 의아했던 이유는 그는 조선과 아무 관계가 없는 인물이라고 생각했기 때문이다. 그는 원적지는 광동성 남해현 출

29_1912년 12월 10일에 북경에서 참의원 선거를 할 때 화교 몫으로 6명이 할당되었는데, 이 시점에서 한성에만 3명이 할당되었다는 점도 이해가 잘 안 된다. 확인이 필요하다.

신이나, 수입 문구점과 인쇄소를 운영하는 부유한 일본 요코하마의 화교 가정에서 태어났다. 그의 아버지 풍경여(馮鏡如)는 청일전쟁의 패배를 보고 청의 무능과 부패에 실망하여 변발을 자르고 청과 결별했다고 한다. 따라서 이듬해(1895년) 홍중회의 첫 반청 무장봉기인 광주기의가 실패한 후 손문이 일본으로 도망 오자, 그를 극진히 대접했고 손문의 설득으로 자신의 문구점 2층에 홍중회 요코하마 지부를 설립하고 지부장을 맡았다. 풍자유는 이런 아버지와 숙부를 따라 14세의 최연소로 홍중회 회원이 되었다. 그런데 그의 아버지는 강유위, 양계초가 도쿄와 요코하마에서 『청의보(淸議報)』를 발간하고 대동학교를 설립하는 일도 적극 도와서 개량파와도 관계가 좋았다. 반면, 풍자유는 1900년에 강유위를 반대하는 의미에서 이름을 '자유(自由)'로 바꾸고 혁명운동에 매진하였다. 이 해에 동경전문대학, 훗날의 와세다 대학 정치학과에 진학했고, 재일 유학생의 조직화 사업에 전념하여 광동 동향의 유학생들과 '광동독립협회'를 조직했다. 1903~1910년까지 그는 홍콩, 미국, 캐나다 각지에서 신문사 기사, 주편, 사장 등 언론 활동을 펼치면서 미국 화교들 사이에 손문과 혁명파를 선전하고 자금을 모집하는 일을 담당했다. 그는 미국 화교 중에 세력이 컸던 치공당(致公堂)의 협력을 얻어내, 이후 화교 사회에서 손문의 세력 확대에 혁혁한 공헌을 하였다.

1911년 신해혁명이 일어나자 연말까지 그는 막대한 화교 헌금을 가지고 상해로 가서 당시 임시정부가 처한 경제적 어려움을 해소하는 데 큰 도움을 주었다. 손문이 귀국해서 남경의 중화민국 임시 대총통에 오르자 줄곧 비서로 수행했다. 후에 원세개의 북경 정부에 합류했으나 원세개의 독재에 반대한 제2차 혁명이 실패하자 북경을 떠나 손문을 수행해서 일본으로 갔다. 손문은 1914년에 일본에서 중화혁명당(中華革命黨)을 조직하는데,

손문은 풍자유를 미국에 파견해서 당무를 담당하게 했고, 그는 샌프란시스코로 가서 당 기관지를 발간했다.

1917년에 풍자유는 화교 대표로 참의원에 당선되었다고 하는데 풍자유는 이 해에 일어난 호법운동에서 손문을 따라 함께 광주로 남하하여 육해군 대원수부의 참의(參議)에 임명되었다. 1922년부터 1924년까지는 화교 대표로 중화민국 제1회 국회 참의원 의원에 선출되었다. 그러나 풍자유는 국공합작에 반대하면서 말년의 손문과 대립각을 세웠다. 결국 1925년 손문이 사망할 때까지 이견을 좁히지 못했고, 풍자유는 끝까지 공산당에 반대했다. 훗날 장개석의 반공 쿠데타에도 찬성하지 않고 정치 일선에서 물러나 사업과 저술에 몰두했다.

왜 1917년에 경성광방회관의 대표로 풍자유(馮自由)가 선출되었는지는 잘 알 수 없다. 다만 당시 광동동사로 가장 강력한 권한을 가지고 있던 담걸생이 그를 추천한 것은 틀림없을 것 같다. 양자의 관련성에 대해서는 향후 검토가 필요할 것이다. 풍자유의 부친이 청일전쟁 이후 손문의 흥중회 활동을 지지하게 되었으나 같은 광동 동향인 강유위, 양계초와도 사이가 나쁘지 않았고, 두 부자 모두 공산당은 결코 지지하지 않았는데, 담걸생의 이력과 그의 후손의 행로를 볼 때 대단히 비슷한 점이 많다. 이 점은 후술하겠지만 해외 광동 화교의 동향은 본국의 정세에 적지 않게 영향을 받은 것만큼은 틀림없다.

1917년 2월에 담걸생은 경성중화총상회 부회장에 선출되었다고 했는데, 그 해에 그는 상해로 가서 네 번째 부인 금류청(金柳靑)을 맞이하였다. 그녀는 1898년 상해에서 출생하였지만 본적지는 셋째 부인 호운경과 마찬가지로 광동성 불산이었다. 그녀의 나이 20세, 담걸생의 나이 65세의 혼인으로 마지막으로 맞은 첩이었다. 상해에서 결혼한 후 그녀는 조선으로 와 처음에는 인천에 거주하다가, 곧 담걸생을 따라 한성으로 옮겼고 이후는 담걸생이 가는 곳을 수행해서 함께 다녔다고 한다. 두 사람 사이에 자녀는 없다. 한편 담걸생이 방문한 1917년의 상해에도 많은 변화가 일어나고 있었다.

중화민국 초기의 상해

앞 장에서 담걸생이 BAT의 조선 판매로 정백소와 비즈니스 관계에 있었을 것이라는 이야기를 했는데, 1912년에 정백소는 BAT의 중국 내 최대 히트 상품인 대영패(大英牌) 궐련[香烟]의 유일한 중국 내 판매 대리상으로 임명된 것에 이어, 1917년 11월에는 BAT와 뉴욕에서 1918년부터 15년 동안 대영패(大英牌) 및 금선패(錦扇牌) 궐련의 중국 독점 판매 대리 계약을 맺고 돌아왔다. 그리고 1919년에 20여 년간 일한 영태잔을 나와서 BAT와 합작으로 영태화연행(永泰和烟行), 우리말로 하면 영태화 담배판매회사를 창업하였다. 이때 본사와 각 지점에서 일할 200여 명의 직원을 모두 직접 고향인 광동성 향산현에서 불러들였다고 한다. 이 회사는 1921년에는 자본 100만 원의 주식회사(永泰和烟草股份有限公, the Wing Tai Vo Tobacco Corporation)로 개조되었고, 이사장[董事長]과 총경리[總經理]는 정백소가 맡았다.

정백소가 프랜차이즈를 따내는 인생의 잭팟을 터트리고 따로 독립해서 회사를 차린 그 해(1919년)에 바로 담걸생의 4녀 담수란(譚秀鸞)과 정백소 아들 정관주(鄭觀柱)의 결혼식이 상해에서 성대하게 열렸다(담걸생 67세, 정백소 57세). 담걸생은 결혼식에 세 번째 부인 호운경을 대동하고 상해로 갔고, 두 신혼부부는 홍구(虹口) 북산서로(北山西路) 수덕리(樹德里)에 방을 얻었다.

아마 1917년 담결생의 방문 역시 혼사 문제와 비즈니스 문제를 함께 상의하러 갔다가 소개로 첩까지 얻어서 왔지 않았을까 싶은데, 담결생이 BAT의 조선 판매를 맡아서 하되, 주력 업종은 부동산이었다면, 정백소는 담결생에게 충실히 부동산의 비법을 배워서 BAT 매판에서 부동산으로 업종을 확대했을지도 모르겠다. 왜냐하면 그때까지 담배업계에서만 이름을 날렸던 정백소가 영태화 담배판매회사를 설립한 이듬해인 1920년에 BAT와 합작하며 부동산 개발 회사인 굉안지산공사(宏安地產公司)를 설립했기 때문이다. 물론 BAT가 부동산 투자를 위해 정백소의 도움이 필요했기 때문이지만, 어쨌든 정백소는 이후 또 다른 부동산 회사인 창업지산공사(昌業地產公司)와 동남지산공사(東南地產公司)를 각각 상해와 홍콩에 개설하고 본격적으로 부동산 투자를 시작했다. 후에 상해에서는 영화관 사업에도 뛰어들어 3곳의 영화관을 운영했다.[30]

그의 재산은 매년 50만 원 이상의 막대한 연봉 수입도 있었지만, 부동산 투자에서 얻은 수익이 압도적으로 컸으며, 1937년에 정백소가 상해에 보유한 부동산 가치는 자그마치 3,000만 원에 상당했다고 한다. 정관주, 담수란 부부와 어릴 때부터 교류가 많았던 담내걸 씨는 공산화 이전 정백소

30_오리온 영화관[奧迪安(Orion)電影院], 백로회 영화관(百老匯電影院), 신광 영화관(新光電影院) 세 곳이다. 현재 상해사회과학원 경제연구소에 소장된 BAT 관련 당안에는 1960년대 초 사상 개조 과정에서 정백소의 영화관 사업에 관여했던 인물의 공술서가 있는데, 당시 정백소의 영화관은 대단히 번성했던 것 같다. 그의 BAT 매판업 이외의 부분에 대해서는 연구가 거의 없어서 아쉬운데, 주로 광동 상인들이 백화점, 영화관 등 도시 엔터테인먼트 사업에 대한 투자가 많았던 점에 대해 향후 연구가 필요하다.

가 상해에 약 2,000호의 임대 주택을 3층짜리 아파트 단지 형태로 보유하고 있었다고 증언하였다.

한편 이즈음 상해에서는 또 다시 광동 상인들이 대규모 투자로 상계의 중심에 등장하고 있었다. 그러나 그들은 '광동 매판'의 모습이 아니라 이제 '민족 자본'의 모습을 하고 있었다. 하지만 정확히 말하자면 해외에서 성공하여 돌아온 화교 자본이었고, 더 정확하게는 홍콩에 본사를 두고 먼저 기반을 잡아서 상해로 진출하거나, 홍콩을 거쳐 들어온 다국적 자본이었다. 중요한 것은 모두 광동인이었다는 점이다.

1914년 파나마 운하가 개통되면서 세계 교역로에 지각 변동이 생겼다. 미국과 일본, 중국을 잇는 태평양 노선이 대서양 노선을 누를 기세로 성장하는 기폭제가 된 것이다. 대만 역사학자 임만홍(林滿紅)의 날카로운 지적처럼, 파나마 운하 개통은 태평양 항로의 개척으로 샌프란시스코-고베, 요코하마-상해 라인이 영국-인도-싱가포르-홍콩-상해 라인을 잠식하게 하였고, 일본의 개항장을 크게 성장시켰다. 더욱이 이 해에 하필 세계 제1차 대전이 발발하면서 유럽이 자중지란에 빠지는 바람에, 더욱 향후 미국과 일본이 세계 및 아시아의 정치·경제를 주도할 세력으로 성장하는 계기가 되었다.

그렇지만 지금까지 학계의 주목을 제대로 받지 못했어도, 태평양 노선이 중요해지면 존재감이 커지는 또 하나의 지역이 있다. 바로 영국의 식민지였다가 1901년에 자치령이 되고 1931년에 독립하게 되는 오스트레일리아이다. 특이하게도 1910년대에 대거 상해로 진출한 화교 자본(모두 광동 자본이다)은 예외 없이 태평양 쪽에서 왔는데, 두 회사가 오스트레일리아 화교로 시드니에서 과일상으로 성공한 후 홍콩에서 백화점으로 성공해서 상해로 진출한 회사였고, 한 회사가 일본 화교로 홍콩을 통해 상해로 진출한 회사이다. 후자는 앞 장에서 설명한 홍콩에서 상해로 1916년에 진출한 남양형제연초공사이다. 이 회사는 이미 설명했으므로 시드니 화교로 상해에 입성한 두 회사를 살펴보겠다.

1917년 상해 최초의 백화점으로 문을 연 선시백화점(先施百貨公司, The Sincere & Co. Ltd.)의 창립자 마응표(馬應彪),[31] 1918년에 뒤이어 문을 연 영안백화점[永安百貨公司, The Wing On Co. (Shanghai) Ltd.]의 창립자 곽락(郭樂)과 그 동생 곽천(郭泉), 곽순(郭順) 형제는 모두 광동성 향산현 출신이며 시드니 화상이었다. 훗날 세워진 1923년에 신신백화점(新新百貨公司, The Sun Sun Co. Ltd.), 다시 1936년에 오픈한 대신백화점(大新百貨公司, The Da Sun Co. Ltd.)까지 하여 상해 4대 백화점이라고 하는데, 뒤의 두 회사도 모두 선시백화점에서 나와서 따로 회사를 차린 경우로 다 광동성 향산현 출신의 시드니 화교 자본에 홍콩, 광주와 상해에 지점을 두고 활동하던 회사들이었다. 이 중에서도 영안(永安)은 후에 면방직 업에도 투자하여 상해 영안방직회사(上海永安紡織公司, 1921년)를 설립하여 중국 제2위의 민족 면업 자본으로 성장했다. 창립자인 곽씨 형제는 광조공소(廣肇公所)에서 활동하면서 양륜경과도 친밀한 관계였으며, 초기부터 손문의 혁명 활동을 지지하여 국민당과도 인연이 깊었다.

1918년에 양륜경은 제2장에서도 잠깐 소개했지만 상해 광조공소의 내분 사태에 최연장자인 원로로 개입하는데, 대상인들이 주도하는 광조공

31_선시백화점은 1900년에 홍콩에서 먼저 대형 백화점을 개업하여 성공시켰는데, 홍콩 최초로 엘리베이터를 설치한 최신식 백화점이었다.

소의 운영에 도전하여 운영의 민주화를 주장하는 신진 세력에 대립하는 보수파의 편에 섰다. 이때에 그는 광조공소의 일원으로 당소의(唐紹儀)를 초대해 그가 보수파를 대변해 줄 것을 기대했는데, 의외로 당소의가 신진 세력을 지지하는 바람에 결국 광조공소에서 보수파가 나와서 따로 월교상업연합회(粵僑商業聯合會)를 창설하는 사태로 발전한다. 이제 새로운 세대가 전면에 나서며 구세대는 저물고 있었다. 1922년에 양륜경의 일생의 친우였던 정관응이 세상을 떠났다(향년 81세). 2년 뒤 양륜경은 1924년 3월에 월교상업연합회의 부회장으로 선출되어 생애 마지막 명예를 누리고 그해 9월에 세상을 떠났다. 정관응과 동갑이라면 향년 83세였을 것이다.

불안한 번영 뒤의 그림자: 노동 문제의 대두와 배화여론의 확대

상해에서 세대교체가 일어날 즈음, 재한 화교 사회에서도 상인 그룹 내에서는 광동 상인들이 떠나면서 산동 상인 위주로, 소상인 위주로 재편이 이뤄졌다. 더 큰 그림에서는 1900년대부터 산동성에서 노동자들이 대거 조선으로 진출하면서 화교의 구성 자체가 커다란 전환을 겪고 있었다. 그리고 이것은 재한 화교 사회와 조선 사회와의 접촉 방식과 상호 관계에도 충격을 가져오게 된다.

1910년 한일병합 이후 중국 상인의 내지 거주와 영업은 자유로워진 반면, 중국인 노동자는 지방장관의 허가를 받지 않으면 종전의 거류지 이외에서 거주 또는 취로를 행할 수 없고, 규정에 위반하는 자는 100원 이하의 벌금에 처해졌다. 다시 1916년 10월에는 거주 제한을 명문화하여 중국인은 개항장 등 특정 지역 이외에는 반드시 허가를 받아야 거주할 수 있도록 거주를 제한하였다. 그러나 이러한 조항은 단속의 어려움 등으로 엄격하게 적용되지 않았다. 또 1882년 개항 당시에는 서울 등 4곳의 개항장으로 거주를 제한했지만, 이후 개항장의 수는 크게 늘어나 목포, 진남포, 군산, 청진, 대구, 신의주로 확대되면서 화교의 거주 분포는 전국적으로 되었다. 1910년 이후 내지 거주가 용인되면서 그 범위는 더욱 확산되었다. 또 노동자라고 할지라도 허가를 전제로 내지 거주를 용인하였고 허가제 자체가 제대로 실시되지 않았기 때문에, 1920년대까지 사실상 조선에서는 조선인과 중국인이 섞여 사는[雜居] 상태였다고 할 수 있다.

이런 와중에 중국인 노동자, 화공(華工)이 처음 크게 늘어난 것은 1905년경의 일이었다. 1904년 러일전쟁 발발로 경부선 및 경의선 철도공사에 중국인 노동자를 대거 고용했기 때문이다. 이때는 산동성(山東省) 출신의 독신 남성 노동자가 많았다. 1906~1910년에 매년 평균 3,100명 정도의 중국인 노동자가 조선에서 활동했고, 이는 전체 화교 인구의 30~40%나 되었다.

1920년대에 들어서는 그 수가 더욱 늘어났다. 군벌 할거와 내전으로 황폐화된 산동성의 파산 농민과 노동자들이 대거 조선으로 몰려들기 시작한 것이다. 또 조선에서는 1919년 3. 1운동 이후 이른바 문화 정치가 실시되었다. 일본 자본이 조선에 진출하는 것을 후원하고, 조선 내의 생산을 제고하고 원료 및 식량 이출을 원활히 하기 위해 인프라 시설이 확충되었다. 이에 따라 사회 간접 자본의 투입액이 증가하고 청부업자의 계약액도 증가하였다. 일자리가 많아진 것이다.

1921년에 2만 명 내외였던 화교 인구는, 1927년에 처음으로 5만 명을 돌파하였다. 선진적인 경작 기술을 가지고 장기간의 고된 노동에도 잘 견디는 중국의 농민, 노동자들은 빠르게 조선 사회에 정착하기 시작하였다.

1920년 조선에는 건축 노동자로 3,000여 명, 부두 노동자 1,200여 명, 광산 노동자 800여 명, 역부(力夫) 500명, 벌목공인 400명, 잡공 및 고용인 300명, 합계 약 7,000명의 중국인 노동자가 일하고 있었다. 1922년 중국인 노동자 수는 1만 5,800여 명으로 늘어나, 상인 수에 육박하게 되었다. 노동자들은 주로 평안북도와 경인 지역에 집중되었다. 경인 지역에는 목수와 미장이 등 상층 숙련 노동자가 많았고, 토목 공사장의 쿨리, 인부, 짐꾼 등 하층 미숙련 노동자는 함경도, 평북, 황해도에 주로 분포하여 지역 편차가 있었다.

농업 인구 중에서 다수가 고용 노동자였던 점을 감안하면 상인과 자작농을 제외한 실제 노동자의 인구 비중은 70%에 육박한다고 볼 수 있다. 김승욱은 1926년부터 1931년까지의 재한 화교 중에서 노동자 비율을 계산하여 공식 통계상으로는 약 60%, 실제로는 더 높을 것으로 추정하였다.

중국 노동자는 높은 시장 경쟁력을 갖추고 있었다. 저임금에 강한 체력, 인내심과 근면성, 자치적 조합 제도는 일본인 고용주들이 중국인 노동자를 선호하는 이유가 되었다. 자연스럽게 조선인들 사이에는 화공이 일자리를 빼앗는다는 시선이 생겨나기 시작했다. 1911년 5월 조선총독부는 되도록 관영사업에서는 중국인을 고용하지 말도록 하고, 필요한 경우에는 총독부의 인가를 받도록 했다('관영사업에 청국인 사용을 금지하는 건'). 그러나 화공 고용이 불가피하고 일일이 인가를 받는 것에 대한 현장의 불만 때문에 1917년에는 재차 총독부 허가를 사업 소관 기관장의 인가로 규정을 바꾸었다('관영사업에 지나인 노동자 사용에 관한 건'). 또 1922년 8월에는 매번 인가를 신청하는 것이 번거로우므로 도지사가 인가하면 되도록 바꾸었다.

송승석은 이처럼 법률 이름은 '사용 금지'이지만 내용상으로는 점점 규제 완화로 기울어 가는 실태를 해석하여, 조선총독부도 명목상으로는 중국인 노동자의 취업을 제한하겠다고 하지만, 실제로는 식민지 건설에 화공들의 취업이 불가피함을 알고 규제를 완화할 수밖에 없었다고 보았다. 기업들은 뚜렷하게 조선인 노동자보다 화공을 선호했고, 또 조선인 노동자의 파업 시에 화공을 대체 인력으로 썼기 때문에, 양 노동자 그룹 간의 갈등은 고조될 수밖에 없었다. 김태웅에 따르면, 1918년 9월 당시 조선 내의 154개 광산에서 일하는 중국인 노동자는 5,135명으로 전체 광산 노동자의 14.4%를 차지했으며, 1922년 조선에 체류 중인 숙련 및 비숙련 화공 숫자는 2만 1,985명에 달하여 당시 조선에 있는 중국인 인구 3만 826명 중의 70% 이상을 차지했다. 이것은 1906~1910년 조선에서 활동하던 화공 인구가 전체 화교 인구의 30~40% 가량이었던 것과 비교하면 훨씬 늘어난 것이다.

이미 1909년에 통감부가 평안남도 진남포 광량만 염전 축조 공사 때 저임금의 화공만 고용한 것에 불만을 품고 조선인과 중국인 사이에 패싸움이 일어났다. 1918년에는 조선인 인부와 화공 100명이 인천 만석굴 제염소에서 충돌했고, 1921년 신의주에서는 조선인 노동자들이 집회를 열어 관청에 조선인 위주로 채용할 것을 진정하기도 하였다. 1923년 8월 인천의 한 일본인 정미소(加藤精米所)에서 중국인 노동자 18명을 대련(大連)에서 데려와 일을 시키면서 화공 3명이 조선인 노동자 7인분을 한다며 조선인 노동자의 월급을 10전씩 깎자, 조선인 노동자 500여 명이 동맹 파업을 일으키는 일이 발생했다. 민족 문제가 아닌 생존권 문제로서 갈등이 커져 갔다. 1924년 3월에는 강원도 철원 수리조합에서 일하는 조선인 노동자들이 중국인 노동자의 거주지를 습격하여, 1명이 사망했다. 그 후로도 중국인 노동자와 조선인 노동자가 집단적으로 무장을 하고 패싸움을 하는 사건이 끊이지 않았다. 조선총독부는 치안의 안정을 위해 생존권 보장을 외치며 화공의 입국과 고용 제한을 요구하는 조선인 노동자의 의견을 무시할 수 없었다. 점차 중국인의 입국 규제가 강화된다.

조선 내의 중국인 노동자 입국과 취업 제한 조치에 화교, 화공 및 중국 측에서는 비난의 목소리를 높였다. 1927년에 열린 북경관세특별회의(北京關稅特別會議)에 중화전국상회연합회(中華全國商會聯合會)가 제출한 건의문에는 조선 원산중화상회(元山中華商會)가 발의한 화교 입국 제한의 철폐가 포함되었다. 그 건의문을 살펴보면, 일본인과 한인은 만주에 매년 수만 명이나 이주를 하면서, 화교가 일본과 조선에 입국하는 것만 규제하는 것은 불공평하다는 비판이었다. 그러한 비판은 이치에 맞았다. 한말 간도뿐만 아니라 만주, 즉 중국 동북 지역 전역으로 한인의 이주가 급격히 늘고 있었고, 일본은 세력 범위의 확대를 위해 오히려 이를 조장했던 것이다.

동아시아의 노동 이주 문제에서 놓치지 말아야 할 것은 조선의 중국인 노동자[華工] 문제 역시 동아시아라는 광역적인 구도로부터 큰 영향을 받고 있다는 점이다. 야스이 산키치(安井三吉)는 조선 화교 문제가 만주나 일본의 조선인 문제와 연동되어 있었다는 점을 지적한다. 조선총독부는 대륙 팽창 정책의 일환으로 정책적으로 조선인을 만주로 이주시키고 있었으므로, 중국이 조선인의 만주 이주를 용인한 이상 중국인의 조선 이주도 무조건 막을 수는 없었다. 한편 조선총독부의 화교 정책 결정에는 일본의 조선인 노동자 문제도 영향을 미쳤다. 재일 조선인 수는 1910년 2,600명에서 급격히 증가하여 1927년에는 30만 명을 넘어서고 중일전쟁 직전에 이미 70만에 육박했다. 종전이 되었을 때는 강제 징용의 영향으로 200만이 넘는 조선인이 일본에 있었다. 재일 조선인은 소수의 유학생을 제외하고는 대부분 일자리를 찾아 도일한 노동자로, 조선 화교와 마찬가지로 일본 노동 시장에서 일본인 노동자와 경쟁하며 문제를 일으키고 있었다. 하지만 조선인의 일본 이주를 억제하기 위해서는 조선 내 조선인의 고용을 확보할 필요가 있었고, 자연스럽게 조선인과 경쟁하는 중국인의 입국을 제한해야 했던 것이다. 무역, 이민과 노동이라는 창을 통해 보면 20세기 초기 동아시아는 유기적이라는 표현이 지나치지 않을 만큼 긴밀히 연관되어 있다.

1931년에 중국 동북 지역에 거류하는 조선인 수, 즉 재만 한인 인구는 63만 명을 넘어섰다. 반면 『조선총독부통계연보』에 따르면 조선에 거류하고 있는 화교 수는 3만 6,778명에 불과했다. 이러한 불균형은 계속 심화되는데 1945년 해방 직전까지 재만 한인의 숫자는 216만 3,015명으로 늘어나, 중국 동북 전체 인구 3,500만 명 중에 7%가 조선인이었다. 같은 시기 조선 국내 인구가 약 2,500만 명이었으므로 국내 인구의 10%가 만주에 살고 있었던 셈이다.

만주의 이주 한인이 늘어나면서 중국에서도 한인 배척의 움직임이 나타났다. 그리고 조선에서도 이미 커져 가고 있던 노동 시장을 둘러싼 갈등, 중국인 농민과 조선인 농민 사이의 갈등, 화교 상인이 조선에 구축한 재력에 대한 질시 등이 상존해 있는 가운데, 만주에서의 한중 민족 갈등과 사건이 도화선이 되어 화교 배척이 대규모의 폭력적 방식으로 표출되었다. 재한 화교들에게는 힘든 겨울이 찾아오고 있었다.

서울에 생겨난 첫 화상 단체는 1884년에 총판상무위원 진수당의 지휘로 설립한 '한성화상공소(漢城華商公所)'이다. 과거 화교 상인들의 조직은 동향별로 북방(산동 출신), 남방(강소, 절강 출신), 광방(광동 출신)으로 나눠져 있었는데, 이를 통합하여 서울 지역의 화상을 모두 포괄하는 단체를 설립했던 것이다. 그렇지만 청 정부와 총영사관이 통합성을 강조해도 여전히 동향 조직별로 강고하게 구획되어 있는 것은 여전했고, 화상 공소는 점차 유야무야되었다. 그러다가 재차 총영사관의 주도 하에 '한성화상총회(漢城華商總會)'가 1904년에 만들어졌는데, 이때에 재차 통합 조직이 출범할 수 있었던 것은 러일전쟁으로 서울에서 일본 상인의 세력이 현저히 커지자 위기감이 싹텄기 때문이라고 한다. 그러다가 '한성'이라는 지명이 1910년 한일 강제 병합 이후 '경성'으로 이름이 바뀌면서 같은 해에 '경성화상총회(京城華商總會)'로 개명하였다. 당시 상인들은 '화상총회'라고 통칭했다.

신해혁명이 일어나자 북경 정부의 새로운 상회법에 따라 1913년에 '조선경성중화상무총회(朝鮮京城中華商務總會)'로 개조되어 처음으로 법정 조직이 되었다. 그런데 북경 정부의 상회법이 개정되면서 '상무총회'라는 이름 대신 '총상회'라는 이름을 쓰게 되었기 때문에, 1917년에는 다시 '조선경성중화총상회(朝鮮京城中華總商會)'로 바뀐다. 중국 본토에서 장개석이 이끄는 국민당 북벌군이 북경 정부를 무너뜨리고 남경 국민정부가 중국을 재통일했다(1927~1928년). 남경 국민정부는 1929년 8월에 새로운 상회법을 제정, 공포했는데, 이에 따라 '총상회'가 '상회'로 명칭이 바뀌면서, 1930년 12월에 '조선경성중화상회(朝鮮京城中華商會)'로 개조되었다. 예전 북경 정부 시기는 법정 조직으로 등록만 했다면, 남경 국민정부 시기의 상회 조직은 국민당의 지도와 감독을 받게 되어 있었으므로, 조선경성중화상회는 중국 국민당 경성지부의 지도하에 놓이게 되었다.

1906년부터 1930년까지 경성의 화상총회 건물은 낙동에 소재한 총영사관 대문 왼쪽에 있었다. 총영사관의 관유지를 영구 임대 형식으로 얻었고, 건축비는 총영사관과 서울의 화상들이 각출해서 2층 건물 2동을 지었다. 일제 강점기의 주소로는 본정(本町) 일정목(1丁目)이다. 재한 화교 진유광의 회고록에 따르면 조선총독부의 요구로 원래 사무실에 있던 부지를 수표동 청계천 옆 땅과 바꾸어 사무실을 새로 지었다고 하는데, 확실한 이전 시점은 알 수 없다고 한다.

경성 화상총회의 임원단은 명칭은 바뀌어도 늘 정회장과 부회장, 그리고 이사급에 해당하는 회동(會董)으로 구성된다. 명예직으로 1927년에는 원로에 해당하는 특별회동(特別會董)이란 자리가 만들어지기도 했다. 그러다가 1930년에 남경 국민정부의 상회법에 따라 중화상회로 개조되면서, 처음으로 '주석', '상무위원', '집행위원', '감찰위원'으로 임원단 명칭이 바뀐다. 대체적으로 회장, 부회장, 회동은 전통적인 동향별 화상 단체인 북방, 남방, 광방 별로 정원이 나눠져 있었다. 화상 단체의 임원단 구성 전체로는 북방 : 광방 : 남방이 2 : 1 : 1의 비율을 유지하여 화상 인구에 비해서는 부유한 광방과 남방이 꽤 지분을 차지했다. 하지만 화상 숫자가 가장 많은 산동성 출신이 늘 회장을 역임하고, 남방과 광방이 부회장을 맡는 것이 보통이었다. 유일한 예외가 1923년에 광방 대표인 담걸생이 회장으로 선출되어 1925년까지 역임한 사례이다.

각 임원단은 선출직이라고는 해도 큰 인원 변화가 없었고, 보통 자본이 크고 사회 활동이 활발한 상인들이 맡기 마련이었다. 그래서 회장의 경우 산동 봉래 출신인 장시영(張時英)이 1913년부터 1921년 사망할 때까지 줄곧 맡았다. 그는 부리호(傅利號)라는 비단 상점에서 출발하여, 목재창 동성목창(東成木廠)을 설립해 크게 재부를 축적한 인물이다. 동순태호 담걸생 역시 1917~1921년까지 3차례 모두 6년간 부회장을 연임했고, 1923~1925년까지는 광동성 출신으로는 최초로 회장을 역임했으며, 1927년에는 단 4명밖에 안 뽑은 특별회동에 광동인으로는 유일하게 선출되었다. 이들의 리더십은 역시 재력에서 나오는 것으로, 부리호와 동순태호는 1910년대에 대조선 수출 무역 규모를 3년 이상 10만 원을 넘게 유지한 8개 화교 회사에 들어간다.

화상 단체는 초기에는 동향 단체별로 부유한 상인 중심으로 기금을 조성했으나 후에는 자체적으로 모든 회원들에게 매달 회비(월연月捐)를 거두었다. 이러한 재원으로 화교소학과 같은 화교 교육에 적극 관여하였으며, '중화의지(中華義地)'로 불리는 중국인 공동묘지를 조성, 관리했고, 각종 정부 행사에 찬조하였다.(김희신 2017)

테마 20 중국인 노동자가 시장에서 선호된 이유

일제 강점기 조선 노동 시장에서 조선인 노동자와 중국인 노동자는 늘 경쟁하고 갈등하는 관계에 놓여 있었다. 일본인 자본가가 조선인 노동자보다 중국인 노동자를 선호한 이유는 중국인 노동자의 임금이 더 싸기 때문이라는 것이 통설이다. 하지만 근년의 연구를 보면 꼭 그런 것만은 아님을 알 수 있다. 김태웅(2016)은 도시 토목 공사에서 쿨리(Coolie) 혹은 고력(苦力)으로 불리는 중국인 단순 육체노동자가 1일 60전~1원 59전의 저임금에 고용되었음을 강조했지만, 광산에서는 1일 임금이 조선인이나 중국인이나 80전으로 같았고, 일본인의 1원 20전~1원 60전과 비교하면 마찬가지로 낮았다. 또한 안병길의 연구(Byungil Ahn

2013)나 왕정정(王正廷)이 1930년에 쓴 『조선화교개황(朝鮮華僑槪況)』 맨 뒤의 임금 비교표를 참고하면 분야에 따라 중국인 노동자의 임금이 조선인 노동자보다 높은 경우도 꽤 있다.

김종한(1998)의 민족별 임금에 관한 연구는 대단히 흥미롭다. 토목협회 자료를 분석한 결과에 따르면 토목 건설 노동자의 1일 임금은 중국인 1원 50전, 조선인 1원 61전, 일본인 3원 12전 가량으로, 사실상 중국인과 조선인은 비슷하고, 일본인은 이들의 2배를 받고 있다. 그런데 1일 생활비를 보면, 중국인은 67전밖에 안 썼다. 반면 한국인은 1원 3전, 일본인은 1원 72전으로 상당히 많다. 중국인의 생활비는 한국인의 절반, 일본인의 3분의 1정도에 불과하다. 중국인과 비슷하게 버는 한국인은 거의 일본인만큼 돈을 써서 실질소득이 제일 꼴찌이고, 중국인은 엄청 아껴서 실질 소득이 일본인에 근접하게 된다고 결론이 나온다. 하지만 이러한 소비 패턴의 차이는 중국인 노동자는 대부분 혼자 일하러 와서 아껴서 쓰고 가족을 위해 송금하지만, 조선인과 일본인은 가족을 이루고 있기 때문에 그들을 위한 소비를 현지에서 지출하게 되는 탓이 크다고 분석한다.

김태웅(2016)은 1921년에 회계 규칙이 개정되면서, 조선에서 인프라 건설을 청부하던 일본인 업자들은 단가 저하로 이익이 줄었고, 저렴한 중국인 노동자를 더욱 선호하게 되었다고 보았다. 또한 조선인 노동자가 파업을 할 경우, 중국인을 고용하겠다고 엄포를 놓아 파업을 파괴할 수 있었기 때문에, 대체재로서 중국인 노동자의 존재는 일본 자본가들에게 대단히 유용했다. 일본인 자본가들은 싼 임금 이외에도 중국인 노동자들의 근면성과 인내력을 높이 샀다. 조선총독부는 조선인 노동자들에게 중국인과 같은 능률성을 기르라고 공공연히 말했다.

정말 조선인 노동자들이 더 게으른가는 잘 모르겠지만, 중국인 노동자가 타지에서 목숨을 걸고 열심히 일한 것은 사실이다. 하지만 1960년대, 1970년대 독일 광산에서 일하던 한국인 노동자, 중동의 건설 현장에서 일하던 한국인 노동자 역시 못지않게 목숨을 걸고 일했다. 힘든 노동을 얼마나 잘 견디는가는 민족성의 문제라기보다는, 상대적 생활수준의 차이에서 나오는 절실함의 차이가 아닐까. 생활비와 생활수준이 더 열악한 지역에서 건너온 노동자가 더욱 열심히 일하기 마련이다.

조선총독부와 일본인 자본가들이 구사한 레토릭과 한중 노동자 간의 갈등은 자본주의에서는 참으로 전형적인 패턴의 반복이다. 산업혁명 초기에 영국 노동 시장에서 영국 노동자와 아일랜드 노동자의 관계, 그리고 미국 서부 개척 시대의 아일랜드 노동자와 중국인 노동자의 관계 역시 마찬가지였다. 아일랜드 노동자는 영국에서는 영국 노동자들의 파업을 파괴하기 위해 영국인 자본가들에게 동원되는 대체재였으며 영국 노동자들에게 공격 받았다. 엘리자베스 가스켈(Elizabeth Gaskell)의 소설 『북과 남(North and South)』이나 동명의 BBC 드라마에 나오는 아일랜드 노동자는 미국 노동 시장에서 중국 쿨리(coolies)와 다름없다. 그런데 수십 년 뒤의 미국에서는 아일랜드 노동자들이 예선 자신들의 역할을 하는 중국인 노동자들을 공격하고 억압했다. 영국의 자본가들은 영국 노동자들에게 아일랜드 노동자의 저임금과 절실함에서 나온 성실성을 들어 훈계했으며, 미국의 자본가들은 아일랜드 노동자들에게 어떠한 악조건과 저임금에도 일을 해내는 중국인을 본받으라고 했다. 다만 영국은 노조가 있었기에 아일랜드 노동자를 몰아낼 수 있었고, 미국은 민주주의가 있었기 때문에 투표권이 없는 중국인들을 이민금지법으로 묶어둘 수 있었다.

8장

실의 속에 눈을 감다

경영 위기와 두 아들의 체포

1923년은 앞 장에서 본 것처럼 동순태호 담걸생의 절정기였으나, 내리막길의 시작이기도 했다. 마치 그 전조가 되듯이 11월 8일에 서울 중심가에 대규모 화재가 발생했는데, 동순태호 보유의 앵정정(櫻井町)의 건물이 그 발화점 중 하나였다. 신문 헤드라인을 장식할 정도로 시내를 휩쓴 화마였다. 강기정(岡崎町) 2정목 30번지 조선제과회사에서 새벽 0시 넘어 일어난 불은 16만 원의 피해를 내면서 5호를 전소시키고, 15호나 되는 건물을 손상시켰다. 그런데 그날 밤 오전 2시 넘어 서울에서 가장 번화한 본정 2정목에서 재차 불이 일어나 이 지역의 빌딩 25채를 완전히 불태우고, 4채에 불이 붙어, 100만 원이나 하는 재산 피해가 났다. 마지막으로 본정 4정목과 앵정정 1정목에 새벽 3시 반 경에 다시 불이 났는데, 이때 발화점이 된 것이 앵정정 1정목 132번지의 동순태 소유의 가옥이었다. 처음에는 빈집이라고 보도되었으나, 이 집에 있던 조선인 소방수가 부엌에 대패를 쌓아 두고 불을 떼다가 불이 붙었다고 조사 결과 밝혀졌는데, 완전히 불탄 집이 41채, 손상을 입은 집이 6호로 10만 원의 재산 피해가 났다. 한밤중에 거의 순차적으로 서울 시내 각처에서 불이 났으므로 방화라는 소문이 떠돌고 민심이 흉흉했다. 결론은 실화로 났지만, 이 화재는 마치 곧 터져 나올 동순태호의 내부 문제를 상징하는 듯하다.

1920년대에 들어와서 『동아일보』 등 민족 신문들에서 서울의 상권을 쥐고 있는 화교 상인에 대한 우려와 공격, 조선 노동자들과 경쟁하는 화교 노동자에 대한 단속을 요구하는 기사가 빈번하게 실렸다. 그리고 동아시아 이민 노동사에서는 비극이라고 할 수 있는 관동대지진(關東大地震)이 1923년 9월 1일에 발생했다. 관동대지진 이후 일본 관방과 경찰의 의도적 방임 내지 개입에 의해 조선인이 일본인을 해치기 위해 우물에 독극물을 풀었다는 등의 유언비어가 횡행하는 가운데 일본 군경과 민간인들이 조선인과 중국인을 무차별적으로 공격하여 학살하는 사건이 자행되었다. 이 학살로 도쿄, 요코하마 지역에 있던 약 6,000명의 조선인과 700여 명의 중국인이 살해되었다. 1922년에 도쿄, 요코하마 거주의 조선인 수가 약 2만 명, 도쿄 거주의 중국인 수가 약 4,000명(이 중 노동자가 2,000명)이었다고 하니, 그 학살이 얼마나 광범위했는지 짐작할 수 있다.

일본 정부는 치안 유지를 이유로 조선인 노동자와 중국 노동자들을 모두 강제 귀국 조치시켰고, 이후 입국 제한(入國制限)이 크게 강화되었다. 조선인의 일본 도항에 대해 1919년 3.1운동 당시 치안상의 이유로 실시했던 여행증명서 제도를 부활시키고, 도항 관리를 강화했다. 바야흐로 19세기 중반 이래 1920년대까지 동아시아에서 비교적 자유로웠던 자본과 사람의 이동이 국가 권력에 의해 본격적으로 통제되려 하고 있었다.

이 해에 담걸생은 광동 사람으로는 처음으로 경성(서울) 중화총상회의 회장에 선출되는 명예를 얻고, 가정적으로도 딸의 혼례라는 경사를 맞았다. 둘째 부인 하씨의 딸 5녀 담수봉(譚秀鳳)이 광동성 남해현 출신의 반패접(潘佩蝶)과 결혼하게 되어, 그는 혼례 참석 차 상해에 가게 되었다. 4녀 담수란과 마찬가지로 5녀 역시 상해에서 결혼한 것으로 보아 사돈을 맺은 쪽이 상해의 광동 상인 자제로 추측된다. 그런데 이 상해행이 불행의 시발점이 되었다.

담걸생의 아들 담정택의 회고에 따르면, 같은 해 담걸생은 1919년에 매입한 명동 부지에 '동순태 빌딩'으로 불리게 되는 2층과 3층 건물을 시공하고 있었는데, 그 때문에 은행과 상시적으로 거액의 자금 왕래가 있었다고 한다. 오랫동안 집을 비우게 된 담걸생은 인감(印鑑)을 2남 담정곤에게 맡기고 상해로 떠났다. 그런데 2남 담정곤은 3남 담정림과 함께 유흥에 빠졌다. 소유 부동산을 은행과 고리대 업자에게 담보로 맡기고 돈을 빌려 미두거래소(米豆取引所)에서 투기에 몰두하였다. 수개월 사이에 부동산을 조선식산은행(朝鮮殖産銀行), 야마구치은행(山口銀行), 고리대 업자에게 저당잡히고 140여만 원의 부채를 지게 되었다. 여기에서 회고록을 남긴 담걸생의 9남 담정택은 담정곤과 담정림이 경찰이 '과거 업무', 즉 예전에 영업하면서 저지른 불법 행위를 추궁하여 조사한다고 허위로 담걸생을 위협하여 귀국을 못하게 막았다고 서술하고 있다. 그에 따르면 담걸생은 이 때문에 상해에서 혼사를 마친 후에도 귀국을 못하고 중국 동북 봉천(奉天)의 지인에게 신세를 지며 두 해를 타지에서 보냈다가 셋째 부인의 독촉으로 귀국했다는 것이다.

아마 가족이 말하는 이러한 내부 사정은 1923년에 이미 터졌던 것 같은데, 외부에까지 드러난 것은 1924년 8월이었다. 8월 9일에 본정(本町) 경찰서 형사들이 당시 무교정(武橋町)에 있던 2남 담정곤 집과 서대문정(西大門町) 1정목에 있는 그의 애첩 김옥련(金玉蓮)의 친가, 그리고 황금정(오늘날 을지로)에 있는 동순태호 본점 및 기타 부속 창고 등을 일시에 수색하였다. 그 과정에서 담정곤의 아우 3남 담정림을 검거하고, 남대문통(南大門通) 미카도 자동차부에서 사무를 보고 있는 조선인 두세 명을 함께 검거하였다. 담정곤은 일단 몸을 숨겼는데 12일에 잠복한 형사에게 역시 검거되었다. 이 사건이 신문에 보도되면서 담정곤, 담정림 형제가 아편 밀수입, 홍삼 밀수출, 부실 어음과 채권을 남발한 사기죄에 연루되었음이 파헤쳐지고, 그 과정에서 동순태호의 재정 상태가 급속히 나빠졌음이 만천하에 드러나게 된 것이다.

담정곤은 인천에서 '마루다 중매점'이라는 거간을 운영하면서 쌀과 콩[米豆] 의 선물거래로 투기를 벌였다가 몇 차례 큰 실패를 당했다. 경영 실패는 수표의 부도와 시중 은행으로부터의 거래 중지 통고에 의해 밝혀졌다. 신문들은 '백만장자의 대실업가'로 '수천만 원의 자산가'라고 하는 담걸생이 왜 4,000여 원의 얼마 안 되는 돈으로 부도를 내고 거래 정지까지 당했나를 취재하면서, 아들의 투기로 최근 담걸생 소유의 명치정(명동) 일대 부동산과 임대 가옥 400여 호는 이미 은행에 저당 잡힌 상태이며, 각 은행의 부채가 대략 80만 원 가량 되는데, 은행에서 조사한 담걸생의 최근 부동산은 약 150만 원에 불과하다고 보도했다.

신문 보도에 따라 그의 아편 밀수 시도를 구성하면 다음과 같다. 담정곤은 투기 실패로 인한 손실을 만회하기 위해 아편을 밀수입하여 홍콩에 몰래 파는 계획을 세운다. 1923년 그는 아편 10관을 밀수해서 자택에 두었는데, 그와 평소에 사이가 나빴던 미카도 택시 회사의 조선인 운전수가 이 사실을 눈치 채고 본정 경찰서에 신고를 했었다. 그런데 다른 조선인 운전수 권씨가 미리 담정곤에게 귀띔을 해주어 아편을 자택에서 장곡천정(長谷川町, 오늘날 소공동 일대) 106번지 열래잔(悅來棧)이라는 여관 지하실에 옮겨서 다행히 경찰 수색을 받고도 무사할 수 있었다. 일이 잠잠해진 뒤에 다시 자택으로 아편을 옮겼다. 그러나 후에 담정곤이 금전적 이유로 권씨를 해고하자, 권씨는 화가 나 담걸생을 찾아가서 아들의 아편 밀수 사실과 돈 낭비 등 비행을 알려 주고 대신 자신을 써달라고 청하였다. 그러나 담걸생은 이를 거절했고, 화가 난 권씨는 바로 경찰서에 아편 밀수를 신고하게 되어 사건이 수면 위로 드러났다.

이 경과를 살펴보면 이미 1923년부터 투기와 대규모 손실이 발생했고 그 수습으로 무리한 아편 밀매를 하려다가 1924년 8월에 형사 사건으로 비화한 것으로 볼 수 있다. 게다가 아편 수사 과정에서 30만 원에 달하는 홍삼 밀수출 건도 발각되었다. 거기에 곡물 투기 과정에서 피해를 본 사람들이 사기죄로 연달아 고소를 하는 바람에, 사건은 일파만파로 커졌다.

『동아일보』와 『매일신보』는 "백만장자 중국인 거부 동순태의 아편 밀매, 홍삼 밀수출, 사기사건"을 대대적으로 보도하였다. 이 신문은 동순태는 수십 년간 아편 밀매를 계속해 왔으며, 이번에는 내부 갈등으로 인한 밀고로 다행히 드러난 것에 불과하다고 보도하였다. 화교 사회의 지도자인 동순태호 담가에서 발생한 아편 및 홍삼 밀수라는 불미스러운 사건은 서울 화교 사회에도 적지 않은 파장을 일으켰다. 1923년 서울과 인천, 경인 지역의 화교는 약 6,000명을 헤아렸는데, 그들에게 가장 오랜 역사를 가지고 조선 사회에서 굴지의 대상인으로 성공한 담걸생과 동순태호는 남다른 의미가 있었다. 게다가 그는 경성중화총상회의 회장이기도 했던 것이다. 서울의 화상 대표자들은 13일 화상총회에 모여 이 문제를 협의하였다. 그 자리에서 교섭 대표로 중국 총영사관 수습영사 진병곤(陳秉崑)이 선출되어 14일 경찰부를 방문하고 담씨 형제의 보석을 간청하였으나, 경찰은 딱 잘라 이를 거절했다.

그런데 18일에 경성지방법원 검사국으로 송치되어 예심까지 갈 것이라는 예상과는 달리 구속된 지 10여일 만인 22일에 담걸생의 두 아들과 미카도 자동차부 사무원 유만규(劉晚奎, 어떤 신문은 劉萬圭) 등 3인은 증거 불충분으로 일단 방면되었고, 결국 소문은 분분하지만 혐의 내용은 끝까지 비밀로 지켜지다가 얼마 뒤 불기소 처분되었다. 이들의 석방 배경으로 신문에서는 담정곤의 일본인 첩인 바바 우메코(馬場梅子)가 적극 개입하여 담씨 일가의 법률 고문인 호리(堀) 변호사가 마침 경찰부의 간부와 동창생이었기 때문에 함께 석방 운동을 했다는 이야기도 있고, 담걸생이 아들의 석방을 위해 거금을 싸들고 이리저리 로비를 하고 다녔다는 풍문이 보도되었다.

물론 당시 신문 기사를 100% 믿을 수는 없지만, 귀를 쫑긋하게 만드는 일화가 있다. 2007년 필자가 대구 화교 정착 100주년을 기념한 행사에서 만난 대구 화교 학교의 한 임원에게 담걸생을 아느냐고 물었을 때, 화교 사회에서는 이 사람이 조선 최고의 부자였고, 서울에 있던 옛 조선총독부 청사도 이 사람 돈으로 지었다고 알고 있다는 대답이 돌아왔다. 조선총독부 청사는 1916년에 착공하여 1926년까지 10년을 걸려 지은 건물로, 해방 후 1995년까지 정부청사, 국립중앙박물관 등으로 쓰이다가 김영삼 정권 때 철거되었다. 당시 5년 계획으로 짓던 이 청사가 예산이 너무 들어가는 바람에 완공이 계속 늦어졌었는데, 만약 이러한 증언을 귀 기울여 듣는다면, 담걸생이 거액의 헌금을 총독부에 바치고 아들들을 빼냈을 가능성도 없지 않을 것이다.

내리막을 걷다

아들들은 일단 무혐의로 풀려났지만, 그 과정에서 미곡 투기 실패 이후의 동순태의 심각한 재정난과 복잡한 가정사가 여실히 폭로되었다. 이 사건을 기화로 이후에도 동순태는 끊임없는 가정 내 불상사, 고소, 고발에 시달렸다. 담정곤과 담정림이 체포될 때에, 그의 배다른 동생이 그 전부터 아편 밀수를 빌미로 담정곤을 협박하여 1923년부터 네 차례에 걸쳐 2,100원이나 되는 거금을 형에게 뜯어 낸 사실도 『매일신보』에 보도되었다. '아듸'(아마도 阿弟)라고 불리는 24, 25세의 청년으로 성격이 방탕하여 집에서 내놓은 자식이었다고 하는데, 정황상 담걸생의 5남으로 1898년생인 담정란 밖에는 없다.

그의 존재는 담걸생이 불기소 방면된 지 며칠 안 된 9월의 불미스러운 도난 사건으로 다시 불거졌다. 담걸생이 1924년 8월 30일에 그가 경영하는 요리점 사해루(四海樓)에서 양복 몇 벌과 금은 제품 몇 가지가 사라져서 경찰에 도난 신고를 했다. 경찰 조사 결과 9월 3일 오남(五男) 담정주(譚廷珠, 27세)가 절도죄 범인으로 본정(本町)경찰서에 검거되는 해프닝이 각 신문 지상에 보도되었다. 결국 담걸생은 서둘러 도난 신고를 철회하고 또 다시 아들을 풀어 달라는 석방 운동에 나서 9월 6일에 그는 풀려난다. 여기에 나오는 5남 담정주가 『매일신보』에 나오는 '아듸'라고 보이는데, 역시 5남인 담정란이라면 이름이 다르다. 그러나 도난 사건에는 확실히 27세로 되어 있어서 나이를 맞춰 보면 담정란 본인일 가능성이 높다.

아들들이 남발했을 것으로 생각되는 부도 수표를 회수하기 위한 정리 작업도 진행되었다. 8월 25일의 『조선신문』에는 '담걸생 재산 정리 사무소'의 변호사 고토 렌뻬(後藤連平, 명치정 2정목 82번지 10호) 앞으로 담걸생이나 동순태 명의의 이서가 되어 있는 어음이나 채권을 가진 사람은 어음을 9월 6일까지 제출해 주면 태환해 주겠다는 광고가 났다. 이때에도 이 기일까지 제출하지 않으면 그 이후의 것들에 대해서는 책임을 못 진다는 식의 코멘트가 있었는데, 일이 그렇게 간단하게 진행된 것 같지 않다.

1924년 12월에는 니시카와 고산로(西川強三郎)라는 일본인이 담걸생과 담정곤 두 사람을 유가증권 위조와 인감 도용(私印盜用) 혐의로 고소했다. 수일 만에 고소를 취하하기는 했는데 아마 담걸생이 급전으로 뒷수습을 했을 것이다. 이 해의 낭패는 이듬해까지도 영향을 미쳤다. 1925년 11월 21일 『매일신보』 기사는 「사지(死地)로 떨어진 동순태주(同順泰主)」라는 제목 하에 담정곤이 사업 실패로 거의 파산 상태인데도, 서대문통(西大門通) 2정목 99번지의 김용건(金容健)이라는 자에게 예금도 없는 식산은행 수표 300원을 지급하는 바람에 은행에게는 거래 정지를 당하고 김용건은 사기죄로 그를 본성경찰서에 다시 고소했다고 보도했다. 그 한 달 전에는 아버지 담걸생이 다시 경찰의 취조를 받았다. 1925년 10월에 동순태호 담걸생(73세, 주소가 남대문통 1정목으로 바뀌어 있다)과 서린동 거주의 화상 진창수(陳昌洙) 두 사람은 경성부 삼각정(三角町)에 있는 주식회사 남창사(南昌社)를 고소했다. 이 두 사람은 함께 남창사로부터 5만 원을 대출받았는데, 그

차용증서를 이 회사의 직원이 5를 6으로 고쳐 쓰고 6만 원을 갚으라고 했다는 것이다. 두 사람은 이를 고소했지만, 상대측은 6만 원을 빌려 준 것이 맞다고 주장했고, 결국 담걸생도 종로경찰서의 조사를 받게 되었다.

풀려 난 아들은 정신을 못 차리고 계속 물의를 일으켰다. 담정곤은 8월에 풀려나자마자 바로 그 다음 달에 변동현(卞東賢)이라는 사람에 의해 인천 미두 거래소(仁川米豆取引所)를 통해 계약금 500원을 횡령한 혐의로 고소당했다. 또 그는 1928년 5월 중순에 아편단속법(鴉片煙取締規則) 위반으로 체포되어 재판까지 받게 된다. 담정곤은 그때 수표정(水標町) 37번지에 살았는데, 심윤식(49세)이라는 사람과 함께 심씨의 집에서 아편연을 피웠다가 발각되었다.

조선 언론의 보도 태도와 '중국인' 이미지

조선 언론이 동순태호의 몰락과 스캔들을 다루는 방식은 부정적이었고 또 선정적이었다. 우선 신문의 표현대로 "담걸생이라면 모르는 사람이 있겠지만, 동순태라고 하면 모르는 사람이 없을" 정도로 동순태호는 조선에서 억만장자로 유명한 유력 화상이었다. 그만큼 몰락과 추문은 흥미 본위로 보도가 되었다. 아편 밀수와 홍삼 밀매는 개항기부터 중국인에 대해 늘 떠올리는 부정적 이미지의 상징이었는데, 그 두 가지가 1924년의 사건에 모두 연루된 것 역시 여론을 뜨겁게 만들었다. 게다가 중국인의 '호색'에 관한 가십 역시 이 사건 안에 들어 있었다. 언론 매체는 중국인 본처 이외에도 일본인 첩과 조선인 첩을 둔 담정곤의 여성 편력을 "국제적 방탕", "담정곤 애첩, 어여쁜 자태를 경찰부에" 등의 표제로 뽑아 선정적으로 보도하였다. 기사는 담정곤을 "돈의 위력으로 국제적으로 오입을 하는 자"로 평하고, 일본인 둘째 첩 바바 우메코와 조선 기생으로 그의 첩이 된 김옥련(金玉蓮, 다른 곳에는 李玉姸)의 이야기를 크게 보도하였다. 훗날 1932년 『삼천리』 잡지에 실린 기사에 따르면 담정곤은 명치정의 요릿집인 유일관(唯一館)에서 대구 출신의 기생인 김옥련을 만났고, 곧 살림을 차렸다고 한다. 담정곤은 늘 아들을 고대했었는데, 김옥련이 아들을 출산하여 더욱 그녀를 아꼈다고 한다. 신문은 일본인 부인과 김옥련이 경찰서에 출두한 모습을 대대적으로 보도하여 부호의 사생활에 대해 다투어 보도하였다.

중국인이 돈으로 미인을 사는 '호색'의 이미지는 김동인의 소설 『감자』(1925년 발표)에도 나오는데, 동순태호가 연루된 유사한 실제 사건으로 보도된 케이스가 있다. 1928년 11월 16일 21세의 "꽃 같은 조선 미인"이 중국인의 손에 걸려 몸은 더럽히고 집안은 망하고 매까지 맞은 끝에 한강철교에 몸을 던지려 하다가 순사에게 발견되어 가까스로 생명을 부지한 사건이다. 사진까지 첨부된 이 『매일신보』(동년 11월 18일) 기사에 따르면, 이 여인은 동순태호의 고용인 반원근(潘元根)의 딸 반여향(潘麗香)으로, 장곡천정(長谷川町, 현 소공동)의 금곡원(金谷園) 주인 풍조근(馮潮根, 59세)에게 시집을 갔다. 그러나 풍조근은 반년도 못 되어 그녀를 돈을 받고 중국에 팔려고 하였고, 중국에 가기를 거부한 그녀와 그녀 부모에게 중국에 안 가려면 시집올 때 받은 재물을 내놓으라고 협박했다고 한다.

하지만 '조선 미녀'라고는 해도 아버지의 성을 볼 때 조선인이 아닐 가능성도 있는데, 어머니는 확실히 김씨 성으로 조선인이 확실하다. 그녀 어머니의 인터뷰에 따르면, 이 풍씨는 예전에도 열다섯 살 되는 여아를 데려다 살다가 열아홉 살에 딴 곳에 팔았다고 하며, 무리를 끌고 와 중국에 안 가겠다는 그녀와 부모를 수차례 구타했다고 한다. 후에 혼례 때 혼수품을 내놓으라고 할 때는 파출소에 끌고 갔는데, "풍과 동업하는 주가(朱哥)의 첩인 오니츠카(鬼塚) 다케노"라는 일본 여자가 무엇이라고 하더니 순사가 같이 살 것이 아니라면 받은 물건을 도로 보내야지 안 그러면 가만 안 두겠다고 하면서 포승을 꺼내서 반여향을 결박하려고 하여 물건도 할 수 없이 도로 내주었다는 것이다. 이 사건에 나오는 금곡원은 앞 장에서 소개한 소공동에 있던 유명한 광동 요릿집이 틀림없다. 그 동업자라고 하는 주씨[朱哥]는 광동성 개평현 출신으로, 1925년, 1927년, 1930년 연속해서 화상총회 이사(회동) 및 국민당 경성지부 집행위원을 지냈던 금곡원 주인 주세현(周世顯)으로 짐작된다.

조선 언론들은 이 같은 흥미 본위의 선정적 보도와 더불어, 동순태의 몰락을 추악한 부호의 물욕이 일으킨 것으로 보도하는 경향도 보였다. 『동아일보』는 「부호배(富豪輩)들아!」라는 표제에서, 담씨 형제를 200만 원이나 되는 재산이 있으면서 더 부를 탐하다 옥중 생활을 하게 된 탐욕스런 무리로 조소하였다. 원래 임대업 자체가 유산자와 무산자 간의 갈등이 극명하게 분출될 수 있는 비즈니스 분야이므로, 동순태호에 대한 조선 신문의 보도 태도는 결코 긍정적이지 않았다. 일찍이 1907년 8월 13일자 『대한매일신보』에도 동순태호에게 쫓겨난 천도교인들의 기사를 실은 적이 있다. 천도교 중앙총부에서 동순태의 가옥을 월세 225환으로 빌렸는데, 두세 달 월세가 밀리니 바로 쫓아내서 갈 곳이 없다는 각박한 내용이었다. 1921년 2월 14일 『매일신보』에도 동순태호는 경성부 내에 300호나 임대 주택을 가지고 있으면서도 끊임없이 집세를 올리고 못 내면 나가라고 하므로, 명치정 2정목 20번지 평도라지길에 사는 임차인 수십 명이 대표를 내세워 교섭에 나섰다는 기사가 보인다.

1924년에 담씨 형제의 사건으로 동순태호가 재정적 면에서도 평판에서도 위기에 빠지자, 임차인이 일으킨 고소와 고발이 이전보다 빈번하게 나타났다. 1925년 12월에는 황해도(黃海道) 안악군(安岳郡) 대원면(大遠面) 가양리(加陽里)에 있는 담정곤 소유의 토지에 대해 이전 고용인 박문상(朴文尙)이 서류를 위조하여 소작인 30여 명으로부터 소작료를 가로챈 사건이 발생했다. 이 때문에 토지에 대한 소유권 주장과 소작료 납부 문제로 다시 분규가 일어났다. 1929년 5월에는 인천부(仁川府) 화정(化町) 1정목 91번지 77호의 거주민 900여 명의 대표 4인이 중화민국 총영사에 동순태의 '무리(無理)'를 고발하는 진정서를 제출하였다. 이 토지는 담걸생 소유로, 그는 1926년 5월에 토지 2,874(1,874)평을 1평에 매월 6.12전(6전 1리 2푼)으로 택지로 임대하여, 현재의 거주자들이 집을 짓고 입주해서 살게 되었다. 그런데 동순태는 3년 만에 임대료를 11.5전, 12.5전으로 거의 2배로 인상한다고 일방적으로 통보했고, 입주자들이 반발하자 인천지청에 고소했다. 판결은 집주인 동순태호의 손을 들어, 세를 못 내면 집을 비워 줘야 한다고 나왔고, 이에 임차인들이 집단적으로 반발하여 진정서를 내기에 이른 것이었다. 변호사 심상호라는 이가 빈민들을 동정하여 소송에서 무료 변론해 주기로 했다는 기사였다. 이처럼 임내인과 임차인 간의 문제로 동순태호는 시종 착취자의 이미지로 조선 내 미디어에서 반복적으로 노출되었다.

담걸생의 죽음

결론적으로 말하자면 부동산은 많지만 금방 현금화할 수 없는 상황에서 동순태호는 어음을 다 막지 못해 부도 직전에까지 몰렸다. 그가 아들을 구명한 뒤 부도를 막느라 분주한 바로 그 때에 자형이자 오랫동안 그의 비즈니스 파트너였던 상해 양륜경이 세상을 떠났다(1924년 9월). 그런 고립무원의 담걸생을 구한 것은 1919년에 결혼한 4녀(四女)의 시부(媤父) 정백소(鄭伯昭)였다. 앞 장에서도 소개했듯이 영미연공사의 총매판으로 상당한 자산가였던 그는 사돈 담걸생의 구명 신호에 상해에서 규은(規銀) 20만 량, 엔화로 38만 원을 송금해 주었다. 담걸생의 9남 담정택의 회고에 따르면, 담정곤과 담정림은 풀려나자 연대와 상해로 도망하고, 담걸생은 파산 직전에까지 내몰리지만, 채권자들이 신청한 부동산 경매를 법원이 비준하기 직전에, 이 상해로부터의 급전이 송금되어 급한 불을 끄고 부동산을 지킬 수 있었다. 그러나 고리대를 청산하고도 여전히 조선식산은행 채무 80만 원, 야마구치 은행 20만 원 총 100만 원의 채무가 남아 있었고, 은행 채무의 이자 상환으로 부채는 늘어났다. 게다가 1920년대 말까지 조선은 계속 불경기로 부동산 거래가 끊기면서 채무 정리는 진척을 보지 못했다.

담걸생은 어쩌면 실의 속에서 그의 마지막 몇 년을 보냈을 것이다. 아끼던 두 아들은 사업을 망치고 각종 논란에 휘말렸으며, 1924년에는 고향에 있던 장남 담정호를 다시 불러 상점 경영을 맡겼다. 이듬해 1925년에는 막내딸 담수금이 15세의 어린 나이로 세상을 떠나는 아픔까지 겪었다. 두 딸을 다 시집보내고 곁에 남아있는 유일한 딸아이였다. 이처럼 말년에 큰 풍파를 겪고 마음을 비운 탓일까. 아니면 자식 농사와 사업에서 큰 실망을 맛본 탓일까, 오히려 오로지 사업에만 몰두하던 예전과 달리 대외적으로 더욱 관심을 돌렸던 듯, 말년에 그의 흔적이 많다.

그는 1923년부터 1925년까지 2년간 경성중화총상회 회장직을 수행하고 회장직을 다시 젊은 40세의 산동인 마수신(馬秀臣)에게 물려주었다. 회장직에 있는 동안 두 아들 때문에 고초를 겪으면서 중화총상회의 여러 도움을 받았던 고마움이 있었을 것이라 생각한다. 그는 회장직에서 물러나 경성화교소학교 교장 직을 맡았다. 화교소학교의 운영은 많은 화교의 노력과 관심을 받는 자리였고, 그 역시 결과적으로는 실패했다지만 자식들의 교육에는 각별히 신경을 쓴 사람이었다. 이런 공헌으로 1927년에는 75세의 고령이지만 상회의 광동동향회 이사[廣幇董事]에 재선출되고, 또 이 해에 처음 마련된 자리인 특별회동에 선출되었다. 특별회동은 화상 단체의 발전에 공헌한 원로 4명만을 선정하여 수여한 지위로 대단한 명예직이었는데, 담걸생은 그 중 유일한 광동인이었다.

또한 담걸생은 마지막 몇 해 동안 손문과 국민당을 지원하는 일에도 앞장섰다. 중국 국민당 조선지부의 첫 발족은 공식적으로는 중국 현지에서 국민당이 결성되고 국회에 진출한 1913년으로 기념하고 있지만, 김희신의 연구에 따르면 중국 국민당 경성지부가 설치된 것은 1927년 4월에 가서였다. 일본 도쿄지부의 권유로 당시 담걸생 등 유력한 상인들이 주도하여 태평통(太平通) 2정목의 광동동향회관 안에 사무소를 두었다고 한다. 그 슬로건은 '광동인의 단결' '삼민주의의 실현'으로 손문에서 이어지는 광동 동향주의와 민족주의가 잘 결합이 되어 있었다. 담걸생은 경성지부의 정감찰위원(正監察委員)을 맡았으며, 앞에서 잠깐 나온 중화요리 금곡원 주인 주세현(周世顯)이 정집행위원(正執行委員)을 맡았다. 이후 국민당 분서를 조선 내

각 도시에 설치하여 조직의 확대를 꾀했다. 1931년까지 조선의 국민당원은 3,000명에 이르렀다고 한다. 1930년 4월 17일에 동순태호가 투자했다고 추측되는 중화요리집 사해루에서 중국 국민당 조선지부의 17주년 기념식이 열린 것은 우연이 아닐 것이다. 『중외일보』 4월 18일자 기사에 따르면, 식장에는 손문의 사진과 그의 마지막 유언인 "혁명은 아직 성공하지 않았습니다[革命尙未成功] 동지들, 여전히 노력해야 합니다[同志仍須努力]"가 양옆에 걸려 있고 국민당의 깃발인 청천백일기가 휘날렸다고 한다. 식장에는 주석 정유분(鄭維芬), 주재부영사, 한성화교소학교 학생을 비롯해 약 80명이 참석했다.

광동 화교는 손문과 흥중회의 주요한 조력자였고, 신해혁명 이후 중화민국 시기에 들어서 손문이 원세개에게 밀려나 해외에서 떠돌고 광주 한구석에서 임시정부를 세우고 고군분투할 때에도 그와 국민당 정부에 적지 않은 인적, 물적 조력을 지속했다. 1923년에 국민당을 위해 중국 최초의 비행기 제조 공장을 만들고 최초의 비행 대대를 조직해 준 것은 미국에서 귀국한 화교로 항공기 전문가였던 양선일(楊仙逸)이다. 그는 손문과 같은 광동성 향산현 출신이었다. 1926년 10월에 국민정부는 광주에서 교무위원회(僑務委員會)를 설립하였으며, 이들의 활동으로 해외 화교들로부터 북벌 경비 100만 원을 모금하기도 하였다.

그런데 담걸생이 국민당 경성지부 창당에 앞장섰을 때는 손문이 사망한 뒤(1925년), 장개석의 지휘 아래 중국 재통일과 정권 장악을 위한 북벌이 시작되고 막 장개석이 4.12쿠데타로 국공합작을 깨고 공산당을 숙청했을 즈음이다. 이때는 아직 북벌이 성공하기도 전이지만 담걸생은 건재하던 북경 정부가 아니라 국민당에 남은 생명을 불태워 지지를 표했다. 원래 손문을 지지해 왔던 광동 화교들 내부에는 공산당과의 합작에 반대하는 목소리가 컸다. 앞 장에서 검토했듯이 손문의 오랜 지지자이지만 훗날 국공합작을 반대했다가 당적이 퇴출되는 풍자유가 뜬금없이 1917년 경성화상총상회 내의 광방회관 추천으로 화교 대표로 선출되었던 과거가 있고 그 배경에는 담걸생이 있었을 것이라고 본다면, 담걸생이 이 시기에 국민당 경성지부 창당에 앞장선 것도 장개석의 청당(清黨)과 국공 분열과 관계있을 것이라는 의혹이 든다. 그 역시 손문과 국민당은 오랫동안 지지했으되 공산당과의 합작에는 반대했던 광동 화교 중 한 사람이 아니었을까. 이 점은 이후 그 후손들의 궤적에서도 엿볼 수 있는데 다음 장에서 자세히 보도록 하자.

이처럼 조선 상계를 호령했던 동순태호 담걸생의 말년은 고초와 회의, 실망과 수모, 그리고 노년에 마지막 불꽃을 태운 정치, 사회 활동이 복잡하게 뒤얽혀 있다. 그런 속에서 1929년 10월 20일(음력 9월 18일)에 담걸생은 향년 77세로 세상을 떠났다. 아들의 회고록에 따르면 1930년에 온 가족이 함께 중국까지 운구를 하여 고향 광동성 고요현 금리촌에 안장하였다고 한다.

1924년의 사치세

동순태의 몰락이 표면화되는 시기는 공교롭게도 일본 정부의 사치세 관세 실시와 딱 겹친다. 1924년의 사치세 관세 실시 이후 강력한 보호 관세 정책으로 인해 한중 무역은 퇴조하기 시작했고, 재한 화교 상업 자본은 타격을 입고 위축되었다. 이는 우연만은 아닐 것이다. 1924년 동순태호 스캔들과 부실 경영이 폭로되었을 때, 일본어 신문 『조선신문』의 한 기사는

「중국인 상인 파탄의 진상[華商破綻眞相]」이란 제목으로 동순태호의 몰락은 단순히 아들이 일으킨 사건 사고 탓이 아님을 분명히 하였다. 즉 이 기사에 나오는 논평자의 말에 따르면, 동순태호의 위기는 이미 1923년 2월부터 시작되었고 너무 늦게 드러났을 뿐이라면서, 가장 큰 몰락의 원인으로 토지와 건물에 자금을 묶어 두어 유동자금이 없었다는 점을 들었다. 특히 담걸생의 야심작이었던 명치정 부지에 지은 빌딩이 오히려 자금 압박의 원인이 되었다. 처음 견적으로는 매달 월세가 1만 2,000~1만 3,000원은 나올 것이라 기대했는데, 막상 완공되고 보니 불경기에 접어들어 건물 평가액도 낮아졌고, 임대하려는 사람도 나타나지 않는 바람에 그 일대는 "거의 폐허를 보는 것" 같은 상태가 되었다는 것이다. 동순태호가 서울 외에도 다수 보유한 인천, 진남포, 군산 등의 임대 주택 역시 모두 경성과 마찬가지 상태였다고 한다. 이런 상황에서 위기를 타개하고자 동순태호는 2년 전부터 인천에 마루다중매점을 설립하여 쌀 선물거래[期米]에 손을 대기 시작했다. 그러나 결국 시세를 못 읽고 실패하는 바람에 쇠퇴를 만회하려고 한 사업이 치명타가 되었고, 결국 8월에 수표가 부도나는 지경에 이르렀다. 또 이 기사에 따르면 동순태호는 오사카 방면으로 수표를 남발했었기 때문에 이 수표를 다 해결하려면 당분간 문제가 쉽게 끝나지 않을 것이라고 진단했다.

즉 이 기사를 보면 동순태호는 1921년 즈음부터 경기 불황으로 임차인이 줄어들어 가옥 임대업에서 빈집이 늘어나 이윤이 떨어지고 있었고, 유동자금이 줄었다. 게다가 부동산 감정가가 떨어지면 은행 담보 대출도 여의치 않아 자금 경색이 생기기 쉽다. 그런 판국에 무리해서 자금을 대량 투여하여 서울 한복판에 지은 건물, 즉 개발 사업이 성공하지 못한 것이다. 거기에 난국을 타개하려 시도했던 미곡 투기가 실패하면서 결제해야 할 어음을 처리 못하고 부도를 내고 말았다. 앞에서 다른 신문이 보도한 것과 큰 맥락에서는 같지만, 담정곤의 미곡 투기 이전에 심각한 불경기로 인한 부동산 침체, 임대업 자체에서의 위기가 본질적이었다는 점은 정곡을 찌른 분석이라고 보인다.

단순히 9남 담정택이 말한 방탕한 아들의 사고였다고 하기에는 담정곤은 줄곧 노쇠한 아버지를 대신해서 한성의 사업을 맡아서 경영하던 인물이었다. 한성의 미카도 택시 사업과 인천의 마루다중매업도 그가 경영했으며, 그러한 사업이 담걸생의 지지와 허락이 없이 진행되었을 리 만무하다. 그렇다면 진정한 위기는 불경기 그 자체에서 왔을 것이다.

제1차 세계대전 기간(1914~1918년) 유럽 자본의 철수로 인한 공백으로 일본, 중국, 조선 등 동아시아 각 지역은 공전의 산업 발전을 이룩하였고 이른바 민족 자본이 크게 발전했다. 그러나 전쟁이 끝나자 전시 수요도 사라지고 유럽 상품은 아시아에 돌아왔으며 전쟁 기간 동안 크게 늘려 놓은 생산 설비로 과잉 공급이 이어지면서 전후 불경기가 찾아왔다. 전후 하향세가 시작되는 시점이 1921년이며, 이때부터 은행의 연이은 도산으로 1925년 쇼와 금융 공황이 시작되었고, 1929년 미국 월가의 주가 폭락으로 세계 대공황의 신호탄을 쏘아 올릴 때까지 일본과 제국 경제는 줄곧 불경기였다.

담걸생은 한일 강제 병합 이후 1910년대의 지가 상승과 호경기의 덕으로 거부가 되었지만, 경기가 나쁠 때 부동산은 임차인은 구하기 어렵고 세금은 내야하고 유지비는 많이 드는 혹이 되고 만다. 이렇게 본다면 앞서 신문에서 대대적으로 보도했던 임차료의 급상승 역시 상식적으로 설명할 수 있다. 즉 임차인이 없어 빈집이 늘어나는 상황에서 동순태호는 최저 가격으로라도 임차인을 둘 수밖에 없었을 것이다. 그러나 이후 경기가 일부 회복되거나 재정상의 필요로 제 가격으로 받고자 할 때 충돌이 발생한다. 그렇지 않다면 상식적으로 3년 안에 임대료를 2배 인상한다는 것은 상상하기 어렵다.

1924년 사치세 역시 바로 이와 같은 전 세계적인 불경기를 배경으로 나온 보호 관세이다. 원래 일본이 조선을 1910년에 강점할 때에 서양 열강의 묵인을 얻기 위해 조선이 일본의 영토가 되더라도 10년 동안은 관세자주권을 발동하지 않고 예전 조선이 타국과 불평등조약을 맺어서 인정한 협정관세율을 유지하겠다고 했었다. 1920년이 되면서 비로소 일본은 유예기간을 끝내고 조선에 일본 관세법을 똑같이 적용함으로써 관세를 자유롭게 인상할 수 있게 되었다. 이 한일 통일 관세 제도의 실시로 무역 규제가 가능해진 것이다. 조선은 일본을 제외하고는 대외 무역이 사실상 중국밖에 없었기 때문에 보호 관세가 적용된다면 중국이 타깃이었다.

다만 이런 제도적 환경 변화 속에서도 1924년 사치세 징수 이전까지는 오히려 조선과 중국 사이에는 경제적 인적 교류의 확대를 더욱 촉진시키려는 움직임이 나타나고 있었다. 당시 중국의 신문 보도를 통해 이와 같은 무드는 여기저기 확인된다. 대표적인 사례는 청일전쟁 이후 사실상 폐쇄되었던 한중 정기 항로의 재개통과 이를 계기로 한 무역 사절단의 파견이었다.

중국 상해에서 조선까지의 직항로의 개설은 몇 년이나 준비 작업이 진행되었으나 성공하지 못하다가, 부산 지역의 상업계가 적극적으로 나서면서 1924년 6월 9일에 처음으로 부산에서 출발한 기선 '부산환(釜山丸)'이 상해로 입항하였다. 이 배의 규모는 4월경에 논의되던 3,000톤급, 2,000톤급에 훨씬 못 미치는 1,500여 톤급이었지만, 직항로가 개설되었다는 것만으로도 한중 무역 확대에 대한 상해 여론의 기대는 뜨거웠다. 이에 부응하듯 시찰단의 파견 역시 연이었다. 직항의 준비가 진전되던 1924년 4월 초에는 서울상업시찰단이 상해, 항주 일대를 시찰하여, 조선의 해산물 수출과 중국의 직물 수입을 더욱 촉진하자고 논의하였다. 또 정기 항로가 개통된 6월에는 이를 기념하여 부산상회가 조직한 상해시찰단과 조선의 신문기자단이 상해를 방문하였다. 부산상회는 한중일 삼각 항로를 정기회하여, 원산 연해주를 비롯한 조선 북부와 남부 연해 및 홋카이도를 연계하여 각지의 상품을 상해로 입하하겠다는 포부였다. 이뿐만이 아니었다. 『상해시보(上海時報)』의 기사를 보면, 조선 인천상회의 상해시찰단 파견 계획이 신문 지상에 보도되었고, 조선 전국상회연합회가 한중 무역 촉진 기관인 특설기구를 상해에 설립하고, 부산에도 지부로 중국무역협회를 설립하려고 한다는 기사가 게재되었다.

이러한 무드에 대해, 『상해시보』는 "근래 중한 양국의 국제무역은 진보가 빠르니 … 1924년 5월 1일~15일 사이에 중국의 잡곡, 직물 등의 조선 수출이 471만 1,264원, 조선의 쌀, 철, 목재, 해산물 등이 중국에 수입된 것이 17만 9,197원"이라면서 그 성장세를 높게 평가하고 있었다. 그러나 한 달 뒤, 일본 당국의 사치품 관세 징수 발표는 이러한 한중 무역의 촉진 무드에 찬물을 끼얹어 버렸다.

일본이 한중 무역 촉진보다 중국 수입에 대한 강력한 규제로 나선 것에는 이유가 있었다. 일본 역시 전후 불경기가 심화되면서 생산 과잉과 소비 위축으로 쇼와 공황으로 한 걸음씩 걸어 들어가고 있는 판국에, 조선 시장에 대한 중국 상품의 수출은 앞서 『상해시보』가 보도한 것처럼 괄목할 만한 성장세를 보이고 있었다. 반면 중국은 제1차 세계대전 종전 이후 전시(戰時) 동안 폭발적으로 성장한 민족 자본에 의한 생산 과잉, 돌아온 유럽 상품과의 치열한 경쟁으로 어느 때보다 수출 시장이 소중하던 때였다.

1923년에 중국의 대외 무역에서 1,000만 량(해관량) 이상의 무역총액을 넘은 나라는 모두 16개 국가(및 지역)였는데, 그 중 조선이 포함된다. 더 중요한 것은 늘 무역 적자에 시달리던 중국이 흑자를 내는 나라(지역)는 5개 지역에 불과했는데, 그 중 하나가 조선이었다. 조선 이외에 중국이 출초를 기록한 지역은 프랑스, 러시아, 동남아시아, 이탈리아이다.

일제가 조선을 강제 병합한 직후인 1913년에 중국이 조선에서 수입한 총액은 약 352만 량(海關兩), 중국이 조선에 수출한 총액은 681만 량 가량으로 약 489만 량의 수출 초과였다. 원래 한중 무역은 줄곧 중국이 출초 상태였는데, 일제 강점기에 이 출초는 오히려 큰 폭으로 늘어났다. 1922년에는 조선에서 수입한 총액이 약 968만 량, 중국이 조선에 수출한 총액이 2,123만 량으로 출초는 3배 이상 늘어나 1,510만 량이나 되었다. 사치품 관세가 실시되기 바로 전해인 1923년은 수입 1,195량에 수출이 3,028만 량으로 출초는 1,832만 량으로 1922년에 비해 수출 초과액은 단 1년 사이에 약 20%가 늘어 난 것이다.

무엇이 그렇게 조선에서 잘 팔렸던 것인가? 바로 직물이다. 1923년 중국의 전체 수출액에서 비단이 차지하는 비중은 3.3%에 불과했다. 오랫동안 세계 시장을 호령하던 중국 비단의 위세에 비하면 너무나 초라한 성적이다. 20세기에 들어와 중국 비단은 근대적 기계제사업의 성장과 일본, 유럽, 미국 시장의 자급화로 수출 시장에서 급격히 위축되었다. 수출액 역시 2,454만 8,000량에 불과했다. 그런데 놀랍게도 이 비단의 4분의 1이 조선에서 팔리고 있었다. 조선은 예로부터 혼례나 경사에 비단옷을 입는 전통이 있어서 비단 수요가 탄탄히 존재했던 데다, 중국 비단에 대한 강한 선호가 줄곧 유지되었기 때문이었다. 따라서 일본의 비단업자 역시 이 시장을 빼앗기 위해 노력하고 있었다. 일본 면업 자본은 일찍이 19세기 후반 이후 화상들이 조선에 들여와 팔았던 영국 면직물을 구축하는 데 성공하고 일본 면직물로 조선 시장을 점령했다. 직물 시장에서 또 하나의 큰 파이였던 비단 시장의 공략에 본격적으로 나선 것은 1920년대 초였다.

조선총독부는 1910년대부터 누에 종자의 개량 사업을 실시하였고, 1919년에 조선잠업령(朝鮮蠶業令)을 내려 1921년에 상주공립농잠학교를 설립하였다. 중국 생사를 밀어 내고 세계 시장을 석권하던 일본 근대 제 사업의 원료를 조선에서 공급하려는 목적과 함께 비단의 자급화까지 구성한 장기 포석이었다. 1900년대 조선 내 천일염장 건설로 중국 산동 소금을 밀어 내면서도 일본이 산동성 청도를 점령하여 청도 소금을 조선에 수출할 때에는 조선 소금의 자급보다 청도염 수입을 우선했던 것처럼, 조선총독부의 경제 정책은 일본 내지를 위한 정책과 조선 내 경제 우선의 정책 사이에서 늘 오락가락했다. 어쨌든 일본제 비단이든 조선의 비단 자급화이던 간에 우선은 중국 비단을 시장에서 밀어 내는 것이 먼저였다.[32]

중국의 출초에 기여하던 또 다른 히트상품은 리넨(grass linen)이었다. 중국어로는 하포(夏布)인데, 조선에서는 중국 마포, 중국 아마포로 불리는 것 같다. 사실 중국 아마포는 중국의 대표 수출 상품에는 아예 20위권 내에 이름도 올라가 있지 않다. 하포는 거의 전적으로 조선 시장에서 팔리는 상품이고, 조선 시장을 타깃으로 생산되던 상품이었던 것이다. 송규진의 연

32_재미 대만인 역사가 진이덕(Edward I-te Chen, 陳以德)은 식민지 통치형태에 주목하여 대만과 조선을 비교했는데, 조선 총독은 일본 본토의 내각총리로 가는 핵심 직책이기 때문에 늘 일본 본토의 정치에 민감할 수밖에 없었지만, 대만의 경우 현지에 뿌리박은 테크노크라트들이 일본국내의 정치역학에 덜 휩쓸리며 식민당국을 운영하면서 지역개발에 앞장섰다고 보았다.

구에 따르면, 중국 마포는 1920년대 초반 조선의 수입 상위 품목 10위 권내에 꾸준히 이름을 올리던 주요 수입품이었다. 강서성(江西省)과 안휘성(安徽省) 등지의 규모 있는 마포 공장들이 교역을 위해 인천에 파견한 직원 수만 해도 매년 평균 3,000~4,000명을 헤아렸다고 한다.

이즈음 일본의 산업 구조는 이미 고도화되어 1920년대 최대 무역 상대국은 미국으로 전체 무역 거래량의 20%를 넘나들었다. 석유와 철강, 기계 등 생산제와 원자재 수입이 압도적으로 일본은 대미 무역에서 늘 입초 상태였다. 인도와의 무역 역시 20%를 육박했는데, 주로 원면의 수입과 면직물 수출이다. 반면 중국의 비중은 10%대로 낮아졌다. 그래도 주의해야 할 점은 1923년 무역총액은 1870년에 비해 108배나 증가한 수준으로 일본의 대외 무역이 워낙 폭발적으로 증가해서 그런 것이지 무역액으로는 절대 적지 않다. 게다가 일본에서 중국으로 수출한 총액이 2억 1,102만 4,297량(해관량), 중국에서 일본으로 수입된 총액이 수출은 1억 9,851만 7,346량으로 일본은 중국과의 무역에서 1,250만 6,951해관량의 출초, 즉 흑자를 보고 있었다. 일본 입장에서는 중국 시장에서 벌어서 미국과의 무역 적자를 메우는 꼴이었다. 그런데 중국은 어떠한가? 중국은 1923년에 일본과의 무역에서 1,250만 량 가량의 적자를 보았지만, 같은 해 조선과의 무역에서 1,832만 량의 흑자를 보았다. 중국은 일본과의 무역에서 진 적자를 조선과의 무역으로 상쇄하고도 남았던 것이다.

대외 무역 수지 구조에서 중국에게 조선 시장이 얼마나 중요했던가를 알 수 있는데, 단순한 돈 문제 이외에도 자존심의 문제도 있었다. 16~19세기 차, 비단, 면직물, 도자기, 도서, 공예품 등을 수출하여 세계 상품 시장을 지배하던 중국의 제조업은 산업혁명 이후 생산 혁명에서 뒤처지면서 탈산업화되었다. 세계에 상품을 수출하던 중국은 이제 원료를 수출하는 후진국으로 전락해 버렸다. 이제 중국이 일본에 수출하는 상품 제1위는 면화이다. 1923년 수출총액의 19.2%가 면화 수출이었다. 명청 시대 중국 비단에 열광했던 일본은 이제 중국 비단을 수입하지 않았다. 거꾸로 일본에서 중국으로의 수출품 중에 1위가 면사와 면직물(각각 36.8%, 14.1%)이었다. 이에 비해 중국이 일본에 가장 많이 팔았던 수출품은 무엇인가? 1923년에 전체 대일 수출액의 20.5%(1억 5,434만 9,000량)를 차지한 생사였다. 이제 중국은 생사, 즉 누에고치에서 뽑은 가공하지 않은 비단실을 일본에 수출하고, 일본은 국내에서 아름다운 비단을 짜서 국내 수요에 충당하고 전 세계에 수출했던 것이다. 이제 중국은 반가공품 내지 원료를 수출하는 국가로 전락했다. 그러한 중국에게 조선은 중국 제조업의 자존심이었던 비단이 아직까지 제패하고 있는 '소중한' 수출 시장이었다. 거꾸로 조선총독부와 일본의 입장에서는 조중 무역 적자가 커지는 것이 달갑지 않았다.

1924년 8월 일본에서 사치품 관세가 공포되고, 조선총독부 역시 동일하게 법률 제24호 '사치품 등의 수입세에 관한 건'을 발표하여, 일거에 수입 비단에 대한 관세율을 가격의 100%로 올렸다. 당연히 중국 측의 강한 반발이 있었다. 말이 외국 수입품이지 사실상 사치품에 포함된 비단은 조선에 수출되는 중국 비단밖에 없으므로 중국 비단에 대한 악의적인 관세 인상이라면서 맹렬히 반대 운동을 펼쳤다. 상해 신문지상에는 연일 강남 비단업자들의 시위와 북경 정부에 대한 탄원 활동이 보도되었다. 주목할 만한 것은 그 기사 속에서 조선의 화교 상인들이 '우리 중국'의 '국산품'을 위해 해외 판로를 개척한 '국화운동(國貨運動)'의 영웅으로 치켜세워지는 점이다. 이들의 사업이 파탄나지 않도록 또 국산품 해외 시장의 마지막 남은 보루를 잃지 않도록 중국 정부와 상계가 나서야 한다는 논조였다.

그러나 관세자주권을 찾은 이상 일국의 관세 정책에 간섭할 여력은 없었다. 송규진의 연구에 따르면 조선으로의 비단 수입을 장악했던 재한 화교 상인뿐만이 아니라 조선인 무역상 역시 큰 타격을 입었다고 한다. 수입 비단 가격은 3배나 올랐으며 1924년의 조선 비단 시장에서 일본 제품의 점유율은 58.80%로 과반을 돌파했고, 이듬해 1925년부터 일본산이 이미 99% 이상을 넘어섰다. 중국 마포[夏布] 역시 쟁점이 되었는데, 과세 대상에 포함이 되니 마니 논란이 있었지만, 관세 인상과 일본 인견의 진출 등 불리한 환경이 조성되면서, 줄곧 톱 10을 차지하던 중국 마포도 1924년 이후는 순위 밖으로 밀려나 버리고 말았다.

필자는 2004년의 논문에서 사치품 관세가 재한 화교 사회의 구조적 변화, 즉 상인의 위축과 노농 인구의 급증, 일상생활에서 민족 갈등의 심화 등을 가져왔다고 평가했는데, 그때도 일부 화상들은 판로를 일본 비단 수입으로 바꾸면서 생존의 길을 모색했다고 지적한 바 있다. 이 점을 약간 부연 설명하자면 이러한 화상의 업종 전환은 일본 정부의 정책적 유도와도 관련이 있지 않을까 싶다. 특히 조선 화교보다 훨씬 강력한 경제적 세력을 가지고 있던 일본 화교에는 이 점이 잘 드러난다.

앞 장에서 19세기 후반까지 영국 산업 자본과 광동 화교의 유통 자본 사이의 협력 관계를 이야기하면서 아시아 각 개항장에 뿌리 내린 화교 네트워크의 경제적 역량이 대단히 뛰어났음을 이미 서술했는데, 그 중에서도 일본 고베 화상은 소수이면서도 고베항의 중국과 동남아시아 수출입을 장악하고 있는 대자본이었다. 따라서 일본의 이들 화상에 대한 정책은 20세기에 들어와 대만 상인을 성장시켜 복건 화교와 경쟁을 시키는 한편, 재일 화상에 대해서는 중국 상품의 수입보다는 일본 상품을 중국과 동남아시아에 판매하는 방향으로 업종을 전환하도록 관세 및 각종 정책적 유도를 했던 것이다. 기왕 있는 강력한 네트워크를 일본 상품의 아시아 판매망으로 활용한다, 이것은 아주 탁월한 전략적 선택이었다. 1930년 고베 항의 중국과 동남아시아에 대한 수출액은 1억 5,000여만 엔이었는데, 이 중에 고베 화상이 처리하는 수출액이 8,000만 엔으로 53%나 점했다. 고베의 무역업 경영의 화상은 모두 91명으로 그 중에서 광동 상인이 59명으로 제일 많고, 그 뒤를 21명의 복건 상인이 잇고 있었다. 이미 일본 상품의 수출로 업종이 재편되고 있던 고베 화상은 1930년대에는 일본의 제국주의적 침략으로 중국과 동남아시아에 일본 상품 보이콧 운동이 일어나자 이를 걱정하는 처지가 되고 말았다.

그렇게 본다면, 1924년 사치세 도입의 효과 역시 재한 화상을 절멸시키기보다는, 조선의 화상들로 하여금 중국과의 관계를 끊고 재일 화상을 통해 일본 상품의 조선 판매로 영업 방향을 전환하게 한 것이 아닐까. 한마디로 중국인 아이덴티티는 버리고, 일본 물건이나 가져가서 열심히 팔라는 화교 '길들이기'이다. 이후 화교 위주의 중국 상품 수입은 억제되었지만, 무역량 자체는 1927년까지 줄지 않고 계속 늘어났다. 결국 일본의 정책은 무역 자체를 막기보다는 일본의 입맛에 맞게 재단하는 것이었다고 할 수 있다. 또한 이런 개입이 가능했던 것은 중국이 여전히 불평등조약 하에 놓여서 1928년까지(일본에 대해서는 1930년까지) 상대국에 보복 관세를 때릴 관세자주권이 없었기 때문이다.

1927년의 배화 폭동

1927년은 중일전쟁 이전 한중 무역의 역사상 무역액이 가장 많았던 기록적인 해이다. 조선에서 중국으로의 수출이 1,574만 량, 중국에서 조선으로의 수입이 5,982만 량으로 무역총액은 약 7,557만 량, 중국 입장에서는 출초가 자그마치 4,408만 량이었다. 그렇지만 이 시기의 주요 수출품은 더 이상 비단, 린넨의 제조품이 아니라 동북 만주 지역에서 수출하는 콩, 옥수수, 잡곡 등 농산물이 가장 많았다. 조선 쌀을 일본에 가져가 일본 노동자에게 공급하고, 조선에는 만주의 잡곡으로 식량을 삼게 한다는 일본이 원하는 무역 구조로 재편되었던 것이다.

또한 이 해에는 한국화교사에서 최초의 집단적이고 전국적인 배화 폭동(排華暴動), 즉 반(反) 중국인 폭동이 발생한 것으로 유명하다. 연구서에 따라서는 화교 배척 사건으로 부르기도 한다. 사건의 단초는 중국 동북 지역의 관헌들이 한인들을 억압하고 강제로 추방했다는 신문 보도였다. 1927년의 첫 배화 폭동부터 이후 가장 규모가 컸던 1931년의 7월의 배화 폭동, 같은 해 10~12월의 배화 폭동까지, 일제 강점기 조선에서 발생했던 모든 배화 폭동은 직접적으로는 재만 한인에 대한 중국인의 억압에 분노한 보복성 폭동이었다.

1927년까지 만주로 이주한 조선인은 55만 명을 넘어섰는데, 이주 후 중국인 지주와의 사이에 지주-소작인 관계에서 발생한 갈등, 수로 이용을 두고 발생한 민족 갈등, 일본의 만주 침략과 조선인에 대한 영사재판권 행사로 인한 민족 갈등 등 다양한 문제를 일으키고 있었다. 1925년 일본 정부와 장작림 사이에 맺은 미쯔야협정(三矢協定)으로 중국 당국이 조선의 독립군 단속에 협조한다는 합의가 이뤄지면서, 독립군 단속을 명분으로 중국 당국이 한인 소작인을 체포하거나 내쫓는 사태가 빈발하였다. 그 이후 바람 잘 날 없이 만주에서 억압받는 한인의 소식이 소문으로 신문으로 전해지면서, 만주 즉 중국 동북 지역에서 한인에 대한 중국 관헌의 압박이 거실 때마다 조선 국내에서 재한 화교에 대한 배척과 악감정이 커지는 구도가 만들어졌다. 1927년 12월의 반 중국인 폭동은 그 과정에서 터져 나온 것이다.

1927년 12월 3일 『동아일보』에는 길림성 쌍양현 부근에 살던 조선 동포 40여 명이 중국 당국에 의해 강제로 쫓겨났다는 기사가 실렸다. 재해로 산동인의 만주 이주가 늘자, 중국 당국은 이미 정착해 있던 한인에 대해 만주 퇴거령을 내렸고, 그 과정에서 강제로 쫓겨나는 한인 소작농이 생겨났던 것이다. 1927년 12월 7일 전북 이리(오늘날의 익산)에서는 오전에 박해받는 재만 한인을 지원하자는 '재만동포옹호동맹' 결성 대회가 신간회 지회를 중심으로 열렸는데, 저녁에 중국인과 화상 점포에 대한 공격이 시작되었다. 12월 8일과 9일은 군산, 전주, 서천, 김제 등지로 확산되었고, 10일에는 전라북도, 충청남도 각지에서 중국인을 구타하고 상점을 부수는 폭력 사태가 벌어져 삼례에서 2명의 중국인 사망자가 나왔다. 이때부터 경찰은 시위의 진압에 나섰지만, 12월 15일 인천에서 조선인 1,000~2,000명이 모여 중국인을 공격하고 상점을 파괴하는 최대 규모의 폭동이 발생했다.

조선총독부의 미적지근한 시위 진압과 일부 방조 행위는 조선 내의 한중 민족 갈등을 첨예화시켰다. 한중 민족 갈등이 조장될수록, 중국 정부와 망명한 조선의 임시정부가 반일 전선에서 강조한 한중 민족 간의 연대는 힘을 잃었다. 조선이나 중국이나 일본인의 억압 하에 있고 조선을 '속국'으로 보는 차등적 시선이기는 해도 중국과 한편이라고 생각하던 중국의 일반적인 조선 인식은 이 배화 폭동으로 크게 뒤흔들린다. 조선인의 화교에 대한 폭력 행사는 화교 사회라는 창을 통해 보던 중국인의 조선 인식에 충격을 주었다. 중국의 신문 보도에서는 만주에 있는 조선인이나 폭동을 일으킨 조선인이나 결국 일본과 한통속이라는, 조선인과 일본인을 동일시하는 시선이 강해졌다. 『상해시보』는 이번 한인 폭동의 확산에는 일본인의 계획적 사주 및 소극적 방관이 있었다고 의심하면서도, "폭력을 휘두르는 자가 제국주의의 무리가 아니라, 예전 우리나라의 속국[藩屬]이며 지금 일본에 병합된 조선민족이니, (이것이) 우리를 놀라게 한다."며 당혹감을 감추지 못했다.

한중 노 - 노 갈등의 심화

1927년의 배화 폭동을 계기로 인적 교류에 대한 규제가 점차 강화되면서, 특히 중국인 노동자에 대한 단속 문제가 한중 관계의 새로운 쟁점으로 떠올랐다. 이미 일본에서는 조선에 한 발 앞서, 중국인 노동자와 일본인 노동자와의 경쟁, 관동대지진 때의 중국인 학살이 발생했다. 이 과정은 넓은 의미에서 19세기 말 미국의 중국인 노동자 학살과 1903년의 중국인 노동자 입국 금지령의 전개와 흡사하다. 즉, 공업화 정도에 따라 해외 노동력이 유입될, 그리고 그를 흡수할 수요가 발생하기까지의 시간이 다르기 때문에, 시차를 두면서 유사한 현상이 반복되었던 것이다. 그 시기가 미국의 경우 19세기 중후반이었다면, 일본은 제1차 대전 호황기의 1910년대로 볼 수 있다. 외국 노동자가 자국 사회에 충격을 줄 만한 규모로 유입되면, 이 인력을 필요로 하는 자본의 논리와는 별도로 사회 갈등이 발생하게 된다.

조선의 경우 그 시기는 1930년대였지만 이미 1920년대부터 단초가 나타나고 있었다.

1927년 폭동 이후, 일본 당국은 중국인 입국에 대한 단속을 더욱 강화하였다. 그러나 무역과 상업 활동의 위축과 1927년 폭동의 여파에도 불구하고, 화교 노동자의 입국은 오히려 급증하였다. 이로 인한 조선인 노동자의 실업 문제가 조선의 신문 지상에 보도되기 시작했다. 사실 화교 노동자에 대한 단속 강화 자체가 지속적인 화교 노동자의 유입과 노동 시장에서의 민족 갈등의 고조를 반증하는 것이었다. 1930년에 화교 인구는 6만을 넘어 7만에 육박하여 최고의 절정기를 맞았다. 1930년 12월, 조선총독부는 각 도에 통첩하여 관영사업 및 관청 보조 사업에 중국 노동자의 고용을 총인원의 10분의 1 이내로 제한하고, 민영사업은 5분의 1 이내로 제한하도록 하였다.

단속의 강화는 한중 민족 갈등을 고조시켰다. 1931년 5월과 6월에 걸쳐서 경기도 일대의 중국인 농민[華農], 중국인 노동자[華工] 단속 문제가 크게 대두되었다. 인천, 철원 등지에서 경찰관서는 화농과 화공에게 거주허가증의 발급을 거부하고 단속을 강화하여 구금, 벌금, 강제 출국을 실시하였다. 서울(경성)의 중국 총영사관은 이 사건을 '중국 노동자 억압 사건[中華禁工被壓事件]'으로 부르며, 조선총독부 외사과(外事課)에 강하게 항의하였다. 단속으로 강제 출국 당한 자를 제외하고 구속되거나 벌금을 징수당한 화농, 화공이 인천 방면에는 10명이며, 개성 방면에는 14명이었다. 수원에서는 강문환이라는 산동인이 채소 농장을 경영하면서, 농장 노동자로 고용한 산동인 노동자 7명을 위해 수원경찰서에 취로허가증 발급을 요청했다가 거절당하는 일이 있었다. 그의 주장에 따르면 이들 7명이 전해인 1930년 연말에 귀국할 때 경찰서가 지금은 취로허가증을 반납하고 가고, 대신 올 봄에 돌아오면 돌려주겠다고 약속해 놓고는 이제는 돌려주지도 신규 발급도 안 해준다는 것이다. 경기 지역이 문제가 된 것은 고향에서 계절성 노동자를 데려다 채소 농장을 대규모로 경영하는 산동 화교가 많았기 때문이었다.

위에서 살펴본 경기도의 대대적인 중국인 노동자 단속은, 1910년부터 명문화되었지만 엄격하게 적용되지 않았던 화공의 거주와 노동에 대한 제한을 경찰서가 규정대로 실행함으로써 발생한 것이었다. 1910년대부터 1920년대 중반까지는 조선 내의 토목 건설과 호경기로 중국 노동자에 대한 수요가 커서 조선총독부는 사실상 크게 단속하지 않았다. 1919년 문화정치의 실시 이래 조선 내 인프라 건설이 진척되었다. 1923년 관동대지진의 여파로 국내 자금이 경색되면서 잠시 투자가 주춤하기는 했지만, 1925년에는 조선총독부의 사회 간접 자본 투입액과 조선토목협회 계약액이 둘 다 3,000만 원을 넘어설 정도로 커졌다. 1927년에는 조선총독부의 사회 간접 자본 투입액이 4,000만 원을 넘어섰다. 한편 시중에 돈은 더 많이 풀렸지만, 1921년 회계법이 공포되고 회계규칙이 개정되면서 토목 사업을 맡아 하는 청부업자들은 단가의 저하로 이익이 줄어들어, 임금에서 더 저렴한 중국인 노동자를 조선인 노동자보다 더 선호하게 되었다. 이때에도 이미 조선 신문에서는 중국인이 일자리를 다 빼앗는다는 아우성이 넘쳐났는데 1929년 세계 대공황이 시작되면서 상황은 더 악화되었다.

1931년이 되면 일본과 조선 모두 세계 대공황으로 경기가 악화하면서 일자리가 줄고 경쟁도 치열해졌다. 강문환의 사례처럼 재한 화교는 상점이든 농장이든 조선인 노동자를 고용하지 않고 중국에서 동향인을 데려와 썼기 때문에, 조선인을 위해 조선 내에 일자리를 마련해야 할 조선총독부 입장에서는 이러한 화교의 폐쇄적 동향주의가 골치였다. 그러나 지속적인 단속 강화에도 불구하고, 화교 노동자의 유입은 줄지 않았다. 만주사변 전해인 1930년 일본 제국 내에 중국인 거류민 수는 일본에 3만 명, 조선에 7만 명, 대만에 5만 명으로 조선이 가장 많았다.

조선 전체 공장 노동자 통계에서도 화교 노동자의 강세를 확인할 수 있다. 양소전과 이정희의 연구에 따르면, 1931년 6월 통계로 조선의 공장 노동자 총수는 6만 5,374명인데, 그 중 조선인 노동자가 85.7%(5만 5,991명), 일본 노동자 9.4%(6,119명), 중국인 노동자가 4.9%(3,214명)였다고 한다. 토목건축 노동자의 경우 그 비율은 더욱 높아진다. 1930년 10월 조선의 토목건축 노동자는 8만 4,984명이었는데, 그 중 조선인은 5만 8,720명(69.1%), 일본인 1만 4,975명(17.6%), 중국인 1만 1,285명(13.3%)이었다. 이 중 기술이 필요 없는 석공과 토공만 보면 7,759명으로 조선인 2만 3,953명보다는 적지만 일본인 1,940명보다는 훨씬 많아 23%나 차지하였다. 신의주의 경우, 중국인 노동자 수는 1920년 2,900여 명 정도였던 것이, 1930년에는 6,000여 명으로 늘어나 2배가 넘게 증가하였다. 『동아일보』는 중국인 노동자의 격증을 경계하면서 10만 중국 노동자가 조선인의 일자리를 다 빼앗아 간다고 보도하였다. 조선 사회의 불만이 고조되던 와중에 재만 한인 문제가 불씨가 되어 한국화교사에서 가장 참담한 비극인 1931년 화교 대학살이 발생했다.

1931년의 만보산 사건과 반(反) 중국인 폭동

1931년 7월 2일 만주 길림성(吉林省) 장춘현(長春縣) 만보산 부근 농촌에서 수로를 파려는 조선 농민과 이를 막으려는 중국 농민들에게 충돌이 일어나, 일본 경찰이 발포하는 사건이 발생했다. 실제로 인명 피해는 없었지만 조선에서는 거꾸로 재만 한인이 중국 당국의 탄압을 받아 희생자가 다수 발생하고 있다고 오보가 나갔다. 이에 자극받은 조선인들은 전국적으로 중국인들을 습격하고 상점과 가옥을 방화하여 사상 최대의 반(反) 중국인[排華] 폭동으로 비화되었다.

첫 중국인에 대한 습격 사건은 7월 3일 인천에서 처음 일어났는데, 7월 5일부터 시작된 평양의 폭동이 가장 피해가 컸다. 1931년 배화 폭동의 전국적인 피해 규모를 보면 집계 주체에 따라 차이가 있다. 국민정부의 추계가 사상자와 피해 규모가 가장 큰데, 사망자 142명, 부상자 546명, 실종자 91명, 재산 손실 416만 3,102.07엔, 각 영사관에 수용되었던 피난 화교의 수는 1만 6,800명에 달했다. 국제연맹에서 만주사변의 진상을 위해 파견한 리튼 조사단이 작성한 보고서에 따르면, 사망자 127명, 부상자 393명으로 기록하고 있고, 일본의 공식 발표는 사망자 91명, 중상자 102명에 조선인 사망자도 다수라고 하였다.

7월 13일까지 조선 전역에서 폭동 혐의로 조선인 1,840여 명이 검거되었고, 국내에 최초로 오보를 전했던 조선일보 장춘지국장 기자 김리삼(金利三)은 7월 15일 길림에서 암살되었는데, 한중 양 민족 사이를 이간질하여 일제를 돕는 밀정이라는 혐의를 받아 독립운동 진영에서 사살했다고 하지만 진상은 잘 알 수 없다. 검거된 조선인에 대한 재판을 분석한 손승회의 연구를 보면 화교에 대한 린치와 학살의 잔인성을 잘 알 수 있다.

이 배화 폭동은 이번에는 거꾸로 만주 지역에서 중국 관방과 중국인들의 재만 한인에 대한 광범위한 보복 테러를 불러왔다. 평양의 폭동이 일어난 지 두 달 만에 만주사변이 발발하면서(1931년 9월 18일), 재만 한인과 재한 화교의 처지는 또 한 번 크게 뒤바뀌게 되었다. 만주사변 직후 1931년 9월 20일부터 1932년 1월 9일까지 이번에는 중국인의 재만 한인에 대한 공격이 시작되었다. 그 피해는 공식적으로 기록된 것만 사망자 843명, 행방불명 807명, 부상 362명, 납치 110명이다.

1931년 배화 폭동이 이처럼 대규모로, 또 감정적이고 잔인한 테러로 흐른 근원에는 여러 가지 요인이 복합적으로 작용하고 있었다. 실제 행동조로 나서서 체포된 사람 중에 노동자가 가장 많았던 것처럼 앞에서 살펴본 한중 노동자 간의 모순이 바탕에 있었고, 또 자극제가 된 재만 한인 문제 역시 중요했다. 만주에서 역시 잔인하게 학살당하거나 비참하게 인권을 유린당한 조선인의 사례가 보도되고, 또 실제로 친인척 중에 만주로 나가 있는 경우가 워낙 많았기 때문에 감정적인 분노가 컸다. 그러나 필자는 예전의 글에서도 지적했듯이 이러한 노동자 간 갈등과 민족주의적 정서만큼이나, 부유한 화교와 가난한 조선인이라는 유산계급과 무산계급 간의 갈등 역시 강하게 존재했음을 재차 강조하고 싶다.

바로 그렇기 때문에 중국 공산당과 좌파 독립운동 진영이 이론적으로 노동자계급의 대동단결, 제3세계 피압박민족의 대동단결을 외쳤음에도 불구하고, 조선 내 사회주의적 경향을 가진 청년들 중에는 자산계급으로서 화교에 대한 직개심 역시 작지 않았다. 즉 노동자계급 간 경쟁뿐만 아니라 부의 불균등에서 나오는 계급 모순 역시 민족 모순을 심화시켰다. 예를 들어 동순태호와 같이 화상의 강력한 세력은 이미 지적했지만, 중국인 농민, 즉 화농(華農) 또한 단기간에 조선에서 강력한 경제적 기반을 구축하였다. 이들 농민은 거의 100% 산동성 농민이었다. 조선 화교는 일반 노동자 이외에 농민의 이주가 많았음은 특징적인데, 1910년 1,571명이던 농민은 1929년에는 1만 1,080명으로 늘어났다. 화농들은 처음에는 도시 근교에 땅을 임대하여 가족 노동력을 이용해서 주로 채소를 경작하고 시장에 팔았다. 그러나 점차 소작 규모를 늘려가면서 고향인 산동성에서 계절성 노동자를 데려와 농장을 경영하여 자본가화한 사례가 다수 나타났다.

1924년 경기도 부천군에는 324명의 중국인 채소 농가 98호가 18만 2,592평을 경작하면서, 매년 도매 시세로 7만 엔 이상의 매출액을 올리고 있었다. 1927년 인구 1만 5,000여 명 규모의 평북 선천에는 중국 채소 불매 운동이 일어났는데, 그 발단 역시 화농의 채소 공급 독점과 담합 때문이었다. 1929년에 함경북도 회령의 약 1만 5,500여 시민의 채소를 공급하는 것은 모두 중국인 채소 농가였다. 이들 농민 57호의 연 총수입은 4만여 원에 달했고, 그 중 절반이 고향인 산동성으로 송금되었다고 한다.

재미있는 점은 오늘날 세계에 한국의 대표 음식으로 알려진 김치는 사실 한중 합작이라는 것이다. 원래 조선 시대에 김치는 무김치가 주류였다. 한국의 전통 배추는 민들레 잎처럼 옆으로 쫙 퍼진 모양인데, 산동 농민들이 조선에 이주하여 속이 꽉 찬 결구 배추(오늘날 우리가 생각하는 안으로 모아진 모양의 속이 꽉 찬 배추)인 산동 배추를 개량, 이식하면서 김치에 배추가 더 많이 쓰이게 되었다고 한다. 그래서 1930년대 반중국인 정서의 고조와 중일전쟁으로 산동 농민들이 한꺼번에 귀국했을 때, 조선 신문에서는 배추 값이 30%나 뛰어 김치가 '금치[金菜]'가 되었다고 보도하기도 했다. 그 정도로 채소 시장에서 산동 농민의 영향력은 컸던 것이다.

화상과 화농 등 '돈 많은 중국인'에 대한 상대적 박탈감, 계급적 분노는 1931년에 발생한 여러 배화 사건들에서도 확인된다. 만주사변의 발생으로 또 다시 잔인한 배화 폭동이 재발하지 않을까 전전긍긍하던 1931년 10월 27일, 중국 총영사관은 평양부 내에 반중국인 삐라가 뿌려졌다고 서둘러 외사과에 알리고 단속을 요청하였다. 조사 결과 이 삐라는 평양부의 영화관에서 상영한 〈큰 무덤〉이라는 영화의 광고를 위해 뿌린 전단지였음이 밝혀졌다. 이 영화는 1931년 윤봉춘이 감독한 조선 영화이다. 이 영화는 인천에 있는 한 중국인 자본가의 공장을 무대로 노사 갈등과 민족 갈등을 다룬 작품이다. 주인공인 정의감 넘치는 조선인 공장 감독이 중국인 공장주와 대립하고, 공장주의 딸과의 로맨스가 진행되는 가운데 알고 보니 중국인 공장주가 주인공 가족이 만주에 있을 때 조선인 마을을 죽이고 약탈했던 만주 마적이고 공장주의 딸이 그때 마적이 데려간 주인공의 여동생이라는 것이 밝혀진다. 결국 여동생은 아버지로 알았던 중국인 공장주를 칼로 찌르고, 주인공은 만주로 가서 총을 든다. 영화의 내용에서도 재만 한인 문제가 배경이 되는 가운데, 극의 핵심적인 갈등 축은 조선 땅에서 펼쳐지는 부유한 화교 자본가와 조선인 노동자 사이의 계급 문제였다. 사회주의 계열 조선 지식인들의 화교에 대한 부정적 인식을 볼 수 있다.[33]

또 하나의 사례는 함경북도 명천군 상고면 중평동에서 발생한 화교 상인에 대한 공격 사건이다. 이 지역의 화교 상인 임서방(林書芳)이라는 인물은 흉작으로 생계가 어려운 한인들에게 외상 독촉을 심하게 했는데, 이러한 임서방의 태도에 반감을 가진 사가 많았나. 그러넌 차에 재만 한인이 박해받고 있다는 소식이 들리자, 12월 7일과 8일 이틀에 걸쳐 10여 명의

33_상암동에 있는 한국영상자료원을 찾아본 적이 있는데, 영화 제목과 스틸 사진 한 컷만 있고 영화는 찾을 수 없었다.

조선 청년들이 그의 가게와 집에 찾아가 투석을 하고 욕설을 하였다. 이 공격에 대한 조사와 검거가 이뤄졌는데, 경찰에 따르면 가담자 18명 중에 명성소년회, 명천청년동맹원 등 좌익 성향의 사상 단체에 참가하던 젊은이가 7명이었다고 한다. 그리고 재만 한인들의 비참한 상황을 과장하여 전달하면서 화교를 응징해야 한다고 교묘히 젊은이들을 부추긴 인물이 있었다. 그는 현만복이란 사람으로 이 상고면의 협의회 위원 직책에 있는 유지급 인사였는데, 사실은 화상 임서방에게 빚이 있어 상환 독촉을 심하게 받고 있던 터였다. 그는 임서방이 이 지역에서 쫓겨나면 채무를 갚지 않아도 된다고 생각했기 때문에 젊은이들의 혈기를 자극해서 공격을 배후에서 사주하고는 뒤로 빠졌던 것이었다.

이 사례 역시 1931년의 조선 배화 폭동에서 조선인의 중국인에 대한 폭력의 계기는 대단히 중층적임을 보여 준다. 재만 한인 문제라는 민족감정이 도화선이 되기는 했지만, 지역 내의 금전 관계, 화상의 재부에 대한 조선인의 질시 등 계급적·경제적 모순이 복합적으로 작용하고 있었던 것이다.[34]

월경하는 노동과 국가 규제의 충돌

1928년에 장개석이 이끄는 국민정부는 드디어 북벌을 완성하고 중국을 재통일하여 손문의 유지대로 남경에 수도를 틀고 중국의 정권을 장악했

34_이 외에 만주사변을 전후한 더 풍부한 민족 충돌의 사례에 관해서는 강진아(2012)를 참조.

다. 미국과 영국의 지지를 받아 1928년과 1930년 사이에 불평등조약 중에 협정관세율을 폐지하고 관세자주권을 찾을 수 있었다. 바야흐로 일본이 먼저 걸어갔던 근대적 국가 건설(nation-building)을 시작하려던 참이었던 것이다. 그러나 1929년부터 전 세계를 덮은 세계 대공황의 유령은 신생 정부의 발목을 잡았고, 게릴라 작전에 들어간 공산당과의 대결, 그리고 1931년 만주사변을 계기로 노골적으로 만주와 화북에 대한 침략을 시작한 일본과의 예상되는 전쟁이 덜미를 잡았다.

이처럼 불안하고 유동적인 정세에도 불구하고 1928년부터 1937년까지의 정권 초기 10년은 '황금의 10년'으로 불릴 정도로 다양한 근대적 국가 건설 노력이 쏟아졌다. 우선 일본에 대한 '무한 양보'를 팔아서 얻었기는 하지만 내부적으로 큰 전쟁이 없었던 평화 시기였기 때문에 불경기 속에서도 미래를 준비하는 근대적 투자가 이뤄졌다. 근대적 농법의 도입과 농촌 혁신 운동, 도로 정비 등 사회 기반시설의 구축, 제당업을 비롯한 근대적 경공업에 대한 투자, 화학과 제철 등 중공업 건설에 대한 초보적 타진, 관세율과 관세 제도의 정비, 은행 금융업의 근대화, 민법과 형법을 비롯한 법률의 근대적 재정비, 잡종 화폐의 정리와 1935년의 관리통화제도로의 개혁 등 예전에 없던 체계적인 국가 주도(중앙정부와 지방정부를 다 포함해서)의 거시 정책이 모색되었다.

그렇지만 일본의 화북 침략이 노골화되면서 더 이상의 양보가 불가능한 상황에 가까워지고 있었다. 국내에서 일정 정도의 사회, 경제적 진척이 이뤄지는 동안, 동아시아의 특히 일본 제국권 내에 살고 있는 화교들은 갈수록 무거운 감시와 억압 하에 놓이게 되었다. 남경 국민정부 교무위원회(National Overseas Affairs Commission)의 1934년 통계에 따르면 전 세계에 분포한 화교의 수는 780만 명이었는데, 그 중에서 일본 내지에는 2만 74명, 대만은 4만 6,691명, 조선은 4만 1,303명이었다. 그들에게 마지막 치명타가 된 것이 1937년 노구교 사건(7.7사변)과 중일 전면 전쟁의 발발이었다.

테마21 근대 일본인의 해외 이주

동아시아인의 해외 이주 붐은 중국인이 먼저 스타트를 끊고, 일본인과 조선인이 그 뒤를 이었다. 19세기 초부터 화공(華工)이 아프리카 노예를 대신할 저렴한 노동력으로 동남아시아, 아메리카, 오세아니아 각지에 계약 이주를 통해 진출하였다. 일본인 역시 중국처럼 전근대 시기에는 쇄국으로 해외 도항이 금지되어 있었으나 개항 이후 해외 이주가 본격화되었다. 일본인의 계약노동자로서 해외 이주의 시작은 1868년에 하와이 왕국의 일본 주재 영사가 하와이에서 노동자로 일할 일본인 153명을 데리고 출국한 것을 꼽는다. 일본인의 조선 이주는 1876년 조선과 사이에 강화도조약(1876년)이 맺어진 후 개시되었다. 1880년경부터 상업을 목적으로 하는 이주가 증가하여, 부산, 원산, 인천 등 개항장에는 일본 조계가 설치되었다. 청일전쟁 이후 일본의 세력이 한반도에 증식하면서 일본인의 조선 이주는 급속히 늘었다. 동시에 속령이 된 대만으로의 대량 이주 역시 시작되었다.

이처럼 일본인의 아시아 지역 이민은 식민지 및 세력권 확대 과정과 겹친다. 대만과 조선뿐만 아니라, 1905년 러일전쟁의 승리로 러시아에게서 사할린 남부 및 중국 내의 관동주(關東州), 남만주철도 부속지를 물려받으면서 이 지역으로 이주가 늘어났다. 제1차 세계대전이 끝난 후, 1919년부터 일본은 승전국으로서 국제 연맹의 위임 통치령으로 남양군도(南洋群島)를 지배했다. 1931년 만주사변을 일으켜 이듬해 1932년 중국 동북 3성 지역에 만주국을 세운 뒤에는 국책으로 일본인을 대량으로 집단 이주시켰다. 1937년 노구교 사건으로 중일전쟁이 전면적으로 일어나자, 일본군은 중국 연해 지역과 철도 간선을 따라 도시부를 점령하였고, 전쟁이 끝나는 1945년까지 약 7년 동안 중국 내지로의 일본인 이주도 크게 늘었다.

화교 때문에 간과되기 쉽지만, 일본인은 아시아 못지않게 아메리카 대륙으로의 이주 역시 활발했다. 1880년대 후반에는 하와이 왕국, 아메리카 합중국으로 이주가 시작되었고, 1890년대는 캐나다, 오스트레일리아 등 태평양 방면의 이주가 본격화되었다. 이 지역으로 일본인 이주가 증가한 것은 19세기 초반부터 앞서 이주한 중국인 대량 이주에 관한 현지 사회의 경계심이 커지면서 화공(華工)의 대체 노동력으로 일본인 이주를 받아들였기 때문이다. 1882년 중국인의 이민을 금지하는 배화법(排華法), 혹은 중국인 반이민법이 통과된 것이 결정적 계기였다. 하지만 일본인 노동자에 대해서도 곧 반감이 커지면서 미국과 캐나다에서 배일(排日) 운동이 일어났다. 1908년 미국은 일본인 등 동양인에게는 친족이 초청해서 오는 경우만 이주를 허락하고, 그나마도 쿼터를 두었다. 하와이는 일본인 이주가 가장 많았던 지역인데, 1898년에 미국에 병합됨에 따라, 이 법 개정에 크게 영향 받았다. 미국은 1924년 이민법을 재차 개정하여, 아예 아시아계 이민을 전면 금지시켰다.

이주의 길이 막힌 북미를 우회해서 20세기에 들어와서는 그 대안으로 남미 이주가 늘어났다. 1908년에 브라질 이민을 시작으로 남아메리카 여러 나라로 일본인 이민이 늘었는데, 1910년대 후반부터는 당시 미국령이었던 필리핀으로도 이주가 늘어났다. 제1차 세계대전 이후 전시 호황이 끝나고 전후 불황에 시달리던 일본 정부는 국민들의 해외 이주를 장려했다. 1925년부터 일본 정부는 브라질 이민에 대해 도항 비용을 전액 지급하면서 국책으로 장려하였다. 브라질 정부가 급증하는 일본인 이주에 대해 이민 제한을 가한 것은 1934년 헌법 개정 때부터이다.

하와이, 아메리카, 남양군도 등 태평양 지역으로 이주한 일본인 중에 특히 류큐, 즉 오키나와 사람들이 많았던 점도 기억해야 한다. 오키나와 인들의 근대 해외 이주는 일본의 류큐 합병에 저항하여 옛 종주국인 청으로 밀항한 소위 '탈청인(脫淸人)'부터 시작되었는데, 1905년 을사늑약 이후 청으로 대거 망명한 조선의 유림들과 비슷하다. 이후 독립의 희망이 멀어지자, 많은 오키나와 인들이 이주라는 합법적 방식을 통해 일본을 떠나 하와이, 북미와 남미, 필리핀, 대만, 남양군도 태평양 지역으로 이주했다. 특히 섬 지역인 남양군도의 일본인 이주자는 대부분이 오키나와 사람들이라고 한다.

1940년대 일본인 인구의 글로벌 분포를 보면 일본 내지에 약 7,180만 명, 전체 인구의 95.58%가 살고 있었다. 일본 식민지에 거주하던 일본인은 약 142만 명으로, 대만 약 35만 명, 사할린 남부 약 38만 명, 조선 약 69만 명 등이다. 또 실질적 지배 지역인 남양군도(약 8만 명), 관동주(약 20만 명), 만주국(약 86만 명)에도 114만 명 이상의 일본인이 살았다. 기타 중국 내지, 오스트레일리아, 동남아시아를 포함한 아시아 각국에 32만 명, 미국 본토에 9만 4,000명, 하와이에 9만 2,000명, 캐나다에 2만 명 도합 북미에만 20만 6,871명이 살고 있었다. 남아메리카에는 가장 많은 브라질 거주민 약 19만 3,000명을 포함하여 약 22만 6,000명의 일본인이 있었다. 이러한 재외 국민 도합 340만 명을 더해서, 일본 호적을 보유한 '일본인'(따라서 조선인, 대만인 등 제외)은 약 7,513만 3,160명으로 추산한다. 같은 시기(1940년) 일본 본토에는 일본 국적자이지만 일본 호적은 없는 조선인 약 124만 명, 대만인 약 2만 3,000명이 거주했다.(塩出浩之 2015)

테마22 동아시아인의 하와이 이주

하와이는 근대 동아시아인의 노동이주사와 각국 혁명사, 독립운동사에서 모두 중요한 역할을 한 지역이다. 사탕수수 노동자로 대거 동아시아인이 이주하면서 생겨난 커뮤니티에서 청말 혁명운동을 주도하고 중화민국의 국부(國父)가 된 손문(孫文)이 나왔다. 하와이 한인 사회는 훗날 대한민국 초대 대통령이 된 이승만의 독립운동 활동에 핵심 거점이 되었다. 하와이 일본인 사회는 한때 하와이 최대의 민족 집단으로 성장하였으며, 일본 본국 정부의 국적법과 이주노동자 정책에 큰 영향력을 행사했다.

하와이에 첫 규모 있는 아시아인 이주공동체를 구성한 것은 중국인이었다. 오늘날 중국계 주민은 혼혈을 제외하고 하와이 인구의 4.7%, 약 20만 명 정도이다. 이 중 75%가 광동성 향산현(현재 중산현) 출신이고, 1945년 전에는 거의 100%가 광동성 출신자였다. 손문 역시 그러한 광동 동향의 네트워크로 정치적 활동을 할 수 있었던 것이다. 기록에 나오는 최초의 하와이 이주 중국인들은 1778년 쿡 선장(Captain Cook)의 배에 타고 있던 광동인 선원들이었다. 하지만 본격적인 이주는 청의 개항과 하와이의 사탕수수 플랜테이션 농업의 본격적 개발이 시작된 19세기 중반부터 중국인 이주가 금지되는 19세기 말까지였다. 그 사이 주로 계약노동자로 이주한 중국인들은 약 4만 6,000명이었다고 하는데, 상당수는 샌프란시스코 등 미국 본토로 재이주하였다. 일부는 계약 기간이 끝나도 하와이에 잔류를 선택하여 성실하게 자기 사업을 벌여 성공한 사례가 많았다. 그 중 한 사람이 손문의 형인 손미(孫眉)로 1876년에 14세의 손문을 하와이로 데려와 교육을 시키고 훗날 손문의 혁명운동을 전력 지원했다.

1880년대에 중국인 노동자를 대체하여 대거 하와이에 국책 이민 사업(官約

移民)으로 진출한 동아시아인이 일본인들이었다. 오늘날(2010년) 일본계 하와이 주민은 약 32만 명으로 하와이 인구의 16.7%를 차지하여 두 번째로 큰 민족(ethnic) 그룹이다. 1868년에 첫 하와이로의 계약노동 이민이 시도되었지만, 일본 정부의 승인을 얻지 않은 불법적인 이주였고, 하와이의 노동 이주가 합법화된 것은 1885년부터였다. 이때부터 정부의 알선으로 사탕수수와 파인애플 농장 노동자로 일할 계약노동 이주가 대량 이뤄졌다. 1898년 하와이가 미국에 합병되자 이주 숫자는 더 큰 폭으로 늘어났고, 1908년 이후는 자유 이민으로 1924년 미국 정부가 일본인 이주를 금지할 때까지 지속되었다.

한국계 하와이 주민은 현재(2010년) 약 5만 명이다. 한국인의 하와이 이주는 사탕수수 농장 노동력의 주력인 일본인 노동자들의 파업을 부수기 위한 대체 노동력 조달을 위해 기획되었다. 노동자 모집책 데이비드 데슬러(David Deshler)는 재한 미국 선교사들의 협력을 얻어 고종이 허가한 영어로 된 여권을 발행받을 수 있었고, 대한제국이 발행한 최초의 영어 여권을 가지고 첫 한인 계약노동자들이 1903년 1월에 하와이에 도착했다. 이후 을사늑약으로 외교권을 상실한 1905년까지 약 7,000명의 한인 노동자가 하와이로 이주했다.

하와이에 동아시아인 이주가 늘어난 것은 유럽과 미국 국적의 백인들이 투자를 늘리면서 대규모 사탕수수 농장을 조성했기 때문이었다. 그 노동자로 처음에는 중국인이, 이후에는 일본인 노동자가, 그 뒤로는 다시 조선인과 필리핀인 노동자의 진출이 이어졌다. 사본가는 한줌이었고 노동자 수의 다수를 점하는 아시아계 인구가 급증하였다. 시오데 히로유키(塩出浩之 2015)가 정리한 하와이의 민족별 구성 통계의 변천을 보면 이주의 양상이 잘 드러난다. 1878년의 하와이 총인구는 약 5만 8,000명으로, 하와이 원주민 인구가 인구의 81.9%, 백인이 6.5%, 아시아 인구가 10.4%였는데 아시아인은 중국인밖에 없었다. 그런데 약

12년이 지난 1890년이 되면 하와이 인구는 9만 명으로 2배나 늘었는데, 하와이 원주민 인구는 오히려 약 4만 명으로 줄어 인구의 45%로 절반도 안 되고, 백인이 21.0% 아시아가 32.6%를 차지했다. 아시아 인 중에서는 중국인이 약 1만 7,000명, 일본인이 약 1만 3,000명으로 일본인 숫자가 단숨에 중국인과 거의 비슷해졌다. 1900년에 벌써 일본인 인구는 6만 1,000명으로 전체 인구 15만 4,000명의 약 40%를 차지하여 최대 민족 집단이 되었다. 중국인은 2만 명대로 정체하면서 1940년까지 더 이상 늘지 않았다. 반면에 일본인은 점점 더 늘어났다. 1910년에는 하와이 인구 전체 19여 만 명 중에서 처음으로 조선인 이주자와 필리핀 이주자의 통계가 나타난다. 각각 4,533명(2.4%), 2,361명(1.2%)이었다. 그런데 조선인 이주자는 1940년까지 6,800여 명 정도로 큰 변동이 없던 반면, 필리핀 인구는 6만 명 수준으로 크게 늘었다. 1930년은 전체적으로 아시아계 인구가 64.2%로 가장 많았으며, 1950년 전후에도 57%를 유지했다. 이때도 일본인이 약 18만 5,000명(36.9%)으로 최대의 민족 집단이었다.

테마23 하와이 사회 속의 동아시아 민족주의

2015년에 출판되어 각종 학술상을 휩쓴 시오데 히로유키(塩出浩之)의 『경계를 넘는 자의 정치사: 아시아 태평양 지역의 일본인 이민과 식민(越境者の政治史ーアジア太平洋における日本人の移民と植民)』(나고야대학출판회, 2015)은 하와이라는 소우주에 펼쳐진 동아시아 정치 역학의 충돌과 이주자의 아이덴티티 문제를 놀라울 정도로 생생하게 그려내고 있다.

하와이에서 동아시아인들은 백인과의 관계에서 자본가와 노동자의 계급적, 인종적 차별을 겪으며 연대감을 공유하기도 하고, 고국에서 들려오는 여러 소식에 서로를 향해 차별과 적대감의 시선을 던졌다. 하와이에서 오키나와 주민은 일본인 사회에서 차별을 받고 서자 취급을 받았는데, 일제의 대한제국 병합으로 조선인 문제가 끼어들었다. 병합 직후 호놀룰루 일본 총영사는 신문에 조선인도 오키나와 사람들도 모두 일본 제국의 신민이므로 구별해서는 안 된다고 언급했는데, 이에 한 오키나와 인이 익명으로 신문에 투고를 하여 "폐번치현(廢藩置縣) 이래 30여 년이나 충량(忠良)한 제국 국민인 우리 현인(縣人)을 이제 막 합병의 실(實)을 거둔 조선인과 같이 아래에 두는 것"에 분개하였다. 반면 하와이의 한인들은 대한제국 국적으로 하와이에 왔다가 졸지에 일본 국적 보유자가 되자 거센 반발을 보였다. 이미 1905년 을사늑약과 외교권의 상실에 따라 하와이 한인들에게 일본 총영사관에 등록을 지시하자 한인들은 민족주의 단체 조직을 서두르며 총영사관의 관할권에 반발하더니, 1909년에 각종 단체의 통일 조직으로 '국민회'가 결성되었고, 1910년에 운동은 정점에 달했다. 하지만 1913년에는 미국 정부에 독립 지원을 바라는 이승만의 동지회와 군사력으로 독립을 꾀한 박용만의 국민회로 하와이의 한인 독립운동은 분열되었다.

현실에서 하와이 한인은 사탕수수 농장의 노동자로 주로 일본 노동자가 파업하면 동원되는 존재였다. 원래 1910년 전에는 일본 노동자와 한인 노동자들이 백인 자본가들에 저항하여 상호 협력했다. 그러나 강제 병합 이후 한인 노동자는 적극적으로 일본인 파업의 분쇄에 협력하였다. 게다가 제1차 대전 후 민족자결주의가 고조되고, 1919년에 조선의 3.1운동, 중국의 5.4운동이 일어나면서 본국의 민족주의 고조와 배일(排日) 감정은 하와이에서도 한인 주민과 중국인 주민의 반일 내셔널리즘 고조로 이어졌다. 여기에 백인 주민까지 가세해서 하와이 전체에서 배일 운동이 확산되었다. 3.1운동은 분열되어 지지부진했던 하와이의 독립운동의 불씨를 일거에 살렸고, 같은 해 4월에 이승만은 상해에 설립된 대한민국 임시정부 대통령에 취임하였다. 하와이의 일본인 주민들은 본국에 하와이의 배일 운동을 전하면서, 조선에 대한 식민지 통치 방식의 전환을 촉구했다.

1941년 12월 7일 일본군의 진주만 공격으로 미군 2,300명, 민간인 50명이 사망했는데, 민간인 사망자 중에 20명이 미국 시민권자인 일본계 주민이었다. 미국은 일본에 선전포고를 한 후 2세를 포함하여 미국 내 일본계 주민들을 전원 강제적으로 집단 수용하는 정책을 폈는데, 하와이는 일본인 인구가 압도적이라 전부를 집단 수용하는 것은 불가능했다. 따라서 하와이 지역만은 약 1,466명의 지도급 인사들이 하와이 각지의 수용소에 수용되었고, 나머지 일본계 주민은 일상적 생산과 전시 동원에 종사하고, 감시만 강화하였다. 전쟁이 나자 차별을 받던 오키나와 인들 일각에서는 자신들은 일본인이 아니라 오키나와 인이라는 주장을 펼쳤다. 그러나 미군은 일본인과 오키나와 인을 똑같이 취급했고, 오히려 이렇게 전시에 함께 일본계로 차별당하고 강제 수용도 당하면서 예전부터 뿌리 깊게 존재하던 일본 내지 출신자와 오키나와 인들 사이의 감정적 장벽이 사라지게 되었다.

반면, 하와이 한인들은 태평양전쟁을 대환영하면서 독립의 기대에 부풀었다. 그럼에도 미국이 한인까지 일본 국적 보유자라는 이유로 적성 외국인으로 지정하자 충격을 감추지 못했다. 물론 미국은 한인은 강제 수용 대상에서 제외했고, 또 한인 2세는 적성 시민으로 취급하지 않았지만, 한인들은 일본인과 같이 취급된 것 자체에 큰 쇼크를 받고 강하게 반발했다. 한인들은, 조선은 미국의 동맹국이라고 호소하고, 조직적으로 적성 외국인 지정을 취소해 달라는 탄원 운동을 벌였다. 아울러 상해 임시정부의 승인까지 얻기 위해 나섰다. 미국 정부는 1942년까지는 조선의 독립 승인에 대해 애매한 태도를 보였으나, 국내 한인들의 강력한 반발과 조직적 운동에 직면하여 한인을 '우호 외국인'으로 인정할 가능성을 고려하기 시작했다. 결국 1943년 카이로 선언에서 조선의 해방과 독립을 표방한 후, 하와이의 조선인은 적성 외국인에게 적용했던 외출 금지령에서 해제시켰다. 1944년 5월에는 적성 외국인 지정 자체가 해제된다. 시오데 히로유키는 미국이 한인에 대한 적성 외국인 해제가 늦어진 이유에 대해서 조선에 대해 독립과 적성 외국인 해제를 허가하면 대만인과 오키나와 인도 똑같은 요구를 할 것이라는 부담감이 컸기 때문이라고 한다.

한편 미국과 함께 제2차 세계대전을 싸운 중국인은 처지가 한순간에 바뀌었다. 1943년 드디어 미국 연방의회는 1882년에 만들어졌던 배화법, 즉 중국인 반이민법을 폐지하였다. 중국인의 입국이 연간 105명 할당으로 허가되었고, 중국인이나 중국계 사람들에게도 다른 유럽인 이민자처럼 귀화를 신청할 수 있는 권리가 생겼다. 이제 하와이의 중국인 1세도 미국 시민권을 획득할 수 있게 된 것이다. 이것이 미국이 오랫동안 고수한 아시아계 이민 금지 정책을 전환하는 최초의 계기가 되었다. 1952년 미국은 1924년 이민법에서 아시아인을 겨냥해 설정한 '귀화 불가능 외국인' 범주를 폐지한 이민국적법을 제정하였고, 중국인뿐 아니라 일본인, 한인도 할당제 하에서 입국 및 시민권 획득이 가능해졌다. 1965년에는 할당제마저 폐지된다.(塩出浩之 2015)

9장

조선이여 안녕!
: 동순태호의 철수

가을바람 속에 상해로

1937년 9월 10일 국문 『매일신보』와 일본어 『경성신문』에는 각각 「화교 상점가에 쓸쓸한 가을바람: 동순태 일가도 철수[華商街에 落寞한 秋風 同順泰一門도 撤歸]」, 「가을바람 적막한 동순태: 한때는 나는 새도 떨어뜨렸던 화상[秋風わびし同順泰 : 曾ては飛ぶ鳥も落した華商]」이라는 제목의 기사가 실렸다. 중국인 거상 동순태호 담씨 가문이 40여 년간의 조선 생활을 정리하고 전운이 감도는 상해로 돌아간다고 보도했다. 기사 옆에는 '당주'로 소개한 담정택의 사진과 문이 굳게 닫힌 명치정 동순태호 상점의 사진이 있었다. 1924년의 도산 위기와 1929년 창업주 담걸생의 죽음을 거치고 근근이 명맥을 유지하던 동순태호는 이제 조선에서 완전히 철수하게 된다.

그 철수 과정과 자본 정리 과정을 알려주는 제1차 사료는 아직까지 발견하지 못했다. 오로지 남아 있는 것은 담걸생의 법적 유산 상속자로 지정되어 재산 정리 과정을 주도했던 9남 담정택의 회고록이다. 이 회고록은 해방 후 1966년 홍콩에 있던 담정택이 서울로 와서 명동 토지의 재산권 반환소송을 내고 승소한 후에 자신의 유산 상속의 정당성을 주장하기 위해 작성한 소책자이다(『先父譚公傑生傳記-附家庭狀況及遺產償務處理過程)』 1973년 5월). 이 자료는 동순태호의 가족 관계나 철수 과정을 아는데 중요한 실마리를 제공하고 있다. 다만 글의 성격상 담정택의 입장을 변호하는 서술이 될 수밖에 없고, 또 기억에 의존한 서술이라는 점에서 정확성이 떨어지거나 의심스러운 부분이 꽤 있다. 그러나 유일한 사료라는 점에서 대단히 귀중한 자료임은 부인할 수 없다. 우선 그의 회고록에 따라 철수 과정을 그려보자.

담걸생의 사망 이후 세입자들은 집세를 제대로 내려고 하지 않아 동순태호는 채무 변제와 생활의 유지에 어려움을 겪었다. 그런데 1924년에 문제를 일으켰던 2남 담정곤과 3남 담정림(두 사람은 둘째 부인 하씨 소생)은 장남 담정호(정실 소생의 적장자)가 유약하고 속이기 쉽다고 여겨 걸핏하면 상점에 와서 돈을 뜯어 갔다고 한다. 이에 견디다 못한 장남이 담걸생의 셋째 부인 호윤경에게 말해서 상해에 있는 4녀 담수란(셋째 부인 호씨 소생)과 5녀 담수봉(둘째 부인 하씨 소생), 그리고 광동성 광주에 있는 영남대학(嶺南大學)과 배정대학(培正大學)에서 공부 중인 9남 담정택과 10남 담정황(둘 다 호씨 소생)에게 연락하여 한국으로 급히 돌아오도록 했다. 장남 담정호는 셋째 부인 호씨와 1879년 생으로 동갑인 데다가 인천 동순태호에서 사무를 봤었기 때문에, 한성에서 경쟁자인 아들 셋을 끼고 있었던 둘째 부인 하씨보다는 인천에 줄곧 거주했던 호씨와 가깝지 않았을까 추측된다.

모친의 연락을 받은 9남과 10남은 1930년 1월에 학교가 방학하자 홍콩을 거쳐 상해로 가서 4녀, 5녀 두 누이와 함께 한국에 귀국하게 된다. 그렇게 하여 담걸생의 부인들, 자녀들이 다 모여 유산 분배와 유산 상속인을 결정하는 1차 가족회의가 열렸다. 당시 광동성 향리에 있는 정실부인은 아직 생존해 있었으나 유산 분배 대상도 되지 않았고, 가족회의에도 나타나지 않는다. 넷째 부인 금류청 역시 1936년에 담씨 집을 나와서 1937년 이듬해 중일전쟁이 터지자 고향 광동성 불산으로 돌아갔다고 하므로 아직 가족 성원일 터이지만 1930년의 회의에는 전혀 등장하지 않는다. 소생이 없었기 때문으로 보인다. 담정택의 회고록에서 '어머니들'로 지칭하며 회의에도 참석하고 권리를 주장한 사람은 한성에 거주했던 둘째 부인 하씨와 인천 거주의 셋째 부인 호씨이다. 일찍 사망한 자녀들을 제외하고, 당시까지 생존하여 재산 상속에 참여한 자녀는 향리에 있는 정실부인 양용방 소생의 장남 담정곤, 하씨 부인 소생의 2남 담정곤, 3남 담정림, 7남 담정검과 상해로 시집간 5녀 담수봉, 호씨 부인 소생의 5남 담정란, 9남 담정택, 10남 담정황과 상해 정백소 가문에 시집간 4녀 담수란, 이렇게 7명의 아들과 2명의 딸이다.

당시 가족은 세 파로 나뉘었다고 하는데, 장남은 적장자인 만큼 2몫(남들의 2배)을 가져가겠다고 주장하고, 2남과 3남은 이 둘에게는 반 몫(남들의 절반)만 상속하라고 한 생전 담걸생의 결정에 반발하여 전체 형제가 균등하게 유산을 나눌 것을 주장했다고 한다. 나머지 네 형제와 두 자매는 중립이었다. 결국 이때 타협을 한 것이 장남인 담정호는 1.5몫(남들의 1.5배), 나머지 여섯 아들 모두 1몫(균분 평균값)이었다. 그런데 1937년 2차 가족회의에서 국가 법령의 수정에 따라 하씨와 호씨 부인이 각각 반 몫, 4녀 담수란에게 1몫을 주기로 수정했다고 한다. 아마 여기서 말하는 국가 법령이란 1930년 12월에 제정되어 1931년 5월 5일에 시행된 중화민국 민법을 말하는 것으로 보인다. 중화민국 민법은 중국 근대법 역사에서 대단히 중요한데, 상속편에서는 최초로 부인과 딸의 재산 상속권을 법률로 규정하였다. 1937년에는 두 딸 중에 5녀 담수봉이 상해에서 1932년 사망한 관계로 그녀에 대한 언급은 없다.

유산 분배율에 이어 법적 재산 상속인 문제가 남아 있었다. 당시 동순태호의 최대 채권자였던 조선식산은행과 야마구치 은행은 채무 정리의 법적 교섭 대상을 정해야 협상이 가능하다고 법적 재산 상속인을 정하라 재촉한 듯하다. 가족회의 결과 아들 형제 7인이 투표로 정하기로 했는데, 장남 2표 이외에 9남 담정택이 5표를 받았다고 한다. 일단 유산 분배를 확보한 이상, 권한과 함께 채무도 승계해야 하는 상속인 자리는 모두가 맡고 싶어 하지 않았다는 것이 담정택의 설명이다. 장남이 받은 2표는 어머니 호씨 부인의 의향에 따라 자신과 10남이 던진 것인데, 나머지 형들이 결국 담정택에게 표를 다 몰았다. 담정택의 주장에 따르면, 장남과 2남, 3남은 서로 사이가 나빠서 서로를 안 찍고, 호씨 부인의 첫째 아들인 5남과 하씨 부인의 막내아들인 7남은 가족 내에서 평판이 나빴고, 동생인 10남은 너무 어려서, 결국 9남인 자신에게 표가 몰렸다고 한다.

이렇게 법적 상속인이 된 담정택은 집안 살림을 맡고 은행과 채무 상환 협상도 맡게 되었다. 그런데 1930년의 가족회의로 결정된 유산 협약 규정에 따라 두 어머니들과 형제들에게 매달 생활비 일정액을 지급하게 되어 새로 780원의 추가 지출이 생긴 데다, 상점 운영과 임대 주택 관리에 들어가는 각종 경비 지출이 매달 6,000원으로, 총 경상지출이 6,780원인데, 월세 수입은 4,000원밖에 되지 않아 매달 적자가 2,000여 원씩 늘어났다고 한다. 그러나 부동산을 처분하고 싶어도 부친이 죽기 전 마지막 6년도 부동산 경기가 나빴는데, 그의 사후 6년 동안도 마찬가지여서, 12년간 이어진 불경기 동안 좀처럼 팔리지 않았다.

다행히 1936년 전반기에 잠깐 반짝경기가 살아난 틈을 타서 그때 대거 부동산을 처분하는 데 성공했다. 식산은행의 채무 80만 원, 야마구치 은행의 20만 원, 상해 정백소에게 진 38만 원 총 140여 만 원의 채무를 다 청산하고, 현금 약 30만 엔과 전체 유산의 4분의 1에 해당하는 값어치의 명동 2가 약 1,500평의 토지와 빌딩이 남았다고 한다. 현금 30만 원은 가족회의의 배분율대로 장남이 1.5몫으로 3만여 원, 나머지 여섯 형제와 4녀 담수분 7명이 각 1몫으로 2만여 원(총 14만여 원), 두 어머니에게는 반 몫 각 1만여 원(총 2만여 원)을 지급했다. 남은 4만 원의 현금으로 명동 토지와 빌딩을 법원에 담걸생에서 담정택으로 소유권 명의 이전 등기를 하고, 조선식산은행 산하의 부동산 관리 회사인 성업사(成業社)에 이 명동 부동산의 관리, 보관 및 월세 징수 사무를 위탁했다. 그리고 노구교 사건으로 중일전쟁이 임박한 상황이므로 일단 중국으로 돌아간 뒤, 나중에 돌아와서 계속 재산 정리를 하기로 했다.

1937년 중일 전면전이 발발하자, 많은 화교들이 적성 국민(敵性國民)으로 조선에 남기를 염려하여 귀국을 선택했다. 동순태호 역시 마찬가지였다. 재산 정리를 마친 담정택은 온 가족을 이끌고 1937년 9월 10일 신화호(新華號)로 인천항을 떠나 상해로 향했다. 동순태호와 담가(譚家)의 철수는 언론에 크게 보도되었고, 일본 당국도 주시하였다. 그러나 조선총독부의 보고서에는 동순태호의 책임자를 여전히 2남 담정곤으로 적고 있어 담정택의 회고를 전적으로 신뢰할 수 없다. 또한 보고서에는 식산은행에 여전히 동순태 채권 15만 엔이 남아 있었다고 하니, 명동 토지의 위탁 역시 단순한 관리의 의미뿐 아니라, 저당의 의미도 있었을 것이다.

담정택 회고록이 남긴 의문점

담정택의 회고록은 그가 1930년과 1937년의 재산 분할 과정에서 형제 간 상속 다툼이 있었고, 또 1966년 재산권 반환 소송도 겪었기 때문에 자신의 입장을 최대한 변호하기 위해 쓴 글이라서 신중하게 살펴보아야 한다. 실제로 1973년 서울에서 쓴 그의 회고록은 공간 자료가 아니라 그가 제작하여 생존해 있는 담씨 일족들에게 보낸 것이다. 이즈음에는 담걸생의 형제, 자매 중에 생존한 사람은 9남 담정택과 그의 한국행을 후원했던 4녀 담수란 밖에 없었고, 주로 형제, 자매들의 자녀들, 즉 조카들에게 이 자료가 송부되었다. 따라서 가족회의에서 결정된 유산 분배율에 권리가 있는 담씨 일족에게 그 간의 경과를 설명하고 향후 재산 분배에 대해서 기다려 달라는 의미 역시 포함되어 있는 사적인 기록이다.

실제 유산 배분이 어떻게 되었는지는 알 수도 없고 이 책의 연구 대상이 아니므로, 회고록의 기록 중에 동순태호 역사에 관련된 사항 중 정확성이 의심되는 부분만 지적해 보자. 담정택은 회고록에서 아버지 담길생이 화재로 부친을 잃고 자신은 요행히 살아났지만 집안이 풍비박산이 난 상황에서 20여 세였을 때 큰 결심을 하고 상해로 갔다고 썼다. 그러나 부친이 사망한 금리촌 화재는 1892년으로 담걸생은 이 해에 조선에 있었으므로 사실과 다르다.

또 1924년의 아편 및 홍삼 밀수 사건과 동순태호의 부도 위기에 관해서 살펴보자. 그는 담걸생이 2남과 3남의 날조된 위협 때문에 5녀의 혼사를 치르고도 2년간이나 조선에 못 들어오고 동북 지역의 지인 집에서 신세를 지고 지내야 했고, 자신의 어머니인 셋째 호윤경이 급히 불러서 귀국을 하고 진상을 알았다고 썼다. 그렇지만 실제로 입국이 지체된 것은 날조된 위협보다는 아들들의 관리 소홀로 인해 동순태호 사업의 불법 영업이 경찰 조사의 대상이 되었기 때문이었을 가능성이 높다. 그리고 2년간 동북에 체재했다고 하지만 1924년 9월에는 신문 기사에 담걸생이 등장하여 아들들의 석방 운동에 전력투구하고 있었으므로, 여하튼 1924년부터는 담걸생이 나서서 사태를 수습했다고 보인다.

이외에도 담걸생은 파산 위기를 구해 준 사돈 정백소를 상해 동태호 직원 시절에 만났다고 담정택은 회고하고 있으나, 정백소는 1863년 생으로 30세에 뒤늦게 영태잔에서 일을 하게 되었으므로 1893년경이 된다. 담걸생은 늦어도 1885년에는 조선에 왔기 때문에 두 사람이 만난 시기나 경위가 맞지 않는다.

미심쩍은 것은 또 있다. 그는 장남 담정호가 줄곧 고향에 있었고 동순태호의 영업에는 관여하지 않았는데, 1924년에야 부친이 불러서 가게 운영을 맡겼다고 쓰고 있다. 그런데 이는 사실과 전혀 다르다. 담정호(譚廷瑚)의 이름은 동순태문서 속의 상업 서신에도 등장하고 있어, 1890년대에는 수신자나 발신자는 아니지만 서신 내에서 언급이 되었고, 1900년대에는 1906년, 1907년에 담걸생에게 '존친대인(尊親大人)'으로, 자신은 '불초(不肖)'라고 부르면서 발신자로 등장하였다. 뿐만 아니라 1913년 인천 화상총회의 이사진 구성을 보면 이사(董事)로 이름을 올리고 있는 인천 동순태호의 대표가 담걸생의 형 담청호가 아니라 담걸생의 장남 담정호(譚廷瑚)이다. 이미 이즈음에는 인천분호의 책임자로 활동했던 것이다. 하씨 부인의 소생인 담정곤과 담정림이 주로는 한성에 거주하면서 한성본호의 사무를 보았던 것을 생각하면, 1910년대의 어느 시기까지도(혹은 그 이상으로) 장남 담정호는 인천 쪽 사무를 보았음에 틀림없다.

부정적으로 서술하고 있는 2남과 3남의 상황은 대체로 틀린 이야기가 아니었던 것 같다. 가족회의로 유산 분배를 1차로 결정한 후인 1931년에 1월에 3남 담정림은 서울에서 사기 혐의로 체포되었다. 『매일신보』 1월 17일 기사를 보면, 중국인 담정림(37세), 조선인 백헌(白憲, 33세) 두 사람이 수년 전부터 명치정 3정목 82번지에 동아식산양행(東亞殖産洋行)이라는 증권 매매와 저리 대출 사업의 유령 회사를 조직하여, 증권에 대해 잘 모르는 지방 사람들을 속여서 계약금 및 보증금으로 거액의 사기를 쳤다는 것이다. 증권 매매의 계약으로 갈취한 금액은 자그마치 20만 7,540원이나 되는 거액이었다. 담정림은 전무, 백헌은 사무원으로 일하면서 외판원을 다수 고용해서 순진한 지방 사람들을 속여 돈을 뜯어냈다는 내용이다.

담정곤 역시 『삼천리』 1932년의 기사를 보면 거의 파산 상황이었다. 사업 실패 이후에 장교(長橋) 부근에 있는 2층 벽돌집에 바지사장을 내세워서 크게 중화요리점을 경영한 모양이나, 그것마저 실패하여 탑골공원 부근에서 숨어 살면서 예전 지인들이 매달 3원, 5원 보태 주는 생활비로 근근이 살고 있다는 기사였다.[35] 이 기사를 다 믿을 수는 없다. 왜냐하면 1930년

35_이 기사에서 담정곤이 운영한 중국집 2층 건물이 1932년에는 김탁원병원(金鐸遠病院)으로 바뀌었다고 되어 있다. 김탁원(金鐸遠, 1898~1940년)은 대구 출생의 의사이자 독립운동가로, 경성의학전문학교 재학

이후로 각 형제들에게 90원의 매달 생활비가 지급되었다고 하고, 그에게는 본처와 일본인 첩에 자녀들도 있었다. 일본인 첩은 1937년 동순태 가문의 철수 때에 나가사키로 딸 셋을 데리고 떠났기 때문에 그 전까지는 어느 정도 집안의 보호 안에 있었을 것이다. 조선인 첩이었던 김옥련은 아들을 담씨 집안에 남겨 두고 집을 나갔다고 한다.

담정택의 기록 중에는 두 사람이 모두 일본인, 조선인 나쁜 친구를 잘못 사귀어 집안을 망쳤다고 되어 있다. 또 1924년에 남발되어 부도 위기를 자초한 어음도 담정곤이 아버지가 상해에 갈 때 맡긴 인감을 조선인 친구 박씨에게 다시 맡겼다가 그가 마구 찍어 낸 어음이라고 한다. 실제로 이 두 사람은 서울에서 태어나 조선인, 일본인과 교우가 광범위했고, 어릴 적부터 중국에 건너가서 중고등학교, 대학교 교육까지 받은 셋째 부인의 형제들과는 교우 범위가 달랐다. 2남과 3남도 교육에 열성인 담걸생에 의해 어릴 적에 중국에 보내서 교육을 받았으나 다 일찍 돌아온다. 인적, 학적 네트워크의 차이 역시 둘째 부인 소생들과는 달리 셋째 부인 소생이 대체로 훗날 화교 주류 사회에 진입하여 안정된 생활을 하게 되는 이유 중의 하나로 보인다.

시절 3.1운동에 참여했으며, 옥고까지 치렀다. 신간회 회원이었고, 조선소년총연맹, 조선나병환자구제연구회, 만주동포문제연구회에 참여하였다. 한성병원, 경성의학강습소 등을 운영하였으며, 부인이자 여의사인 길정희와 함께 여의사 양성에 힘써, 경성여자의학전문학교가 태동하는 데 큰 역할을 했다고 한다. 2007년에 건국훈장 애족장에 추서되었다. 그런데 '김탁원병원'에 대한 기록은 찾기가 어렵다. 1928년 미국 선교 의사인 로제타 홀(Rosetta Hall)과 서울 동대문부인병원에 근무하고 있던 김탁원의 부인 산부인과 의사 길정희가 조선여자의학강습소를 설립했고, 1932년에 이듬해 귀국하게 된 홀이 김탁원, 길정희 부부에게 이 강습소를 인계하였으며, 일제의 요구로 경성여자의학강습소로 이름을 바꾸었다고 한다. 이 강습소가 1938년에 정식 인가를 받아 경성여자의학전문학교로 발전하였다.(백운기·김상덕 2010) 장교(長橋)는 청계천 다리 이름으로 을지로 2가와 종로 2가를 연결한다. 을지로 2가에는 동순태호 한성본호가, 종로 2가 바로 위에는 탑골공원이 있다.

마지막으로 유산 규모와 채무 청산에 관해서 담정택의 기록은 재검토의 여지가 있다. 담정택은 1936년에 재산을 모두 처분하여 140만 원의 채무를 전액 상환하고 30만 원의 현금과 재산의 4분의 1에 해당하는 명동 토지가 남아 있었다고 했다. 담정택의 주장대로라면 담걸생의 재산 규모는 약 220여 만 원일 것이다. 담정택은 채무를 모두 청산하고도 현금과 명동 부동산이 남았다면서, 그 청산의 공로를 대단히 강조하고 있다. 그런데 아래 동순태호의 철수에 대해 보고한 경찰의 내부 문건을 보면,

> 유력 지나인(支那人, 중국인 -인용자)의 철수. 지나(支那, 중국 -인용자) 광동성 고요현 출생, 주소 경성부(京城府) 명치정(明治町) 2정목(丁目) 82 건물 임대업 동순태 담정곤(譚廷琨). 실부(實父) 담걸생은 약 60년 전 중국 광동성에서 조선에 와서 경성부 황금정(黃金町) 2정목(丁目)에서 무역상을 경영하여 조선 내 각지 주요 도시에 지점 또는 출장소를 설치하고 조선 내에서 화상(華商)의 상권을 장악하여, 일시 자산이 약 4백만 원이라고 칭해졌으나, 그 후 몰락하여 소유 부동산을 처분해 부채를 청산하고, 현재 식산은행(殖産銀行)에 약 15만 원의 부채를 남겨 놓고 있다. 그리고 본인은 시국의 악화에 따라 가채(家債) 및 기타 수입을 고려하지 않고 철수하기로 결의하여 현재는 부동산은 전부 식산은행 내 성업사(成業社)에 위탁 관리하도록 하여, 9월 10일 인천발 신화호(神華號)로 귀국길에 오른다고 한다. 또 본 인물의 실제(實弟), 인천부(仁川府) 이생정(彌生町) 29 담정택(譚廷澤)도 항상 경성 중국영사관 및 인천 판사처(辦事處)에 출입하여 간첩[外諜] 용의 인물로서 동정을 시찰 중인 바, 앞에 쓴 실형(實兄)과 함께 본월 10일 신화호로 가족 일동과 함께 귀국한다.[36]

라고 되어 있다. 위의 글을 보면 일본 당국은 여전히 2남 담정곤을 동순태호의 대표 인물로 간주하고 있고, 재산 규모도 400만 원으로 담정택의 주장보다는 많으며, 식산은행의 채무를 다 갚았다는 담정택의 주장과는 달리 식산은행에 15만 원이나 되는 부채가 있음을 알 수 있다. 또 담정택의 회고록에서 장남이 1936년 재산 처분 당시에 헐값으로 부동산을 다 넘긴다고 고향에서 서울로 다시 쫓아와서 끝까지 반대했던 것을 보면 원래 재산 규모는 더 컸을 것이고, 처분 과정도 정상적이지는 않았던 것 같다.

상속 부동산의 매각과 소유권 이전 등기에는 중국 영사관의 증명서가 필요했던 것 같은데, 이때 7형제의 인감 중에 담정택은 자신의 것 이외에 5남, 10남, 7남 이상 4개의 인감을 확보하여 장남(및 아마도 2남, 3남도)의 반대에도 불구하고 다수결로 밀어붙여서 중국 영사관의 승인을 얻고 매각을 완료했다. 이 4명 중에 담정택 자신과 5남, 10남 3명이 모두 셋째 부인 소생이고, 7남은 하씨 부인 소생이지만 1930년 가족회의 이후 고향으로 돌아가면서 9남에게 도장을 맡기고 갔기 때문에 4개 도장이 확보되었다고 한다. 또 하나 생각할 수 있는 것은 하씨 소생이지만 7남은 1918년에 9남 담정택과 함께 소주(蘇州)의 명문 동오대학(東吳大學) 부속 소학교에서 함께 공부를 한 이력이 있어서 사이가 가까웠을 수도 있다. 왜냐하면 3남 담정림 역시 1933년에 일찍 향리로 가버리는데, 그는 인감을 담정택에게 맡기지 않았기 때문이다. 여하튼 앞뒤의 정황을 볼 때, 1936년의 부동산 매각은 지금 아니면 팔 수 없다는 9남 담정택의 판단에 따라—또 그 자신이 법적 상속자로서 채무를 갚아야 하는 부담을 지니고 있었으므로 오를 때까지 기

36_朝鮮總督府警務局保安課「支那人引揚関係」『治安状況』第27報, 1937년 9월 17일 발행본.

다리자는 다른 형제들과는 입장이 달랐을 것이다—가족 내부의 합의가 부족한 채로 이뤄졌던 것 같다. 따라서 실제 자산 가치는 서둘러 처분한 이때의 매각 가격(명동 토지를 제외한 약 170여만 원)보다는 높았을 가능성이 크다.

그리고 담정택은 1930년에 법적 상속인으로 정해졌다고는 하지만 이듬해 1931년에 상해로 다시 가서 호강대학(滬江大學) 3학년에 편입했고 그해 만주사변이 터지고 이듬해 1932년 일본군이 상해를 폭격하는 제1차 상해사변이 벌어져 학교가 파괴되자 할 수 없이 서울로 돌아왔었다. 공백기도 있고 아직 젊은 나이였던 담정택이 생활비와 재산 분배를 다 주도했다고 보기에는 어려움이 있다. 아마 1930년 이후 살림과 재산 처리 과정에서는 모친인 셋째 부인 호운경과 셋째 부인 소생으로 담가에서 발언권이 컸던 4녀 담수란이 막후에서 큰 역할을 하지 않았을까 추정해 본다.

중일전쟁의 발발과 일본 제국 내 광동 화교의 환류(還流)

1930년대 전화가 동아시아를 뒤덮기 이전에 벌써 일본과 조선에는 배타적 민족주의의 고조, 노동 시장에서 본국 노동자와 중국인 노동자 간의 경쟁, 화상의 경제력에 대한 견제와 계급 문제 등이 맞물리면서 반(反) 중국인 정서가 고조되고 있었다. 1923년 관동대지진 때도 화교들에 대한 학살이 광범위하게 일어나 다수의 화교가 귀국하였다. 그러나 이때에 도쿄에 수용되어 귀국 조치된 화교들 1,600여 명은 대부분 절강성 온주(溫州) 출신의 비숙련 노동자였고, 40% 가량 줄어든 화교 숫자도 곧 회복되었다. 부유한 고베의 화교들은 고베로 피난한 귀국 희망자 4,000여 명을 돌봐 주고 배

노구교 사건 당시 각지 화교들의 본국 귀환자 수 (1937년)			
	귀환자 수	사변 전의 재류자 수	잔류자 수
일본	14,199(10월 6일)	29,280(6월 말)	15,081
조선	31,368(9월 말)	60,479(7월 말)	28,911
대만	6,660(9월 15일)	60,192(1936년 말)	53,532
남양군도	0	21	21
사할린	38(9월 말)	184(6월 말)	146
합계	52,465	150,156	97,691

출전: 安井三吉,『帝國日本と華僑ー日本, 台湾, 朝鮮』, 青木書店, 2005, p. 211

편을 제공하고 귀국 비용을 보조하여 귀국을 도왔으나 실제 화상들 중에 철수한 사람은 거의 없었다. 그러나 만보산 사건에 이어 만주사변이 일어나자 일본 통치 지역의 화교들 사이에 동요가 커졌다. 1931년 12월 남경 국민정부가 파견한 귀국선 신명호(新銘號)로 귀국한 재일 화교들이 요코하마에서 858명, 고베에서 326명이나 되었다. 효고현(兵庫縣)의 경우, 1930년 12월 말에 6,780명이던 중국인이 1931년 12월 말에는 3,399명으로 절반가량이 줄었다. 고베는 탄탄한 기반이 있는 상인이 많아서 일본에 남아 있었거나 귀국 후에 다시 일본으로 돌아온 사람도 많았지만, 이후에도 1930년 수준을 회복하지는 못했다.

고베 화상의 사례야말로 일반 노동자와는 다른 부유한 광동 상인의 동향을 잘 보여 줄 수 있다. 고베 화상은 영주성이 강한 무역 상인으로 고베에 본점을 가지고 다국적 거래를 하는 특징이 있었다. 고베 무역상의 절반 이상은 광동 출신이었다. 고베 화상들은 만주사변이 일어나자 쉽게 기반을 접고 귀국하기보다는, 오히려 중국과 동남아시아에서 일어난 일본 상품 보이콧 운동에 적극적으로 대처하기 위해 1933년 11월 고베화상남양수출협회(神戶華商南洋輸出協會)를 설립하기까지 하였다. 이 협회 회원 32명의 대부분이 광동인 화상이었다.

그러나 1937년 노구교 사건이 발생하고 중일 전면전이 발발하자 상황은 달라졌다. 고베 거류 중국인 숫자는 1937년 7월에는 6,146명이던 것이, 1938년 1월에는 2,628명으로 57%나 줄어들었다. 또한 적성 국민으로서 화교에 대한 정치적 탄압 역시 노골화되었다. 청말부터 일본의 광동 화교 중에 동향인 손문을 지지하여 동맹회와 국민당 관계자가 많았던 것이 정치적 타격을 가져왔다. 1937년부터 일본 경찰에 의한 국민당원 검거가 여러 차례 이뤄졌다. 1937년 9월 15일에는 고베 화교 13명이 체포되어 일부는 옥살이를 하거나 홍콩으로 강제 송환되었다. 이들은 모두 광동인으로 국민당원이자 화교계의 지도적 인물들이었다. 1938년 1월부터 5월까지 전국적으로 326명, 고베만으로 44명의 국민당원이 체포되어 본국으로 강제 송환되었다.

광동 상인에게 결정적이었던 것은 무엇보다 무역의 부진이었다. 앞서의 고베화상남양수출협회는 6년 만인 1942년에 동남아시아 무역 부진으로 결국 해산되었다. 고베 화상에 의한 수출 무역액은 1936년 약 7,000여만 엔에서 1940년에는 1,900여만 엔으로 약 27%, 3분의 1 이하로 격감하였다. 1942년 일본 정부는 무역업정비요강(貿易業整備要綱)을 발표하면서 엔 블럭 수출 무역에는 일본인만 참여할 수 있도록 하여 화상을 배제시켰다. 1942년 시점에서 무역업을 계속하고 있었던 것은 복건성 출신자의 18개 점포(전체의 19.8%)에 불과했다.

1941년에는 고베 거류 화교 숫자가 1936년 수준 가까이로 회복되기는 하지만, 이 수치는 일반 노동자의 입경 증가 때문으로 생각된다. 부유한 광동 자본은 철수했을 가능성이 높다. 상인 중에서도 대만과 연결되어 활동할 수 있는 복건 상인만 영업을 계속 할 수 있었고, 광동 상인의 영업은 사라졌기 때문이다.

흩어진 후손들

조선에는 이미 광동 상인들이 1910년대를 전후하여 대부분 철수한 상황이었다. 1920년대까지 활동을 한 동순태호와 같은 일부 광동 화상을 제외하면, 광동 인구는 이미 대폭 축소되었다고 보인다. 다만 동순태호 담걸생 일가의 철수는 상징성이 컸다.

조선을 떠난 뒤의 담걸생 일가의 행로를 보면 이미 재산 분배가 끝난 상황이었으므로 제각각 흩어지고 어머니가 같은 자녀들끼리만 유대가 이어지고 거주지도 달랐던 것 같다. 담정택이 셋째 부인 호운경 소생이므로 그 자녀들의 소식이 가장 자세하지만, 다른 가족들의 행방도 추적은 가능하다. 담걸생의 첫째 부인 양용방은 중일전쟁 이전인 1935년에 70여 세의 나이로 사망한 상태였다. 장남 담정호는 고향에서 가산을 지켰고 1953년 고향 광동성에서 75세로 사망하였다. 슬하의 자녀들도 홍콩에서 장사를 하는 1명을 제외하고는 1970년대까지 광동 고향에 거주했다. 필자가 2014년에 만났던 담영화(譚永和) 선생은 바로 담정호의 손자이다.

둘째 부인 하씨와 2남 정곤은 함께 광동성으로 귀향하여 하씨 부인은 1951년에 노환으로 병사하고, 담정곤은 1960년에 역시 향리에서 76세로 사망하였다. 3남 담정림은 1933년 앞서서 광동성 향리로 귀향했으나 홍콩으로 이주했다가, 1942년 홍콩에서 사망하였다. 7남 담정검 역시 1930년에 전쟁 전에 귀향했으며, 1942년 광동 불산에서 사망하였다.

셋째 부인 호운경은 상해로 갔다가 1957년 말에 홍콩으로 이주한 뒤 그곳에서 사망했다. 정백소 가문으로 시집간 4녀 담수란은 상해에서 살다가 홍콩으로 이주하였다. 그녀는 중국 공산당의 내전 승리와 중화인민공화국의 성립 이후 상해에 살던 자신의 어머니, 동모 형제들과 그 가족들이 홍콩으로 올 수 있도록 조력하고, 이후 홍콩에서의 생활 역시 돌봐 주었던 것 같다. 5남 담정란의 이력은 상당히 특이하다. 그는 조선 신문 기사에서는 담정주로 불리는데 당시의 행동은 방탕하고 집안에서 내놓은 자식으로 묘사되어 있었다. 그러나 그는 귀국 후 중일전쟁 시기에 태평양전쟁의 중요 작전이었던 미군의 필리핀 상륙 작전에 참가하였다. 퇴역과 동시에 상해로 귀국하여 가족들과 만났으나 1950년 상해에서 사망하였다.

9남 담정택은 1937년에 상해에 정주한 뒤 1949년 중국의 공산화 이후 1956년까지 19년을 살다가, 그해에 홍콩으로 먼저 이주하고, 1959년에 상해에 있던 처와 자녀까지 홍콩으로 부르는 데 성공했다. 후에 그는 재산 회복을 위해 계속 한국으로 올 방도를 찾다가 1965년 9월에 한국에 입국하였다. 그리고 1966년 재산권 반환 소송에서 승소하여 명동 50번지(유네스코 건물 부지), 54번지, 55번지 전체 약 1,500평의 토지에 대한 재산권을 찾았고, 이를 매각하여 막대한 부를 손에 넣었다. 담걸생의 증손인 미국 거주 담영봉(譚永峰) 씨의 증언에 따르면, 그는 후에 다시 미국으로 이주하여 L.A.에서 사망했다고 한다. 10남 담정황은 공군사관학교를 나와 중일전쟁에 장교로 참전하여 비행기 조종사로 활약하다가 1944년 3월 14일 비행기 추락 사고로 사망하였다. 부인은 홍콩상해은행 인천지점의 중국인 경리(經

理) 오발군(吳拔群)의 장녀라고 한다. 담정황의 사망 후 생후 몇 개월도 안 된 아들 담내걸을 두고 부인도 바로 중경에서 병사하였다. 담내걸 씨는 현재 홍콩에서 거주하고 있다.

5남과 10남은 화교 자녀의 귀국 참전 사례 중 하나로 보이는데, 중일전쟁 발발 후 광동 화교 자녀 중에서 귀국하여 중일전쟁에 참전한 사람은 4만여 명이 넘었다. 10남의 사례처럼 화교 자녀는 서양식 교육을 받고 기술 획득이 용이하여 공군 전투력에 결정적으로 기여했는데, 중국 공군 조종사 중에 4분의 3이 화교 2세였다. 중일전쟁 시기 화교의 헌신은 특기할 만하다. 1937년부터 1941년까지의 항일 전쟁 시기 중국 정부가 사용했던 전쟁 비용의 20%, 중경 임시정부 시기 국민당의 활동 자금 가운데 50% 이상을 화교가 부담했다. 광동성 한 곳의 전투에서만 세계 각국에서 돌아온 4만여 명의 화교가 고향을 지키겠다고 귀국하여 참여했다. 담씨 가문은 주로 국민당 계열에서 항전에 참여했는데 공산당 쪽으로 항전에 참여한 화교도 있었다. 최승현에 따르면, 항전 시기 공산당에 참여한 화교들은 연안(延安) 600여 명, 팔로군 400여 명, 광동 지역의 항일 유격대 2,500여 명 등 3,500여 명 이상에 달했다고 한다. 이를 살펴보면 화교 참전의 압도적 다수는 그래도 국민당 계열이었다.

4녀 담수란의 시아버지이자 담걸생을 파산 위기에서 구한 정백소(鄭伯昭)는 1937년 중일전쟁과 제2차 상해사변이 터지자 홍콩으로 이주했으며 1951년에 마카오에서 88세로 사망했다. 다만 담내량 씨의 증언을 참조하면, 1949년 상해 함락 직전 정씨 일가가 모두 전용기를 임대하여 홍콩으로 떠났다고 하므로 최종적인 철수는 1949년일 것이다. 아들 정관주와 담수란 부부는 계속 홍콩에서 살았고 각각 1971년과 1983년에 사망했다. 하지만 정백소는 마카오에서 사망했다는 점을 볼 때, 필자는 만년에 마카오에서 줄곧 거주하고 그곳에서 사망한 정관응과 정백소가 같은 집안사람일 가능성이 있다고 생각한다. 현재로서는 정씨 가문의 족보에 대한 자료가 없어서 단정할 수는 없고, 양자의 관련성 역시 추후 살펴볼 필요가 있다.

동순태호 담씨 가문과 주변 인물의 사례에서 나타나듯이, 대체로 광동 화상과 가족들은 고향인 광동성으로 돌아가거나 상해로 귀환하고, 또 상해를 경유해서 궁극적으로 홍콩에서 안착하는 경향을 볼 수 있다. 당시 조선이나 일본의 광동 화상들이 이런 선택을 한 것에 대해서, 상해가 센터로 조선, 일본으로 진출하는 출발점이 되었듯이, 네트워크의 말단인 조선, 일본에서 철수할 경우 상해로 우선 귀환한 것이라고 해석 가능하다.

다른 한편으로는 가장 광동 화교가 많이 거주하던 동남아시아 지역이 대안으로 기능할 수 없었던 점도 생각해 볼 수 있을 것이다. 동남아시아는 1932년부터 세계 대공황의 여파로 심각한 경기 침체를 겪으면서 1936년 경기가 다소 회복될 때까지 화교의 이주를 엄격히 제한하고 있었다. 1918~1931년 사이에 산두(汕頭)와 홍콩에서 출국한 광동적의 이주민 수는 380만 명에 달했지만, 1931~1934년 단 3년 사이에 실업으로 인해 광동으로 귀국한 화교 수가 35만 4,000명이 넘었다. 싱가포르, 말레이시아 권역인 영국령 해협식민지는 1931년 8월부터 1932년 5월까지 실업(失業) 화교를 중국에 돌려보내는 정책을 취하고 1932년 '이민 제한령'을 공표하여 1937년에 경기 회복의 기미가 보이자 비로소 제한 조치를 취소했던 것이다.

테마 24 근대 재한 화교 연구를 위한 문서 자료와 소장처

개항기와 일제 강점기의 화교에 관한 사료들은 기본적으로 한중관계사 자료 속에 산재해 있다. 그 위에 개별 지역이나 상업 사료 속에서 관련 자료를 추적해 가는 것이 가능하다. 한중관계사 연구에 기본이 되는 자료는 대체로 다음과 같다. 우선 『청계중일한관계사료(清季中日韓關係史料)』이다. 분류 목록(제1권), 감오표(勘誤表, 제11권)까지 포함하여 총 11권으로 구성된 이 중국 측 외교사 자료집은 청말의 한, 중, 일 관계사에 관련된 자료를 뽑아서 편찬한 것이다. 중국에서는 공문서를 당안이라고 하는데, 청조의 외교 기관이었던 총리각국사무아문(總理各國事務衙門, 1861~1901년) 중의 조선 관련 당안[朝鮮檔], 외무부(外務部, 1901~1912년) 당안 중의 3국 교섭과 관련된 문서를 모아 편찬한 자료집이다. 자료 시기는 1864년부터 1912년까지이다. 다음으로 한국 측 자료인 『구한국외교문서·청안(舊韓國外交文書·清案)』 총 2권이 있다. 『구한국외교문서』 중의 제8권과 제9권으로, 조선의 외교 기관이었던 통리기무아문 및 외부(外部)와 청의 주한사관(駐韓使館) 사이의 왕복 문서를 정리한 것이다. 자료 시기는 진수당이 첫 상주 외교관으로 와서 업무를 시작한 1883년부터 을사늑약으로 대한제국이 외교관을 박탈당하는 1905년까지이다. 이 두 가지는 일찍이 한중관계사 연구자들의 필수 자료였던 문헌이라서 각 대학 도서관에서 쉽게 찾을 수 있다.

재한 화교와 한중관계사에서는 일본의 역할 역시 빼놓을 수 없는데, 일본 측 자료로서 가장 기본적인 문헌은 『일본외교문서(日本外交文書)』이다. 일본이 유럽 국가의 선례를 따라서 1936년부터 편찬 간행한 자료로, 1867년 이후의 중요한 외교 문서를 모아서 발행하였다. 다이쇼 시기의 문서까지는 연대순으로 한 해를 1권으로 묶고, 중요한 일이 많이 일어난 해는 1, 2, 3책 등으로 나누기도 하고, 큰 사건은 따로 묶어서 별책으로 출판하기도 했는데, 쇼와 때부터는 체제가 또 바뀌었다. 1936년에는 막말(幕末) 시기를 묶어서 출판했고, 1963년까지는 메이지(明治), 1987년까지는 다이쇼(大正) 시기를 모두 완결하여 출판하였다. 지금까지 쇼와(昭和) 시기를 계속 출판 중인데, 2017년 현재까지 모두 책 수로 215책이 출판되었다. 최신판이 2016년에 나온 일본 패전 후의 미군 점령기 제1권, 제2권이다. 이 자료는 일본 외무성에서 2006년부터 일본 외교 문서 디지털 아카이브로 무료로 공개하기 때문에 웹에서 쉽게 이용할 수 있다.[37]

다음으로 최근 많은 연구자들이 새롭게 이용하는 자료는 대만 중앙연구원 중국근대사연구소가 1999년에 중화민국 외교부에서 이관을 받아 관리하고 있는 '주조선사관당(駐朝鮮使館檔)' 혹은 '주한사관보존당안(駐韓使館保存檔案)'이다. 이 자료에 관해서는 송승석(2010), 김희신(2011) 등 국내 연구자들이 자세하게 자료의 유래와 성격, 분류 방식 등을 소개하고 있으므로 꼭 읽어 보기 바란다. 간단하게만 설명하면 한말과 일제 강점기 청과 중화민국의 주한 사관(상무총서, 공사관, 총영사관 명칭은 제각각이다)이 소장한 기관 간의 왕복 문서를 비롯한 각종 문서들이다. 그 중에는 현지 교민(僑民), 즉 재한 화교와 관련된 여러 사건 처리 및 관련 업무[僑務]가 많기 때문에 한중관계사 연구에서도 화교사 연구에서도 대단히 중요한 자료이다. 이 자료도 대만 중앙연구원 근대사연구소 당안관이 웹상에서 공개하고 있다. 다만 일본 외교 문서와 달리 이용자 등록을 하고 승인을 받는 절차가 필요하다.[38] 키워드 검색도 가능하지만, '대분류 훑어보기(全宗瀏覽)'로 클릭해서 들어가면 외교 부문 아래에 '총리각국사무아문(總理各國事務衙

37_http://www.mofa.go.jp/mofaj/annai/honsho/shiryo/archives/1-1.html

38_http://archives.sinica.edu.tw/ 이 페이지에서 '중국근대사연구소 당안관 소장 자료 검색 시스템(近史所檔案館館藏檢索系統)'을 찾아서 들어가면 된다.

門)', '외무부', '북양정부외교부' 각 분류 항목에 자료가 흩어져 있다. 하지만 모두 하위분류가 '주한사관보존당안(駐韓使館保存檔案)'이라고 되어 있어서 찾기는 쉽다. '총리각국사무아문'에는 1883~1901년까지의 문서가 들어가 있고, '총리각국사무아문'이 '외무부'로 바뀌었다가 신해혁명으로 청이 망한 1901~1911년까지 문서는 '외무부' 아래에 들어 있다. '북양정부외교부'는 북양 정부가 망하고 장개석 국민당 정부가 들어서는 1928년까지만 수록해야 맞는데, 거의 '나머지 모두는 여기에' 스타일로 1913년부터 1943년까지 문서가 다 '북양정부외교부' 하위의 '주한사관보존당안'에 분류되어 있다. '국민정부외교부' 아래에는 없다.

중일전쟁 시기에 일본이 남경에 세웠던 괴뢰정부 왕정위 정부의 외교부 및 화교 관련 당안은 따로 공문서 형태로 남경에 있는 중국 제2 역사당안관에 소장되어 있다. '왕위교무위원회당안(汪僞僑務委員會檔案)', '왕위외교부당안(汪僞外交部檔案)'이라고 부른다. 일본 도쿄에 있는 동양문고(東洋文庫)는 왕정위 괴뢰정부의 주일 공사관 일본 주재 외교 기관 문서를 소장하고 있는데, 조선 총영사관 업무에 관련한 자료가 많기 때문에, 중일전쟁 시기 재한 화교에 관한 중요한 자료이다. 동양문고 자료는 직접 가서 열람해야 하고 휴일이 많기 때문에 계획적인 방문이 필요하다. 다행히 2016년에 이 자료의 목록이 발간되었으므로 미리 공부하고 가는 것이 좋다.[39]

또 편리하게 이용 가능하고 알짜 정보가 많은 자료가 대전에 있는 국가기록원 소장의 조선총독부 외사과(外事課) 문서이다. 일제 강점기 중국의 조선 총영사관은 주로 외사과와 문서 교환을 했기 때문에 대만의 '주한사관보존당안'에 나오는 사건이나 문서가 중복되어 나온다. 또 중국 측 자료가 이 사건을 중국 측

39_相原佳之·尾形洋一·平野健一郎編, 『東洋文庫蔵汪精衛政権駐日大使館文書目録』, 東洋文庫, 2016.

입장에서 어떻게 다루는지를 내부 왕래 문서를 통해 알 수 있다면, 총독부 자료는 외사과가 조선총독부, 경찰, 일본 외무성 등과 교환한 문서를 통해 일본 측이 어떻게 사건을 보고 다루는지를 알 수 있어서 대단히 유용하다. 게다가 필자의 경험상으로는 모든 관련 문서가 화상 파일로 변환되어 있어서, 바로바로 보면서 출력까지 할 수 있어 편리하기 그지없었다. 비용까지 저렴하니 금상첨화이다. 다만 웹상에서 정확한 검색이 안 되기 때문에, 직접 방문하여 검색하고 열람해야 한다.

반면에 멀고 비용도 많이 드는 자료가 런던 큐가든의 영국 공문서관(National Archives) 외교부(Foreign Office) 문서이다. 세계의 절반을 경영했던 대영제국인지라 조선에 대해서도 소홀하지 않아서, 서울의 영국 총영사관은 북경 공사관을 통해 런던 외교부에 재한 중국인들의 동향까지도 빠지지 않고 보고했다. 특히 청일전쟁 발발 후 영국 총영사관이 청조에게 재한 화교의 관리를 위임받았기 때문에 1894년부터 1899년까지 재한 화교들에 관련된 외교 교섭 문서가 이곳에 보관되어 있다. 이후에 관련 문서를 다시 청국 주한 공사관에 다 넘겼다고 하고, 그 자료가 대만에 있는데, 이상하게 런던에도 꽤 많이 남아있다. 주로 민사, 형사 소송 건이 많은데, 고소장 등 원 사료가 잘 보존되어 있어 놀라울 정도이다. 영국 총영사관에서 화교 업무 때문에 본연의 영사관 업무가 마비될 지경이라고 빨리 한청 간에 외교 문제를 매듭 짓도록 압력을 행사하라고 북경의 영국 공사관에 읍소할 지경이었다. 이 시기 이외에도 영국 총영사관의 보고 중에는 원세개, 당소의 등 주한 사관의 동향에 관한 내용이 많아서 여러모로 유용하다. 영국 공문서관의 검색 시스템인 디스커버리에 corea만 쳐도 엄청난 파일이 쏟아질 것이다.[40] 각 파일의 분량은 몇 장에서 천 장을 넘어가기도 해서 짐작이 어렵다. 직접 가서 봐야 한다. 물론 서울에서 검색해서 주문할 수도 있지만, 차라리 비행기를 타고 가는 편이 싸다는 점만 말씀드린다. 왜냐하면 일단 입성을 하면, 사진 촬영이 자유롭기 때문이다. 현지에서도 복사 비용은 너무 비싸서 추천하지 않겠다.

근년 인천대학교 중국연구원에서 자료 정리와 목록화를 시작한 자료로 인천화교협회 소장 자료가 있다. 아직까지 일반인의 열람까지는 이뤄지지 않고 있지만, 재한 화교 중에 가장 역사가 깊은 인천 지역 화교협회의 소장 자료인 만큼 사료적 가치가 매우 높다. 이 자료의 성격, 분량 및 구조에 관해서는 송승석(2015)의 자세한 해제가 있기 때문에 필독을 권한다. 송승석에 따르면 서적 자료 282종 이외에, 공문서, 지도 등 문헌 자료와 사진, 인장 등 비문헌 자료가 약 3,019건에 이른다고 한다. 향후 이 자료가 일반 연구자들에게 이용 가능하게 되고, 또 서울의 화교협회 자료 등 여타 지역의 화교협회 자료도 발굴, 소개된다면 재한 화교사 연구에 큰 자극이 될 것으로 기대한다.

테마 25 동순태문서는 어떻게 서울대로 갔을까?

원래 학계에 알려진 동순태호의 장부 자료는 규장각에 보관되어 있는 장부류 3종[『進口各貨艙口單』(8책, 1891년, 1895~1900년, 1903년), 『甲午年各埠來貨置本單』(2책, 1894~1895년), 『乙未來貨置本』(1책, 1895년)]과 상업 서신 묶음 1종(『同泰來信』,19책, 1889년, 1890년, 1893년, 1894년, 1903년, 1905년, 1906년), 이렇게 4종의 사료, 총 30책이었다. 그러다가 필자가 2005년에 우연찮게 서울대 중앙도서관 고문헌자

40_http://discovery.nationalarchives.gov.uk/

료실을 뒤지던 중에, 상업서신집 1종(『同順泰往復文書』, 35책, 1890~1899년) 및 장부 1종(『同順泰寶號記』, 1책, 1907년 4월), 총 2종 36책을 추가로 발견하여 학계에 소개하였다. 이 자료에 관해서는 필자(2011)와 이시카와(2016)의 저서에 상세하게 그 성격과 분량 등을 소개하고 있다.

동순태문서는 19세기부터 20세기에 걸쳐있는 화교 상점의 장부 및 서신 자료를 시계열적으로 포괄하고 있는 세계 유일의 귀중한 컬렉션이다. 다만 이 자료가 어떻게 서울대학교에서 보관하게 되었는지는 여전히 불명확한 채로 남아 있었다. 그런데 올해 방한한 동순태호 담걸생의 증손녀 아이비 탐(Ivy Tam) 씨와 부군을 위해 서울대학교 소장 동순태문서를 안내하던 중에, 고문헌자료실의 송지형 선생님과 규장각의 박숙희 선생님의 도움으로 구 경성제국대학 도서 구입 대장과 규장각 도서 인수 대장을 열람할 수 있었고, 비로소 입수 경위와 분산 소장 경위를 알 수 있게 되었다. 또한 귀중한 자료 1종을 추가로 발견하는 수확도 거두었다. 새로 발견한 『윤선공사고표(輪船公司股票)』는 담걸생이 1893년에 발행한 통혜공사 주식 증서를 모아둔 자료로, 한강을 운행한 증기선 회사 설립 과정에 귀중한 내부 자료로서 본문에서 소개하고 있으므로 참고 바란다. 두 사서 선생님의 도움에 깊은 감사를 드린다.

경성제국대학 도서 구입 대장에 따르면 현존 동순태문서는 모두 최초에 경성제국대학 도서관에서 구입한 것이다. 제국대학 도서관은 박봉수라는 조선인 서적상에게서 1933년과 1934년에 걸쳐 집중적으로 동순태문서를 구입하였다. 이때는 1929년 담걸생의 사망과 1931년 후계자 지정을 둘러싼 가족 분규를 거치며 동순태호가 내리막길을 걷던 시기이다. 마지막으로 경성제국대학에 들어온 자료는 1937년 7월에 이성의라는 서적상에게서 구입한 1907년의 장부 『동순태보호기』이다. 두 달 뒤인 1937년 9월에 담씨 가족은 조선 생활을 정리하고 상해로 철수하였으므로 그 직전에 가산을 정리하는 과정에 흘러들어온 것으로 보인다. 이렇게 경성제국대학 도서관에 소장되어 있던 동순태문서는 해방 후 경성대학교가 서울대학교로 바뀌고 경성제국대학 소장 도서가 서울대 중앙도서관 고문헌자료실로 이관되면서 50여 년간 잠들어 있었다. 그러다가 1992년 3월 6일에 고문헌자료실의 자료 일부를 규장각으로 이관하는 사업의 일환으로 소장자료 중 2종이 규장각으로 옮겨졌다. 이때는 『동순태화물목록』, 『동순태수서한』이란 제목이었는데, 규장각에서 자체적으로 자료를 등록하는 과정에서 재분류를 하였고 오늘날과 같은 4종에 책 제목도 바뀌었다. 이하의 입수 및 소장 과정을 표로 정리하였으니 참고하기 바란다.

<table>
<tr><th colspan="8">서울대학교 소장 동순태문서의 입수 과정과 현황</th></tr>
<tr><th>입고일</th><th>판매상</th><th>상품명</th><th>책수</th><th>가격</th><th>현재 등록 서명</th><th>책수</th><th>소장처</th></tr>
<tr><td>1933.12.20.</td><td>박봉수
(朴鳳秀)</td><td>《同順泰往復文書》</td><td>1冊</td><td>10日元</td><td rowspan="3">《同順泰往復文書》</td><td rowspan="3">35冊</td><td rowspan="3">古文獻
資料室</td></tr>
<tr><td>1933.12.22.</td><td>박봉수</td><td>《同順泰文書》</td><td>4冊</td><td>40日元</td></tr>
<tr><td>1933.12.22.</td><td>박봉수</td><td>《同順泰文書
(交貨尺牘)》</td><td>30冊</td><td>100日元</td></tr>
<tr><td rowspan="4">1934.8.</td><td rowspan="4">박봉수</td><td rowspan="3">《同順泰貨物目錄》</td><td rowspan="3">11冊</td><td rowspan="3">26日元</td><td>《進口各貨倉口單》</td><td>8冊</td><td rowspan="3">奎章閣</td></tr>
<tr><td>《甲午年各埠來
貨置本單》</td><td>2冊</td></tr>
<tr><td>《乙未來貨置本》</td><td>1冊</td></tr>
<tr><td>《輪船公司股票》</td><td>1冊</td><td>6日元</td><td>《輪船公司股票》</td><td>1冊</td><td>古文獻
資料室</td></tr>
<tr><td>1934.9.13.</td><td>박봉수</td><td>《同順泰受書翰》</td><td>19冊</td><td>30日元</td><td>《同泰來信》</td><td>19冊</td><td>奎章閣</td></tr>
<tr><td>1937.7.8.</td><td>이성의
(李聖儀)</td><td>《同順泰寶號記》</td><td>1冊</td><td>3日元</td><td>《同順泰寶號記》</td><td>1冊</td><td>古文獻
資料室</td></tr>
<tr><td colspan="8">합계 7종 67책</td></tr>
</table>

결국 박봉수라는 서적상 덕분에 이렇게 귀중한 화교사 및 중국 상업사 연구의 귀중한 자료가 유실되지 않고 서울대학교에 보관되어 전해지게 되었다. 고문헌자료실 도서에 해박한 송지형 선생님에 따르면, 박봉수라는 서적상은 수레를 끌고 전국을 다니며 고서적을 염가에 구입하기도 하고, 혹은 버려진 책을 주워서 팔았던 고물상 비슷한 이라고 한다. 두 책의 입수 시점을 보면, 동순태호 담씨 가문에서 예전의 장부들을 종이 값만 받고 값싸게 처분하거나 내다 버릴 만한 시기였다. 그가 경성제국대학에 판 도서가 숱하다고 하니, 연구자들이 그 분에게 진 빚이 크고 크다.

10장
남은 이야기들

아직 진행형인 동순태호의 이야기

동순태호의 이름이 한국 신문에 재등장하는 것은 1966년의 일이다. 담걸생의 법적 유산 상속인인 아홉 번째 아들 담정택이 1965년 9월 30일 28년 만에 귀국하여 이듬해 1966년 재산권 반환 소송에서 이겼기 때문이다. 소송 대상이 된 약 1,500평의 명동 토지의 1966년 시가는 담정택의 주장으로 약 5억 원(미화 120만 달러), 경과를 보도한 『중앙일보』 주장으로는 18억 원이었다.[41]

담정택의 회고록에 따르면, 그는 박정희 정권 시절 중화민국 주한 대사 양서소(梁序昭)를 광주 영남대학 동기를 통해 알게 되어 한국 정부와 교섭 끝에 비자를 받아 한국에 올 수 있었다. 명동 부지에는 이미 유네스코

41_「골칫거리 뒤처리 - 유네스코 대지 소유권 확정 뒤의 문제점」, 『중앙일보』 1966년 9월 10일 7면

건물 이외에 여러 민간 업자들이 지은 건물이 즐비했는데, 이들 건물주들이 중앙정보부와 외교부에 진짜 땅주인이 아닌 가짜라고 오지 못하게 운동을 하는 바람에 비자가 계속 안 나왔다고 한다. 다행히 중앙정보부장 김형욱과 양서소 대사가 친한 사이라서 확실히 땅주인인 담걸생의 아들이 맞다고 보증을 해주었다. 외교 문제가 될 수 있다고 판단한 김형욱이 직접 박정희에게 물어서 재가를 받아 입국을 허락받았다고 한다.

담정택은 1973년 시점에서 자세한 재판 승소 과정과 유네스코 빌딩 부지를 제외한 땅의 매각 경위를 회고록에서 기록하고 있는데, 그 내용은 이 책의 주제와는 별 상관이 없어서 다루지 않겠다. 다만 여기에서 이 재판에 대만과 한국 사이의 외교 라인이 주목하고 있었고, 박정희 역시 알고 있었다는 점을 짚고 넘어가자. 재한 화교사의 선구적 연구인 박은경의 저서 『한국화교의 종족성』에는 이 재판에 이기기 위해 담정택이 박 정권에 헌금내지 뇌물을 바쳤고, 그 돈으로 지은 것이 육영수 여사가 지었다고 알려진 남산 어린이도서관이라는 소문이 적혀 있다. 필자가 2010년 만난 담걸생의 증손 담영봉 씨가 1972년에 사망한 부친, 즉 담걸생 5남의 차남인 담내목(譚乃沐) 씨가 한국을 방문했을 때 찍은 것이라며 보여 준 사진이 있다. 그때 담영봉 씨는 부산의 무슨 호텔인 것 같다고 말했는데, 나중에 대조해 본 결과 확실히 남산 어린이도서관을 배경으로 찍은 사진이었다. 1966년 재판이 끝난 뒤에 한국을 방문하여 하필 남산 어린이도서관 앞에서 사진을 찍은 것은 무슨 의미일까?

문헌이 전해 주지 못하는 숨겨진 역사의 이야기들을 그 후손들을 통해 얻을 때가 있다. 필자가 담걸생의 후손들을 만난 것은 모두 4차례이다. 2010년 연구년을 갔던 캘리포니아 주에서 마침 연락이 닿아 산호세 공항

로비에서 만난 담결생의 증손 담영봉 씨(5남 담정란의 손자)가 처음이었다. 담영봉 씨를 통해 9남 담정택의 회고록을 얻고 후손들의 근황에 대해서도 귀중한 소식을 전해들을 수 있었다.

그 다음은 2014년 1월에 담결생의 고향 금리진을 방문하여 증손 담영화(譚永和) 씨(장남 담정호의 손자)를 촌 위원회 사무실에서 당 간부들과 함께 만났다. 담결생 묘가 오랫동안 방치되어 황폐해진 상태이지만 현지에 있다는 이야기를 들었고, 중화인민공화국 시대를 고향에서 보낸 담가 후손들의 생활에 대해서도 들었다. 그에 따르면 장남 담정호는 근교의 손꼽히는 대지주로 줄곧 부유한 삶을 누렸다고 한다. 즉 빼도 박도 못하는 지주계급이었던 것이다. 게다가 담정호의 아들 중에 국민당 군대의 장교로 끝까지 공산당과 싸운 인물이 있었다. 1953년에 담정호는 사망했는데, 그의 사망 원인을 물었을 때 담영화 씨는 "혁명 당했다(被革命)"고 답변하였다. 이 시기는 토지 혁명 중의 폭력에 이어 한국전쟁 중에 삼반오반(三反五反) 운동이 열기를 더하며, 많은 '반동분자'들이 척결 당하던 시기였다. 담씨 가문이 영미연공사 대매판 가문과 인척인 것을 아느냐고 물으니, 담영화 씨는 반색을 하면서 우리 집안에서는 다 그렇게 알고 있고 나도 그 회사 담배를 핀다면서 주위의 촌 위원회 간부들에게 내 말이 맞지 않냐며 즐거워하셨다. 필자가 방문하기 전까지 담결생의 성공담은 금리진에서는 이미 아무도 믿어 주지 않는 허황된 전설이 되어 있었다.

세 번째 만남은 이 책의 마무리 작업을 하고 있을 즈음 바로 올해 2017년 9월에 찾아왔다. 담영봉 씨를 통해 5남 담정란의 장남 담내량(譚乃亮) 씨의 딸, 담결생의 증손녀인 담앵범(譚櫻凡) 씨 부부가 한국까지 조상의 발자취를 찾아서 필자를 찾아왔다. 오스트레일리아 이민국에서 일하는 엘리트인 담앵범 씨는 이제는 아이비 탐(Ivy Tam)이란 이름을 쓰고 있었다. 부부를 모시고 관련 유적지와 도서관을 안내하면서 필자는 상상하지도 못한 많은 수확을 얻었다. 그 중의 하나가 홍콩에서 대학을 나오고 중국은행에서 줄곧 근무했던 부친 담내량 씨에 관한 것이다. 담내량 씨는 상해 중국은행에서 근무하다가, 중일전쟁이 발발하자 장개석 정부를 따라 중경으로 옮겨갔는데, 그곳에서 그녀의 어머니를 만나 결혼을 했다. 그런데 그 담내량 씨의 부인이 청말의 저명한 사상가인 양도(楊度, 1875~1932년)의 막내딸이라는 것이다.

양도는 1895년에 북경에 회시를 치러 갔다가 강유위와 함께 공거상서를 올린 거인 중 한 사람이었다. 그는 이즈음부터 양계초(1873~1932년)와 원세개를 알게 되어 훗날 함께 입헌 운동을 주도했다. 특히 원세개가 제제운동을 할 때에는 원세개의 브레인으로 홍헌제제의 사상적 뒷받침을 한 이가 양도였다. 그는 1915년에 『군헌구국론(君憲救國論)』을 저술하여, 세계 각국과 함께 경쟁하면서 미증유의 대사업을 달성할 수 있는 인물은 중국의 빌헬름 1세이고, 중국의 명치천황이라며 원세개에게 황제가 되어 헌정을 이끌라고 진언했다. 그의 유명한 발언, "중국이 공화를 없애고 군주를 세우지 않는다면, 강대국이 될 희망도 없으며 부국이 될 희망도 없으며 입헌도 희망이 없고, 종국에는 망국에 이를 뿐이다[中國如不廢共和立君主, 則强國無望, 富國無望, 立憲無望, 終歸於亡國而已]"는 필자가 20세기 중국 수업을 하면서 늘 파워포인트(PPT)에 띄우는 구절이다. 그런데 그런 그가 담걸생과 인척관계라니! 정말 놀랐다.

놀랐기는 하지만 가만히 생각해 보면 원세개는 담걸생과 왕래가 빈번했고, 1915년에 담걸생은 원세개 정권 시절에 농상부로부터 3등 훈장[獎章]

을 받기도 했다는 사실이 문득 떠올랐다. 게다가 민국의 풍운아 양도는 이홍헌제제를 지지하면서 친우였던 양계초와 사이가 틀어지고, 양계초는 원세개를 저지하는 호국 운동에 나서는데, 훗날 이 두 사람은 다시 사돈을 맺게 된다. 양도가 풍운아인 이유는, 그는 홍헌제제를 지지했으면서도 1919년의 5.4운동을 목도하고는 민중의 힘에 매료되어 1922년에는 중국 국민당에 입당했으며 손문을 통해 중국 공산당의 산파이자 북경대학교 교수 이대조를 알게 되면서 사회주의에 눈을 떴다. 그리고 장개석의 반공 쿠데타(1927년) 이후에 중국 공산당이 가장 탄압받고 지하에 잠복했을 시절에 1929년 중국 공산당에 비밀리에 가입했다. 그야말로 풍운아라는 말이 아깝지 않다. 그런 그의 손자 양우기(楊友麒)가 양계초의 외손녀 오여명(吳荔明)과 결혼한 것은 중국에서는 유명한데, 두 부부는 양도와 양계초 두 사람에 관해서 책을 함께 펴내기도 했었다. 그러니 양우기와 아이비 탐 씨는 사촌 사이이며, 담걸생의 후대는 양도, 양계초 후대와 연결된다니 놀라울 따름이었다. 이뿐만이 아니다.

담걸생의 손녀로 담내경의 여동생인 담계운(譚桂云)은 전후 홍콩에서 이가서(李家曙)를 만나 결혼하여, 싱가포르에서 거주하고 있다. 싱가포르에서 큰 부를 일군 이가서는 다름 아닌 이홍장(李鴻章)의 여섯째 동생 이소경(李昭慶)의 증손자이다. 당시 아들이 없었던 이홍장은 일찍 세상을 떠난 동생 이소경의 아들 이경방(李經方)을 양자로 들여 장남으로 삼았기 때문에,[42] 이홍장 후예와 이소경 후예의 관계는 대단히 밀접했다. 여기에 그치지 않는다. 중화민국 시기 안휘파 군벌의 지도자로 중국 정계를 좌우한 단기서

42_이홍장은 뒤늦게 친아들 2명을 보았지만, 이경방이 적장자로 대를 이었다.

(段祺瑞)는 원래 이홍장에게 발탁되어 독일로 유학을 가서 군인으로 꽃길을 걸은 인물이다. 그는 원세개의 오른팔로서 신해혁명에서는 한구와 무창에서 혁명파와 격전을 지휘했던 인물이다. 그는 장녀 단식훤(段式萱)을 이소경(李昭慶)의 손자 이국원(李國源)과 결혼시켰다. 두 사람 사이에는 장남 이가요(李家曜)와 딸 이가명(李家明)이 태어났다. 담걸생 가문은 후대에 와서 청일전쟁 때 그렇게 비판했던 이홍장 가문과 맺어지고, 또 이 혼사를 통해 단기서 가문과도 연결이 된다. 결국 근대 중국을 살아간 관계, 상계, 학계의 상층 인물들은 상해, 홍콩이라고 하는 특수한 공간을 통해서 국경까지 넘어서 서로 교차되고 인적 네트워크를 형성해 간 것이다. 동순태호의 이야기는 바로 그 실상을 관찰할 수 있게 해주는 또렷한 현미경이 아닐까.

마지막 네 번째 만남은 벌써 원고 교열 작업에 들어갔던 2017년 12월 3일 광동성 중산대학교 개풍(凱豊) 호텔에서 있었던 담내걸(譚乃傑) 씨와의 인터뷰이다. 담내걸 씨는 중일전쟁 때 공군으로 종군했다가 사망한 담걸생의 10남 담정황의 유복자이다. 그의 어머니는 홍콩상해은행 인천지점의 중국인 경리(經理) 오발군(吳拔群)의 장녀 오모정(吳慕貞)이다. 담내걸 씨로부터 상해 정백소 가문, 외가 쪽의 오씨 가문에 관해서 동아시아 광동상인의 또 하나의 기반인 양행과의 연관성을 재차 확인하는 귀중한 증언을 들을 수 있었다.

그의 외할아버지인 오발군은 조선의 홍콩상해은행(HSBC, 滙豐銀行)과 버터플라이 앤 스와이어 사의 기선 회사[太古輪船公司]에서 일을 했으며, 증조부 즉 오발군의 부친은 오효당(吳曉堂)이란 인물로, 일본 홍콩상해은행에서 일했으며 일본인 여성과 결혼했다. 오발군의 어머니는 일본인이다. 일본에서 조선으로, 양행 네트워크를 타고 확장해 간 전형적인 '과국적 상인

디아스포라(transnational merchant diaspora)' 광동 상인의 사례이다. 오씨 가문은 중일전쟁 후 담씨 가문과 마찬가지로 조선을 떠났고, 최종적으로 홍콩에 정착했다. 그렇지만 1945년 해방 이후 오발군의 아들 오경삼(吳慶森)은 태고윤선공사의 조선지점 직원으로 조선에 돌아왔고, 1950년 6월 25일 전쟁이 터진 그 날 바로 서울에 있었다고 한다. 이들의 이야기는 필자의 차기작인 동아시아의 서양인 자본, 즉 구교(歐僑) 자본과 광동 화교 자본의 합작과 일본 자본과의 경쟁에서 본격적으로 다루도록 하겠다.

제2차 세계대전 시기 동아시아 광동 화교 자본의 흐름

이제 동순태호 담걸생의 이야기를 마무리하면서, 이 책의 사실상의 주인공이기도 한 동아시아의 광동 상인, 광동 화교 자본의 행로에 대해서도 남은 이야기를 풀어 보자. 동순태호의 조선 철수와 그 이후의 행로에서도 알 수 있듯이, 동아시아 광동 상인들은 중일 전면전을 계기로 중화권으로 일단 환류하기 시작했고, 그 징검다리는 상해, 홍콩, 향리인 광동성이었으나, 내전과 중화인민공화국의 성립을 계기로 다시 대만, 싱가포르, 오스트레일리아, 미국으로 확산되었다.

환류가 시작되었을 무렵 광동 자본의 이동에서 눈에 띄는 점은 광동 상인의 객방 네트워크의 중추 센터로서 상해의 역할이 여전히 핵심적이었다는 점이다. 동아시아 지역의 광동 상인들은 상해에서 뻗어 나갔던 것처럼 이 시기에 일단 다시 자본을 상해로 철수시켜 갔다. 그러나 중일 간의 대립이 전면적으로 확산되어 가면서 특히 제1차, 제2차 상해사변을 겪으며 상해 역시 전화에 휩싸일 수 있는 가능성이 높아지자 자본 투자지로서 상해는 불안하게 되었다. 그때 새로운 자본의 탈출구가 된 것이 홍콩이었다. 상해 탈출과 홍콩으로의 이동은 비단 상해에 거류하던 광동인 뿐만 아니라 상해의 절강성 출신의 부르주아지 일반에서도 나타난다. 홍콩이 최대의 자본 수용처가 된 이유는 한편으로는 동아시아의 메트로폴리스인 상해의 비즈니스 조건이 탁월했기 때문에 기회를 보아 상해로 다시 복귀하기 편했기 때문이었다.

광동 상인은 원래부터 홍콩과는 같은 언어, 문화권이고 사업상에서도 분행(分行), 연호(聯號)를 홍콩에 대부분 두고 있어서 이러한 자본 이동이 훨씬 용이했다. 1943년 상해의 화남 지역과의 수출입 업자 중에 광방 및 조주방(潮州幇) 회사는 300여 개로 이 중 절반이 국제무역에 종사하고 있었고, 상해 광동인 제조업 자본의 상당수는 애초에 화교 자본이었다. 상해의 여러 광동 동향 조직의 지도자도 마찬가지이다. 상해의 광동 동향회 지도자의 면면을 살펴보자면, 풍소산(馮少山)은 화교 2세이며, 황홍균(黃鴻鈞)은 재미 화교, 간옥계(簡玉階)는 재일 화교, 온종요(溫宗堯)는 세계화교총회(世界華僑總會) 회장이었다. 그리고 상해에 거류하는 광동인의 친척과 가족 성원 중 적지 않은 수가 구미와 아시아 각국에 산재해 있는 해외 화교였다

중국 본토에서 홍콩으로의 자본 유입은 1932년 1월 제1차 상해사변 이후 시작되어, 1934년에 홍콩 제조업에 대한 중국인 자본 투자액이 5,100여 만 원에 달해 1920년에 비해 3배나 증가하였다. 1937년 중일전쟁이 발발하자, 그 규모는 폭발적으로 증가하여, 1941년까지 더욱 커졌다. 이른바 난민 자본(refugee capital)의 유입이다. 상해를 비롯한 중국 각지의 은행가, 상공업자들이 자산을 홍콩으로 옮겼고, 그 추정 금액은 홍콩달러 20억 달

러에 달한다. 상해에서 빠져 나온 광동 상인의 수를 구체적으로 파악하기는 어렵지만, 1935년 상해 거류 광동인 수는 12만 명에 달했으나, 1937년 8월 13일 제2차 상해사변 이후 동향 조직이 조직적으로 고향에 돌려보낸 광동인의 수가 2만여 명이고 스스로 떠난 숫자를 합해서 상해 거류 광동 인구의 25% 가량이 감소하였다고 한다.

1932년과 1937년에 상해의 동향 조직은 광동인의 귀환을 조직적으로 도왔는데, 1923년 관동대지진 때에도 광동 출신 노동자들이 일본을 떠나 상해에 도착하자 양륜경이 관여했던 상해 월교상업연합회(粵僑商業聯合會)는 초대소를 마련하여 숙식을 해결해 주고, 윤선초상국과 태고윤선공사의 배편을 알선하여 고향인 광동성으로 돌려보내고 있다. 이를 '회적(回籍)'이라고 한다. 두 선박 회사의 배편은 회적 광동인들에게 무료로 제공되었고, 선표는 할인 가격으로 월교상업연합회가 추후에 두 회사에 지불했다. 동향 네트워크가 '회적'을 돕는 것은 광동인만이 아니지만, 국내외 선박 회사와의 특수 관계에 따른 조직적인 활동은 광동 동향 조직의 특징적인 부분이다. 이 귀환 시스템은 오랫동안 구축되어 온 광동 상인들과 태고, 이화, 윤선초상국 등 세 선박 회사 간의 특수 관계에 기초한 것이었다. 이 세 조직의 매판은 전통적으로 광동 향산현 출신이 많았다. 1937년 8월 13일 제2차 상해사변 때에도 상해로 몰려든 광동인 난민들은 역시 태고윤선공사와 이화윤선공사 편으로 귀향하였다. 상해 홍구(虹口) 지역은 광동인이 원래 많이 사는 지역이었는데, 1930년경에 홍구에 사는 광동인 인구는 4~5만 명이나 되었지만, 1946년에는 2만 명으로 줄어들었다.

내전과 중화인민공화국 성립 전후의 광동 화교 자본

홍콩으로 몰려들던 자본과 사람은 그러나 1941년 12월에 일본군이 홍콩을 점령하자 뚝 끊어졌다. 1942~1945년 점령기 동안 모든 비즈니스는 중단되었고, 다시 홍콩으로부터의 탈주가 시작되어 이 시기 홍콩 인구는 1931년 84만 명에서 점령 직전인 1941년에는 164만 명으로 늘었으나, 1945년 종전 직전에는 60만으로 줄어들었다. 1941년부터 종전까지 100만 명이 홍콩을 떠난 셈인데, 이들 중 일부는 일본 점령 하의 상해로 되돌아가 경영에 복귀하였다.

하지만 내전이 발발하자 1946년 중반부터 대량의 인구와 자본이 다시 상해에서 홍콩으로 흘러 들어가기 시작했다. 중일전쟁 전에 84만에 지나지 않았던 홍콩 인구는 중일전쟁과 내전의 혼란을 거치고는 225만 명으로 거의 3배가 늘어나 있었다. 자본의 유입 역시 수반되었다. 1946년 7월에서 10월 석 달 사이에만 상해에서 홍콩으로 100~300억 원의 법폐가 유입되었다. 특히 면방직 공업 분야의 자본 유입은 기계와 원료를 합해서 2억 홍콩달러로 추정되는 막대한 규모였다. 1949년과 1950년 사이에만 1년에 10억 달러가 홍콩으로 유입되었다. 내전 시기 홍콩으로 이입된 자본 중에 상해 면방직업의 이동은 제조업이 없던 홍콩에 전후 산업혁명을 일으켰다고 일컬어질 정도로 커다란 경제적 변동을 가져왔다.

상해를 떠난 광동 자본의 홍콩 집중은 달리 갈 곳이 없었기 때문이기도 했다. 북미는 여전히 이주를 엄격히 제한하고 있었다. 1882년의 중국인 이민금지법이 1943년에 와서 폐지되기는 했으나, 수년 동안은 쿼터제를 실시했는데 여러 민족에 대한 쿼터 중 최소 인원인 매년 105명의 쿼터만을 허가하였고, 그것도 이미 입국해 있는 중국인들의 가족 상봉을 위해서 허용했을 뿐이었다. 중화인민공화국 성립 이후 미국은 특별히 대륙을 탈출하려는 학생, 지식인, 관료들을 위해 5,000명의 특별 쿼터를 배정했고, 1953년 난민구조법으로 2,000명의 중국인을 추가로 받아들였다. 그러나 여전히 국민당 관계자에 대한 특별한 정치적 배려였고 동남아시아는 중국 내륙에서 중국인들이 넘어올까 봐 아예 문을 닫았기 때문에, 당시 상인들에게는 홍콩과 대만이 거의 유일한 선택지였다.

광동 화교가 가장 많은 동남아시아는 제2차 세계대전 당시 일본에 의한 화교 압살 정책의 충격에서 벗어나기도 전에, 종전 후 고양된 민족주의로 인해 화교에 대한 현지 정부의 압박이 날로 거세지고 있었다. 일본 점령기 말레이시아, 싱가포르에서 학살된 화교는 10만이 넘었다. 종전 후 중국 본토로부터의 새로운 이민은 거의 없었다. 오히려 말레이시아에서는 1949년 6월부터 1952년 4월까지 4만여 명의 화교가 귀국하였다.

중국 본토와 동남아시아의 불안한 상황은 해외 송금 루트에 중요한 변화를 가져왔다. 원래 홍콩은 세계 각지에서 중국 본토의 교향으로 송금하는 루트의 중개지였다. 그러나 1949년 이후는 세계 각지에서 홍콩으로의 송금액은 더욱 늘어났으나, 중국 본토로 가지 않고 홍콩에 잔류하는 송금액의 비중이 크게 늘어났다. 1956~1957년 동안 홍콩에 송금된 해외 화교의 송금액은 미국 5억 홍콩달러(8,500만 미국달러), 동남아시아 1억 5,000만 홍콩달러, 여타 지역 5,000만 홍콩달러로 합계 7억 홍콩달러나 되었는데, 이 중 총액의 70%에 해당하는 약 5억 홍콩달러가 홍콩에 남고, 30%만이 중국 본토나 다른 곳으로 재송금되었다. 이러한 변화의 이유는 여러 가지가 있지만 먼저 동남아시아의 정치 불안으로 그 지역의 화교들이 투자와 귀금속 형태로 자본을 홍콩으로 유출시켰던 점을 들 수 있다. 그리고 보다 흥미로운 점은 냉전으로 미국이 중국으로의 송금을 규제하면서, 미국과 해외의 친척들로부터 송금을 받아 생활하던 내지의 광동인 및 복건인들이 원활한 송금을 위해 여러 루트를 써서 홍콩으로 이주했다는 점이다. 1954년 홍콩 전체 225만 명 인구 중에 홍콩 현지에서 태어난 인구는 26.7%에 불과했고, 1945년 8월 종전 이전에 홍콩으로 이주한 인구가 33.3%, 종전 이후에 홍콩으로 이주한 인구가 40%나 차지하였다. 중화인민공화국 성립 이후에도 홍콩으로의 이주는 계속되었다. 1948년 중국 공산당의 진격이 본격적으로 시작되기 전까지 홍콩 인구는 170만이었지만, 1957년에는 약 300만으로 늘어났다. 조선을 떠나와 상해에 정착했던 담씨 가족들도 이 시기 홍콩으로 이주하였다. 담정택은 1956년에, 셋째 부인 호운경, 10남 담정황의 아들 담내걸, 5남 담정란의 처와 딸은 모두 1957년에, 담정택의 처와 아이들은 1959년에 상해를 뒤로 하고 홍콩으로 건너왔다.

고베의 대외 무역을 호령하고 인천을 주름잡던 동아시아의 광동 상인은 이제 역사의 뒤안길로 사라지고 기억 속에서 잊혀졌다. 일본에 거류하는 화교 수는 1945년 2만 6,373명에서 1951년 4만 3,377명으로 크게 늘어났지만 광동 화교의 숫자는 1959년 요코하마 2,200명으로 41.5%, 고베 1,800여 명 21.7%, 도쿄 700여 명 5.3%로 숫자도 적어지고 화교 사회 내의 비중도 줄어들었다. 일본에서는 광동인을 대신해서 대만, 복건적 화교의 비중이 높아졌다. 한국의 화교 인구는 1948년 1만 7,443명에서 1953년 2만 1,058명으로 다소 늘어났지만 자연증가율보다 인구는 줄어들었다. 거주 화교의 압도적 다수는 산동 화교이다. 20세기 초까지 이 지역에 있던 광동 상인과 자본은 어디로 갔을까. 1961년 홍콩 인구의 90% 가량이 광동성이 원적지이며, 6% 정도만이 기타 지역 출신자이다.

중국 경제와 광동 화교 자본

1868~1936년 해관 통계에 따르면 중국 대외 무역의 적자 누적액은 74억 해관량, 미국달러로 환산하면 50억 달러나 된다. 그런데 같은 시기 해외에서 중국으로 보낸 송금액은 24억 4,000만 달러로 중국 무역 적자의 50%에 상당한다. 또 이 해외 송금의 60~70%는 광동성으로 향했다. 상해 등 타 지역으로 송금된 광동 상인의 자금을 포함하면 전체 해외 송금에서 광동인 자본의 비중은 더욱 커질 것이다. 넓은 의미에서 광동인들은 해외에서 벌어서 본국의 적자를 보존해 주었다. 1928년 남경 국민정부 성립부터 1937년 중일전쟁 발발 이전의 10년을 보아도 연간 무역 적자가 약 6억 원을 오르락내리락했으나, 광동 화교의 송금액만으로 매년 거의 3억이었다. 광동성 자체도 식량 자급이 되지 않아 미곡을 수입하는 심각한 입초 지역으로, 1930년부터 1936년까지 무역 적자액은 연간 1억여 원에 달했으나, 광동 화교 송금액은 이를 충분히 메우고도 남았던 것이다.

1945년 이전까지 사람 수에서 보자면 광동 화교가 가장 많이 거류하는 지역은 아시아 특히 동남아시아로 광동 화교의 90% 가까이가 이 지역에 거류했다. 아메리카 대륙 지역의 거류는 약 25만 명 정도이며, 이 중에서 미국이 11만 7,629명, 캐나다가 약 4만 명이었다. 그런데 아시아의 경우 화교 전체에서 광동 화교의 점유율은 약 70% 가량이나, 아메리카 대륙은 99.12%로 대단히 높다. 게다가 미국과 캐나다의 화교는 통계상으로 100%

광동인으로 나온다. 그 원인은 북미 지역이 일찍부터 중국 노동자의 대량 이주로 사회 갈등을 겪으면서 중국인에 대한 이민 제한을 법률화했기 때문이었다. 미국은 1882년부터 1943년까지 소위 배화법(排華法), 즉 중국인 이민금지법을 유지했다. 부분적으로 또 단계적으로 중국 이민을 수용했으나, 대폭 이민 정원을 확대한 것은 1965년부터였다. 그 때문에 1850년대 초기 이주자였던 광동 화교의 압도적 인구 구성비가 그대로 온존되었던 것이다. 캐나다 역시 1947년 이후에야 중국인에 대한 이민금지법을 철폐하였다. 흥미롭게도 인구수로는 상대적으로 적은 북미 지역의 송금이 전체 화교 송금에서 제일 컸다. 1930~1936년 사이 미주 지역에서 보내온 송금은 최저 1억 원에서 2억 5,000만 원까지 해마다 차이는 컸지만, 평균적으로 전체 화교 송금액의 절반을 웃돌았다. 즉 동남아시아 광동 화교가 아니라 아메리카 대륙의 광동 화교가 이미 1930년대부터 화교 송금을 책임지고 있었다는 이야기이다.

또한 광동 사본은 화교 투자의 형식으로 최초의 근대식 공업과 설비를 중국에 도입하여, 근대 중국의 연안 도시 발전과 근대적 산업 건설에 큰 역할을 하였다. 이 자본의 향방은 수취 지역의 경제를 크게 변모시켰는데, 1949년의 신중국 성립을 전후하여 대량의 자본 이동이 이뤄진 홍콩의 전후 발전, 그리고 1978년 개혁개방 이후 중국의 경제 성장에 마중물이 되어준 광동 화교 자본이 바로 그러하다.

1957년 통계로 화교 총수는 1,200만 명, 그 중 광동 화교가 820만 명으로 약 68%를 차지했다. 1949년 내전에서 승리한 중화인민공화국은 경제재건을 위해 나름대로 화교 자본의 유치에 노력했으나, 미국과의 관계 때문에 북미의 광동 화교 자본을 제대로 활용할 수 없었다. 더 중요하게는 사회주의를 전면에 내세우고 자본주의적 노선에 대한 끊임없는 내부적 견제가 제기되었기 때문에 일관성 있는 화교 자본 유치 전략을 펼 수 없었다. 문화대혁명 시대의 광동성에서는 '삼양(三洋)', 즉 "해외를 지향하고, 숭모하고, 의지하는 경향(向洋, 慕洋, 靠洋)"을 비판하면서, 귀국 화교, 화교 가족 및 간부들에게 해외와의 관계를 단절하도록 지시하였다. 중국 최초의 화교 대학이자 화교 연구기관인 광주의 기남대학(暨南大學)도 폐쇄되었다. 그런 상황이었으므로 화교 투자는 중국 본토가 아니라 대만으로 갔다. 1949년부터 1978년까지 화교의 중국 본국 투자는 약 1억 달러였으나, 같은 기간 대만은 그 10배나 되는 11억 7,000만 달러의 화교 투자를 유치할 수 있었다. 개혁개방은 바로 이러한 문혁 시기의 정책을 뒤집어엎는 것에서 시작하였다. 화교의 고향 광동성과 복건성에 가장 먼저 특구를 설치하고 화교 투자에 각종 혜택을 주면서 러브콜을 보낸 결과, 1979~1986년까지 광동성에 투자된 외자는 42억 6,600만 미국달러에 달했고, 이 가운데 화교 및 홍콩, 마카오 자본이 80% 이상이었다.

전후 상해를 거쳐 홍콩으로 남하했던 광동 자본은 1978년 이후 다시 예전의 기억을 더듬어 북상을 시작했다. 2000년대 중반까지도 중국에 대한 해외 투자의 50% 가량이 홍콩을 통해서 들어오고 있었다는 것은 1980년대 이후 광동 화교 자본의 환류 양상을 보여 준다.

21세기 양행의 유산

동아시아 광동 화상 네트워크의 시작이 개항장 시스템과 양행의 확대라고 우리는 지금까지 계속해서 되뇌어왔다. 그런 의미에서 이야기의 밑밥을 깔아 주었던 동아시아의 서양 상인들, 양행에 대해서도 마무리를 짓지 않으면 섭섭할 것이다. 홍콩과 상해를 무대로 자본을 확장해 나간 양행들은 아시아 현지에 투자하여 막대한 이익을 얻었지만, 1949년 중국 공산당이 내전에 승리하고 중화인민공화국을 성립하면서 위기에 직면했다. 자딘 메디슨 사는 공산당과도 협조하여 영업을 계속하려고 했으나 결국 1953년까지는 중국 내의 모든 자산을 매각하고 홍콩으로 철수하였다.

버터필드 앤 스와이어 사 역시 같은 해에 중국의 모든 사무실을 폐쇄하고 홍콩으로 철수하였다. 중국에서의 오래된 전통 때문에 그대로 사용하던 버터필드 앤 스와이어라는 회사 이름도 1974년에 존 스와이어 사(John Swire & Sons (H.K.) Ltd.)로 바꾸게 된다. 사슨 사는 두 회사보다 일찍 1941년 전에 상해의 주요 자산을 처분하기 시작했고, 1945년 후에도 상해에는 지사만 남기고 상해에 있던 기업을 모두 홍콩으로 이동시켰다. 1948년에 상해의 남은 부동산을 매각하고 회사는 다시 바하마로 이전하여 중국에서의 직접적인 경영은 막을 내리게 되었다.

홍콩으로 철수한 자딘은 한국전쟁으로 인한 중국 봉쇄와 냉전으로 중국 본토와의 교역이 불가능하자, 이를 대체하여 홍콩을 기반으로 해외로 새로운 팽창을 시작했다. 동남아시아, 남아프리카공화국, 케냐, 오스트레일리아 등 전 세계에 새로운 사업체를 인수하여, 호텔, 슈퍼마켓 체인, 고급 자동차 유통·배급, 항공 수리·정비로 업종을 다변화하였다. 금융과 부동산 분야도 놓치지 않았다. 1949년 대륙 철수 직전에 이 회사의 종업원 수는 2만 명이었는데, 1979년까지 자딘은 전 세계적으로 5만 명을 고용한 글로벌 기업으로 성장했다. 특히 등소평의 개혁개방이 시작되면서 1979년 자딘은 25년 만에 다시 중국 본토에 상륙하여, 베이징에서 외국 회사로서는 제1호로 대표 사무소를 개설하고 연이어 상해와 광주에도 사무소를 열었다. 1년 뒤인 1980년에는 개혁개방 이후 첫 번째 합자회사인 베이징 항공 캐터링 회사(the Beijing Air Catering Company Ltd.)를 설립하였다. 현재 자딘 메디슨은 금융, 보험, 부동산, 교통 이외에 홍콩에서 첫 브랜드 편의점인 세븐일레븐의 독점사업권을 가지고 있고, 홍콩과 타이완에서 피자헛, 이케아의 독점사업권을, 동남아시아와 중국 화남 지역에 메르세데스 벤츠의 유통 배급권을 가지고 있다.

홍콩상해은행은 2015년 기준으로 세계에서 총자산 기준으로 4번째 큰 은행이며, 71개국에 6,000여 개의 사무소를 가지고 있다. 2012년에 런던 증권거래소에 등록된 회사 중에 로얄 더치 셸(Royal Dutch Shell)을 이어서 자본 규모가 두 번째로 큰 회사이다. 홍콩상해은행은 스탠더드 차터드 은행(Standard Chartered Bank, 차터드 은행과 스탠더드 은행이 1969년 합병하여 탄생)과 중국은행(1997년 홍콩 반환 이후)과 더불어 홍콩의 법정 화폐를 발행하는데, 홍콩 지폐발행량의 67%를 홍콩상해은행이 차지하고 있다. 홍콩상해은행 상해지점은 첫 오픈한 1865년 이래 중일전쟁 중의 일본군 점령기를 제외하고는 지금까지 줄곧 중단 없이 영업을 해왔으며, 심지어 문화대혁명 시기에도 영업을 하였다. 다만 개혁개방 이전까지는 내지 송금이나 수출환 발행 위주였으나, 이후는 본격적으로 대륙에서 금융 세력을 키웠다. 2004년에는 중국 제5위의 은행인 상해교통은행 주식 19.9%를 매입하였다.

변경 동아시아와 홍콩에서 일어나 본국 영국에서 금융 자본의 정상에 선 홍콩상해은행은 본국-식민지를 중심-주변의 종속이론으로 설명할 때

참으로 곤란한 사례이다. 홍콩상해은행 자본은 결코 영국인 자본만이 아니라 동아시아 현지의 다국적 자본이었다. 굳이 그것이 아니라도 홍콩은 1990년대에 이미 1인당 GDP가 본국인 영국을 능가한 '식민지'였다는 점도 첨언해 둔다. 모두 홍콩이 화교 자본을 비롯한 다국적 상인 디아스포라의 총본산이기 때문에 가능한 일이었다. 그러나 그랬던 홍콩도 1997년 중국에 반환된 이후 중국 본토로부터 정치적, 경제적 침식이 진행되고 있으며, 홍콩상해은행(HSBC)은 1993년에 회사의 총본부를 홍콩에서 런던으로 옮겼다.

버터필드 앤 스와이어 사는 전전(戰前)의 부동산, 항만, 무역, 제당업의 전통을 잇고 있으며 보다 홍콩과 아시아에 집중하고 스와이어 가 위주의 가족 경영 체제를 유지하고 있다. 1948년에 스와이어 사는 케세이 퍼시픽(Cathay Pacific)을 인수하여 홍콩 최대의 항공 회사로 성장시켰고, 현재도 45%의 주식을 보유한 최대 주주이다. 부동산에서는 홍콩과 개혁개방 이후 북경, 상해, 광주, 성도 등 대도시를 위주로 대중교통 요지에 다목적 건물을 건설하여 개발하고, 호텔 운영과 임대업으로 수익을 높이고 있다. 한편 선박 항만업 역시 특화, 전문화하여 발전시켜 나갔는데, 세계 전역의 해양 석유, 천연가스 산업용 선박 전세 회사인 Swire Pacific Offshore Holdings Limited, SPO, 태고윤선공사의 전통을 잇는 원양 선박 회사인 The China Navigation Co., 글로벌 에너지 산업용 화물로 특화한 이 분야 세계 최대의 선박 회사인 Swire Oilfield Services 등이 자회사로 있다. 선박의 시대가 저물고 비행기의 시대가 오면서, 케세이 퍼시픽을 비롯해 항공에 공격적 투자를 하면서도, 해양 수송에서 블루 오션 분야를 개발하여 특화함으로써 여전히 전통을 이어가고 수익을 극대화하고 있는 것이다. 제당업은 음료 산업과 긴밀히 연계되어 있는데, 오늘날까지 태고 설탕[太古糖]은 홍콩과 중국의 대표적 설탕 브랜드로 시장을 장악하고 있다. 또 음료 산업에서 코카콜라 회사의 최종 제조업체로서 홍콩, 타이완, 중국 본토 대부분 지역 및 미국의 11개 주에 코카콜라를 독점 제조, 공급하고 있다. 스와이어 사는 처음부터 런던에 본부를 뒀다는 점에서 자딘이나 홍콩상해은행과는 다른데, 두 회사와 달리 스코틀랜드 자본이 아닌 이유도 있을 것이다. 그러나 기업 활동의 중심은 줄곧 동아시아와 태평양 지역이다. 2016년에 런던에서 스와이어 사 본부를 찾아갔다가 깜짝 놀랐었다. 하필이면 바로 런던의 한국 대사관 바로 옆 건물이다.

상해에 진출한 양행의 발전사를 되짚어보면 이들 외국 상사는 아시아와 중국의 경제 네트워크 속에서 창립되어 성장했음을 알 수 있다. 그리고 상해든 홍콩이든 중국에 토착화한 사업을 경영한 기업만이 결국 지속적으로 성장할 수 있었다. 종래에 외국 상사의 국내 산업 진출을 제국주의적 침탈로 단순화하여 파악하는 경향이 적지 않았지만, 상해에서 성장한 양행 역시 중국화, 토착화의 길을 걸었으며, 한편으로는 중국에게 근대적 기술, 경영, 산업을 전달하는 중요한 역할도 했던 것이다. 흥미로운 점이라면 중국 공산당의 집권 이래 단절되었던 이 관계가 개혁개방 이후 제국주의라는 정치적 억압 요소를 배제한 그러나 유사한 형태로 재차 점화되었다는 것이다.

일제 강점기 일본으로 일하러 간 조선인의 절반 이상은 경상도 사람이었지만, 이 지역은 원래 인구 집중 지역이기 때문에 의아할 것이 없다. 반면에 원래 거주 인구 규모에 비해서 가장 높은 비율로 일본에 건너간 지역이 바로 제주도이다. 1911년 일본 내지의 방적 공장이 제주도에서 직공을 모집한 것을 계기로, 일본의 공장 노동자로 제주도민의 도일이 크게 늘어났다. 몇 가지 계기가 있는데 이영훈의 연구에 따르면 1914년 토지조사사업(土地調査事業)으로 토지를 빼앗긴 농민들이 돈을 벌기 위해 대거 외지로 이주를 하였고, 1923년 2월에 제주도와 오사카 간에 월 2회 이상의 정기 항로가 개설된 것이 일본 이주에 자극제가 되었다고 한다.

관동대지진과 도항 규제가 이어지면서 잠시 이주의 증가세는 주춤했다. 하지만 1920년대 간헐적으로 조선인의 일본 도항에 대한 규제가 강화되었음에도 불구하고, 제주도민들은 특수하게 우대를 받아 도항이 비교적 수월했다. 제주도는 전라남도 관할로, 제주도의 최고 지방장관은 도사(島司)라고 불리며 제주경찰서장을 겸임하여 막강한 권한을 행사했다. 바로 이 제주도 기관장인 도사가 조합장으로 있는 '제주도일본도항자조합(濟州島日本渡航者組合)'에 가입해서 매년 조합비를 내기만 하면 출가허가증(出稼는 외지벌이)을 얻어 일본에 갈 수 있었다. 물론 초대 도사부터 해방까지 10명의 도사는 모두 일본인이었다.

그러다가 1932년부터는 제주도민에게도 도항이 제한되었다. 섬 밖으로 돈벌러 나가는 걸 자제하고 자력갱생하는 방향으로 정책이 전환되었던 것인데, 표면적으로는 다들 외지로 떠나서 제주 도내의 농촌에 노동력 부족이 심각했다는 것이지만, 제주도에 좌파가 많고 특히 오사카에 제주도 출신의 좌파 운동이 많다는 일본 경찰의 인식이 영향을 미쳤다.

1933년 조선에서 오사카로 도항한 조선인 중에 91%가 제주도에서 출발했다고 하며, 오사카에 온 조선인의 대부분은 제주도 사람이었다고 해도 과언이 아니었다. 1934년에 제주도 내의 세대 수 4만 7,466호 중에 3만 498호가 식구 중에 일본 도항자가 있었다고 한다. 같은 해 일본에 거주하던 제주도 출신자의 숫자는 5만 45명이었는데, 이 숫자는 제주도민 전체 숫자의 약 20%였다. 즉 제주도민의 5분의 1이 일본에 있었던 셈이다. 일본에 건너간 도민은 대부분 청장년층이었으므로 일할 만한 제주도 남자는 거의 일본으로 가고 섬에는 노인, 여자, 어린이만 남아 있었다고 할 수 있다. 또 제주도에는 교육기관도 실업계 공립 농업학교 1곳밖에 없어서 진학을 하려면 외지로 나가야 했는데, 도쿄가 학교가 많아 입학이 쉬웠기 때문에 조선 내보다 일본으로 유학 가는 경우가 많았다고 한다.

제주도는 전쟁 전 미군의 공습 기간 중에 일본 본토와 오키나와 이외에 유일하게 폭격을 겪은 한국 땅이기도 하다. 1944년 10월 25일에 미군은 최초로 제주도를 공습했는데, 오사카를 폭격하러 가면서 제주도를 같이 폭격했다. 왜냐하면 제주도가 일본 본토를 공습하러 가는 미군의 B29 폭격기의 통과 지점이어서, 일본군이 제주도에 미 공군을 겨냥한 레이더 기지를 건설해 두었기 때문이다. 제주도는 미군이 본토 상륙을 검토할 때 후보지 중의 하나였다. 결과적으로는 오키나와에 미군이 상륙한다.

해방 후 어려운 경제 사정으로 재차 일본으로 '밀항'하는 숫자가 급증했다. 화교 배출이 많은 광동성, 복건성의 여러 교향(僑鄕)들처럼, 제주도는 일본에서 보내온 송금으로 먹고 사는 경제였다. 섬 내의 산업은 주로 일본에 수출할 군수물자 생산이었는데, 일본과의 교류가 끊기니 제주도 경제는 사실상 붕괴 상태에 놓였던 것이다. 또 해방으로 6만 명이나 귀향하면서 갑자기 인구가 늘어 식량 가격이 급등했다. 1947년부터 폭등하기 시작한 물가로 일본에서 귀국 시 소지가 허락되었던 최대 1,000엔의 자금은 금방 소모되었다.

경제적 압박보다 절실했던 밀항의 이유는 정치적인 것이었다. 1947년 3.1절 기념집회에서 경찰의 무차별 발포로 6명의 주민이 사망하면서 시작된 좌파 '숙청'과 그 반동으로 불이 붙은 반정부 투쟁은 밀항 러시에 박차를 가했다. 사실상 내전의 성격에 가까운 제주 4.3항쟁으로 제주도의 청년은 경찰이나 군인에 지원하거나, 산에 들어가 빨치산이 되어야 했고, 그게 싫다면 섬 밖으로 탈출하는 길밖에 없었다. 4.3항쟁 기간 동안 입산한 게릴라와의 연락을 차단하기 위해 산 중턱의 주민들을 모두 해안 지역으로 강제로 이주시키고 마을은 모두 성곽으로 둘러싸서, 양민증(良民證)이라는 출입증이 있어야만 출입할 수 있도록 했다. 이런 철저한 이동 통제가 철폐된 것은 1954년에 가서였다.(伊地知紀子·村上尙子 2008)

테마 27 20세기 동남아시아의 화교 학살

1945년 제2차 세계대전의 종전과 식민지의 광범위한 독립으로 많은 신생 국가들이 생겨났다. 동남아시아 역시 대표적인 지역이었는데, 제국주의 본국인 구미 열강이 떠난 자리에 식민지 지배의 중간 매판 역할을 하면서 원주민보다 우월한 경제적 지위를 누리던 화교들에 대한 적개심이 만연했다. 내셔널리즘의 광풍과 민족주의 정권의 탄생은 동남아시아 인구의 30%를 차지하던 화교 사회에는 재앙이나 다름이 없었다.

반중국인 폭동이 가장 치열했던 곳은 인도네시아이다. 네덜란드의 지배를 받던 인도네시아에서는 일찍이 개항 이전에도 최악의 화교 학살이 일어난 곳으로 유명하다. 1740년 10월에 바타비아(인도네시아 자카르타)에서 네덜란드 식민 당국이 중국인 1만 명 이상을 학살한 홍계사건(紅溪事件)이 바로 그것이다. 인도네시아 독립의 영웅 수카르노는 제2차 대전 직후인 1945년 독립을 선언하고 네덜란드 군과의 전투를 이끌어 1949년 완전히 네덜란드를 축출하였다. 그는 이후 1967년까지 22년간 인도네시아를 통치했다. 1955년 반둥회의 이후 제3세계의 독립적 외교를 강조하는 그는 반서방 친중국 노선으로 기울었다. 그러나 무슬림 국가인 인도네시아에서 경제력을 장악하고 종교도 기독교가 많은 화교에 대한 사회적 불만은 높았다. 수카르노의 친중 용공 노선에 대한 반감은 일반 민중과 군부 내에서 커져갔다. 그런 와중에 1965년 인도네시아에서는 군부 쿠데타가 일어나('9.30사건') 쿠데타 진압의 주역으로 반공, 반중 입장을 확실히 한 수하르토가 부상하고 수카르노는 실권했다. 그 여파로 공산당, 중국계 주민, 좌파에 대한 광범위한 학살이 1965년 10월부터 1966년에 걸쳐 인도네시아 전역에서 발생했다. 인종 청소로 불릴 정도로 가혹한 학살의 희생자는 50만 명에서 최근에는 200만 명이 넘는다는 추계가 나올 정도이다. 수하르토는 1967년에 결국 수카르노를 밀어 내고 정권을 잡아 이후 31년간 인도네시아를 통치하였다.

인도네시아의 학살에 이어 4년 뒤 1969년에는 말레이시아의 '5.13사건'이 일어났다. 1969년 5월 총선에서 중국계 주민, 즉 화인(華人)이 참여한 연맹당이 예상 의석수의 확보에 실패하자, 화인을 주요 대상으로 한 유혈 충돌이 발생한 것이다. 이 유혈 사태로 196명이 사망하고, 439명이 부상했으며, 9,000명 이상이 구속되었다. 영국이 해협식민지로 건설한 싱가포르와 영국의 보호령이 된 말레이시아는 원래 1963년에 함께 한 나라로 영국에서 독립했지만, 곧 2년 뒤(1965년)에 싱가포르만 떨어져 나와 도시 국가이지만 따로 주권국이 되었다. 사실상 싱가포르는 쫓겨났다고 볼 수 있는데, 그 이유는 싱가포르는 주민이 90%가 중국 이주민이었기 때문에, 안 그래도 말레이시아 인구의 30%에 육박하는 중국계 주민을 고려하면 싱가포르를 떠안을 경우 선거에서 말레이계 주민이 밀릴 수 있었기 때문이었다. 싱가포르가 따로 살림을 차려 나간 뒤에도, 말레이시아 내에서는 계속해서 중국계와 말레이계 사이의 모순이 해결되지 않았다.

그래도 말레이시아는 중국계 인구가 워낙 많고 비중이 커서 함부로 화인을 다루지 않은 편이다. 미국과의 긴 전쟁이 끝난 뒤의 베트남은 대단했다. 베트남 전쟁이 끝난 1975년 그 해에 베트남 정부는 이미 화교를 해외로 축출하기로 정책을 확정지었다. 베트남에 거주하는 화교에게 베트남 국적을 등기하도록 강요하고, 중국 국적을 보류한 화교는 베트남 내에서 취업과 취학의 권리를 박탈했으며, 이미 고용된 공무원직에서도 해임하였고, 군적(軍籍)을 취소했다. 화교 관련 기관을 폐쇄했으며, 화교에게만 무거운 세금을 부과하고 식량을 징발하였다. 나아가 호적의 말소와 재산 압류까지 이뤄졌다. 결국 견딜 수 없는 화교들이 해외로 탈출하기 시작했다. 1976년부터 1980년까지 약 5년 사이에 100만 명의 베트남 거주 화교가 해외로 탈출하였다. 보트 피플로 당시 한국 신문 지상을 늘 장식하던 해외 탈출 난민들 중에는 화교가 많았다.

한참 잠잠한 듯하던 동남아시아의 반(反) 화교 정서는 20세기를 얼마 놔두지 않은 1998년 5월에 인도네시아에서 재차 대규모 폭동으로 분출했다. 이 폭동은 인도네시아 전역에서 일어났지만, 특히 자카르타에서 사상자가 많이 나왔는데, 주로 중국인이 소유한 슈퍼마켓이 공격 대상이 되었기 때문이다. 하지만 1965년과 달리 이번에는 1,000명이 넘는 사망자 중 다수가 진압 대상이 된 인도네시아인 폭도였다. 당시 인도네시아는 1997년 한국에서는 IMF 외환 위기로 알려진 아시아 금융 위기로 심각한 경제 위기에 빠졌고, 계층 갈등이 심화되고 있었다. 인도네시아 정부는 경제 위기를 인도네시아의 경제력을 장악한 화교의 탓으로 교묘히 돌리면서 국민들의 불만을 다른 곳으로 돌리려고 반중국인 폭동을 방조했다는 비판이 있으나 알 수 없다. 당시 수하르토 정권을 지지하던 미국 정부조차도 이를 인종 차별 폭동으로 규정하고 폭도를 피해 몰려든 화인(華人) 난민들을 대사관에서 최대한 수용하고, 인도네시아 정부에 빨리 폭동을 진정시키도록 압력을 행사했다. 그러나 중국은 제3세계 외교 정책의 기본이었던, 중국 국적 취득자가 아닌 화인에 관한 사항은 내정 문제라는 불간섭 방침을 고수하고 일체 나서지 않았다. 그 때문에 인도네시아 화교 사회에서는 "미국의 개가 될지언정 중국인은 되지 않겠다.(寧做美國狗, 不做中國人)"는 표어가 거리에 내걸렸다고 한다. 역설적으로 9.30사건의 쿠데타와 화교 학살로 출범한 수하르토 정권은 바로 이 반화교 폭동으로 32년간의 철권통치의 막을 내렸다.(최승현 2009; 최승현 2012; 위키피디아 영문판)

11장

동아시아 이민사 속의 재한 화교

해방과 한국전쟁 시기의 재한 화교

1945년 당시 8만 명이던 화교 수는 해방 이후 강제 노역으로 끌려 온 2만여 명의 중국인이 귀국하고, 한국전쟁(1950~1953년)으로 다시 북한의 화교가 대거 귀국하면서, 북한에는 1만 4,351명(1958년), 한국에는 2만 2,090명(1954년)만이 남았다.

해방은 한국인에게 뿐만 아니라 화교에게도 커다란 기쁨이자 재기의 기회였다. 1937년 중일 전면전의 발발로 적성국 국민으로 감시와 억압을 받았던 화교들은 이제 제2차 대전의 승전국 국민으로 미군정으로부터도 특별대우를 받게 되었다. 식민지이기는 했어도 일본의 전쟁을 도왔다는 눈으로부터 자유로울 수 없었던 한국인보다도 우월한 지위였던 것이다. 미군정청은 한국에 거주하는 대륙 출신 중국인, 즉 재한 화교를 '연합국 국민'으로 분류하여 적국 및 중립국 국민과 달리 재산, 건강, 복지, 재판 등에서 특별대우를 하였다. 화교는 귀속 재산, 즉 몰수 대상인 적산(敵産)의 처리에서 큰 이익을 얻었다. 당시 남한 총자산의 약 80%가 일본인 재산이었다. 특히 귀속 주택의 경우 재한 화교 5가구 중 1가구는 귀속 주택에 불법 점유 내지 임차 등의 방식으로 살고 있었는데, 귀속 주택 거주 비율은 화교가 한국인의 10배나 높았다. 회사나 상점의 경우 종업원이던 화교가 일본인 주인이 귀국한 뒤 점유하기도 하였다. 1947년의 소규모 사업체의 불하에도 중국인은 한국인과 마찬가지로 참가 자격을 가졌는데, 외국인에게 귀속 재산이 독점되고 있다는 국회의 반발을 미 군정청이 무시한 결과였다.

그러나 해방 직후 1920년대를 능가하는 화교의 경제적 세력 신장을 가능케 한 것은 이민 초기와 마찬가지로 대외 무역에서였다. 해방 후 대일본 무역의 상대적인 퇴조와 대조적으로 한중 무역이 급부상한 것이 첫 번째 요인이었고, 둘째로 외환이 부족하던 한국에서 화교가 대량의 달러를 장악하였던 것이 주효하였다. 여기에 미군정 당국의 화교 우대도 한몫을 하였다. 1946년 초 미 군정청은 한중 무역을 촉진하는 각종 정책을 펴면서 신용장선수제를 실시하였다. 이는 신용장을 가져온 무역업자에게 수출입의 권한을 주는 제도로, 중국 본토와 홍콩 등지를 아우르는 인적 네트워크를 가지고 신용 거래를 오래 해온 화교 무역상에는 매우 유리했다. 반면 당시 신용장을 발급받을 만한 국제적 네트워크를 가진 경쟁력 있는 한국 자본의 무역 상사는 거의 없었다. 식민지 시기 미쯔비시(三菱), 미쯔이(三井) 등 대자본의 일본 무역 상사에 눌려 토착 자본은 거의 발전하지 못했다. 이병철 씨가 현 삼성물산의 전신이 된 홍콩과 동남아 무역을 겨냥한 삼성물산공사(三星物産公司)를 창립한 것도 1948년 11월로, 해방 직후 한국의 무역 상사는 막 걸음마를 떼기 시작했던 것이다. Company에 해당하는 '회사

(會社)'라는 일본어 번역어 대신에 '공사(公司)'라는 중국어 번역어가 한말 이래로 다시 쓰이고 있다. 이러한 토착 자본의 미약한 상황은 한중 무역에서 화교 독점의 최대 원인이었다.

당시 한국은 교통, 도로, 주택, 광업, 농업 재료를 모두 수입에 의존하고 있었고, 대량의 일용품도 수입에 의존하였다. 해방 직후 한국의 무역 구조를 보면, 1946년 수출총액 중 18%가 대일 무역, 82%가 대중 무역이었고, 1947년도는 대미 무역이 47.5%, 대중 무역이 52.5%를 차지했다. 수입도 마찬가지로, 1946년 수입총액의 84%, 1947년 수입총액의 45%가 대중 무역이었다. 비록 점유율은 미국과의 무역이 급부상하면서 다소 하강하지만, 중국으로부터의 수입액은 1억 5,920만 4,915원에서 9억 4,126만 9,434원으로 신속하게 늘고 있었다. 대중 무역을 처리하는 업자들의 구성을 보면, 화교 자본이 70%를 차지하여, 한국인 자본은 30%에 불과했다. 1948년 대표적인 13개 화교 무역상행인 만취동(萬聚東), 계중(啓中), 호혜(互惠), 정흥덕(正興德), 익창덕(益昌德), 인창(仁昌), 복융상(福隆祥), 익태동(益泰東), 광태창(廣泰廠), 화교(華僑), 천덕(天德), 중한(中韓), 남방(南方)은 한국 수입총액의 21%, 수출총액의 16%를 담당하고 있었다. 이 13개 무역상의 전체 입초액은 7억 원으로 한국 전체 입초액의 43%를 넘게 차지했다. 1948년 1월에서 9월까지 한국의 주요 무역 회사 취급 총액을 분석한 또 다른 통계에 따르면, 한국 무역의 약 90%가 화교 무역 상사에 의해 독점되었다는 주장도 있다. 미 군정청은 한국 무역의 진흥을 위해 세계에서 가장 낮은 관세율을 실시했기 때문에 수입업은 이윤이 매우 높았다. 게다가 중국에서 한국 항구로 온 수출입 물자는 반드시 통관업자의 손을 거쳐 세관을 통과하게 되어 있었는데, 당시 통관업자의 30%가 화교였다. 어쩐지 1880년대 조선 해관 개설 시기를 떠올리게 만든다.

이뿐 아니라, 정규 무역의 30~50%로 추정되는 한중 밀무역은 화교의 독무대였다. 합법, 불법으로 수입한 물자의 처리와 유통도 화교에 의해 장악되어 있었다. 화교 상인들은 수입 물자를 창고에 보관해 두고 시세를 봐 가며 방출하는 전략으로 큰 이익을 올렸다. 게다가 화교 무역상이 중국인 잡화상을 통해 수입 물자를 판매하는 전략을 확대시켜 나감에 따라, 해방 이전 서울에 17개에 불과하던 잡화상 역시 1949년 4월에 61개로 급증하였다. 이 화교 경제권의 결집체가 서울, 인천의 차이나타운이었으며, 그 근간은 대외 무역을 장악한 화교 무역 상사였던 것이다. 이러한 화교 무역상의 한중 무역 독점에 한국 무역 업계는 강한 반발을 보였고, 미 군정청에 수차례 시정을 요청하였다. 1947년 7월 한국무역협회와 조선상공회의소는 자주적 관세 정책을 미 군정청에 요구하였다. 그러나 남한의 토착 자본을 대표해 줄 국가가 존재하지 않은 상태에서 화교의 무역 독점을 제어할 수는 없었다. 미 군정청은 화교 우대 정책에 따라 토착 자본의 요구를 무시하였다. 서울의 무역 회사는 해방 전 4개에서 1948년 10월까지 4배나 증가하였고, 인천의 화교 인구도 1948년 10월에는 1945년에 비해 3배나 증가하였다.

하지만 이러한 화교 경제의 맹렬한 발전은 한국에 민족주의적 신정부가 건립되고 신설된 무역국(貿易局)을 중심으로 토착 민족 자본 우대 정책을 펴면서 견제를 받기 시작하였다. 1950년 2월 이승만 정권이 화교 자본의 성장을 경계해서 화상의 창고를 봉쇄한 것은 이 같은 화교 자본의 뿌리를 뽑으려 했던 것이었다. 외래 상품의 불법 수입을 금지한다는 명목으로 창고가 봉쇄되었고, 화물 보유량이 많았던 화교 상인의 창고는 차압되어 국유화되었다. 또 한국전쟁 도중 약탈과 파괴로 인한 손실도 30억 원 이상이었다고 한다. 종전 후 화교 경제는 점차 회복되었지만, 한국 정부의 화교 자본에 대한 견제도 여전하였다. 그 당시는 무역에 대한 높은 수요에 비해 외환은 턱없이 부족했다. 한국 정부는 외환 배당에서 한국인 상인에게는 법정 가격으로 배급했지만, 화교 상인은 외국인에 대한 외환규제법으로 특혜를 누릴 수 없었기 때문에 수배에 달하는 시가로밖에 외환을 손에 넣을 수 없었다. 또 은행에서 신용 대부를 받는 것도 한국인 상인에 비해 불리하였다. 이 때문에 화교 상인은 한국인과 합작하는 경우가 많았는데, 동업 회사는 한국인 명의로 등록하고 화교가 경영하는 식이었고, 대부분 자본의 주식 소유권은 화교가 소유하였다. 1954년 통계에 의하면 당시 한국의 무역상은 약 400개로, 그 중 한중 합작이 29개였는데. 서울에서만 한중 합작이 17개나 되었다. 그러나 동업한 한국인이 법적 소유권을 주장하여 화교 상인의 회사를 갈취하는 경우가 빈번히 발생하였기 때문에, 합작회사는 곧 단명으로 끝나는 경우가 많았다. 결과적으로 화교 사회가 화교 간의 유대에 의존하는 폐쇄성을 더욱 강화시키는 결과가 되었다.

그렇지만 한국 정부의 민족 자본에 대한 우대와 화교 자본에 대한 견제는 화교 무역 자본 쇠퇴에서 부차적인 원인에 지나지 않는다. 보다 결정적인 것은 1949년 국민당 정권이 내전에서 패배하여 대만으로 쫓겨 가고 중화인민공화국이 건설되고, 1950년 한국전쟁 발발과 1953년 종전 이후 냉전이 시작되면서, 한국전쟁에서 북한을 지원하고 냉전의 적대국이었던 중국과 완전히 교류가 중단된 때문이었다. 해방 직후의 폭발적으로 증가하던 대중 무역은 이제 경상도 크기밖에 안 되는 대만과의 교역 이외에는 사라져 버렸던 것이다.

냉전은 화교 자신들에게도 민족상잔의 아픔을 겪게 한 비극적인 사건이었다. 대한민국 육군 제4863부대 SC부대. 다름 아닌 한국전 때 조직되었던 화교 부대의 공식 명칭이다. 대원은 재한 화교 청년으로 200여 명이나 되었다. SC부대는 특수 첩보 부대로 그 존재나 활동이 당시로서는 군사 기밀이었고 아직도 제대로 연구조차 되고 있지 못하다. 이들의 활동 기간은 1951년 3월부터 1953년 9월까지의 2년 반 동안으로, 화교 부대는 '유엔'군으로 참전하지 못한 대만 국민당 정부의 국부군을 대신하여 비공식적인 연합군의 역할을 훌륭히 해냈다.

한국전쟁이 발발했을 때, 미국에게 거의 버림받은 처지였던 대만 장개석 정권은 천재일우의 기회로 생각하고 미국에 파병을 자처했으나 트루먼 대통령은 이를 거절한다. 그러나 한국전쟁으로 미국은 제7함대의 대만 해협 순찰을 재개하고 대만을 중국에 넘겨주지 않겠다는 자세를 확고히 했다. 각종 원조가 재개되었다. 한국전쟁이 인천 상륙 작전으로 전세가 역전되어 한국군과 연합군이 38선을 넘어 진격하자 중국은 대만 장개석 군의 권토중래를 걱정하지 않을 수 없게 되었다. 결국 초기 참전을 주저했던 태도를 바꾸어 소련과 북한의 요구에 응해 중국군에 압록강을 넘어 진격하도록 지시한다. 이때 참전한 중국군 중에는 재만 한인으로 중국에 정착한 (곧 조선족이 되는) 조선인이 많았다. 그리고 대만의 국민당 정부는 아마도 중국군 참전에 대한 정치적 대응책의 하나로 재한 화교 출신을 다수 참가시킨 비밀 첩보 부대를 구상한 듯하다. 공식적으로는 제3차 세계대전의 발발을 저어해서 미국이 극력 공식적 참전을 못하게 했기 때문에 기록에도 남지 못한 그림자 부대가 되었다. 중국인 부대라고해서 명칭도 '서울·차이니즈(Seoul Chinese)'의 '이니셜'인 SC부대로 정했다.

이들의 임무는 적 후방에 들어가 군사 정보를 캐오는 가장 위험한 임무였다. 이들은 월북할 때 항상 중국 군복과 북한 군복을 겹쳐 입고 최전방의 정탐 임무를 해냈다. 남북한은 한국전쟁을 동존상잔의 아픔으로 기억하지만, 공산화된 중국과 대만 국민당 정권 역시 한반도에서 또 다른 이름의 동족상잔의 내전을 치르고 있었다. 그 전쟁에는 근대 민족국가의 변경인으로 정치적 목적에 의해 동원된 재한 화교와 재만 한인(현재의 조선족)도 서로 총을 겨누었다는 사실 역시 기억되어야 한다.

'근대 민족주의' 속의 탈(脫) 한반도 러시

한국 근현대사에서 화교 자본의 부흥과 퇴조는 반복적으로 나타난다. 1880년대부터의 흥성과 1920년대까지의 고조, 그리고 1930년대까지의 퇴조를 한 사이클로 보면, 1945년 해방 직후와 1950~1960년대의 재흥과 퇴조를 또 하나의 사이클로 볼 수 있다. 이 성쇠 과정에서 주목할 만한 것은 묘하게 무역업과 이에 부수한 유통에 대한 장악력의 상실이 쇠퇴기의 결정적 특색으로 공통적으로 나타난다는 점이다. 1920년대 화교 자본 탄압의 주체는 일본 식민 당국이었다. 사실 일본은 이에 앞서 일본 본토에서 중국인의 입국 규제와 화교 자본 규제를 엄격하게 실행하고 있었다. 1900년대와 1910년대 일본의 공업화에 따라 중국인 노동자의 입국이 증가하여 일본인 노동자와의 노동 시장을 둘러싼 갈등이 고조되자, 중국인의 취업 입국을 엄격히 규제하였고, 고베와 요코하마를 중심으로 번성하던 화교 무역 자본에 대해 각종의 제한 조치를 실시하였다. 일본의 화교 무역 자본에 대한 규제는 미쯔이 등 재벌 상사를 중심으로 정책적으로 일본 무역 자본을 성장시키면서 해외 무역에서 화교 무역 자본의 비중을 점차 축소시켜가는 한편, 화교 자본과 대중 무역을 분리시켜 화교 자본의 민족성을 탈색시키는 데 중점이 두어져 있었다. 임만홍의 식민지 시기 대만 상인과 무역 자본의 성장에 관한 연구를 살펴보면, 대만 상인의 성장은 동남아시아와 일본의 화교 자본에 대항하기 위해 일본 정부가 정책적으로 대만 상인의 발전을 일정 틀 안에서 후원하고, 일본 상사와의 분업 체제를 구축한 때문이었다.

이러한 정책 방향은 민족주의적 성향이 강한 국가권력이 등장할 때 국내의 소수 민족 집단에 대해 취하는 일반적인 것이다. 일본은 기존에 방임해 왔던 식민지 조선에 대해서도 1920년대에 와서 이러한 화교 억압과 동화의 양면 정책을 적극적으로 실시했다. 사실 해방 직후의 화교 무역 자본의 맹진에 대한 자유당 정권의 견제 역시 동일한 맥락에서 파악할 수 있다. 일본, 한국과 동남아시아의 경우는 달랐다. 동남아시아에 있어서 화교 자본은 일본과 한국과 달리 16세기 이래 장구한 역사적 배경을 가진 뿌리 깊은 것이었다. 물론 일본의 나가사키, 조선의 인천, 변경 무역에서 중국 자본의 영향력도 역사적으로 강력한 것이었지만, 인구 구성에 영향을 미치는 인적인 대량 유입은 근대에 와서야 본격적으로 시도되었던 것이다.

더욱 중요한 것은 한국과 일본은 1,000여 년에 걸친 공통의 역사적 기억과 독자적인 정치권력의 경험을 가지고 있었고, 이는 근대에 들어와 강력한 민족주의적 정권이 성립되고 자의식이 강한 민족공동체 의식이 의식적으로 창출할 수 있는 기반이 되었다. 동남아시아의 역사가 파상적인 도시국가의 명멸을 거듭하면서, 서구의 식민지 경험을 통해 비로소 근대적 민족의식이 창출되었던 것과는 다르다. 동남아시아의 화교 문제는 수백 년간의 이민사에도 불구하고 심각한 민족 갈등은 나타나지 않았지만, 서구

제국주의가 원주민 우대 정책과 화교 견제 정책을 펼치고, 제2차 대전 이후 근대 민족주의를 배경으로 한 토착 정권이 각지에 출현하면서 반복되는 유혈 사태를 빚을 정도로 심각해졌다. 이와 달리 일본과 한국은 이민 초기부터 상당한 토착 민족의 저항이 나타났고, 근대 민족주의와 결합되며 더욱 배타성이 짙어졌다.

그런데 동남아시아의 경우와 마찬가지로, 한국 역시 '근대'를 식민지 본국인 일본을 통해 혹은 자발적 혹은 강제적으로 수입했다. 따라서 1950년 이후 한국이 민족주의적 이념을 전면에 내세우고 강력한 국가 주도의 근대화를 추진할 무렵, 한국 사회에서 펼쳐진 여러 정책의 양상은 식민지 시기 일본의 정책으로부터 부정적이든 긍정적이든 많은 면에서 영향을 받고 있었다. 화교에 대한 정책 역시 마찬가지였다.

여러 면에서 근대 민족주의에 기초한 전형적인 개발독재 권력인 박정희 정권 하에서의 화교 정책은 더욱 그 전형성을 드러낸다. 박정희 정권은 화교의 재산권을 제한하고 부동산에 대한 소유권을 인정하지 않았다. 1961년의 화폐 개혁은 현금을 축장하고 있는 화교를 겨냥한 정책이었다고 한다. 그 성과는 생각만큼 크지 않았다는 주장도 있으나, 같은 해 실시된 토지규제법으로 외국인의 토지 소유는 전면 금지되어 사실상 화교의 재산 증식에 커다란 장애가 되었다. 1968년의 개정으로 1세대 1주택에 한하여 200평의 거주용 토지는 취득할 수 있었지만, 그 이상은 건설부 장관의 허가가 필요했다. 대만 국적인 화교는, 외국인은 공직에 종사할 수 없다는 규정에 따라 사회적 지위 향상에 원천적 한계가 놓여졌다. 또 한 지역에서 오래 영업한 경우 더 많은 세금을 부가한 정책으로 정착 경향이 강했던 화교는 중과세를 부담해야 했다. 이 외에 중국 음식에 대한 가격 인상 제한과 밥 판매 금지 등도 요식업 위주의 화교 사회에 불리했다. 한국 정부는 화교에 대해 자유방임적인 비동화 정책을 취함으로써 화교 학교는 교육기관이 아닌 '임의단체'에 불과하면서도 대학 입학 시에는 학력을 인정해 주어 교육의 질을 떨어뜨리는 결과를 가져왔다.

1970년대 중반을 기점으로 한국의 화교 인구는 대량 이민으로 점차 감소하기 시작하였다. 그 원인은 우선 앞에서 살펴본 화교에 대한 경제적인 억압 및 배제 정책을 꼽을 수 있지만, 그 외에 구미 국가의 이민 문호 개방 정책으로 동양인의 이민이 용이해 졌다는 점, 대만이 화교 우대 정책으로 적극적으로 해외 화교를 포용하는 정책을 폈던 점, 1972년의 미중 수교로 대만이 유엔 안보리 상임 이사국 직위에서 중국에 밀려난 국제정치의 변동 등 복합적인 것이었다. 외무부의 집계에 의하면 해방 후 계속 증가 추세를 보이던 화교 인구는 1974년을 고비로 하강 국면으로 접어들어 1978년까지 연평균 873명씩, 모두 3,493명이 한국을 떠났다. 이러한 인구 감소로 가족 중심으로 운영되던 화교의 요식업에도 한국인 고용이 불가피해지면서, 중식업 전반에 한국인의 진출이 활발해졌다. 1978년 서울 시내 2,240개의 중국음식점 가운데 20%인 420여 개만 중국인이 경영할 뿐, 80%가 이미 한국인 경영이었다고 한다.

매우 흥미로운 것은 민족주의를 저변에 깐 화교 자본에 대한 억압은 일본, 한국뿐 아니라 사회주의 국가인 북한에서도 그 못지않게 강하게 나타난다는 점이다. 제2차 대전 당시 일본은 적성 국민의 재산권을 제한하여 화교는 농토를 소유할 수 없었다. 해방 후 북한에 공산 정권이 수립되어 토지 개혁을 진행하자, 화교는 비로소 토지를 소유할 수 있게 되었다. 그러나 중국학자 양소전의 연구에 따르면, 북한은 1958년에 농업 생산 합작사를 농업 협동조합으로 확대 개조하면서, 114개 화교 농민으로 구성된 생산 합작사와 128개 조선 농업 생산 합작사를 합병하여 농업 협동조합으로 개편시켜 사실상 화교공동체를 해체시키고, 화교 노동자는 조선 국영 공장으로 전입시켰다. 화교 상인은 조선 국영 상점으로 역시 편입시켰다. 이때 북한의 화교는 1만 4,351명이었으나, 1960년부터 중국으로 귀국하는 수가 크게 늘었다. 교육 정책도 변화하였다. 1963년 북조선 보통교육성은 17호령을 발하여, 중국인의 인민학교와 중학은 모두 조선어 교재를 사용하게 하고 조선어로 수업을 받게 했다. 대신 중국어 수업 시간은 매주 5절에서 10절로 늘렸으나, 교장은 모두 조선인으로 임명하게 했다. 이후 부분적으로 화교 학교는 합병 혹은 해산되었다. 1957년에 창간되었던 북한 화교 신문인 『화신(華訊)』은 1964년 정간되었다. 1972년에 조선보통교육성은 화교 단체가 운영하던 평양중국인고급중학을 직접 관할 하로 접수하였다. 북한은 이질적인 민족 집단에 대해 한국보다 강력한 동화 정책을 펼쳤던 것이다.

경제면에서 가혹한 압박을 가한 한국의 경우, 교육에 있어서는 방임 정책으로 일관하였다. 일본 당국은 외국인이 학교를 세우는 것을 제한하였기 때문에, 식민지 시기 화교 교육은 낙후했다. 창씨개명을 한 한국인이 일본어로 교육을 받고 한국어를 잊어 버려야 했던 것처럼, 화교도 중국어 수업은 꿈도 꿀 수 없었다. 해방 후 화교 소학교는 6곳, 중학교는 서울에 1곳에 불과했다. 그러나 5년 만에 소학 14곳을 신설하여, 1970년대 말이 되면 소학은 58개로 중학교는 4개로 늘고, 고등학교도 증설되었다. 화교 학교의 설비와 학비는 한국 정부의 보조 없이 모두 화교 단체와 학부형들의 기금으로 운영되어 교육비 부담이 크고 설비가 열악했음에도 불구하고, 화교의 교육열은 대단하고 민족 자의식의 보존 의지는 커서, 일반 한국인 학교에 진학시키는 경우는 거의 없었다. 화교 중학과 소학의 편제는 모두 대만식으로, 교재도 대만의 국정 교과서를 그대로 가져와 쓰고, 다만 영어와 한국어 과정만 있다는 것만이 다를 뿐이었다. 수업은 대만 중화민국의 표준 중국어[國語]로 교육받았다. 대만에서 화교 학교 교사를 모셔 오다가 1954년 이후는 화교 학생을 대만 사범학교로 보내 자체적으로 교사를 양성하였다. 한국에 있어서 화교의 공동체 교육의 지속적인 발전은 비록 한국 정부의 적극적 도움과는 무관하다고는 하더라도 북한의 동화 정책과는 사뭇 다르다. 교육에서와 마찬가지로 언론에 있어서도, 북한의 화교 간행물 『화신(華訊)』이 정간된 것과 달리, 한국에서는 『중화시보(中華時報)』(1953년 봄 ~ 1956년 5월)에 이어 1964년 창간된 『한화일보(韓華日報)』(1957년 설도 있으나, 국립중앙도서관에는 1964년 창간호로 되어 있음)는 1980년까지 정치적 외압 없이 출판되었다(현재 발행 여부는 불명).

서민 문화와 자장면

1992년 수교 이후 본격적으로 중국 대륙과의 교류가 재개되기 전까지, 냉전으로 인해 우리의 생활 주변에서 중국인과 중국을 느끼게 해주는 존재는 미미했고, 사실상 화교 그 자체조차 우리에게 그런 존재가 되지 못했다. 근대 이후 한국의 근대 생활 한 부분에 그들이 만들어 낸 문화가 가끔 기억을 환기시킬 뿐이었다.

한국인이 개발독재 하에서 힘든 하루하루를 보내면서도 근대적 축적을 조금씩 이루어 가고 있을 1960~1970년대, 자장면은 한국 외식 문화의 대표적인 상품이었다. 자장면은 산동성 음식이 한국식으로 개조된 독특한 음식이다. 처음에 인천의 화교에 의해 한국에 소개되었을 때는, 지금 같은 검은 소스가 아닌 갈색 소스였다. 춘장이 쓰이고 감자와 양파, 단맛이 더해지며 '한국적 중국 음식' 으로 탈바꿈했다. "내 한 개 소독저로 부러질지라도 / 비 젖어 꺼진 등불 흔들리는 이 세상 / 슬픔을 섞으며 행복보다 맛있는 / 자장면을 먹으며 살아봐야겠다."(시인 정호승, 「자장면을 먹으며」) 란 시까지 나왔던 자장면은, 지금은 가족 외식 선호도에서 갈비, 회, 피자 등에 밀렸다.

고도 성장기를 거치며 도시 풍경에서도 화교의 모습은 지워져 갔다. 화교 거리로 유명했던 서울 명동의 대표적인 중화요리 집은 1970년대를 거치며 도시 개발과 영업 부진 등으로 문을 닫았다. 가장 대표적인 중화요리 집이었던 아서원(雅敍園)은 1969년부터 롯데그룹과의 소송에 휘말려 1974년 최종심에서 패소하여 폐업하였다. 그 자리에는 대신 롯데호텔이 들어서게 된다. 〈야인시대〉에 등장했던 '태화관(泰和館)'도 대표적인 화교 요릿집이나 1977년 영업 부진으로 폐업하였다. 1925년 명륜동 4가 88번지에 개업하여 반세기가 넘도록 경성제대와 서울대학교 학생들의 단골 자장면 집이었던 진아춘(進雅春)은 현재 자리만 옮겨 혜화역 대학로에서 영업 중이다. 서울과 더불어 화교 집거 지였던 인천도 대중국 무역의 쇠퇴와 더불어 음식업도 함께 쇠퇴의 길을 걸었다. 1910년대에 세워져 인천의 중화 음식점을 대표했던 중화루(中和樓), 공화춘(共和春)도 문을 닫았다. 이곳에서 자장면이 개발되었고, 대중 무역의 대표 상품이었던 비단 상권을 장악했던 화교들을 빗댄 〈왕서방연서〉가 만들어졌다. "비단이 장수 왕 서방"으로 시작되는 이 대중가요는 한국인의 눈에 비친 20세기 중반까지 비단 등

의류 무역과 유통을 장악하던 화교들의 모습을 반영하고 있다. 하지만 70년대 다수의 화교들이 미국과 동남아로 이민 간 지금, 비단 장수 왕 서방은 자장면 집 왕 서방으로, 다시 그나마도 잊혀져가고 있었다.

그러나 1980년대 이후, 특히 1990년대에 들어와 우리는 이전과 완전히 이질적인 중국인 이웃과 전례 없는 규모로 일상적 접촉을 경험하게 된다. 이는 한국인의 중국, 중국인 경험에서 충격적인 전환이었다. 반세기 간의 단절 때문에 완전히 망각하고 있던 이웃의 등장은 돌연적이고 이질적이었다. 사실 20세기 초 9만의 재한 중국인 노동력의 유입과 구조는 유사했지만, 그 규모는 20세기 초를 능가하는 것이었다. 20세기 초에 비해 유입 속도는 너무 빨랐고, 한국인의 심리적 준비는 미숙했다.

정치라는 파도를 타는 노동 이민

인천시 중구 선린동 25번지 일대 화교촌. 1884년 이래 청국 조계가 있었고, 화교 상인들이 조선의 대외 무역을 좌지우지했던 이곳, 그러나 20세기 중반 일본 제국주의와 한국의 민족주의적 토착 정권에 의해 무력하게 무너졌던 이곳이 다시 한 번 부흥하려 하고 있다. 2000년 인천 국제공항 개항과 국제여객선 운항에 맞춰 차이나타운으로 공식 지정된 이래, 관광·문화·상업 기능이 어우러진 국제적인 관광 특구로 재도약하려 하고 있다. 모국 중국의 세력 신장은 한국의 민족주의적 정권 하에 숨죽여 있던 제1 노동 이민 세대 한국 화교에게도 새로운 활로를 주고 있는 것이다.

화교에 대한 법적 지위 역시 1998년을 전환점으로 대폭 개선되었다.

한중 수교는 1992년에 이뤄졌지만, 사실상 화교의 처우 개선에 질적인 변화를 이끌어 낸 것은 1997년 IMF 외환 위기로 한국 사회가 화교뿐 아니라 외국인 전반에 대해 경제 제한을 개방하기 시작한 것, 그리고 재일 동포 문제와 연동되어 국내 화교의 처우 개선을 요구하는 국내외 여론이 조직화되기 시작한 것에서 그 동력을 찾을 수 있다. 이는 대부분의 화교가 대만국적 소지자였기 때문에 한중 수교로 오히려 활동이 위축되었기 때문이었다. 그러나 '세계화', '개방화'의 요구에 발맞추어, 1998년 6월부로 시행된 '외국인 토지법'으로 외국인의 토지 소유와 관련된 제한이 철폐되었다. 또 1997년 개정되어 1998년 6월에 시행된 새로운 국적법은 부모 양계 혈통주의를 채택하여 한국인 어머니를 가진 화교 자녀의 국적 취득이 용이해졌다. 역시 1998년에 개정된 출입국 관리법에 따라 F2 비자의 장기 체류 외국인의 체류 기간 연장 허가도 매 3년에서 매 5년으로 개정되었다. 특히 '재한 화교에 대한 특례조치'가 첨설되어 국적을 부득이하게 상실한 화교라도 한국에 직계 가족이 거주하면 용이하게 거주권을 회복할 수 있도록 하였다. 화교 학교도 '각종 학교'로 승격되었다. 이듬해에는 화교를 비롯한 정주 외국인에 대한 지방선거 참정권을 부여한다는 결정이 나왔다.

21세기에 중국과의 관계는 단순한 경쟁 관계만은 아니다. 경쟁만큼이나 공존의 전략이 절실하다. 그러나 여기서 말하는 공존의 전략이란 상호 신뢰와 공감에 기초한 추상적인 연대가 아니다. 오히려 현실의 한국의 대외적 국가 경쟁력과 국제 정치에서의 지위 등을 냉철하게 직시하고 난 뒤의 전략적인 제휴이다. 현재의 한국인의 중국인 인식은 '우월감'에서 '두려움'으로 바뀌어 가고 있지만 그럼에도 지금도 이 두 가지 감정이 모순적으로 공존하고 있는 까닭은, 사실 잠시 우리가 누렸던 '우월감'을 잃고 싶지 않기 때문에, '두려움'에 대한 반대급부로서 '우월감'을 애써 부여잡고 있기 때문이 아닐까?

이 제휴를 논할 때, 화교사의 회고는 우리에게 많은 시사점을 준다. 19세기 말과 20세기 초 재한 화교는 한국 사회에서 정치적 경제적 우월 집단이었다. 20세기 말과 21세기 초 한국의 중국인은 3D업종의 사회적 약자, 피억압자라는 전혀 다른 모습으로 등장한다. 그 사이에는 화교 집단을 해외로 혹은 약자로 내몬 한국의 민족주의 정권의 억압이 존재한다. 그러나 당시의 민족 자본과 그 대변자인 토착 정권이 맞이했던 상황에서 논하자면, 한국이 동남아시아의 여러 나라처럼 화교 자본에 의해 경제가 접수될 가능성은 매우 현실성이 높은 시나리오였다. 그 선례가 된 것은 19세기와 20세기 초 일본 정부의 고베 등지에서 대외 무역을 장악했던 화교 자본에 대한 억압 정책 및 식민지 조선에서의 화교 억압 정책이었다. 즉 일본과 한국, 동아시아의 화교 세력은 20세기 근대 민족주의적 정권 하에서 진압되었던 것이다. 한국에서 화교는 억압자에서 피억압자로, 한국의 토착 정권은 피억압자에서 억압자로 입장이 바뀌었다. 현재 우리는 지난 반세기의 노력으로 얻은 '강자'의 입장에서 사회적 약자인 화교의 인권 문제에 관심을 기울이고 있지만, 만약 화교가 반세기 이래로 한국의 정치와 경제를 장악하는 주류층이 되었다고 한다면, 그래도 여전히 현재의 화교 문제에 똑같은 잣대를 댈 수 있을 것인가?

우리는 21세기 탈 민족주의의 세기를 맞이하고 있다. 실제로 민족주의를 탈피할 수 있는가는 극히 의문스럽지만, 민족주의를 탈피한 새로운 시대를 열어야 한다는 명제만큼은 공감하는 시대를 맞고 있는 것이다. 이제 새롭게 부상하는 이웃, 중국과 중국인과 어떻게 사귀어 갈 것인가라는 문제는 어떻게 전 세기와 같은 억압/피억압의 공식에서 벗어난 답안을 낼 수 있을까에 달려 있을 것이다. 그러나 그에 대한 필자의 대답은 그렇게 아름답지 못하다. 이 세기가 민족주의를 탈피한 새로운 시대를 정말로 열어간다는 그다지 높지 않은 가능성이 실현되는 한에서, 억압/피억압의 공식도 피해 갈 수 있을 것이다.

테마28 한국과 일본의 외국인 주민 구성

한국의 외국인 인구는 1992년 한중 수교, 산업 연수생 제도가 처음 도입된 1993년이 기폭제가 되어 크게 늘어나기 시작하여, 방문 취업제가 시행된 2007년까지 7만 6,000여 명에서 76만여 명으로 10배 이상 증가하였다. 불법 체류자까지 포함하면 2007년을 100만 돌파의 시점으로 보기도 한다. 2015년에 이르면 등록자 수만 174만 명을 넘어 실제로는 외국인 인구 200만 명 시대에 돌입했다.

등록 인구 중에 한국계 중국인(조선족) 인구가 70만 명으로 전체의 40%를 차지하고, 비한국계 중국인 주민 26만 명을 더하면 100만을 육박하여, 한국 거주 외국인 2명 중 1명은 중국 국적자이다. 외국인 거주는 서울과 경기도에 각각 46만, 55만 명으로 합하면 100만 명을 넘어, 2명 중의 1명은 경인 지역에 살고 있다. 2곳은 주민 중 외국인 인구 비율이 4.5% 가량으로, 20명 중에 1명은 외국인이다. (국회입법조사처, 「지표로 보는 이슈 - 지방자치단체 외국인주민 현황과 시사점」, 2016)

특히 한국계 중국인 인구의 80%가 서울과 경기도에 거주했다. 2011년에 나온 서울시 외국인 거주의 공간적 분리에 대한 연구에 따르면, 2009년 통계로 영등포구, 구로구 금천구, 동작구, 관악구 서울의 5개 구가 외국인 최밀집 지역으로 전체 외국인 중 한국계 중국인 비율이 80~90% 정도로 대부분을 차지하며 단순 노무자 비중이 높았다. 반면에 서초구, 강남구는 현저히 떨어져서 외국인 인구 중에 한국계 중국인의 비율이 30~35% 정도였지만, 미국인의 상대적 비율이 매우 높아서 26%나 차지했고, 전문직 비중이 가장 높았다. 용산구는 일본인이 가장 많이 거주하는 곳으로 용산구 외국인 인구의 12%를 차지했고, 미국인의 비율도 서초, 강남 다음으로 높아서 14%를 점했다. 한편 대만 국적자(이들의 대부분은 해방 전부터 한국에 거주해 온 구 화교이다)는 서대문구에 집중적으로 거

주했다.(하성규·마강래·안아림 2011)

일본 섹세스 대학 박사 과정에 있다고 밝힌 하시모토 나오코(橋本直子) 씨는 자신의 블로그에서 일본의 외국인 인구 구성에 관해 흥미로운 분석을 하였다. 일본 법무성에서 집계한 2016년 기준 일본에 중상기 혹은 영주하고 있는 외국인 인구는 약 238만 명으로, 일본 인구 1억 2,686만 명의 약 1.8% 정도이다. 그런데 다른 OECD 국가들은 2014년 수치를 보면 평균 8.1%라고 한다. 이 중 최고는 룩셈부르크로 47.1%이다. 선진국으로의 이주와 인구는 더욱 활발해지고 있어 일본의 1.8%는 일본 경제의 규모나 조건에 비해 대단히 낮은 편이라는 것이 그녀의 분석이다.[43]

하시모토의 분석을 통해 본 일본의 사례를 살펴보면 미국이나 유럽과 비교해서 현저히 외국인 인구 비율이 낮은 것은 물론이고, 일본보다 임금 수준이 높지 않은 한국의 외국인 인구 비중 4%와 비교해도 절반 이하이다. 또한 결혼 등의 영주자의 비율은 미미하고, 인구 절벽으로 노동력이 절실한 산업 현장으로의 기술 연수와 같은 단기 노동력 유입이 압도적이다. 일본에 거주하는 외국인 인구는 국적별로는 1위가 중국(약 70만), 2위가 한국(45만), 3위가 필리핀(약 20만)이었다. 미국은 7위로 약 9만 명이었다. 한편 한국의 경우, 외국인 국적별 인구 중의 1위가 중국(97만), 2위가 미국 (15만), 3위가 베트남(14만)인데, 일본(3만 6,000여 명)은 9위에 불과하여 캄보디아나 인도네시아 외국인 거주자보다도 적었다. 5,000만 가량의 한국 인구를 생각하면, 중국인이나 미국인이 일본보다 더 많이 한국에 거주한다는 것이 놀랍다. 하지만 한국 거주 중국인 인구수의 70%

43_http://www.huffingtonpost.jp/naoko-hashimoto/foreign-residents_b_15501608.html 2017년 8월 17일 검색.

이상이 한국계 중국인이며, 일본에 거주하는 한국인의 다수가 재일 교포라는 점을 감안해야만 할 것이다. 역시 근현대사가 남긴 인구 배분의 흔적이 강하다.

테마 29 전후의 이중 국적 문제와 화교

제2차 세계대전 이전에는 국적법이 정비되지 못하여 이중, 다중 국적이 존재할 수밖에 없었고 현실적으로 인정된 측면이 크다. 그러나 아시아에서는 전후 냉전과 내셔널리즘의 고조 속에서 이중 국적을 철저히 규제하는 분위기가 강해졌다. 동남아시아의 경우 화교 인구가 나라에 따라 주민의 20~50%까지 차지하면서 경제력까지 장악한 곳이 많아, 이중 국적 불가와 중국 국적 포기가 더욱 강요되었다. 네덜란드의 오랜 지배에서 벗어난 인도네시아가 독립한 후(1949년), 인도네시아 정부는 1954년에 현지 화교들에게 인도네시아의 국적을 취득하도록 강요했다. 하지만 300만 명이 넘는 화교 가운데 30%인 90만 명만 인도네시아 국적을 취득하고, 210만 명은 중국 국적을 유지했다. 그러나 모국인 중국 정부는 당시 한국전쟁(1950~1953년) 참전으로 미국과 서방에 봉쇄되어 외교적으로 고립무원이었기 때문에 동남아시아, 아프리카 등 소위 제3세계의 정부들과 우호 관계를 맺는 것이 절실했다. 중국은 이듬해 1955년에 인도네시아 정부와 '중화인민공화국과 인도네시아의 이중 국적 문제에 관한 조약'을 맺어서, 동남아시아 화교의 법적 신분 문제를 동남아시아에서 처음으로 정리했다. 즉 주은래 총리는 "시집간 여인은 이미 친정집 사람이 아니다."라며, 화교들에게 그냥 현지 국적을 취득하도록 권장했다. 중국 정부는 이중 국적을 법적으로 금지한다는 점을 재차 확인했다. 이때 확실하게 중국 국적자로 해외에 거주하는 '화교(華僑)'와 외국 국적자이지만 해외에 거주하는 중국계 주민인 '화인(華人)'의 법률적 구분이 생겼다.

개혁개방 이후 1980년에 제정된 '중화인민공화국국적법(中華人民共和國國籍法)' 역시 이중 국적을 인정하지 않으며(제3조), 외국 국적을 취득하면 중국 국적은 자동적으로 상실하도록 되어 있다(제9조). 하지만 개혁개방 정책에 가장 큰 기여를 한 것이 화교 투자였고, 또 화교의 지속적인 투자와 '조국' 중국에 대한 관심 역시 절실했다. 따라서 여러 '교권(僑眷)', 즉 해외 화교와 그들의 국내에 있는 가족들을 위한 여러 특례법을 제정해 두고는 있다.

한편, 미국은 1967년 이래로, 캐나다는 1977년 이래로 이중 국적을 인정해 왔고 라틴아메리카의 대부분 국가들이 이중 국적을 허용하면서 20세기 후반에 국적 환경이 크게 변화한다. 최승현의 연구에 따르면 1999년과 2000년 이래 이중 국적을 허용하는 국가들인 캐나다, 브라질, 뉴질랜드 화교들이 중국 정부에 이중 국적을 허용해 달라고 요청하여, 안건이 중국 정치협상회의에 상정되는 등 활발한 움직임을 보이고 있다. 중국 정부는 현재 재차 이중 국적 불가 방침을 확인하면서도, 2004년 외국인이 중국에서 영주할 수 있는 권리를 처음으로 법제화한 법률을 공포하여 여러 방식으로 외국 국적의 화인(華人)이나 뛰어난 외국 국적의 인재를 국내에 수용할 수 있는 방법을 강구하고 있다.

한편, 한국전쟁 이후 한국의 화교들은 냉전으로 한국이 중국 본토와는 국교가 없고 대만으로 도망 간 장개석 국민정부 지배 하의 대만, 즉 중화민국과 국교가 있었을 뿐이므로, 모두 중화민국 국적 소지자가 되었다. 한국 화교들은 1954년에 중화민국 재한 영사관으로부터 '화교 거주허가증'을 발급받아 국적은 중화민국이지만 한국에 영주권(F-5비자)을 가지게 되었다. 1992년 한국이 중화인민공화국과 국교를 수립하고 중화민국과 국교를 단절하면서, 이제 중국 본토의 중국 국적자의 유입이 시작되었다. 보통 개항기부터 1992년 전까지 한국에 거주하면서 중화민국 국적을 가진 중국인들을 구 화교, 1992년 이후 중국 국적자로 노동과 유학 등의 이유로 대거 조선에 이입된 중국인들을 신 화교라고 부른다.(최승현 2014)

❙ 연표* ❙

1636년 청과 조선의 변경에서 호시 제도가 시작됨.

1644년 명의 멸망과 청의 입관(入關). '요동초민개간계(遼東招民開墾例)' 실시(1644~1667년).

1717년 중국인의 동남아시아 거주와 귀국의 전면 금지.

1729년 청조, 공식적으로 아편의 재배와 수입을 금지.

1740년 인도네시아 자카르타에서 네덜란드 식민 당국에 의한 화교 학살인 홍계사건(紅溪事件)이 발생.

1757년 광주(廣州) 1곳으로 무역을 제한함.

1776년 미국 식민지의 독립.

1784년 윌리엄 자딘(William Jardine), 스코틀랜드 덤프리셔에서 출생.

1793년 데이비드 사순(David Sassoon), 바그다드에서 출생.

1796년 제임스 메디슨(James Matheson), 스코틀랜드 서덜랜드에서 출생.

1801년 조선, 신유박해 발생. 연행사의 북경 내 천주교당에 대한 출입을 금지시킴.

1803년 윌리엄 자딘, 영국 동인도회사에 승선 의사로 입사.

1805년 영국, 페낭에 중국인 노동자를 모집하는 기구를 설립함. 쿨리 무역 시작.

1809년 청, '외양상인무역장정(外洋商人貿易章程)' 제정, 매판에 관한 법적 규정을 둠.

1817년 윌리엄 자딘, 영국 동인도회사를 그만두고 아편 무역에 투신.

1818년 사무엘 W. 러셀, 미국에서 상사 대리인으로 광주에 도착하여 상점 개설.

1824년 덴트 사(Dent & Co., 중국명 寶順洋行), 광주에서 정식 성립.

1824년 사무엘 W. 러셀, 광주에서 러셀 사(Russell & Co.) 설립.

1832년 당정추(唐廷樞) 출생. 데이비드 사순, 일족을 이끌고 봄베이로 이주, 사순 상회 설립.

1832년 자딘 메디슨 사(Jardine, Matheson & Co., 怡和洋行), 광주에서 설립됨.

---

* 참고문헌의 연구 성과에 의거 정리하되 날짜는 양력으로 환산하였다. 원전 및 인용자의 오류로 인해 부정확한 기술이 있을 수 있다.

1833년 영국의 흑인 노예제 폐지

1834년 영국 동인도회사의 무역 독점 폐지

1839년 윌리엄 자딘, 영국으로 귀국하여 중국 개항을 위한 로비 활동을 전개함. 임칙서, 광주에서 아편을 몰수하여 처분함. 아편전쟁 발발.

1840년 아편전쟁 본격화. 영국의 P.&O.기선회사(Peninsular and Oriental and Steam Navigation Company) 설립.

1841년 자딘 메디슨 사, 홍콩에서 첫 토지 구매. 홍콩 사무실 개설. 윌리엄 자딘, 영국에서 독신으로 사망.

1842년 아편전쟁 종결. 남경조약 체결로 상해 등 5개 항구가 개항되고, 홍콩이 공식 할양됨. 정관응(鄭觀應), 광동성 향산현에서 출생.

1843년 상해에 초대 영국 영사 조지 발포아가 도착하여 개항장으로 공식 선언함. 상해 영국 조계가 조성됨. 자딘 메디스 사, 상해에 가장 먼저 도착하여 회사 등록. 상해지점을 개설하고, 본사를 광주에서 홍콩으로 옮김.

1844년 미국과 중국의 무역장정('中美五口貿易章程, 망하조약)으로 공행 제도가 완전히 폐지됨.

1844년 데이비드 사슨의 차남 일리아스 사슨(Sir Elias David Sasson), 광주에 도착.

1845년 상해에 영국 조계 설치, 사슨 사, 자딘 메디슨에 이어 양행으로서는 두 번째로 상해에 지점 개설.

1845년 복건성 하문(厦門)에서 공식적으로 중국인 노동자[華工]의 계약 이민 시작.

1848년 캘리포니아 금광 발견. 상해에 미국 조계 개설됨.

1850년 상해의 수출입 교역량, 광주의 2배를 기록함. 상해에 프랑스 조계 개설됨.

1850년 정관응(9세), 동남아시아 여행. 태평천국운동 확산.

1852년 러셀 사, 본사를 광주에서 상해로 옮김.

1853년 상해에서 소도회 기의 발생. **담걸생, 광동성 고요현 금리촌에서 출생.** 차터드 은행, 런던에서 설립. 미국 페리 함대, 일본 에도 만에 출몰하여 개항을 요구.

1854년 상해 공부국(工部局) 성립. 일본, 첫 개항 조약인 가나가와 조약을 미국과 체결.

1856년 애로우호 전쟁(제2차 아편전쟁) 발발.

1858년 일본, 서구 열강 5개국과 불평등조약을 체결하고 전면 개항함. 정관응(17세), 매판이 되기 위해 상해로 건너감. 차터드 은행, 봄베이 캘커타 상해 3곳에 첫 지점을 개설함.

1859년 청 양광총독(兩廣總督) 노숭광(勞崇光), 영국, 프랑스, 스페인 세 제국 영토에 파견할 중국인 노동자 모집 기관인 '초공공소(招工公所)'를 개설함.

1859년 자딘 메디슨 사, 요코하마 지점과 나가사키 지점 설치.

1859년 정관응(18세), 친인척의 도움으로 덴트 사 서양인 직원의 수행 임무를 얻어 천진에 파견됨.

1860년 영불 연합군의 북경 점령(北京事變). 청조, 북경조약을 맺어 중국인의 해외 도항을 최초로 승인함. 러시아, 청조로부터 연해주와 사할린을 할양받고, 블라디보스토크 건설 개시. 당소의(唐紹儀), 광동성 향산현에서 출생. 정관응(19세). 천진에서 상해로 돌아와 정식으로 덴트 사의 하급 매판에 임용됨.

1861년 미국 남북전쟁 발발. 청조, 영구(營口)를 개항하고 총리각국사무아문을 설립. 최초의 근대식 군수 공장인 안경내군계소(安慶內軍械所)가 설립됨. 양무운동이 본격화함.

1862년 러셀 사, 중국 최초로 내선 항행의 기선 회사 기창윤선공사(旗昌輪船公司, the Shanghai Steam Navigation Company)를 설립함. 정관응(21세), 상해 영화서관에서 영어를 배우면서 독자 사업을 운영하기 시작함.

1863년 홍콩-천진 직통 노선 개설.

1863년 당정추, 자딘 메디슨 사 매판에 발탁됨. 증국번과 이홍장, 훗날의 강남제조국을 건설하기 위해 기계 구입을 위해 용굉(容閎)을 미국에 파견함.

1863년 정백소(鄭伯昭) 광동성 향산현에서 출생.

1864년 토마스 서덜랜드의 주도로 홍콩상해은행이 발기됨. 태평천국의 수도인 남경이 청군에 함락됨.

1865년 홍콩상해은행, 홍콩과 상해에 첫 사무실을 개설하고 은행권 발행을 시작함.

1865년 미국 대륙 횡단 철도의 건설 개시

1866년 청조, 속정초공장정조약(續定招工章程條約)이 체결되어 화공의 출국이 더욱 늘어남. 손문(孫文), 광동성 향산현에서 출생.

1866년 정관응(25세), 덴트 사가 경영하는 윤선공사의 경리(經理)가 됨. 존 사무엘 스와이어가 상해로 와서 버터필드 앤 스와이어 사, 즉 태고양행을 설립함.

1866년 홍콩상해은행, 법인으로 개조, 요코하마에 첫 일본 지점을 설립.

1868년 버링게임 조약(天津條約續增條約) 체결로 중국인의 해외 이주가 법적으로 인정됨.

1868년 덴트 사 도산. 정관응(27세), 양윤경과 함께 상해 영화서관(英華書館)에서 영어 공부에 몰두함.

1869년 북미 대륙 횡단 철도가 첫 운행을 시작. 수에즈 운하의 완공. 런던과 중국 간의 항해 시간은 120일에서 60일로 단축됨. 조선 농민의 만주 진출과 미작 경작 개시.

1871년 상해, 홍콩, 런던 사이에 전신이 연결됨.

1871년 청조와 일본이 '청일수호조규(淸日修好條規)'를 체결하고 대등한 국교를 맺음.

1872년 용굉(容宏)이 기안한 관비 미국 유학생(幼童留美) 프로그램 시작. 30명의 첫 아동 파견. 당정추, 이홍장의 부름에 답하여 이화양행 매판을 그만두고 윤선초상국 총판(總辦)을 맡음. 당정추의 형 당무기(唐茂枝)가 후임으로 이화양행 매판에 고용됨.

1872년 버터필드 앤 스와이어 사, 태고윤선공사(太古輪船公司, China Steam Navigation Co.)를 설립함. 자딘 메디슨 사, 이화윤선공사(怡和輪船公司, the China Coast Steam Navigation Co.)를 설립. 상해, 광조공소(廣肇公所) 창건.

1874년 정관응(33세) 태고윤선공사의 총매판으로 발탁되어 정식 계약을 체결함. 홍콩상해은행, 중국에서 최초로 공채를 발행함. 당소의 양여호(梁如浩), 주수신(周壽臣) 등과 함께 제3차 '유동유미(幼童留美)' 유학생으로 미국에 건너 감.

1875년 유동유미 제4차 유학생 파견, 이후 관비 미국 유학생 프로그램 중단.

1875년 청조, 최초의 상주 외교관으로 곽숭도(郭嵩燾)를 주영 공사로 파견. 조선, 운요 호 사건 발생. 상해 신보 기사에 상해 동태호 양윤경 이름이 나타남.

1876년 조선, 일본과 최초의 통상 조약인 강화도조약(조일수호조규)을 체결. 부산 개항.

1877년 청조, 최초로 싱가포르에 영사 파견.

1877년 정관응(36세), 태고윤선공사와 5년 매판 재계약 체결. 러셀 사, 기창윤선공사의 선박과 설비 일체를 윤선초상국에 매각.

1878년 일본, '해외여권규칙(海外旅券規則)' 반포. 처음 법적으로 '여권(旅券)'이란 용어가 사용됨. 정관응(37세), 이홍장의 요청으로 상해기기직포국 창설에 참가함. 자딘 메디슨 사, 홍콩 최초로 근대식 정제당 공장을 설립.

1879년 **담걸생(28세)과 정실 양용방 사이에 장남 담정호 출생. 호운경(훗날 담걸생 셋째 부인) 광동성 불산(佛山)에서 출생. 담걸생, 고향을 떠나 상해로 가서 동태호 직원으로 일함(1879~1880년).** 정관응, 상해기기직포국 양판(襄辦) 직무 사임.

1880년 정관응(39세), 『이언(易言)』을 간행하고, 이홍장의 전보총국 건설을 돕는 한편, 미국에 있던 용굉에게 상해기기직포국에서 일할 서양 기술자의 초빙을 의뢰함. 이홍장, 정관응을 다시 상해기기직포국 회판(會辦)에 임명함. 조선, 원산 개항.

1881년 광서제, 이홍장에게 '양무'와 관련된 조선 사무의 전권을 맡김. 정관응(40세), 천진과 상해 및 광주와 상해 간의 전선가설사업에 참여함. 정관응과 당정추, 천진 외곽에 황무지를 사서 현대적 농법을 도입하려 계획함. 정관응, 마카오에 대저택을 지음(鄭家大屋). 버터필드 앤 스와이어 사, 홍콩에서 태고정당(Taikoo Sugar Refining Company, 중국명 太古糖廠)을 설립함.

1882년 정관응(42세), 태고윤선공사와의 매판 계약을 완료하고 윤선초상국 방판, 상해기기직포국 총판에 임명됨. 또 미국 면화종인 육지면 종자를 들여와 상해에서 시험적으로 재배함. 조선, 조미수호통상조약 체결, 임오군란(壬午軍亂) 발발, 오장경(吳長慶)이 이끄는 청군(淮軍系 慶軍) 3,000여 명이 경기도 남양주만에 도착, 막료 중에 장건, 원세개 등 수행(8월). 조청상민수륙무역장정(朝淸商民水陸貿易章程) 체결. 마건충, 대원군을 체포해서 중국에 송치. 오장경의 지휘 아래 청군은 임오군란 진압. 오장경 청군 약 3,000명, 서울 주둔 시작. 조선군의 훈련과 작전 지휘권이 청 주둔군에게 넘어감. 장건(張謇), '조선선후육책(朝鮮善后六策)'의 초안을 작성하여, 조선을 병합하여 내지화할 것을 주장. 당소의, 묄렌도르프를 따라 조선 해관에 일하기 위해 천진에서 조선으로 입국(12월). 미국, 반중 정서의 고조로 중국인 노동자의 이민을 일체 금지하는 배화법(排華法) 통과됨(5월)

1883년 정관응(43세), 청불전쟁 전야에 군수품 구입을 위해 미국을 방문하고, 동남아시아 시찰을 수행. 서윤을 대신하여 윤선초상국 총판으로 승진함. 조선, 인천이 공식 개항됨. 청조, 이홍장의 건의로 '파원판리조선상무장정(派員辦理朝鮮商務章程)'을 제정하여, 조선 한성에 출장 기구로 상무공서(商務公署)를 설립하고, 인천, 부산, 원산 3개 개항장에 분판위원(分辦委員)으로 상무위원을 배치하기로 결정함. 초대 총판상무위원(總辦商務委員)으로 진수당(陳樹棠)이 한성에 부임하고(10월), 낙동에 신축할 한성상무총서(漢城商務總署)의 부지와 가옥을 구입함. 김윤식, 천진에 가서 이홍장, 주복을 만나 천진의 주진공관 설립을 논의. 조선 해관 설치, 부산 해관이 정식 업무 개시(11월). 고베 화상 광동 향산인 정익지(鄭翼之), 정위생(鄭渭生)이 부산 일본 조계에서 덕흥호(德興號)를 개점하나, 일본 측의 퇴거 요구로 덕흥호 사건으로 비화함(11월). 조선 정부와 윤선초상국은 상해와 인천 사이에 정기 항로를 운영하기로 계약(輪船往來上海朝鮮公道合約章程)을 체결하고 윤선초상국 부유호(富有號)가 인천에 첫 입항(11월). 조선, 보빙사를 미국에 파견, 해관 직원으로 조선에 온 오례당은 통역관으로, 유길준은 수행원으로 함께 도미함. 자딘 메디슨 사, 클락(B.A. Clarke)을 제물포에 파견하여 조선 정부와 광산 및 기선 사업을 타진함. 상해와 인천 사이에 기선 남경호(南京號)를 투입하여 정기 항로를 개설하나 오래 못 감. 일본, 조선과 '조일통상장정(朝日通商章程)'을 체결하여, 전라 경상 강원 함경 4도의 어업권을 획득함.

1884년 조선 정부 대표 묄렌도르프와 진수당이 재차 상해 인천 정기선에 관한 계약(輪船往來上海朝鮮合約章程續約)을 체결하고, 부유호가 세 번째로 인천에 입항함(1월). 진수당, 인천에 약 5,000평의 청국 조계를 개설(仁川華商租界章程)하고, 중국 정크선이 인천 해관에 관세를 낸 뒤 마포로 기항할 수 있도록 교섭, 동향별로 조직되어 있는 화상들에게 연합 조직으로 중화회관인 한성화상공소(漢城華商公所)를 설립하도록 함(4월). 중화회관 부지 매입을 둘러싸고 청인의 조선 3품관 이범진(李範晋) 납치 구타 사건이 발생함(5월). 조선, 초대 주진독리(駐津督理)로 남정철(南廷哲)을 천진에 파견하나(4월), 다시 연행사로 임명되어 북경으로 감(9월). 조선과 청, '조청상민수륙무역장정'을 개정하여 화상이 양화진, 한성에서 상점을 개설할 수 있고, 증빙 서류(護照 혹은 執照)를 발급받으면 내지에도 여행을 가거나, 물건을 구매 및 판매할 수 있게 됨(3월). 베트남을 둘러싼 청불 간의 전쟁 임박으로 북경 주위의 수비 강화를 위해 오장경은 용산 주둔 청군의 절반 약 1,500명 병력을 이끌고 귀국함(5월). 귀국 후 두 달 뒤 오장경 병사(7월). 백령도(白翎島) 도민 100여 명이 청상을 살해하고 선박을 불사르고 약탈한 사건 발생(7월). 청불전쟁 발발(8월). 자딘 메디슨 사, 고종의 차관 요구와 조선 시장의 전망이 낮다는 판단으로 조선에서 사업을 철수함(10월). 갑신정변 발발함(12월 4일). 원세개, 상관 오조유를 설득해 1,500명의 용산 주둔군 병력으로 왕궁을 공격하여 국왕을 빼내고 쿠데타를 진압함(12월 6~7일). 원세개는 반란 진압 후 본국에 소환되어 고향에 칩거함. 정관응(44세), 양광총독(兩廣總督) 장지동(張之洞)의 명으로 동남아시아를 시찰, 보고서에서 최초로 '화교(華僑)'라는 용어를 만들어냄. 인천, 월터 타운센드가 요코하마 주재 미국 무역 상사(American Trading Company)의 조선 대리점으로 타운센드 상회(Morse and Townsend & Co)를 개설함. 천진의 독일 회사 세창양행(世昌洋行 Heinrich Constantin Edward Meyer & Co.)이 조선 지점을 설치함.

1885년 영국이 러시아의 조선 진출을 견제하기 위해 거문도를 불법 점령하는 거문도 사건 발생(4월 15일 ~ 1887년 2월까지 점령 지속). 이홍장과 이토 히로부미를 전권대사로 갑신정변 사후 처리를 위해 청일 간에 천진조약이 체결되어(4월 18일), 청 주둔군이 4

년 만에 철수함. 조선, 고종의 명으로 임오군란 진압을 치사하며 오장경을 추모하는 사당인 정무사(靖武祠, 훗날의 오무장공사)를 당시 청군 주둔지(현재 동대문역사문화공원 주변)에 세움(5월). 조선, 러시아 밀약 사건(韓露密約事件)과 묄렌도르프의 실각(7월). 청조, 대원군을 조선에 돌려보내기로 결정(9월). 청, 조선과 조청전선조약(朝淸電線條約)을 맺어 한성전보총국(漢城電報總局)을 개설하도록 하고, 인천-서울-평양-의주 간 전선을 개통하여 청의 전신망에 연계시켜, 상해-인천 간 전신이 연결됨(9~10월). 이홍장, 진수당을 천진으로 소환, 원세개를 후임으로 추천(10월). **담걸생(33세), 담청호 등 담씨 형제들, 상해 동태호 양윤경의 명으로 조선으로 와 인천에 동순태호를 개설함(8월). 담걸생과 두 번째 부인 하씨(何氏) 사이에서 2남 담정곤이 한성에서 출생.** 한성 육의전(六矣廛), 화상과 일상의 용산으로의 이전 요구. 이홍장, 고향에 칩거 중인 원세개를 소환하여 대원군 조선 송환의 임무를 맡기고(10월), 일단 귀국한 원세개를 경질한 진수당을 대신하여 '총리조선교섭통상사의(總理朝鮮交涉通商事宜)'로 추천하여 조선에 재차 파견함(11월).

1886년 **담걸생(34세), 한성의 손윤필(孫允弼) 상점에 동순태호 한성점을 설치하고, 곧 본호가 됨.** 광동인 나요잠(羅耀箴), 나빙신(羅聘臣), 상해 동태호의 출자를 받아 원산에 현지 첫 화상 상점인 동풍태(同豊泰)를 개설함. 당소의, 조선 해관을 나와 원세개의 막료로 들어가, 원세개의 수행 비서인 '수판양무(隨辦洋務)' 및 한성총리공서 영문번역으로 임명됨(4월).

1887년 한성, 육의전을 중심으로 화상과 일상의 용산 이전을 요구하며 파시(罷市) 투쟁을 벌임(2월). **담청호, 인천 지역의 광동인 동향 단체의 회장(仁川廣幇董事)을 맡음.** 조선 정부, 독일 상인 세창양행에게서 증기선 창룡호(蒼龍號) 구입. 원세개, 고종 폐위를 시도. 부산, 청국 조계 설치.

1888년 윤선초상국 광제(廣濟)호 인천 입항으로 상해-연대-인천 간 정기노선 재개(3월). 오웬 데니, 『청한론』 출판. 평안도 신미도(身彌島), 조선인의 중국 선박 약탈 및 방화 사건 발생. 화상 덕흥호가 강도 및 방화를 당함. 위원군(渭原郡)에서 광산 채굴 문제 때문에 중국인들이 쇠막대기로 난타하여 조선인 2명이 사망하는 사건 발생. 부산, 울릉도 등지에서 조선 어민과 일본 어민 사이에 어장 이용을 둘러싼 충돌 발생. **담걸생(36세), 서울에서 광동인 동향 단체[廣幇]의 회장에 추대됨(漢城廣幇董事).** 인천-용산 간에 기선 항행 개시됨. 일본인 이민 회사의 출장원들이 한국 아이들을 유괴해서 외국 이민 회사로 팔아넘긴 사건이 발생하여, 일본 상품 불매 운동이 일어남. 청, 3년 임기가 만료된 원세개를 2품으로 승진시킨 후에 재임용(10월).

1889년 청상들이 성균관 문묘(文廟)에 멋대로 들어가려다가 저지하는 문지기들을 돌로 때려 중상을 입히는 사건 발생. 한성 육의전과 조선 상인이 외국 상인의 용산 이전을 요구하는 연좌시위와 제2차 파시를 벌임. 당소의(唐紹儀), 용산상무위원(龍山商務委員)에 임명됨. **담걸생, 둘째 부인 하씨와의 사이에서 3남 담정림이 한성에서 출생. 동순태호, 조선 정부의 조폐국인 전환국(典圜局)을 위해 오사카에서 동연(銅鉛)을 구입하여 납품하는 대신 홍삼 관삼 3,500근의 수출을 청부하려고 하다가 홍삼을 넘겨받지 못하고 조선 정부가 구리 시세의 하락을 이유로 깎으려 들어 낭패를 봄. 담걸생(37세), 동순태호에 대금을 못 갚고 도주한 손윤필의 가옥을 몰수하여, 한성본호 입점 가옥의 소유권을 확보함. 동순태호 한성본호, 담이시, 나장패(羅章佩), 담이경(譚以經) 3명으로 구성.** 조선과 일본 간에 '조일통어장정(朝日通漁章程)'이 개정되어, 영해 3해리의 원칙이 처음으로 적용됨. 조선, 원산에 청국 조계 설치. 조선, 마포에 검사국을 설치하고, '외국기선불취항원칙(外國汽船不就航原則)'을 관철시킴.

1890년 한성, 외국 상인 철수를 외치는 사전(私廛)을 제외한 모든 상점, 술집, 음식점, 골동품점 등이 동참하는 제3차 파시가 대규모로 진행됨(1월). 조선 병사가 중국인에게 맞거나 모욕당한 사건이 연이어 발생함. **동순태, 인천분호와 한성본호의 자본과 회계를 분리함. 조선 화교 수가 1,000명에 달함.**

1891년 상해, 금융 공황이 발생하여 러셀 사 도산. 러셀 사의 윌리엄 포브스(William H. Forbes)는 홍콩상해은행 이사회 이사직을 사임. 러시아 기선 회사, 상해-블라디보스토크 노선 개설. **인천 개항장에서 동순태표가 일반적으로 유통됨.** 청조, 두 번째로 3년 임기가 만료된 원세개를 다시 절강온처도(浙江溫處道)로 승진시킨 뒤 재임용(10월). 당소의, 원세개의 귀국 기간(1891년 10월 ~ 1892년 5월)에 업무 대행을 맡음.

1892년 손문, 홍콩의대(香港西醫院) 졸업 후, 마카오의 경호의원(鏡湖醫院)에서 의사로 일함(7월). 정관응, 이홍장과 성선회로부터 윤선초상국 방판 직책을 제의받음(9월). **담걸생(40세), 제1차, 제2차 동순태차관에 명의를 제공하고(9월, 10월), 청조로부터 오품(五品) 후선현승(候選縣丞)의 관품을 수여받음. 당정추 사망(10월). 담걸생, 부친이 고향 금리허(金利墟)에서 극단 공연 중에 발생한 대형 화재로 사망(11월 29일). 담걸생 부친상으로 귀향.** 정관응, 윤선초상국 방판에 공식 취임(12월). 윤선초상국, 적자를 이유로 상해-연대-인천 정기노선의 폐지를 건의하나, 이홍장의 의견으로 유지 결정. 인도네시아, 네덜란드가 본국 및 해외 식민지(네덜란드령 인도차이나)에서 출생한 자에게 네덜란드 국적을 부여하는 내용의 '네덜란드 국적 및 거주조례(荷蘭國國籍及居住條例)'를 발표하여, 동남아시아 화교의 국적 문제 대두.

1893년 **담걸생(41세), 경인을 잇는 한강 최초의 정기 기선 회사인 한중 합작의 통혜공사(通惠公司)에 자본을 모집하고 경영을 맡음. 기선 한양호(漢陽號)와 마차를 구입하여 운행 시작. 한양호(漢陽號), 해안 및 중국 병선과 충돌하는 2번의 사고로 800원(元)의 손실과 운행 중단 발생. 담청호, 인천 지역 북방, 남방, 광방 전체를 어우른 화상 단체의 기관장인 삼방동사(三幇董事)에 선출됨.** 조선 한성부, 화상을 비롯한 외국인의 가옥과 토지 소유권을 보장해 주기 위해 한성부 내 가옥에 대해 가권(家券)을 발급하기 시작함. 화상의 조난 상선이 현지 조선인에게 화물을 빼앗기고 밀무역 혐의로 지방관에 체포, 고문을 받은 사건 발생. 밀무역 여부를 두고 조선과 청 사이에 분쟁. 중국인 선박과 조선 선박 충돌로 조선인이 화상을 구타하고 화물을 빼앗은 사건 발생. 당소의(唐紹儀)가 화상의 커미션을 받고 외교관 특권으로 홍삼을 대량 밀수출했다는 스캔들이 터짐(10월). 조선, 기근 구제를 위해 청조에 금수품인 미곡 수출을 요청, 청조의 특별 허가로 상해에서 인천으로 미곡이 수출됨. 동순태호 등 화상, 쌀값이 더 높은 일본으로 상해에서 수입해 온 쌀을 일본에 재수출하여 큰 이익을 얻음. 정백소, 상해 권연 판매상 영태잔(永泰棧)에 입사. 청조, 설복성(薛福成)의 건의를 받아들여 해금(海禁)을 공식 철폐.

1894년 조선, 동학농민운동 발발(2월) 정관응, 『성세위언(盛世危言)』 간행(3월). 조선, 청에 파병 요청. 청군, 아산만에 상륙하고 일본 역시 천진조약을 근거로 조선에 파병(6월). **담청호, 담가(譚家)의 부녀자들을 이끌고 선발 귀국(6월).** 상해-인천 윤선초상국 마지막 정기선 인천 출항(6월 21일). 일본, 영국과 통상항해조약 조인하여 치외법권 회복함(7월 16일). 풍도해전, 아산전투로 청일 군사 충돌(7월). 조선 정부, 조청상민수륙무역장정 폐기 선언(8월). **담걸생(42세), 조선을 탈출하여 연대를 거쳐 상해로 피난(7월).** 청일, 공식 선전포고(8월 1일). 당소의, 청으로 귀국(8월 4일). 일본, '칙령(勅令) 제137호'를 공포하여, 중국인의 거주지 제한 및 등록제를 실시함(8월). 청, 평양 전투(9월 15일)와 황해 해전(9월 17일)에서 대패. 일본군, 국경을 넘어 중국 동북 지역으로 진군함. **담걸생, 연대를 거쳐 인천으로 돌아옴(10월 24일).** 여순 함락(11월). 미국 하와이, 손문 흥중회 조직(11월). 조선, 박영효 친일 내각 성립과 '보호청상규칙(保護淸商規則)' 공포(12월 17일).

1895년 일본, 위해(威海) 공격과 북양함대 궤멸(1~2월). 이홍장, 전권대사로 일본 도착(3월 19일). 일본 낭인에게 피격당함(3월 24일). 일본우선회사, 전시로 중단되었던 상해-인천 직항 노선을 재개함(3월 26일). 시모노세키 조약 체결과 청일전쟁 종결(4월 17일). 일본, 삼국 간섭(4월 23일)으로 할양받은 요동반도를 포기하고, 추가 배상금 지불을 수용함(5월 4일). 청조는 재한 화인 보호를 위해 당소의를 조선에 '총상동(總商董)' 직함으로 다시 파견함(11월). 원세개, 근대식 군대인 신건육군(新建陸軍)을 조직할 책임자로 임명됨. 강유위, 양무파를 비판하는 공거상소에 참가하고 본격적으로 변법유신(變法維新)의 개혁운동을 시작함(5월). 정관응, 강유위의 강학서국(强學書局)에 투자하고, 강유위를 상해에서 왕도(王韜)에게 추천함(12월). 자딘 메디슨 사, 상해에 이화 면방적·방직 공장(怡和絲廠, 怡和紗廠) 설립. **담걸생(43세), 전시 호황으로 큰 수익을 얻고 잠시 귀향하나(12월), 병이 나서 계속 고향에 체재하게 됨.**

1896년 **담걸생(44세), 세 번째 부인 호운경(胡雲卿, 18세)을 광동성 불산(佛山)에서 맞이함.** 정관응, 한양제철소 총판에 임명됨(5월). 청과 일본, 불평등조약인 '청일통상항해조약(淸日通商航海條約)' 체결, 일본은 영사재판권 등 구미 열강과 같은 권리를 획득(7월). 한성, 당소의의 주도로 '화상조규(華商條規)' 제정(8월). 나가사키 최대의 양행이었던 영국 상점 홈 링거 양행, 인천에 조선 지점 설립. 러시아 기선의 상해-블라디보스토크 항로에 인천이 경유지로 추가됨. 일본, 오사카 광동공소(廣東公所) 설립. **담걸생, 새 부인을 데리고 서울로 돌아옴(11월).** 청, 조선과 조약 체결 교섭을 위해 조선에 근무 중인 당소의의 직함을 '대리 조선 총영사[委駐朝鮮總領事]'로 바꿈.

1897년 정관응, 상해 일간지 『소보(蘇報)』에 횡령 등을 고발한 비방 기사가 실려 곤경에 처함. 성선회, 양륜경 등이 연명으로 반박 기사를 실어 변호함(3월). 정관응, 한양제철소 총판직을 사임함(6월). 대한제국 수립(10월 12일). 목포, 진남포 개항(10월). **동순태호 담걸생, 조선 내지 운송에 기선 회사를 처음으로 이용함.** 강경에서 조선 객주에게 쌀 구입 대금을 떼임. 율포에서 조선 객주와 분쟁 발생. 차터드 은행, 세창양행을 대리인으로 인천지점 개설. 홍콩상해은행, 홈 링거 양행을 대리인으로 인천지점 개설. 타운센드 상회, 스텐다드 석유사와 조선에서 등유의 독점판매권을 체결함. 조선, 한성은행(漢城銀行, 조흥은행의 전신) 개업.

1898년 독일, 산동성 교주만 점령. 러시아, 여순을 점령. 정관응, 상해에서 옹동화(翁同龢)를 만나는 등 변법파와 접촉을 계속함(2월). 청, 광서제의 조칙으로 무술변법 개시(6월). 일본, 호적법과 민법 시행(7월). 원세개의 밀고로 보수 쿠데타가 발생하여 무술변법 실패함(9월). **담걸생(46세)과 셋째 부인 호씨와의 사이에 5남 담정란이 한성에서 출생. 담걸생, 당소의의 부탁으로 목포 각국 거류지에 토지와 건물을 구입함.** 조선, 주한 총영사 당소의 부친상으로 귀국(9월). 미국, 스페인과의 전쟁에서 승리하여 필리핀을 식민지로 획득함. 필리핀 복권인 여송표의 발행이 금지됨. 미국, 일본인 이주민에 대한 반일 정서 강화. 일본, 요코하마에 광동공소(廣東公所) 설립.

1899년 원세개, 산동성 순무(巡撫)에 임명됨. 상해, 첫 중국의 근대식 복권인 강남의진채표가 발행됨(4월). 한성, 『황성신문』에 최초로 화상의 중국 복권 광고가 실림(11월). 일본, 국적법 시행(4월 1일). 군산, 성진 개항(5월). 청, 초대 한성 총영사 오광패를 파견함(6월). 일본, 외국인 거류지를 철폐하고 내지 잡거(內地雜居)를 허용하고, 중국인 노동자의 거주 및 취로를 제한함(칙령 352호, 7월). 대한제국과 청, 한청통상조약(韓淸通商條約)의 체결로 대등한 국교를 수립하고, 청은 한성에 주한 공사관(駐韓公使館)을, 대한제국은 북경에 주청 공사관(駐淸公使館)을 세우게 됨(9월). 주한 영국 총영사관이 공식적으로 청일전쟁 이후 대행한 중국 상민 보호 업무를 청의 주한 공사관에 넘김(12월 30일). 대한제국, 심상훈(沈相薰)을 주청 공사로 임명하나, 의화단 사태로 부임 못 함. 양륜경, 상해 광조회관(廣肇會館) 중수(重修)에 조력. 대한제국, 한성 전체를 측량하여 지계(地契)를 발급함. 외국인 토지 소유권 보장. **동순태호, 진남포 각국 거류지에 토지 구입. 동순태호, 율포 객주 최정화에게 소송을 제기함. 한성 총영사관에 신고한 동순태 한성본호 구성원, 총 10명으로 늘어남.**

1900년 의화단운동 발발. 일본우선, 의화단 사건으로 상해-인천 구간 철수. 8개국 연합군, 북경 점령(8월). **동순태호, 『황성신문』에 처음으로 중국 복권 판매 광고를 게재함**(4월 13일). **담걸생, 셋째 부인 호씨와의 사이에 4녀 담수란(譚秀鸞)이 한성에서 출생**(9월). **동순태호, 상해 『신보(申報)』에 첫 채표 당첨 기록이 실림**(12월). 미국 샌프란시스코, 일본인 이민 반대의 시민대회가 열려 첫 배일(排日) 결의가 이뤄짐.

1901년 청조와 8개국, 북경에서 신축 조약 체결(9월) 청, 장지동(張之洞)은 과거 제도의 개혁을 청원. 이홍장의 사망으로, 원세개가 북양통상대신 및 직예총독 직책을 계승함. **동순태호, 『황성신문』에 강남채표 1등 4만 원 당첨자 광고를 실음**(11월). 한성 산동성 화교 조직인 북방에서 용산에 공동묘지 부지를 구입. 고종, 프랑스어 학교 교사 에밀 마르텔(Emil Martel)을 북경에 보내 대한제국 주청 공사관 건물을 구입하게 함. **담걸생(49세), 하씨(何氏)와의 사이에 5녀 담수봉(譚秀鳳)이 한성에서 출생. 동순태호, 일본 고베에 쌀 2만 원을 수출.** 상해 정백소, 공발영행(公發英行)과 계약을 맺어 BAT(英美煙公司)의 권연 2종의 위탁 판매를 개시. 한성. 화상 동업 단체인 한성중화상회(漢城中華商會)가 설립됨. 대한제국, 일본 원양 어업 회사에 경상도, 강원도, 함경도 연안에서의 포경을 허가함. 양륜경, 상해 잡량업계(雜糧業界)의 광동 상인 동업 조직인 신수당(愼守堂) 건립을 도움.

1902년 일본, 영국과의 공수 동맹인 제1차 영일동맹 체결(1월). 대한제국, 주진독리를 역임한 박제순(朴齊純)을 주청 공사로 임명함. 청, 원세개와 장지동 과거 정원 축소 건의(7월) 청, 호광총독 장지동이 관판 채표로 호북첨연채표(湖北籤捐彩票)를 발행함. **동순태호, 『황성신문』에 한국인 교주채표 4등 당첨 광고를 대대적으로 게재함**(5월). 개성 화상 양만당(楊滿堂)이 홍삼 밀수 협의로 체포되어 가혹 행위를 당한 사건이 발생(9월). 재한 화상 단체인 '중화총무상회(中華總務商會)' 발족. 양윤경, 최초의 상해 상회인 상해상업회의공소(上海商業會議公所) 건립에 회원으로 참여함. 서울과 인천 간 전화가 최초로 개설됨. **전화 최초 22명 가입자 중에 동순태호 한성본점과 인천지점 포함됨.** 평양중화상회(平壤中華商會), 중국인 공동묘지를 조성함. 대한제국, 일본제일은행(日本第一銀行) 부산지점이 은행권을 발행하여 화폐 주권 문제가 제기됨.

1903년 **동순태표와 일본제일은행권의 발행 금지를 요구하는 전국적 운동 시작됨**(1월). **동순태호, 교주채표 추첨 취소로 채표를 환불함**(3월). 한성 화상, 신문 지면의 채표 광고를 모두 중단함(3월). **동순태표, 동순태표의 위조 화폐가 시중에 돌아 위조지폐 판별법을 신문 광고로 게재함**(3월). **동순태표와 일본제일은행권 발행 금지를 요구하는 벽보가 종로 및 시내 요소에 붙음**(6월). 청조, 상부(商部)를 설립하고 '공사례(公司例)'를 반포함. '상회간명장정(商會簡明章程)'을 반포하여, 국내에 상부의 비준과 관리를 받는 상회를 조직하고 해외에서도 중화총상회(中華總商會)의 설립을 추진함. 청, 거아운동(拒俄運動, 반러시아운동) 발생. 싱가포르, 광동 화교 황아복(黃亞福)이 세계 최초의 화교은행인 광익은행(廣益銀行)을 창설. 대만, 대북(台北)에 대만 내 중국인 관리 목적으로 '화민회관(華民會館)'을 설립.

1904년 러일전쟁 발발(2월 8일). 경부선 및 경의선 철도 공사에 일본인 업자들이 중국인 노동자를 대거 고용, 조선 내 화공의 유입이 급증함. 대한제국, 일제의 강압으로 '한일의정서' 체결(2월 23일). 한성, 화상 조직으로 한성화상총회(漢城華商總會) 결성. **동순태호, 일본 기린맥주(麒麟麥酒) 및 일본 상품의 판매 광고를 신문에 게제. 동순태호, 동순태표 발행 중단과 전표(錢票) 회수의 광고를 냄**(8월). 제1차 한일협약(한일협정서) 체결(8월). 일본인의 조선 입국에 여권 휴대 의무가 면제됨. 대한제국, 산동 위해(威海) 염상들이 황해도 해주에 식염을 판매하다가 현지 상인과 다툼이 일어나 중국인 1명이 살해당함(9월). 청, 마지막 과거 시험 주관(7월). 청, 동남아시아 화교 상인인 장진훈(張振勳)을 상무대신(商務大臣)으로 삼아 동남아 각지를 돌며 화교 투자를 유치하게 함. 청, 상해총상회 성립. 대만, 총독부가 부령 제68호 '청국노동자취체규칙' 실시(9월). 대만 총독부, 청국 노동자 입국의 독점적 중개업자로 대화식민합자회사(台華殖民合資會社, 훗날의 남국공사)를 설립.

1905년 경부선 전 구간(442.4㎞) 개통(1월). 일본, 대한제국의 모든 재외 공관 철수 명령(3월). 일본, 가쓰라·태프트 밀약(桂太郎-Taft密約) 체결(7월). 제2차 영일동맹 체결(8월). 일본, 포츠머스 조약 체결로 러일전쟁 종결, 조선에서의 우월권 보장과 러시아가 청에게서 빼앗았던 이권 중에 사할린 남부, 여순-장춘 간 남만주 철도선과 부속 영지, 관동주(여순, 대련 등 요동반도 남부)의 조차권을 획득하고, 연해주 연안에 어업권을 보장받음(9월 5일). 대한제국, 을사늑약(을사조약, 제2차 한일협약)을 체결하여 외교권 상실(11월 17일). 주청 대리공사 박태영, 모든 문서와 재산을 주청 일본 공사관에 이관하고 귀국, 주청 공사관은 폐쇄됨(12월 14일). **담걸생(53세), 하씨와 사이에 7남 담정겸 한성에서 출생.** 상해, 양륜경의 동업자 동태호의 나주신(羅柱臣) 사망. 청, 미국의 중국인 이민 규제로 반미 보이콧 운동과 국산품 애용 운동(國貨運動)이 전국적으로 전개됨. 상해, 광동 화교 간조남(簡照南) 형제가 남양형제연초공사(南洋兄弟烟草公司)를 설립. 상해, 정백소는 BAT 판매량 업계 1위를 달성하고, 영태잔(永泰棧)의 경리에 취임. 청조, 예비입헌의 조서를 내려 입헌군주제로의 개혁 방침을 확인함(9월). 청, 원세개, 장지동 등 6명 지방대관의 건의로 과거제 폐지(9월). 청, 복건성 지현들을 화교 투자를 제대로 보호하지 못했다는 이유로 면직함. 청조, 만주의 기지(旗地)에 대해서 사유권을 인정함.

1906년 청조, 화교가 많은 샌프란시스코에 대지진이 발생하자 화교 구제 기금으로 10만 량을 송금함(4월). 대한제국, 일본군이 용산에 군용 도로를 만들면서 북방 공동묘지

부지를 매입. 이태원 황학동으로 이전하여 중국인 공동묘지인 '중화의지(中華義地)'를 조성하고, 경성중화총상회가 관리하게 됨. **담걸생**(54세), **손윤필에게 한성본호 을지로 가옥의 반환 소송을 당함.** 자딘 메디슨 사, 주식회사로 전환함. 전 인천 홈 링거 양행 책임자 베네트, 정식으로 광창양행(廣昌洋行, W. G. Bennet&Co.)을 설립. 대한제국, 용암포 개항.

1907년 대한제국, 헤이그평화회의 특사 파견(6월). 고종 퇴위, 순종 즉위, 정미 7조약 체결(7월). **동순태호, 신문에 '광동연초공사(廣東煙草公司)' 대리인 명목으로 권연 광고를 게재. 동순태호, 이 해에 중국 복권(채표) 약 8,500량(약 1만 2,000원) 수입.** 청조, 원세개 군기대신과 외무부 상서에 임명됨. 청조, 동남아시아, 샌프란시스코, 일본 각지에 화교 학교를 개설함. 정관응, 『성세위언후편(盛世危言後編)』 출판. 청, 농공상부(農工商部) 우시랑(右侍郎) 양사기(楊士琦)를 동남아에 파견하여 화교 투자 유치 노력.

1908년 대한제국, 오장경을 기리는 정무사 제사를 폐지. 청진 개항. 청, 흠정헌법대강(欽定憲法大綱) 반포(8월 27일). 광서제 사망(11월 14일). 서태후 사망(11월 15일). 부의(溥儀, 3세), 선통제(宣統帝)로 즉위. 청조, '주학당장정(奏學堂章程)'을 반포, 각지에 고등교육기관 설치. 청, 영국과 중영 금연 협약을 체결, 아편 수입이 마침내 금지됨. 일본, 메이지 정부는 토마스 글로버에 훈장 수여.

1909년 **담걸생**(57세), **을지로 10번지에 있던 동순태호 한성본호가 화재로 전소됨**(1월). 대한제국, 어업법 시행(4월). 안중근 의사, 하얼빈 역에서 이토 히로부미 저격(10월 26일). 대구 사람 윤대섭(尹大燮) 등, 안중근의 이토 히로부미 저격을 사죄한다는 친일단체 국민사죄단(國民謝罪團)을 조직. 대한제국, 통감부 화상의 중국 복권 판매 강력 단속, 광동 화상들 대책회의 개최(6월). 간도협약 체결(9월). 청의 주한 총영사관, 정무사 관리권을 접수하여 오무장공사로 중건. 대한제국, 통감부가 평안남도 진남포 광량만 염전 공사에 한국인을 고용하지 않고 저임금의 중국인 노동자만 고용한 것에 대해 양측 패싸움이 발생. 청, 원세개를 실각시킴. 원세개, 모든 직책에서 해임되어 낙향함. 청조, 중국 최초의 국적법인 '대청국적조례(大淸國籍條例)'를 공포. 상해, 휴업 중인 남양형제연초공사 재개업. 청조, 자의국의 운동과 투기에 대한 사회적 비판으로 국내 복권 발행 금지. 화상의 복권 수입업도 종결됨.

1910년 대한제국, 한일 병합조약의 체결(8월 22일)과 순종의 양국(讓國)의 조칙 발표로 약 13년 만에 멸망함(8월 29일). 속령(屬領) 조선으로 명칭 전환. 경성부제(京城府制) 실시로 한성은 경성으로 바뀜. 한일 강제 병합과 동시에 일본의 내지잡거령(內地雜居令)이 조선에도 적용됨(통감부령 제52호 8월 25일, 조선총독부령 제17호 10월 1일). 조선, 총독부는 조선 내의 외국 경찰권을 회수하여, 중국인 경찰[淸國巡捕]은 해산됨. 화상이 부담하던 '경찰세[巡捐]'는 '월세[月捐]'로 개조됨. 경성, '한성화상총회(漢城華商總會)'는 명칭을 '경성화상총회(京城華商總會)'로 개명. 나가사키 영국 상전 홈 링기 양행, 인천지점을 폐쇄하고 조선에서 철수함. 타운센드 상회가 홍콩상해은행의 조선 대리점 업무를 인수. 청, 무창에서 신군의 반란 발생(武昌起義), 신해혁명의 막이 오름(10월 10일). 원세개, 재차 호광총독으로 임명되어 단기서에게 명해 반란 진압을 하는 한편, 당소의를 대표로 내세워 혁명당과 협상에 나섬(南北和議).

1912년 남경에서 중화민국 임시정부 성립, 손문이 임시 대총통을 맡음(1월 1일). 청, 선통제의 퇴위로 청조 멸망, 중화민국 시대가 시작됨(2월). 원세개, 정식으로 북경에서 중화민국 초대 대총통에 취임함(3월 10일). 정백소, BAT의 대표 권연 브랜드인 대영패(大英牌)의 중국 독점 대리인으로 지명됨. 조선총독부, '관영사업에 청국인 사용을 금지하는 건' 공포(5월). **담걸생, 호씨와 사이에 6녀 담수금이 인천에서 출생.** 정백소, 런던 BAT(영미연공사)를 참관. 인천, 산동인 우희광(于希光)이 공화춘(共和春) 개업. 토마스 글로버, 도쿄에서 사망. 중국, 참의원 선거에 화교 의석으로 6명 할당(12월). 조선, 화교 숫자가 1만 5,000명을 돌파함.

1913년 중국, 임시약법에 따라 중국 최초의 국회의원 선거 실시(2월). 동맹회가 개조한 국민당이 압승을 거둠. 송교인(宋教仁), 상해역에서 암살됨(3월). 중국, 국회가 원세개를 대총통으로 선출함(10월). 원세개, 손문과 혁명파의 제2차 혁명을 진압하고 국민당을 해산시킴(11월). 조선 경성, 중국 북양 정부의 지시에 따라 '경성화상총회'를 '조선경성중화상무총회(朝鮮京城中華商務總會)'로 개조함. **담걸생(61세), 호씨와 사이에 10남 담정황이 인천에서 출생.** 조선과 중국 간 무역이 1896년에 비해 10배 이상 늘어남.

1914년 원세개, 국회를 해산함(1월). 내각제를 다시 총통제로 바꿈(5월). 제1차 세계대전 발발(7월). 세계대전으로 인한 안보 문제로 폐지되었던 여권 제도가 부활하여 재차 필수화되고, 비자 제도가 시작됨. 파나마 운하 개통, 태평양 시대가 열림(8월). 유럽 자본의 철수와 전시 수요로 미국과 일본 제조업의 급성장 및 중국 민족 자본의 성장이 가속화됨. 일본, 영일 동맹에 근거하여 독일에 선전포고(8월). 일본, 산동성에 파병하여 교주만의 독일 조계 및 교제철로(膠濟鐵路) 연선의 부속지를 접수함(10월). 원세개, 대총통선거법을 개정하여 총통 임기를 10년, 연임이 가능하게 고침(12월).

1915년 일본, 원세개 정권에 독일의 중국에서의 이권과 만주와 몽고에 관한 특수 이익을 넘겨 달라는 21개조의 요구를 함(2월). 최후통첩의 위협 하에 원세개는 일부 수정을 거쳐 일본의 요구를 수용함(5월). 일본, 중국과 '남만주와 동부 내몽고에 관한 조약'(만몽조약(滿蒙條約))을 체결하여, 만주와 몽고 지역에서 일본인의 거주 자유와 토지와 가옥의 임차권을 획득함(5월). 원세개, 국체를 입헌군주제로 바꾸고 황제에 취임함(12월). 운남에서 홍헌제제를 반대하는 군사 쿠데타 발생(護國戰爭, 12월 25일). 원세개 토벌 봉기가 각지로 확산됨. **담걸생(63세), 원세개 북경 정부 농상부로부터 3등 훈장(奬章)을 수여받음.**

1916년 원세개, 제제(帝制) 취소를 선언, 다시 총통제로 복귀함(3월). 원세개, 화병으로 쓰러져 사망(6월 6일). 중국, 대총통 여원홍, 총리 단기서의 북양 정부 출범. 조선총독부, 중국인의 거주 제한을 명문화함(10월). 중국, 북경 정부, 상회법 '시행세칙' 반포. 중화총상회로 명칭 규정(2월).

1917년 조선, 본국의 제3기 참의원 선거에 참여할 경성중화상무총회 대표 3명을 선발. **조선, 북양 정부의 법 개정으로 '조선경성중화상무총회'가 '조선경성중화총상회(朝鮮京城中華總商會)'로 개조되고 담걸생(65세)이 부회장에 선출됨(4월). 담걸생, 넷째 부인 금유청(20세)과 결혼함.** 미국, 이민법 개정으로 아시아계 이민을 사실상 전면 차단함. 중국, 장훈(張勳)이 선통제를 복위하려는 복벽(復辟) 쿠데타를 일으킴. 손문, 광주로 와서 중화민국 군정부를 수립하고, 대원수에 취임함(7월). 조선총독부, '관영사업에 지나인 노동자 사용에 관한 건'을 발표. 정백소, 뉴욕에 가서 BAT와 대영패(大英牌) 및 금선패(錦扇牌) 브랜드 권연의 15년간 중국 독점 판매 대리 계약을 맺음(11월, 1918년부터 발효).

1918년 일본, 외국인의 입국에 관한 규칙을 발포하여 여권과 비자(査證) 휴대를 의무화하지만 중국-일본 간은 상호 여권 및 비자 면제를 계속하기로 함. **담걸생(66세), 5남 담정란(20세)의 장남 담내량 인천에서 출생.** 양윤경, 상해 광조공소(廣肇公所)의 내분과 월교상업연합회(粵僑商業聯合會)의 창설 과정에 원로로 간여함. 제1차 세계대전 종결(11월). 월터 타운센드(Walter Davis Townsend) 인천에서 사망. 일본, 내무성령(內務省令) 제1호, '외국인 입국에 관한 건'을 공포하여 중국 노동자의 이주를 제한하고, 지방관에 외국인 입국 금지의 권한을 부여함. 조선총독부, '외국인 도래에 관한 건' 발표,

중국 노동자 이주 제한 조치. 조선, 인천 만석굴 제염소에서 중국인 노동자와 조선인 노동자 100여 명 충돌.

1919년 3.1운동 발발(3월). 상해 임시정부 수립(4월). 일본, 치안 대책으로 조선인에 대한 도항 관리를 시작. 일본 입국에 경찰 발급의 여행증명서 소지가 의무화됨(4월). 중국, 21개조 요구 거부와 산동 이권의 중국 반환을 주장하며 베르사유 조약 조인에 반대하는 5.4운동 발발(5월). **담걸생(66세), 상해에서 4녀 담수란과 정백소의 아들 정관주 결혼. 정백소, 영태화연행(永泰和烟行)을 창업함.**

1920년 대만 총독부, '지나노동자취체규칙(支那勞働者取締規則)' 공포. 정백소, 영미연공사와 합작하여 부동산 투자 회사(宏安地產公司)를 설립함. 일본, 강제 합방 당시 서구 열강에 약속한 조선에 대한 관세자주권 10년 유예 기한이 끝나면서 통일 관세 제도를 실시하여 일본 관세법을 조선에 적용함.

1921년 정백소, 영태화연행을 주식회사(永泰和烟草股份有限公, the Wing Tai Vo Tobacco Corporation)로 개조함. 조선, 신의주에서 조선인 노동자들이 총회를 열어 관청에 조선인을 많이 채용해 줄 것을 진정함. 조선 화교 인구는 2만 명에 육박함. 3.1운동 대책으로 실시한 도항 관리, 여행증명서 제도 폐지(12월).

1922년 미국 주도의 워싱턴 회의로 중국의 주권과 영토 보장 원칙이 확인되고, 아시아에서 해군력 군축, 일본은 제1차 세계대전 때 점령한 산동을 중국에 반환할 것을 합의(2월). 조선총독부, '관영사업에 지나인 사용금지의 건'을 공포하여 중국인 노동자의 고용에 도지사의 허가를 얻도록 함(8월). 정관응(81세), 상해에서 사망(5월). 중국, 광주에서 진형명의 쿠데타가 발생하여 손문은 상해로 피신함, 대원수부 붕괴(6월).

1923년 손문, 광주로 돌아와 제2차 광동군 정부를 수립하고 대원수부 대본영을 재건함(2월). 인천, 가토 정미소(加藤精米所)에서 조선인 노동자의 화공 배척의 동맹 파업 발생. 일본, 관동대지진(關東大地震) 발생(9월 1일), 조선인과 중국인에 대한 대규모 학살 시작(9월 3일). 일본, 치안 유지를 이유로 조선인 노동자와 중국 노동자들을 모두 출국시키고, 입국 제한을 강화함. 일본, 도항 관리 강화, 여행증명서 제도 재실시(9월, 1924년 5월 말 폐지). 조선, 각지에서 '도일 저지 반대 운동' 전개. **담걸생(71세), 조선경성중화총상회(朝鮮京城中華總商會) 회장으로 선출(1925년까지 역임). 담걸생, 도시토지세, 가옥세, 호구세 세 항목에서 경성 개인 납세자 순위 1위를 차지함. 담걸생, 5녀 담수봉의 혼례로 상해에 감.** 조선, 앵정정(櫻井町, 현재 중국 인현동) 동순태호 보유 가옥에서의 실화(失火)로 경성 시내에 대형 화재 발생(12월). 대만, 화교 자치 조직인 중화회관(中華會館) 설립.

1924년 중국, 제1차 국공합작 공식 성립(1월). 조선, 강원도 철원 수리조합에서 조선인 노동자가 화공 주거지를 습격하여 중국인 노동자 1명이 사망함(3월). 일본, 효고현(兵庫縣)에서 '신원인수 8개조'를 발효하여 중국인의 입국 서류에 일본 내의 보증인을 필수로 하고, 법적 금전적 의무를 강화함(3월). 고베, 중국인 입국 시의 소지 금액이 30엔 이상에서 100엔 이상으로 인상되고, 고베 중화회관의 보증이 필수화됨. 상해총상회, 일본의 중국인 노동자 배척을 항의(5월). 일본, 미국 일본인 이민 제한과 일본의 중국인 입국 제한을 둘러싸고 외무성과 내무성 간에 논쟁이 벌어짐. 미국, 의회에서 배일이민법(排日移民法)이 통과됨(5월). 중국, 광주에서 황포군관학교(당시 정식 명칭 '중국국민당육군군관학교') 개학, 교장은 장개석(6월). 조선, 경성상업시찰단이 상해로 가서 조선 해산물 수출과 중국의 직물 수입을 촉진을 도모함(4월) 조선총독부, 화공을 모집할 때는 미리 경찰서의 승인을 받도록 함(7월). 미국, '신이민법(新移民法)' 시행. 중국인의 유학이 어려워짐(7월). 일본, 법률 제24호 '사치품 등의 수입세에 관한 건'을 발표하여, 조선에 수출되는 중국 견직물 관세가 2배로 인상됨(8월). **담걸생의 2남 담정곤과 3남 담정림이 아편 밀매, 홍삼 밀수, 사기 등의 혐의로 체포됨(8월). 담걸생(72세), 아들들의 미곡투기 실패로 막대한 채무를 지고, 부도 위기를 맞으나 정백소의 송금으로 파산을 벗어남.** 양륜경, 월교상업연합회 부회장에 선출(3월). 양륜경, 상해에서 사망(9월). 양륜경 추도회가 상해에 열려, 각 단체 500여 명이 참가하고 『신보』에 보도됨(10월). 1924년 만주 군벌 장작림과 직예성 군벌 풍옥상이 연합하여 북경을 공격, 북양 정부가 붕괴함(北京政變, 10월). 새로운 북경 정부 대표로 단기서가 남북 분열을 끝내고 시국을 수습할 선후회의(善後會議)를 제안함(11월). 손문, 각계 대표가 참여하는 국민회의(國民會議) 소집을 호소함. 손문, 북경 정부의 요청에 응해 광주를 떠나 상해, 천진을 거쳐 북경에 도착(12월 31일).

1925년 손문, 간암으로 북경에서 서거(3월 12일). 중국, 광주에서 광동 국민정부 성립(7월 1일). 장개석의 주도로 국민혁명군 조직(8월). **조선, '국민대표회의조례(國民代表會議條例)'에 16명의 화교 의원을 배정하기 위해, 한성 중화총상회는 재한 화교 대표로 5명을 선출하는데, 광방 대표로 담걸생(73세)이 선출됨. 담걸생, 고령으로 상해 거주의 강소인 황월정(68세)에게 투표를 대리하게 함. 담걸생, 6녀 담수금이 인천에서 돌연**

사(15세). **담걸생, 경성화교소학 교장 취임**(8월). 만주, '미쯔야협정(三矢協定)' 체결로 중국 경찰의 재만 한인 단속이 강화됨(6월). 조선, 중국 당국의 재만 한인에 대한 박해 뉴스, 중국인 노동자와 화상의 경제적 세력에 대한 경계로 반중국인 정서가 매체를 통해 강화됨. 중국인 왕 서방이 타락의 원흉으로 나오는 김동인의 『감자』 발표. 일본, 중국인 거류자에 대해 1년 만기의 노동허가증은 요리사나 이발사와 같은 기능직 노동자에게만 발급하기로 함. 정백소, 상해에서 또 다른 부동산 투자 회사(宏安地產公司)를 조직함.

1926년 중국, 광동 국민정부는 장개석을 국민혁명군 총사령으로 삼아 북벌 개시(7월). 중국, 광동 국민정부는 광주에서 교무위원회(僑務委員會)를 설립하여, 해외 화교들로부터 북벌 경비 100만 원을 모금함(10월). 상해, 사슨 상회, 전문적 부동산 개발 회사[華懋(Cathay)地產公司]를 설립. 조선, 일본질소의 흥남비료공장에 전력을 공급하기 위해 부전강(赴戰江) 수력발전소 착공(1932년 완공).

1927년 중국, 장개석의 반공 4.12쿠데타 발생(4월). 조선, **담걸생**(75세), **한성 광동 상인들과 함께 중국 국민당 경성지부를 개설하고 지부장에 해당하는 정감찰위원**(正監察委員)**을 맡음**(4월). 일본, 온건파 와카쓰키 레이지로(若槻禮次郎) 내각 붕괴, 강성파인 다나카 기이치(田中義一) 내각 성립(4월). 일본, 동방회의(6월 29일 ~ 7월 4일)를 열어 기존의 유약 외교를 비판하고 만몽 지역에서 이권 확보를 위한 무력 불사를 천명. 조선, 함경북도 명천군 함경선 제13공구 중국인 노동자 160명 5일간 파업(4월). 조선, 경성 중국인 밀집 지역인 장곡천정(현 소공동)에서 조선인과 중국인 수백 명이 곤봉과 단도로 무장 충돌(5월). 평안북도 선천(宣川), 중국인 농민의 채소 공급 독점과 담합에 반대해서 채소 불매 운동 발생(6월). 조선총독부 보안과, 중국인 입국자 단속 방침을 발표(6월). 신의주, 중국인 이발사가 조선인 손님의 코를 벤 사건이 발생, 반중국인 정서가 커짐(7월). 중국, 만주에서 "다나카 내각의 만몽 정책을 저지하자"는 배일 운동이 확산, 일제 앞잡이로 재만 한인에 대한 반감 강화(8월). 조선, 경기도 내 경찰서장 회의가 열려서, 중국인 노동자에 대한 입국 금지안을 논의함(10월). 조선, 길림성 재만 한인 박해 소식이 신문에 보도됨(12월 3일). 전북 이리(익산)에서 재만 동포 옹호 동맹 결성 대회가 개최된 후, 중국인 상점에 대한 공격이 발생(12월 7일), 최초로 전국적 규모의 방화, 린치를 동반한 폭력적 반중국인[排華] 폭동이 발생함(12월 7~15일), 중국인 사망자 2인 발생. 정백소, 상해에서 또 다른 부동산 투자 회사(昌業地產公司)를 조직. **담걸생**(75세), **광방동사 겸 경성중화총상회 특별회동에 선출됨**. 조선. 화교 인구 처음으로 5만 명 돌파. 조선과 중국 무역의 최절정기, 1913년에 비해서 7배 이상 증가. 조선, 중국인 노동자 주거 제한 규정에 따른 검거와 강제 출국이 실행됨.

1928년 중국, 국민혁명군 북경 입성과 국민정부의 통일 선언(6월). 북경을 탈출한 장작림, 일본 관동군에 폭사(6월 4일). 일본, 입국 조선인에 대해 도항증명서 제도 실시(7월). 원주소지 경찰서가 검사하여 발급한 도항증명서 소지 필수화. 중국, 동북 군벌 장학량의 충성 맹세(東北易幟)로, 동북 3성, 즉 만주까지 국민정부는 전국 통일을 완료함(12월).

1929년 조선, 원산에서 3,000여 명의 조선인 노동자가 참여하는 총파업이 발생하자(원산 총파업), 일본인 자본가는 이들을 전원 해고하고 중국인 노동자를 고용하려 함(1~4월). 일본, 국내 실업 문제 악화로 재일 조선인 노동자의 전원 조선 송환 계획을 세우나 실행은 안 됨. 조선 내의 중국인 농민[華農] 인구가 1만 1,080명에 달하고, 일부는 농업 자본가로 성장. 조선, 재한 중국 영사관, 중화노공협회(中華勞工協會) 설립 허가, 중국인 하층 육체노동자의 이익 보호와 관리를 맡기 위해 화상 및 쿨리 사업자(苦力頭) 중심으로 경성, 평양, 인천에 본부 및 지부를 설치. **담걸생**(77세), **경성에서 사망**(10월 20일, 음력 9월 18일). 미국, 뉴욕 월가의 주가 대폭락으로 세계 대공황 시작(10월 24일).

1930년 조선, 신의주 7개 철공소에서 화공 100여 명이 작업 시간 일일 10시간 초과 금지를 요구하며 동맹 파업(3월). 조선, 조선경성중화총상회는 남경 국민정부의 새 상회법에 따라 '조선경성중화상회(朝鮮京城中華商會)'로 개조됨(12월). 조선총독부, 관영사업에서 화공 고용은 총 고용 노동자의 10분의 1 이하로 제한, 민간은 5분의 1 이하로 제한하도록 함(12월).

1930년 조선, 중국 총영사관은 인천영사관을 폐쇄하고(5월), 인천분주판사처(仁川分駐辦事處)를 설치함(9월). 조선, 중화노공협회와 화공들 자체 조직인 중화공연합회(中華工聯合會)가 합하여 노동협회가 됨.

1931년 조선총독부의 화공 단속 강화(5~6월). 조선총독부, 화공 입경 규제를 위해 100원 이상의 입경세(入境稅)를 실시함. 중국, 조선의 화공 탄압에 대한 신문 보도로 반일, 반한 분위기 고조. 중국, 길림성에서 만보산 사건 발생(7월 2일), 국내의 오보로 전국적으로 반중국인 폭동이 일어나, 142명의 중국인 사망자가 발생함(7월). 영령(英領) 해협식민지(현 말레이시아), 실업 화교의 중국 송환 정책 실시(8월). 만주사변 발생(9월 18일). 중국, 만주 지역에서 중국인들의 재만 한인에 대한 학살 발생(9월 20일), 이듬해 1월까지 신고된 사망자 843명, 행방불명 807명에 이름. 조선, 화교에 대한 집단적 공격과 배척 재차 발생(10~12월). 일본, 중국 정부는 화교들 송환을 위해 귀국선 신명호(新銘號)를 파견함(12월). 대만, 중국 영사관 설치(4월). **동순태호, 가족회의에서 9남 담정택을 담걸생의 법률상 상속자로 결정함.**

1932년 조선, 만주조난동포문제협의회가 경성에서 만주에서 학살당한 재만 조선인의 추도식을 개최함(1월 16일). 중국, 일본군과 중국군이 상해에서 전투를 벌인 제1차 상해사변 발생(1월 28일). 조선, 조선일보의 재만 조난 동포 의연금 1만 3,000여 원 유용 사건 발생(2월). 중국, 윤봉길 의사가 상해 홍구공원에서 천황 생일과 제1차 상해사변 승전을 축하하는 열병식에 폭탄 투척(4월 29일). 일본, 조선인의 도항 허가에 대해 도항증명서, 부산 수상서의 검사 이외에 일본 내지의 관할 경찰서에 취업 확실 여부를 서면으로 조회하는 절차가 추가됨. 동남아시아, 세계 대공황의 여파로 경기가 침체하면서 화교 이주에 대한 제한 강화, 귀국 화교 증가. 영령 해협식민지, '이민 제한령' 공포.

1933년 김동인, 만주에서 중국인 지주와 조선인 농민의 대립을 다룬 소설 『붉은 산』 발표(4월). 중국, 남경 국민정부 '폐량개원(廢兩改元)' 실시로, 상해 및 화상의 교역 단위가 은량에서 은원(銀元)으로 바뀜.

1934년 일본, '조선인 이주대책의 건'을 각의에서 결정, 일본 입국 조선인 숫자를 줄이고, 조선 북부나 만주로 가도록 유도하기로 함(10월). 조선, 신의주 왕자제지공장, 조선인 노동자의 임금 인상 요구 동맹 파업, 숙련 노동자인 중국인 직공들도 연대함(10월).

1935년 담걸생 첫째 부인 양용방, 광동성 고요현 향리에서 사망.

1936년 담걸생 넷째 부인 금유청 담씨 집안에서 나와, 후에 광동성 불산 향리로 돌아감. **동순태호, 9남 담정택 부동산 반짝 경기를 틈타 부동산을 모두 처분하고 채무를 청산함.**

1937년 노구교 사건(7.7事變) 발생과 중일전쟁 전면 발발. 일본, 고베의 대표적 화교 지도자들 다수를 검거, 투옥하거나 본국으로 강제 송환함(9월). **동순태호, 담정택은 명동 약 1,500평의 토지 및 건물 등 핵심 부동산을 조선식산은행 계열의 성업사(成業社)에 관리를 위탁함. 동순태호 담씨 가문 전원, 인천에서 신화호(新華號)에 탑승하여, 조선을 떠나 연대를 거쳐 상해로 귀국함(9월 10일). 조선 동순태호 역사, 공식적으로 종료됨.** 조선, 재한 화교 6만 7,000여 명 중에 3만 3,000명이 12월까지 귀국함.

▌부 표▌

한말 주요 개항장 및 거류지의 설치 연도						
도시명	개항 연도	화교 진출 연도	화교 거주 비율			
			1892년		1923년	
부산(釜山)	1876	1892	142	6.5%	333	2.1%
원산(元山)*	1880	1893	75	3.4%	677	4.4%
인천(仁川)	1883	-	711	32.5%	1774	11.5%
목포(木浦)	1897	-	-	-	164	1.0%
진남포(鎭南浦)	1897	-	-	-	578	3.7%
군산(群山)	1899	1899	-	-	323	2.1%
성진(城津)	1899	-	-	-	-	-
용암포(龍岩浦)	1906	-	-	-	-	-
청진(淸津)	1908	-	-	-	1419	9.2%
신의주(信義州)	1910	-	-	-	3641	23.7%
한성(漢城, 서울)	-	1882	957	57.4%	4107	26.7%
평양(平壤)	-	1882	-	-	1497	9.7%
대구(大邱)	-	1905	-	-	378	2.4%

출전: 개항 연도는 王正廷, 『朝鮮華僑概況』,1930, p. 3, 화교 진출 연도는 華僑志編纂委員會 編, 『韓國華僑志』, 臺北, 華僑志編纂委員會, 1958, p. 46, 화교 거주 비율은 楊昭全, 孫玉梅 著, 『朝鮮華僑史』, 中國華僑出版公司, 1991, p. 131의 도시별 거주 및 p. 180의 대도시 거주 상황표 참조.(강진아 2011)

조선 화교 인구의 변화(1883~1945년 해방 직전) (단위: 명)			
연도	인구	연도	인구
1883	162	1918	21,894
1884	666	1919	18,588
1885	264	1920	23,989
1886	463	1921	24,695
1891	1,489	1922	30,826
1892	1,805	1923	33,654
1893	2,182	1924	35,661
1906	3,661	1925	46,196
1907	7,902	1926	45,291
1908	9,978	1927	50,056
1909	6,568	1928	52,054
1910	11,818	1929	56,672
1911	11,837	1930	67,794
1912	15,517	1931	36,778
1913	16,222	1932	37,732
1914	16,884	1933	41,266
1915	15,968	1934	49,334
1916	16,904	1936	31,711
1917	17,967	1945	4만~6만

출전:

* 1883~1906년은 楊昭全, 孫玉梅 著, 『朝鮮華僑史』, 中國華僑出版公司, 1991, pp. 124-125 재인용. 이 책은 1883~1893년은 『清季中日韓關係史料』 속의 「北洋大臣李鴻章致清總理衙門文」에서 취하고, 1906년은 統監府 官房文書課 『第一次統監府統計年報』 1907年, p. 39에서 취했는데, 필자는 원사료 대조 없이 인용했다.(강진아 2011)
* 1907~1930년은 楊昭全, 孫玉梅 著, 위의 책, p. 125 및 pp. 165-166을 인용. 이 책은 1907~1910년 수치는 조선총독부 총계를 인용한 盧冠群, 『韓國華僑經濟』(臺北, 海華出版社, 1956)에서 취했고, 1910~1930년은 중국 『外交部公報』(1931년 12월) 자료에서 취했다. 1907~1928년까지 수치는 조선총독부 역년 인구 통계를 이용한 王正延, 『朝鮮華僑概況』, 1930, pp. 5-7 및 華僑志編纂委員會 編, 『韓國華僑志』, 臺北, 華僑志編纂委員會, 1958, p. 49와 거의 일치하여 모두 조선총독부 자료에서 취했다고 판단된다. 1910~1928년 수치 중 몇 개 숫자는 재인용에 오류가 있어, 『朝鮮華僑概況』에 따라 교정함.
* 1931~1934년, 1936년, 1945년 수치는 모두 楊昭全,孫玉梅 著, 『朝鮮華僑史』, 中國華僑出版公司, 1991, pp. 256-257의 재인용이다. 1930년대 수치의 원출전은 『外交部公報』(1931년 12월), 朝鮮總督府, 『昭和九年總督府統計要覽』, 『僑務月報』 등이고, 1945년의 4만 명은 앞의 『韓國華僑志』(臺北, 華僑志編纂委員會, 1958, p. 48)를 인용했는데, 楊昭全은 여기에 태평양전쟁 때 조선으로 강제 징발된 화공 2만여 명을 더하면 1945년 해방 직전의 재한 화교 숫자는 6만 명이라고 추정했음. 이중 남한이 약 2만, 북한이 화공까지 더하면 약 4만이다.

▌참고문헌▐

강덕지, 『韓國華僑의 經濟에 관한 고찰』, 성균관대학교 석사논문, 1974.

강진아, 「中日무역마찰의 전개와 朝中關係의 변화 - 1920년대~1930년대를 중심으로」, 『근대전환기 동아시아 속의 한국』, 성균관대학교출판부, 2004(b).

강진아, 『1930년대 중국의 중앙, 지방, 상인: 광동성의 재정과 국가건설』, 서울대출판부, 2005.

강진아, 「이주와 유통으로 본 근현대 동아시아 경제사」, 『역사비평』 79 여름호, 2007(c).

강진아, 『문명제국에서 국민국가로』, 창비, 2009.

강진아, 『동순태호 - 동아시아 화교 자본과 근대 조선』 경북대학교출판부, 2011.

강진아, 「근대 전환기 동아시아 砂糖의 유통 구조와 변동 -朝鮮華商 同順泰號를 중심으로-」, 『中國近現代史研究』 52, 2011.

강진아, 「만주사변 전후 조선화교 문제의 양상 -朝鮮總督府 外事課와 在韓中國領事館 간 왕복 문서를 중심으로-」 『東洋史學研究』 120, 2012.

강진아, 「戰時期 동아시아 廣東商人 자본의 환류, 1931~1949」, 『중국근현대사연구』 58, 2013(a).

강진아, 「조선총독부의 화교 노동자 입국 관리와 중국 언론」, 『중국근현대사연구』 59, 2013(b).

강진아, 「G2시대의 중국 사회주의 - 역사적 관점에서 본 중국의 개혁개방」, 『역사비평』 106호(2014년 봄호), 2014(a).

강진아, 「20세기 廣東 화교 자본의 환류와 대중국 투자」, 『동양사학연구』 127, 2014(b).

강진아, 「在韓華商 同順泰號의 눈에 비친 淸日戰爭」, 『역사학보』 224, 2014(c).

강진아, 「청일전쟁 시기 華商 同順泰號의 영업 활동: 변경에서의 愛國과 致富」, 『중국근현대사연구』 64, 2014(d).

강진아, 「근대 아시아 해양과 과국적(跨國的) 상인 디아스포라의 형성: 「양행(洋行)」에서 「구교(歐僑)」로」, 『역사학보』 232권, 2016.

고승제, 「華僑 對韓 移民의 사회사적 분석」, 『백산학보』 13, 1972.

고승제, 『한국이민사연구』, 장문각, 1973.

구범진, 「韓淸通商條約 일부 條文의 해석을 둘러싼 韓·淸의 외교 분쟁」, 『대구사학』 38, 2006.

권혁수, 『19世紀末韓中關係史研究』, 백산자료원, 2000.

권혁수, 『근대 한중관계사의 재조명』, 혜안, 2007.

김경국, 최승현, 이강복, 최지현, 「한국의 화교연구 배경 및 동향 분석」, 『중국인문과학』 26, 2003.

김경학, 「한국 화교의 초국가적 성격과 전망 -광주지역 화교를 중심으로-」, 『민족문화논총』 51, 2012.
김문기, 「19세기 조선과 청의 어업분쟁」, 『19세기 동북아 4개국의 도서분쟁과 해양경계』, 동북아역사재단, 2008.
김문기, 「기후, 바다, 어업분쟁 - 1882~1910년간 조청어업분쟁의 전개」, 『중국사연구』 63, 2009.
김문기, 「해권(海權)과 어권(漁權): 한청통어협정(韓淸通漁協定) 논의와 어업분쟁」, 『대구사학』, 126, 2017.
김승욱, 「20세기 초(1910~1931) 인천화교의 이주 네트워크와 사회적 공간」, 『중국근현대사연구』, 2010.
김영신, 「開港期(1883~1910) 仁川港의 對外交易과 華僑의 역할」, 『인천학연구』 2, 2003.
김영신, 「日帝時期 在韓華僑(1910~1931) - 仁川地域 華僑를 중심으로」, 『인천학연구』 4, 2005.
김재훈, 「'제도'로 본 한국인의 만주지역 정착」, 『사회연구』 2, 2003.
김종한, 「1928년 조선에서의 민족별 임금차별 - 토목건축계 노동자의 임금격차 분해를 중심으로」, 『경제사학』 24, 1998.
김태웅, 「1920·30년대 한국인 대중의 華僑認識과 國內民族主義系列知識人의 내면세계」, 『역사교육』 112, 2009.
김희신, 『이주노동자, 그들은 우리에게 어떻게 다가왔나 - 일제 강점기 중국인 노동자와 한국인』, 아카넷, 2016.
김희신, 「'漢城 開設行棧 조항 개정' 교섭과 중국의 대응」, 『동양사학연구』 113, 2010(a).
김희신, 「駐朝鮮使館의 화교 실태조사와 관리: 청일전쟁 이전 漢城, 仁川을 중심으로」, 『명청사연구』 34, 2010(b).
김희신, 「駐朝鮮使館의 화교 실태조사와 관리」, 『명청사연구』 34, 2010(c).
김희신, 「근대 한중관계의 변화와 외교당안의 생성 - 「淸季駐韓使館保存檔」을 중심으로」, 『중국근현대사연구』 50, 2011.
김희신, 「淸末 駐漢城 商務公署와 華商組織」, 『동북아역사논총』 35, 2012.
김희신, 「華僑, 華僑 네트워크와 駐韓使館: 청일전쟁 이후 한성 지역을 중심으로」, 『중국사연구』 89, 2014.
김희신, 「재조선 중화상회의 설립과정과 존재양태 -1912~1931년 경성지역을 중심으로-」, 『중국근현대사연구』 73, 2017.
나애자, 『한국근대해운업사연구』, 국학자료원, 1998.
담영성, 『朝鮮末期의 淸國商人에 關한 硏究 - 1882년부터 1885년까지』, 단국대학교 석사논문, 1976.
문은정, 「20세기 전반기 마산지역 화교의 이주와 정착」, 『대구사학』, 2002.

민덕기, 「동아시아 해금정책의 변화와 해양 경계에서의 분쟁」, 『한일관계사연구』 41, 2012.

민두기, 「만주에서의 만보산서건(1931)과 한국 언론의 대응 - 상이한 민족주의적 시각」, 『시간과의 경쟁 - 동아시아근현대사논집』, 연세대학교출판부, 2001.

박영석, 「일제하 재만한인사회연구」, 『국사관논총』 1, 1989.

박영석, 『萬寶山事件硏究: 日帝大陸侵略政策의 一環으로서의』, 亞細亞出版社, 1985.

박은경, 『한국화교의 종족성』, 한국연구원, 1986.

박정현 외, 『중국 근대 공문서에 나타난 한중관계 - 『淸季駐韓使館檔案』解題』, 한국학술정보, 2013.

박정현, 「1882~1894년 조선인과 중국인의 갈등 해결방식을 통해 본 한중관계」, 『중국근현대사연구』 45, 2010(a).

박정현, 「19세기 말 仁川과 漢城의 중국인 居留地운영체제」, 『동양사학연구』 113, 2010(b).

박정현, 「19세기 末(1882~1894년) 朝鮮華商의 조직과 상업활동」, 『중국사연구』 66, 2010(c).

박정현, 「청일전쟁 이후 한중 간 분쟁의 유형과 한국인의 중국인에 대한 인식」, 『중국근현대사연구』 59, 2013.

박정현, 「1927년 재만동포옹호동맹의 결성과 화교배척사건」, 『중국학보』 65, 2014(a).

박정현, 「1931년 화교배척사건과 조선 민족주의운동」, 『중국사연구』 90, 2014(b).

박정현, 「만주사변 이후 화교배척과 조선 민족주의 운동」, 『중국근현대사연구』 63, 2014(c).

박준형, 「淸日戰爭 발발 이후 동아시아 各地에서의 淸國人 규제규칙의 제정과 시행 - 日本·朝鮮·臺灣의 예를 중심으로-」, 『한국문화』 47, 2009.

백영서, 『동아시아의 귀환』, 창작과 비평, 2000.

백운기, 김상덕, 「경성여자의학전문학교 창립의 주체였던 김탁원·길정희 부부는 왜 실제 설립 과정에서 제외되었는가?」, 『延世醫史學』 13-1, 2010.

서석하, 「20세기 초 日本의 동아시아 무역의 재편 -일본의 소금 정책과 그 활동을 중심으로-」, 2015, 미간행고..

손과지, 『上海韓人社會史: 1910~1945』, 한울아카데미, 2001.

손성욱, 「淸代 朝鮮使館으로 본 淸·朝 관계 -會同館에서 駐淸公使館으로-」, 『동국사학』 60, 2016.

송승석, 「제국일본의 화공(華工)과 식민당국의 화공정책 - 식민지 조선과 타이완을 중심으로」, 『중국현대문학』 50, 2009.

손정숙, 「'한국화교' 연구의 현황과 미래 - 동아시아 구역 내 '한국화교' 연구를 중심으로」, 『중국현대문학』 55, 2010.

손정숙, 「인천차이나타운의 중화 요릿집과 화교관행 - 인천화교 손덕준(孫德俊)의 구술(口述)을 사례로」, 『중국어문학논집』 71, 2011.

손정숙, 「인천화교협회 소장 자료 발굴에 대한 小考 - 자료의 사료적 가치, 구성 및 활용방안을 중심으로」, 『중앙사론』 42, 2015.
손승회, 「1931년 식민지조선(植民地朝鮮)의 배화폭동(排華暴動)과 화교(華僑)」, 『중국근현대사연구』, 2009.
손정목, 「개항기의 한성내 외국인거류 경위」, 『한국사연구』 28, 1980.
송규진, 「1920~31년 조선총독부의 관세정책과 조선무역구조의 성격」, 『한국사학보』 6, 1999.
양필승, 이정희, 『차이나타운 없는 나라 - 한국화교경제의 어제와 오늘』, 삼성경제연구소, 2004.
오카모토 다카시 등 지음, 강진아 옮김, 『중국경제사』, 경북대학교출판부, 2016.
왕언메이, 『동아시아 현대사 속의 한국화교』, 학고방, 2013.
윤광운, 김재승, 「舊韓末 開港期 조선해관에 관한 연구 -顧聘 외국인 해관원의 임면과 근무상황을 중심으로-」, 『국제무역연구』 10-2, 2004.
윤은자, 「南京國民政府 시기 南京의 '不逞鮮人'과 한교단체(1927~1937)」, 『중국근현대사연구』 59, 2013.
윤은자, 「20세기 초 中國留學과 '金陵'의 韓人 유학생(1912~1927)」, 『중국근현대사연구』 64, 2014.
윤은자, 「중국 南京의 국립 東南大學과 한인독립운동(1921~1926)」, 『중국근현대사연구』 68, 2015.
윤은자, 「중국 國立東方語文專科學校와 한국학 교육의 선구들」, 『중국근현대사연구』 70, 2016.
은정태, 「1899년 韓·淸通商條約締結과 大韓帝國」, 『역사학보』 186, 2005.
이병천, 「개항기 외국상인의 內地商圈침입 -淸商·日商을 중심으로-」, 『經濟史學』 9, 1995.
이상근, 『韓人露領移住史硏究』, 탐구당, 1995.
이시카와 료타, 「개항기 중국인상인의 활동과 정보매체: 동순태서간자료를 중심으로」, 『규장각』 33, 2008.
이시카와 료타, 「조선 개항 후 중국인 상인의 무역활동과 네트워크」, 『역사문제연구』 20, 2008.
이영옥, 「한중 민간 소송 연구, 1906~1910 - 張導之案, 姚貴春案, 劉金有案 등 살인 사건을 중심으로」, 『중국근현대사연구』 35, 2007.
이옥련, 『인천 화교 사회의 형성과 전개』, 인천문화재단, 2008.
이은자, 「"소송(訴訟)" 안건을 통해 본 청일전쟁 이후(1895~1899) 한중관계(韓中關係) 연구」, 『중국근현대사연구』 38, 2008(a).
이은자, 「淸末 駐韓 商務署 조직과 그 위상」, 『명청사연구』 30, 2008(b).
이은자, 「訴訟안건을 통해 본 청일전쟁 이후(1895~1899) 韓中關係연구」, 『중국근현대사연구』 38, 2008(c).
이은자, 「개항기 주한 중국공관 연구」, 『개항기의 재한 외국공관 연구』, 동북아역사재단, 2009(a).

이은자, 「淸日戰爭이전과 이후 在韓韓中間訴訟 안건 비교 분석」, 『아시아문화연구』 17, 2009(b).

이은자, 「19世紀末在朝鮮未開口岸의 淸商密貿易관련 領事裁判案件硏究」, 『동양사학연구』 111, 2010.

이은자, 「청말 주한 중국 공관의 조직과 그 위상 - 주한공사 許台身과 曾廣銓 재직 시기를 중심으로」, 『중국근현대사연구』 51, 2011.

이은자, 「廣東 13行과 개항의 기억」, 『사총』 76, 2012.

이은자, 오미일, 「1920~1930년대 국경도시 신의주의 화공(華工)과 사회적 공간」, 『사총』 79, 2013.

이재령, 「1920년대 전후 北京의 유학환경과 韓人學生 현황」, 『중국학보』 80, 2017.

이재석, 「한천통상조약 연구」, 『대한정치학회보』 19, 2011.

이정희, 「해방 이후 한국화교 자본 축적과 그 의의(1948.8.~1949)」, 한국경제공동학술대회 발표논문, 2001.

이정희, 「20세기 전반기 대구지역 화교의 경제적 활동(1905~1955년)」, 『대구사학』 80, 2005.

이정희, 「중일전쟁과 조선 화교 - 조선의 화교소학교를 중심으로」, 『중국근현대사연구』 35, 2007.

이정희, 「해방초기 인천화교의 경제활동에 관한 연구」, 『인천학연구』 9, 2008.

이정희, 송승석, 『근대 인천화교의 사회와 경제』, 학고방, 2015.

이창호, 「한국 화교의 사회적 지위와 관계의 공간: 인천 화교의 관시(關係)와 후이(會)를 중심으로」, 『비교문화연구』 14-1, 2008.

이현종, 「구한말 외국인 거류지내 조직체에 대하여」, 『역사학보』 34, 1967.

이화승, 「전주 화교사회를 통해 본 한국 화교의 고찰」, 『사림』 26, 2006.

장수현, 「한국화교의 사회적 위상과 문화적 정체성」, 『국제인권법』 4, 2001.

장효진, 「19세기 말~20세기 초 중국 窯業 工匠의 조선 도래」, 『한국문화연구』 32-0, 2017.

전우용, 「한국 근대의 華僑문제」, 『한국사학보』 15, 2003.

다나카 류이치, 「일제의 '만주국 통치'와 '재만한인'문제 - '오족협화'와 '내선일체'의 상극」, 『만주연구』 1, 2004

정대섭, 한성민, 「開港후(1882~1894) 淸國의 治外法權행사와 朝鮮의 대응」, 『한국근현대사연구』 43 겨울호, 2007.

정지호, 「淸末 國籍法制定과 '國民'의 境界」, 『중국사연구』 52, 2008.

정혜중, 「개항기 仁川華商네트워크와 華僑 정착의 특징」, 『중국근현대사연구』 36, 2007.

정회옥, 윤종빈, 김진주, 「한국화교집단에 대한 분석: 정체성과 사회경제적 배경을 중심으로」 『사회과학연구』 23-1, 2015.

조세현, 「19세기후반 해운과 어업을 통해 본 한중관계」, 『역사와경계』 90, 2014.

최기영, 「1930년대 중산대학과 한국독립운동」, 『진단학보』 99, 2005.
최병도, 「滿洲同胞問題協議會의 결성 및 해체에 관한 연구」, 『한국근현대사연구』 39, 2006.
최승현, 『화교의 역사 생존의 역사』, 화약고, 2007(a).
최승현, 「화교의 애국심 문제에 관한 역사적 고찰」, 『중국학논총』 23, 2007(b).
최승현, 「화교화인의 이중국적 논쟁 연구」, 『세계지역연구논총』 26, 2009.
최승현, 「한중혼혈고 1: 근대이전 한국의 중국계 정착민에 관한 연구」, 『중국학논총』 29, 2010.
최승현, 「〈화교 = 해외'중국인'〉에 관한 역사적 고찰」, 『중국인문과학』 48, 2011(a).
최승현, 「한국화교의 정의 및 범주에 관한 시론 - '明代遺民' 및 '新華僑'의 사례를 중심으로」, 『중국인문과학』 49, 2011(b).
최승현, 「화교화인정책의 전략적 이원성」, 『중국학논총』 36, 2012.
최승현, 「당대 중국 〈귀교교권권익보호법〉 의 역사적 배경 및 그 의의 연구」, 『중국인문과학』 57, 2014.
최승현, 「중국공산당의 통일전선과 화교의 지위 및 역할에 관한 역사적 고찰」, 『중국인문과학』 63, 2016.
최희재, 「양무운동기 민족의식 발전의 일단 -동치말, 광서초의 국권과 화교문제 인식을 중심으로-」, 『동양사학연구』 85, 2003.
하성규, 마강래, 안아림, 「서울시 외국인 주거지의 공간적 분리패턴에 관한 연구」, 『서울도시연구』 12-3, 2011.
하세봉, 「"동아시아 교역권"론의 지평 확대」, 『중국근현대사연구』 10, 2000.
한동수, 「史學部: 인천 청국 조계지 내 공화춘의 역사변천에 관한 연구」, 『중국학보』 60, 2009.
한상협, 「新政期 「大淸國籍條例」의 制定과 活用構想」, 『중국근현대사연구』 68, 2015.
한중문화협회 편, 『在韓國華僑概況』, 韓中文化協會, 1949.
현규환, 『韓國流移民史』上, 어문각, 1967.

중국어 참고문헌

高秉希, 「晚淸中朝定期航線的開設背景及其影響」, 『史學月刊』 8, 2005.
高偉濃, 「19世紀80年代中朝通商之初到朝鮮半島的廣東商人」, 『東南亞縱橫』 2004-4.
高偉濃, 「中朝通商初年到朝鮮的粵商」, 『廣東史志』 16, 1988.
曲曉氾·劉樹眞, 「當代朝鮮華僑的歸國定住及其安置史略」, 『華僑華人歷史研究』 4, 2000.
權赫秀 編著, 『近代中韓關係史料選編』, 世界知識出版社, 2008.
權赫秀, 「近代中國第一所公立韓國語教育機構 - 袁世凱駐韓公署附設韓語學堂考」, 『當代韓國』, 春夏合刊, 2003.

權赫秀,「陳樹棠在朝鮮的商務領事活動與近代中朝關系」,『社會科學研究』2006-1.
權赫秀,「20世紀以來國內外學界的朝鮮半島華僑史研究綜述」,『韓國研究論叢』21, 世界知識出版社, 2009.
權赫秀,「唐紹儀在近代朝鮮十六年活動考述」,『韓國研究論叢』21, 世界知識出版社, 2009.
盧冠群,『韓國華僑經濟』, 臺北, 海外出版社, 1956.
唐培吉,「上海猶商盟主沙遜:上海猶太人研究之三」,『同濟大學學報(人文·社會科學版)』, 1992.
譚廷澤,『先父譚公傑生傳記 - 附家庭狀況及遺產償務處理過程』, 1973.
戴學稷,「中法馬江之戰和甲午中日海戰中的留學生」,『福建論壇(人文社會科學版)』, 1994-4.
林滿紅,「日本殖民時期臺灣與香港經濟關係的變化 -亞洲與世界關係調動中之一發展-」『中央研究院近代史研究所集刊』36, 2001.
李正熙,「近代朝鮮華僑制造業造業研究 - 以鑄造也爲中心」,『華僑華人歷史研究』2009-1.
濱下武志著, 艾菊紅譯,「20世紀初上海 神戶' 仁川的海外華人金融網絡」,『海外華人研究論集』, 中國社會科學出版社, 2002.
邵毓麟,『使韓回憶錄』, 伝記文學出版社, 1980.
孫科志,「甲午戰爭前朝鮮華商研究」, 張啓雄 主編,『東北亞僑社網絡與近代中國論文集』, 臺北, 海外華人研究學會叢書六, 2002.
隋皓昀,「山東移民韓國史略」,『山東文獻』52-3, 1999.
楊昭全, 孫玉梅,『朝鮮華僑史』, 中國華僑出版公司, 1991.
楊韻平,「汪政權與朝鮮華僑(1940~1945) - 東亞秩序之一研究」, 國立台灣師範大學 歷史系 碩士論文, 2005(楊韻平,『汪政權與朝鮮華僑(1940~1945): 東亞秩序之一研究』, 臺北, 稻鄉 2007로 출판).
陸茂淸,「南洋煙草公司眞假國貨案」,『檔案春秋』2006.
李亦婷,『外語培訓班與晩淸上海社會(1862~1911)』, 上海社會科學院碩士學位論文, 2007.
朱慧玲,「韓國華僑社會的變遷與特點」,『華僑華人歷史研究』, 1996-2.
秦裕光,『旅韓六十年見聞錄 - 韓國華僑史話』, 中華民國韓國研究學會, 1983.
詹小洪,「韓國華僑的今昔」,『炎黃春秋』, 2004-7.
崔承現,『韓國華僑史研究』, 香港社會科學出版社, 2003.
許雪姬,「台灣中華總會館成立前的台灣華僑 1895~1927」,『中央研究院近代史研究所集刊』20, 1991.
華僑史編纂委員會,『華僑誌—韓國』, 1958.

일본어 참고문헌

古田和子,『上海ネットワークと近代東ジア』, 東京大學出版會, 2000.

堀内稔,「赴戰江水電工事と中國人勞動者」,『むくげ通信』183, 2000.

日本上海史硏究會,『上海人物誌』, 東方書店, 1997.

蘭信三 編,『日本帝國をめぐる人口移動の國際社會學』, 不二出版, 2008.

大野俊, 蘭信三,「第5部 南洋 總說」, 蘭信三 編,『日本帝國をめぐる人口移動の國際社會學』, 不二出版, 2008.

福本拓,「アメリカ占領下における朝鮮人「不法入國者」の認定と植民地主義」, 蘭信三 編,『日本帝國をめぐる人口移動の國際社會學』, 不二出版, 2008.

三木理史,「第3部 樺太 總說」, 蘭信三 編,『日本帝國をめぐる人口移動の國際社會學』, 不二出版, 2008.

上田貴子,「東北アジアにおける中國人移民の變遷 1860~1945」, 蘭信三 編,『日本帝國をめぐる人口移動の國際社會學』, 不二出版, 2008(a).

上田貴子,「第2部 滿洲 總說」, 蘭信三 編,『日本帝國をめぐる人口移動の國際社會學』, 不二出版, 2008(b).

松田ヒロ子,「第4部 台湾 總說」, 蘭信三 編,『日本帝國をめぐる人口移動の國際社會學』, 不二出版, 2008(a).

松田ヒロ子,「沖縄縣八重山地方から植民地下台湾への人の移動」, 蘭信三 編,『日本帝國をめぐる人口移動の國際社會學』, 不二出版, 2008(b).

外村大,「第1部 朝鮮 總說」, 蘭信三 編,『日本帝國をめぐる人口移動の國際社會學』, 不二出版, 2008(a).

松田ヒ,「日本帝國の渡航管理と朝鮮人の密航」, 蘭信三 編,『日本帝國をめぐる人口移動の國際社會學』, 不二出版, 2008(b).

伊地知紀子·村上尙子「解放直後·濟州島の人びとの移動と生活史 - 在日濟州島出身者の語りから」, 蘭信三 編, 日本帝國をめぐる人口移動の國際社會學』, 不二出版, 2008.

田中隆一,「朝鮮人の滿洲移住」, 蘭信三 編,『日本帝國をめぐる人口移動の國際社會學』, 不二出版, 2008.

廖赤陽,『長崎華商と東アジア交易網の形成』, 汲古書院, 2000.

龍谷直人,『アジア國際通商秩序と近代日本』, 名古屋大學出版會, 2000.

塩出浩之『越境者の政治史ーアジア太平洋における日本人の移民と植民』, 名古屋大學出版會, 2015.

濱下武志,『近代中國の國際契機 : 朝貢貿易ツステムと近代アジア』, 東京大學出版會, 1990.

上田 貴,「十九世紀後半の朝鮮をめぐる華僑の金融ネットワーク」,『近代アジアの流通ネットワーク』, 創文社, 1999.
上田 貴,『華僑·華人と中華網 移民·交易·送金ネットワークの構造と展開』, 岩波書店, 2013.
斯波義信,『華僑』, 岩波書店, 1995.
陳來幸,「書評: 安井三吉著『帝國日本と華僑—日本·台湾·朝鮮』」,『現代中國研究』 19, 2011.
上田貴,『近代中國の總商會制度: 繋がる華人の世界』, 京都大學學術出版會, 2016.
山岡由佳,『長崎華商經營の史的研究 -近代中國商人の經營と帳簿-』, ミネルヴァ書房, 1995.
山脇啓造,『近代日本と外國人勞働者』, 明石書店, 1994.
森時彦,『中國近代化の動態構造』, 京都大學人文科學研究所研究報告, 京都大學人文科學研究所, 2004.
石川亮太,『近代アジア市場と朝鮮 - 開港·華商·帝國』, 名古屋大學出版會, 2016.
安井三吉,『帝國日本と華僑 - 日本·台灣·朝鮮』, 青木書店, 2005.
李正熙,『朝鮮華僑と近代東アジア』, 京都大學學術出版會, 2012.
和田正廣, 翁其銀 共著,『上海鼎記號と長崎泰益號 - 近代在日華商の上海交易』, 中國書店, 2004.

영어 참고문헌

Alain Le Pichon edt., *China Trade and Empire: Jardine, Matheson & Co. and the Origins of British Rule in Hong Kong*, 1827~1843., London, Oxford University Press, 2006.
Andrew Smith, "The winds of change and the end of the Comprador System in the Hongkong and Shanghai Banking Corporation", *Journal of Business History Volume 58 Issue 2*, 2016.
Byungil Ahn, "Moment of Truth: The Government-General of Korea's Policies towards Chinese Migrant Workers in the 1920s~30s in Colonial Korea", The Workshop on Border Societies Chinese descendants in East Asia under Japanese colonialism 1910s~1930s, ICAS 8, Macao, 24-27 June 2013.
Charles Drage, *Taikoo*, Constable & Co Ltd., 1970.
Edward I-te Chen(陳以德), "Japanese Colonialism in Korea and Formosa: A Comparison of The Systems of Political Control", Harvard *Journal of Asiatic Studies, Vol. 30*, 1970.
Elias Magic Kahn Rothblatt, "The Gentleman's Speculation: Merchants, Opium, and the Birth of Capitalism in Asia", Thesis of B.A., Wesleyan University, 2012.
Ishikawa, Ryota, "Commercial Activities of Chinese Merchants in the Late Nineteenth Century Korea - with a focus on the documents of Tong Shun Tai archived at Seoul National University, South Korea』, *International Journal of Korean History, Vol.13*, 2009.

Kirk Wayne Larsen, "From Suzerainity to Commerce: Sino-Korean Economic And Business relations during the open port period 1876~1910", June, Harvard University, Ph. D dissertation, 2000(Kirk W. Larsen, *Tradition, Treaties and Trade, Qing Imperialism and Chosŏn Korea 1850~1910*, Cambridge(Massachusetts) and London: Harvard University Press, 2008로 출판)

Man-houng Lin, "Overseas Chinese Merchants and Multiple Nationality: A Means for Reducing Commercial Risk(1895~1935)", *Modern Asian Studies, Vol.35 Part 4*, Cambridge University Press, 2001.

Man-houng Lin, "Taiwanese Merchants, Overseas Chinese Merchants and the Japanese Government in the Economic Relations Between Taiwan and Japan, 1895~1945.", 『アジア太平洋討究』 4, 2001.

Loren Brandt, "Reflections on China's Late 19th and Early 20th Century Economy", *The China Quarterly, No. 150*, Cambridge University Press, 1997.

Robert Allen, Global Economic History: A Very Short Introduction, Oxford University Press, 2011(국역판 로버트 C. 앨런 지음, 이강국 옮김, 『세계경제사』, 교유서가, 2017).

Robert Bickers, "Shanghailanders: The Formation and Identity of the British Settler Community in Shanghai 1843~1937", *Past & Present, No. 159*, Oxford, The Past & Present Society. 1998.

Sibing He, "Russell and Company in Shanghai, 1843~1891: U. S. Trade and Diplomacy in Treaty Port China", Paper presented to "A Tale of Ten Cities: Sino-American Exchange in the Treaty Port Era, 1840~1950 - An Interdisciplinary Colloquium," (Hong Kong University, 23-24 May 2011).

Timothy Brook & Bob Tadashi Wakabayashi, *Opium Regimes: China, Britain, and Japan, 1839~1952* (Berkeley, University of California Press, 2000).

Yen-p'ing Hao, *The Comprador in Nineteenth Century China: Bridge between East and West*, Cambridge, MA: Harvard University Press, 1970.

인터넷 검색

위키피디아(영문판)
바이두(百度)
야후(Japan)

ARI Humanities Series 2

History of Modern East Asian Economy
rewritten by Migration and Commodity Circulation
The Story of Tan Jie-sheng and The Tongshuntai Firm

First Published 2018
by The Asiatic Research Institute at Korea University
145 Anam-ro, Seongbuk-gu, Seoul 136-701, Korea
www.asiaticresearch.org

아연 인문교양총서 2

이주와 유통으로 본 근대 동아시아 경제사
동순태호 담걸생 이야기

1판1쇄 | 2018년 2월 26일

지은이 | 강진아
펴낸이 | 이종화
펴낸 곳 | 아연출판부
등록 | 2000년 5월 24일 제6-376호
주소 | 서울시 성북구 안암로 145 고려대학교 아세아문제연구소(136-701)
전화 | 02-3290-1600 팩스 | 02-923-4661
홈페이지 | www.asiaticresearch.org

값 20,000원

ISBN 978-89-90769-97-8 04300
ISBN 978-89-90769-95-4 (세트)

이 도서의 국립중앙도서관 출판시도서목록(CIP)은 e-CIP 홈페이지(http://www.nl.go.kr/ecip)에서
이용하실 수 있습니다.(CIP제어번호: CIP2018004720)